W0255799

Die blaue Stunde der Informatik

Die blaue Stunde der Informatik

Die blaue Stunde – die Zeit am Morgen zwischen Nacht und Tag, die Zeit am Abend ehe die Nacht anbricht. Wenn alles möglich scheint, die Gedanken schweifen, wenn Zeit für anregende Gespräche ist und Neugier auf Zukünftiges wächst, auf alles, was der nächste Tag bringt.

Genau hier setzt diese Buchreihe rund um Themen der Informatik an: Was war, was ist, was wird sein, was könnte sein?

Von lesenswerten Biographien über historische Betrachtungen bis hin zu aktuellen Themen umfasst diese Buchreihe alle Perspektiven der Informatik – und geht noch darüber hinaus. Mal sachlich, mal nachdenklich und mal mit einem Augenzwinkern lädt die Reihe zum Weiter- und Querdenken ein. Für alle, die die bunte Welt der Technik entdecken möchten.

Weitere Bände in der Reihe http://www.springer.com/series/15985

Günter Müller

Protektion 4.0: Das Digitalisierungsdilemma

Günter Müller
IIG Telematik, Universität Freiburg
Freiburg, Deutschland

Die blaue Stunde der Informatik
ISBN 978-3-662-56261-1   ISBN 978-3-662-56262-8   (eBook)
https://doi.org/10.1007/978-3-662-56262-8

Die Deutsche Nationalbibliothek verzeichnet diese Publikation in der Deutschen Nationalbibliografie; detaillierte bibliografische Daten sind im Internet über http://dnb.d-nb.de abrufbar.

Springer Vieweg
© Springer-Verlag GmbH Deutschland, ein Teil von Springer Nature 2020

Springer Vieweg ist ein Imprint der eingetragenen Gesellschaft Springer-Verlag GmbH, DE und ist ein Teil von Springer Nature.
Die Anschrift der Gesellschaft ist: Heidelberger Platz 3, 14197 Berlin, Germany

Einleitung

Nach ca. 70 Jahren technischen Fortschritts sind es nicht mehr die Rechner, nicht einmal die Digitalisierung, die ist inzwischen zu fast 100 % abgeschlossen; es ist das Dilemma um die Stellung der Menschen einerseits und die Rolle der Daten andererseits, das die Zukunft und Akzeptanz der digitalen Transformation bestimmt. Die Utopien zur Gründerzeit des Internet nach mehr Gleichheit und Wissen sind vielfach erfüllt, aber es offenbaren sich Schattenseiten, die Menschen verunsichern und nach Schutz fragen lassen. Die Kritik an der fundamentalen Neugestaltung von Abläufen in der Wirtschaft, der Gesellschaft und des Privaten wendet sich dabei gegen das Entstehen einer bislang unbekannten informationellen Überlegenheit von nur acht Plattformen. Diese Hegemonen, Amazon, Apple, Alibaba, Baidu, Tencent, Facebook, Google und Microsoft, die nicht länger den Visionen des ursprünglichen Internet folgen, sondern deren Strategien die Züge von unkontrollierten Landnahmen aufweisen, streben nach einer Umwälzung des Bestehenden durch eine maximale Erweiterung ihres Netzwerkes, ohne dass sie eine Perspektive für die Zeit geben könnten, wenn die Digitalisierung als vollendet bezeichnet wird. Waren es in der industriellen Zeit vor allem inkrementelle Verbesserungen, so steht jetzt die Umgestaltung der Gesellschaft durch Daten mit der Verwirklichung eines direkten Kontaktes Aller mit Allen im Vordergrund. Damit wird ein „Eindringen" in die Wirtschaft, das Privatleben und öffentliche Institutionen erreicht, dem dann eine „Reorganisation" des bislang Gewohnten nachfolgt. Diese Landnahme lässt ganze Märkte kippen und erzeugt eine vielfach als ungerecht empfundene Ungleichheit, bei Einkommen, Wohlstand und Beschäftigung, die durch die Entwertung von Kompetenzen verschärft wird.

Digitale Innovationen unterscheiden sich von industriellen Neuheiten. Sie überschreiten die Schwelle des gewohnten Umgangs mit sichtbaren technischen zu den unsichtbaren digitalen Objekten. Sie wirken gewissermaßen in der Tiefe des Netzes, die undurchschaubar scheint und vielfach Besorgnis auslöst. Diese Undurchsichtigkeit wird für Menschen dann zur Vertrauenskrise, wenn gleichzeitig die legitimierten Institutionen die erwartete Sicherheit nicht mehr garantieren und dadurch an Autorität verlieren. Die Informationsmacht durch die Datensammlungen der Big Data ist jedoch das Ergebnis sowohl erfolgreicher unternehmerischer Tätigkeit als auch des Freischeins, mit dem die legitimierten Institutionen bisher den Innovationen Vorrang vor dem Schutz eingeräumt haben.

Das Digitalisierungsdreieck unterscheidet drei Sektoren, die zusammen zwar die Digitalisierung zum Ziel haben, jedoch im Einzelnen unterschiedlichen Regeln und Absichten folgen (Müller 2003). Die Medienebene bzw. der Mediensektor wird vollständig durch das Internet repräsentiert. Dieses hat inzwischen eine unumstrittene hegemoniale Stellung in der Welt erreicht, wobei ein immer noch funktionierender, wenn auch begrenzter Wettbewerb die Strategien zur Landnahme einschränkt. Zwei scheinbar unbedeutende technische Änderungen haben die Verdrängung der Dezentralität zugunsten einer Zentralisierung des Internet und das Entstehen der Big Data im Wissenssektor angestoßen. Zum einen wurde das enge Ende-zu-Ende Prinzip durch das erweiterte Ende-zu-Ende-Prinzip ergänzt, was bewirkt, dass nicht mehr alle Knoten im Netzwerk dieselben Anwendungen anbieten. Anwendungen wie Facebook, Amazon oder Google und viele andere haben dies genutzt und das Internet zentralisiert, da sie so ihre Investitionen und Daten am besten schützen können. Zum anderen war die Zustandslosigkeit der Internetprotokolle bei der Interaktion mit Kunden hinderlich, da im Internet der aktuelle Stand des Protokollablaufes sofort nach Ausführung „vergessen" wurde. Cookies wurden zum Gedächtnis der Wissensebene und haben die Voraussetzungen zum Entstehen der Big Data gelegt.

Der Normensektor ist nahezu „leer". Eigentlich müsste er für die Gleichheit der Chancen und Regeln sorgen, damit alle an den Fortschritten der digitalen Transformation teilhaben können. Tatsächlich ist Ungleichheit entstanden. Die europäische Datenschutzgrundverordnung (DSGVO) aus dem Jahre 2018 ist der wichtigste Beitrag zur Regulierung der Digitalisierung, allerdings nur zum Schutz der persönlichen Daten. Sie ist mit zwei Ausnahmen eine passive Regulierung, die zwar einen Schutz „Wovor" festlegt, aber wenig zum Schutz „Wozu" zu sagen hat. Mit dem Recht auf Vergessen und der Datenportabilität sind in der DSGVO erstmals zwei aktive Stärkungen der sogenannten Datensubjekte, also der Nutzer, formuliert worden. Die Begrenzung der DSGVO auf persönliche Daten ist eine der gravierendsten Defizite des europäischen Datenschutzes, da dadurch die anonymen Daten, also ohne direkten Personenbezug, ungehindert von der DSGVO den Datensammlern überlassen werden, obwohl solche Daten leicht personalisiert werden können. Etwas salopp kann man sagen, dass die DSGVO die Daten ebenso wenig schützt, wie ein Regenschirm den Regen schützt.

Die Kommerzialisierung hat die ursprünglichen Visionen des Internet von einem gleichen und freien Zugang zu Wissen für alle mit einem globalen Informationsaustausch teilweise ins Gegenteil verkehrt. Mit den Algorithmen und der Datenanalytik werden die Big Data zur „Waffe", um das Verhalten von Milliarden von Menschen zu prognostizieren und letztlich in einem bislang unbekannten Umfang zu beeinflussen. Die künstliche Intelligenz und ihr „Arbeitspferd", das maschinelle Lernen, verschieben die Grenzen zwischen Menschen und Maschinen laufend weiter, sodass viele fürchten, dass ihre auch der Digitalisierung zu verdankende neu gewonnene Freiheit sich als persönliche Illusion erweisen könnte, da ihre Teilhabe in der digitalen Welt in der Zukunft weiter ungeklärt ist.

Die Informationsmacht der Plattformen beruht auf dem Zusammenwirken der Interoperationen, der Vielfalt der Big Data, der Attraktivität der Innovationen und der schützenden Protektion. Die informationelle Überlegenheit ist der Nettoeffekt dieser Aktivitäten. Sie wird durch die Innovation und die Daten erzeugt und durch die Interoperation und Protektion begrenzt. Die Interoperationen haben eine den analogen Marktplätzen vergleichbare Rolle. Dort versammeln sich die handelnden Akteure auf gemeinsam genutzten Einrichtungen, um die Tauschgeschäfte zu bewerten und durchzuführen. Gegenwärtig errichten Plattformen Mauern zwischen ihren Daten durch jeweils eigene und damit getrennte Systeme zur Interoperation mit den Nutzern. Da die Informationsmacht mit traditionellen Mitteln wie Technik, Regulierung und Kartellrecht kaum begrenzt werden kann, ist ein offener Weg zur Bewahrung der zivilen Werte in der Digitalisierung die notwendige aktivere Rolle der Normenebene. Zur Orientierung dazu ist die Sozialgesetzgebung aus der Zeit der industriellen Revolution ein mögliches Vorbild. Man hat nicht die Arbeit, sondern die Stellung der Menschen in der industriellen Welt reguliert. So wäre es bedenkenswert, nicht allein den Datenschutz, sondern die Protektion der Menschen in den Mittelpunkt der Regulierung zu stellen, da diese die Daten nutzen müssen und von ihnen betroffen sind.

Fake News, Filterblasen, alternative Fakten und Echokammern sind die „dunkle" aber unvermeidbare Seite einer Strategie der Landnahme ohne normative Kontrolle. Der Glaube, dass die „richtige" technische Lösung schon alles lenken werde und die Algorithmen nachhaltige soziale Werte schaffen, hat durch die wachsende Informationsmacht der Plattformen zu einem Autoritätsverlust der Institutionen der Normenebene, aber auch zu Misstrauen gegen die Netzwerktore geführt. Eine gleichzeitige Innovationsverantwortung, also für Schutz und Innovation, ist wegen einer fehlenden übergeordneten Strategie der Normenebene und der engen kommerziellen Ausrichtung der Plattformen nicht in Sicht. Erst seit deutlich wird, dass durch digitale Kampagnen mehr Veränderungen der Gesellschaft zu erreichen sind als durch parlamentarischen Initiativen, hat die Vertrauenskrise in legitimierte Institutionen „Fahrt" aufgenommen. Diese wird vertieft durch Tabubrüche der Plattformen, wie beim Fall Facebook Cambridge-Analytica, auf die unzureichend reagiert werden kann und die so die noch weitgehend vorhandene Zustimmung zur Digitalisierung in eine breiter werdende Skepsis verändern.

Diese Skepsis und der wachsende wirtschaftliche Wert der Daten lässt die Frage aufkommen, wem die Daten gehören und ob nicht das Eigentum an Daten der Königsweg zum Datenschutz ist. Allerdings fördert Dateneigentum weder Innovationen noch erhöht es den individuellen Schutz. Dateneigentum hat keinen direkten Einfluss auf die Innovationsverantwortung, da damit kommerzielle Aspekte die Innovationen dominieren. Für Innovationsverantwortung wichtig ist eine erweiterte Rechtfertigungspflicht zu Daten und Algorithmen bei den Plattformen, will man die wachsende Informationsmacht der großen Datensammler begrenzen. War das Bundesdatenschutzgesetz, das als Folge der Volkszählung von 1983 entstanden ist, die Protektion 1.0. So kann die DSGVO durch die perspektivischen aktiven Rechte als Protektion 2.0 bezeichnet werden. Zusammen mit den Vertrauensinfrastrukturen ist damit normativ erstmals die Grenze von der Passivität zu einer aktiveren Protektion 3.0 überschritten worden. Transparenz als das alternative Konzept zur doppelten Geheimhaltung der Big Data und der DSGVO ist ihrem Charakter nach ein Kontrollinstrument, das jedoch genutzt werden kann, um die Informiertheit der Handelnden zu erhöhen und neben der Datenpreisgabe auch den Datenempfang in die Protektion einzubeziehen. Mit der Erweiterung der Vertrauens- zu Kontrollinfrastrukturen werden die Schritte zum Wandel der DSGVO hin zu einer Protektion 4.0 mit der Transparenz als Regelfall vorgestellt.

Viele haben zu dem Entstehen dieses Buches beigetragen. Es repräsentiert in weiten Teilen meine Freiburger Zeit. Die Rolle der Lektoren nahmen meine Kollegen in Freiburg ein. Julius Holderer und Peter Reichle haben mich immer motiviert nicht aufzugeben und haben mit Geduld den Fortschritt kommentiert. Zahlreiche fachliche Aufholprozesse waren erst durch die Unterstützung des Fraunhofer SIT Darmstadt möglich. Dafür geht mein Dank vor allem an Michael Waidner, der mir einen Platz beim SIT gegeben hat, und an Markus Schneider und Michael Kreutzer für die vielen Anregungen. Professor Isao Echizen hat mir am National Institute of Informatics seit vielen Jahren eine Gastprofessur in Tokio ermöglicht. Für Japan ist es bereits die zweite Stufe einer Evolution mit IT. In der ersten Runde wurde eine der führenden Speicherindustrien aufgebaut, die wegen des industriellen Charakters nun ebenfalls unter Druck gerät. In der jetzigen Stufe stehen die gesellschaftlichen Probleme wie Umwelt, Energie und die demografischen Faktoren im Vordergrund. Dem Zivilen eine Mitsprache durch eine technisch-soziale Ko-Evolution anstelle der Landnahme zu geben, wird vom Zentrum für Sicherheit und Gesellschaft der Universität Freiburg und den Professoren Bernd Becker, Hans-Helmuth Gander und Ralf Poscher sowie Stefan Kaufmann immer wieder thematisiert. Gerade weil die Strategien der Landnahme mit dem verschleiernden Wahlspruch „Don't be evil" verteidigt werden, möge das Motto von Facebook „Move fast and break things" die Aufmerksamkeit darauf lenken, dass das Dilemma der Digitalisierung aktuell vor allem die sozialen Veränderungen ohne Legitimation betrifft, auf die eine umfassende Vorbereitung notwendig ist. Vergessen will ich nicht meine Familie, am wenigsten meine Frau Yosh, die durch kritisches Lesen mich öfters daran erinnerte, dass leicht und klar zu schreiben sehr schwer ist.

Freiburg   Günter Müller
im September 2019

Inhaltsverzeichnis

Digitale Transformation: Digitalisierungsdilemma und Vertrauenskrise

1

Zusammenfassung

Es ist erst etwas über 30 Jahre her, dass die Architekten des Internet allen Menschen in identischer und kostengünstiger Form einen Zugang zu Wissen schaffen wollten. Dies nahm den Charakter einer Revolution an, da die bis 1989 geltende zentrale Regulierung, Organisation und die Geschäftsmodelle der Telekommunikationsanbieter weltweit überwunden werden mussten, um die damals präventiven Kosten der Kommunikation auf den heutigen Stand zu reduzieren. Die zweite Stufe der Revolution wurde durch das WWW „gezündet", das aufbauend auf zwei wenig beachteten Änderungen der Ende-zu-Ende Adressierung zum einen das Universalitätsprinzip bei den Anwendungen modifizierte und zum zweiten mit Cookies die Zustandslosigkeit der Internetkommunikation überwand und damit die Voraussetzungen zum Schutz der Anwendungen und zu den Big Data legte. Heute hat Google mit dem Betriebssystem „Android" einen direkten Zugang zu Milliarden von Mobilfunknutzern und nutzt diesen durch die „Wissensmaschine", um zusammen mit sieben weiteren Plattformen eine bislang so nicht gekannte informationelle Überlegenheit zu erreichen. Diese Strategie kann als Landnahme bezeichnet werden, wie durch die Studien zur Entwicklung von Google und dem Cambridge-Analytica Skandal, sowie bei Airbnb, Uber und Nest exemplarisch gezeigt wird. Die Verschiebung der Grenze zwischen Menschen und Maschinen offenbart eine Vertrauenskrise in die legitimierten Institutionen, die als das Digitalisierungsdilemma bezeichnet wird. Die Informationsmacht der Plattformen wird durch die Kartellverfahren der EU bislang vergeblich angegangen, ebenso wie sich die DSGVO für die Innovationsverantwortung oft eher schädlich als hilfreich zeigt.

Neben die Begeisterung für die neuen Technologien ist Misstrauen getreten (Brunhöber 2012). Der informationelle Überfluss verlangt Filterung und führt zum Schwinden

© Springer-Verlag GmbH Deutschland, ein Teil von Springer Nature 2020
G. Müller, *Protektion 4.0: Das Digitalisierungsdilemma,* Die blaue Stunde der Informatik, https://doi.org/10.1007/978-3-662-56262-8_1

allgemein akzeptierter Wahrheit und zur Befürchtung, dass die neu gewonnene Freiheit mit einer abnehmenden freien Willensbildung verbunden sein könnte. Zu sehr ist die Abhängigkeit vom Vertrauen in „fremde" Daten und komplexe Algorithmen gewachsen. Startete das Internet doch mit dem Versprechen, dass in der elektronischen Welt alle gleich seien und Zugang zu objektiven Informationen hätten. Heute zeigt schon ein Vergleich der elektronischen Werbung, dass analog verbundene Freunde zu anderen Zielgruppen gehören als man selbst. Man ist dem Internet also bekannt. Zur Gründerzeit des Internet war es noch umgekehrt. Es war geradezu der Wunsch und das Ziel mit vielen Personen in Kontakt zu kommen. Inzwischen sind die Datenbestände so groß, dass persönlicher Status, Arbeit, Einkommen, Kauf- und Konsumverhalten, ja Meinungen und kognitive Befindlichkeiten aus den Big Data abgeleitet werden und die Werbebotschaften so kanalisiert sind, dass sie vielfach tatsächlich einen Nerv treffen und auf Interesse stoßen. Dabei ist aber die Grenze zur Manipulation fließend und wird oft übertreten. Was als wertvolle Information angesehen wird, ist mit den Werbezielen der Werbetreibenden unter Beachtung von Verhaltensfaktoren der Nutzer abgestimmt. Was wie eine zufällige Hilfe empfunden wird, hat seinen Ausgang z. B. im Wissen um eine Notlage. Dem Internet ist bekannt, ob man sich um die nächste Luxusreise kümmert oder ob Abstiegsängste die Ursache für eine Kaufzurückhaltung sind. Immer zweifelhafter wird, ob die Daten der Wahrheit entsprechen, da allgemeine akzeptierte Wahrheiten und das Vertrauen in Autoritäten auf dem Rückzug sind. Die Fortschritte in den zivilisatorischen Errungenschaften wie freie Rede und Meinungsbildung stehen Lügen, Hassbeiträgen, Filterblasen und Menschenverachtung ohne die gewohnten Möglichkeiten zur Verteidigung gegenüber. Die gesellschaftliche Diskussion wird stärker von digitalen Kampagnen als von Initiativen der dafür bislang zuständigen Institutionen, wie z. B. dem Parlament, der Universität oder den Kirchen und den Parteien bestimmt. Dieses Misstrauen in Autoritäten und Institutionen führt zu einer zunehmenden Vertrauenskrise. Die Datenkolonisierung (Couldry 2019) trägt das Potenzial in sich, zur „Massenvernichtungswaffe" der freien Willensbildung zu werden (O'Neil 2017). Die Gleichheit durch Wissen als Ziel der Digitalisierung vor 30 Jahren wird kommerziellen Zielen geopfert.

Diese Diskrepanz zu den Gepflogenheiten und Gesetzen, die bei anderen Medien zumindest eine Gegendarstellung vorsehen, wird beim Internet mit dem Verweis auf Meinungsfreiheit und Zensur verteidigt. Der Datenschutz hilft nicht gegen solche Konflikte, da die doppelte Geheimhaltung der Daten im Datenschutz und bei den Big Data der Plattformen zur Folge hat, dass die Korrektheit und der Wahrheitsgehalt nur mit hohem Aufwand verifiziert werden kann. Dies auch nur unter der Annahme, es gäbe eine allgemein akzeptierte Menge gemeinsamer Verhaltensweisen und Überzeugungen. In einem technisch-rechtlichen Sinne, liegt das Dilemma der Digitalisierung im Widerspruch um den Schutz von Personen und der Förderung von Innovationen. Die digitale Transformation hat in Europa den Schutz nur der primären Daten in der Datenschutzgrundverordnung (DSGVO) reguliert, wobei ein Rückblick auf die Sozialgesetzgebung vor ca. 150 Jahren und die heftige Kritik an der DSGVO den Verdacht aufkommen lässt, dass mit den Daten ein nachrangiger Gegenstand reguliert wurde, da der Schutz von Menschen hätte gemeint sein müssen. Die Sozialgesetzgebung hat sich weniger der

Arbeit als den Rechten von Personen in der Industriegesellschaft gewidmet. Wendet man dieses Prinzip auf die digitale Transformation an, dann geht es weniger um den Schutz der Daten, als vielmehr um die Protektion von Menschen in der digitalen Gesellschaft.

1.1 Von Visionen zur Landnahme

Erstmals ist mit dem Internet und der Informationstechnik (IT) die Möglichkeit vorhanden, dass Menschen über Kultur- und Ländergrenzen hinaus sich kostengünstig austauschen. Sie haben Zugang zu Wissen, können eigene Erfahrungen teilen und haben die Verfügung über Dienste, die bislang unbekannte Freiheiten zur Teilhabe ermöglichen. Wichtige Probleme der Menschheit, wie Beschäftigung, die Identifikation des Klimawandels, nachhaltiges Wirtschaften, Gesundheit, der Produktion und Verteilung von Nahrungsmitteln und der Bildung werden erstmals auf globaler Ebene beobachtet, analysiert und mit der IT werden Lösungsoptionen evaluiert. Dies hat seit 1991 zu einem Anstieg des Wohlstandes und der Möglichkeit zur sozialen Teilhabe geführt.

Der Median des individuellen Einkommens ist in Deutschland und den USA jedoch nahezu unverändert geblieben (Brynjolfsson und McAfee 2012). Nicht alle können am gewachsenen Wohlstand teilhaben und die Ungleichheit nimmt zu (Piketty 2014). Obwohl in Deutschland kein Einbruch der Beschäftigung festzustellen ist (Leibniz-Zentrum für Europäische Wirtschaftsforschung 2018), zeigt die hohe Arbeitslosigkeit unter Jugendlichen in der EU und ebenso die Entwicklungen in den USA, dass seit 2015 die durch die Digitalisierung freigesetzten Arbeitsplätze nicht mehr vollständig ersetzt werden (Brynjolfsson und McAfee 2018b). Die Technik und die Vernetzung entwickeln sich weiter und werden fortfahren, die Grenzen zu Lasten der Menschen zu den Maschinen zu verschieben. Mit der künstlichen Intelligenz steht die nächste Welle an Innovationen bevor, die ohne neue gesellschaftliche Orientierung den Wohlstand für wenige erhöhen und gleichzeitig die Beschäftigung der Mehrheit reduzieren könnte.

Trends zur Zentralisierung des Internet zeigen sich in der Konzentration der Dynamik der Digitalisierung auf wenige Plattformen, die über Big Data eine informationelle Überlegenheit angesammelt haben. Diese verfolgen bislang ausschließlich kommerzielle Ziele und vernachlässigen die Übernahme von Verantwortung für die Folgen ihrer Innovationen und der Daten für Einzelne und das Gemeinwohl. War es ein Zeichen von Vertrauen in Autoritäten, z. B. bei teilweise umstrittenen Behauptungen wie dem Klimawandel oder der Mobilität auf die Kompetenz, die Wahrhaftigkeit und Seriosität der Methoden von Experten zu setzen, so geht dieses Vertrauen durch die Fraktionierung der Meinungsbildung bei der digitalen Transformation in wachsendem Umfang verloren.

Nach der Überzeugung des Weltwirtschaftsforums von Davos im Jahre 2018, vorbereitet durch eine Studie von Microsoft und des Economist, erwartet man, dass um die Nutzung der Digitalisierung ein globaler Wettbewerb um Daten entstehen wird, der mit dem Kampf um Produktionsmittel der industriellen Zeit vergleichbar ist. Wer dabei im Besitz von Daten ist, kann neue Innovationen hervorbringen und gewinnt damit an Informationsmacht. Die Innovationsverantwortung ist die Aufgabe der Normenebene, die bei einer falschen Balance oder Vernachlässigung von technischen Entwicklungen zum Abstieg ganzer Volkswirtschaften führen kann (Economist 2018a). Der Datenschutz ist die einzige Regulierung zur Digitalisierung in Europa. Es stellt sich die Frage, ob die DSGVO (Datenschutzgrundverordnung) das Digitalisierungsdilemma eher verstärkt oder einebnet und der Innovationsverantwortung eher nutzt oder schadet?

Die DSGVO der EU reguliert die Geheimhaltung und die informierte Freigabe von Daten durch die informationelle Selbstbestimmung. Sie ist eine passive Form des Schutzes, da sie die Verfügung über Daten eher zum Schutz „Wovor" als zu einer Chance zum „Wozu" versteht, denn Wissen wird zunehmend im Verbund erzeugt, erfordert also Teilhabe und Datenpreisgabe. Die DSGVO hat den Willen zur Zukunft durch ihre Innovationen zum Vergessen und Löschung und zur Portabilität von Daten angedeutet. Ohne eine solche Richtungsänderung wäre ein Szenario nicht ausgeschlossen, dass z. B. Google zum Bestimmer des Weltwissens wird, Amazon sich zum Kaufhaus der Welt entwickelt und Facebook die persönliche Kommunikation über alle Grenzen kontrolliert oder zum Sachverwalter über das Geld wird.

Die Abstinenz der legitimierten Institutionen bei der Gestaltung der Digitalisierung wird oft durch deren fälschliches Gleichsetzen der technischen Entwicklungen mit Naturereignissen erklärt, während man gleichzeitig die soziale und wirtschaftliche Dynamik der Digitalisierung unterschätzt und so immer häufiger mit neuen digitalen Codes, also Verhaltensweisen und Regeln, konfrontiert wird, die mit den herkömmlichen Normen nicht mehr übereinstimmen oder geregelt werden können. Den Plattformen geht es nicht alleine um eine inkrementelle Verbesserung bestehender Produkte, sondern um die Vernetzung zu Ökosystemen, die in einer kooperativen Wertschöpfung neue Geschäftsmodelle ermöglichen. Airbnb ist eine solche Plattform. Sie bringt Vermieter und Übernachtungsgäste direkt miteinander in Kontakt. Diese Direktheit durch persönliche Daten ist die Sprengkraft, mit der z. B. Airbnb teilweise zu einer Verteuerung der Mieten, aber in ländlichen Gebieten oft zu neuem Einkommen beigetragen hat. Persönliche Daten sind auch die Voraussetzung zur Reorganisation der Wirtschaft und Gesellschaft. Google und die anderen gegenwärtigen Hegemonen werden dabei nicht einfach an die Stelle der existierenden Weltkonzerne treten, sondern sie machen die heutigen Produkte in einem ersten Schritt intelligenter und bringen sie in nachfolgenden Schritten zur Erweiterung ihrer Vernetzung in ein von ihnen kontrolliertes Ökosystem ein. Das Ergebnis kann das Ausscheiden bisheriger Firmen aus dem Markt sein. Uber ist ein Vermittler zwischen Fahrern und Kunden, die eine individuelle Beförderung nachfragen. Die Übernahme des Thermostatherstellers Nest durch Google im Jahre 2011 schuf neue Wertschöpfungsketten für die Energieversorgung und reduzierte damit bei den Haushalten die Energiekosten. Nicht mehr allein die Regelung eines Heizkörpers steht im Mittelpunkt, sondern das Energiemanagement von Häusern bis zu ganzen Stadtvierteln. Die informationelle Überlegenheit hat aus einem Thermostathersteller einen Mitspieler am etwa 100-mal größeren Energiemarkt gemacht.

Das Weltwirtschaftsforum erwartet aber noch mehr als einen Wettkampf um die Digitalisierung. 84 % der Befragten glauben an eine Fortsetzung der Vielfalt und Geschwindigkeit der digitalen Innovationen sowohl im privaten als auch im öffentlichen Bereich.

Obwohl 69 % erwarten, dass in den kommenden 10 Jahren in Europa und Asien dadurch zusätzliche Beschäftigung entsteht, so befürchtet man – mit heutigen Kenntnissen des technischen Fortschritts – in den USA einen digitalisierungsbedingten Wegfall von ca. 10 Mio. Arbeitsplätzen (Brynjolfsson und McAfee 2018a). Manche zweifeln daher an der Demokratie und meinen, dass nur bei einer totalen Überwachung und Lenkung die Beschäftigung, Klimaprobleme oder die Überbevölkerung in den Griff zu bekommen seien (Zuboff 2019). Physische Produkte erforderten zu Zeiten der industriellen Transformation für die Produktion im Durchschnitt 100-mal mehr Aufwand als für ihre Planung oder Erforschung. Digitale Produkte können ohne Aufwand kopiert werden und die Standardisierung der Produktion macht den Ersatz von Menschen durch Maschinen wirtschaftlich lohnenswert. Der kritische Punkt zum Wettlauf mit der Maschine wird in der kommenden Stufe der Digitalisierung mit der künstlichen Intelligenz erreicht (Müller 2019).

Die Industrialisierung hat die körperliche Arbeit ersetzt, die Digitalisierung wird Anteile der kognitiven Arbeit auf Maschinen übertragen. Das Digitalisierungsdreieck nach Abb. 1.1 (Müller 2003) ist ein Rahmen, der Zuständigkeiten und Verantwortlichkeiten einteilt, sowie die jeweiligen spezifischen Ziele und Verfahren erkennbar macht, die für jeden der Sektoren verschieden sind.

Das Internet hat sich seit 30 Jahren kaum verändert. Doch lässt sich die heutige Informationsmacht der Wissensebene auf eine 1984 eher beiläufig getroffene Entscheidung zur Ende-zu-Ende Adressierung im Internet zurückführen (Saltzer et al. 1984), die erst die Kommerzialisierung ermöglicht hat. Dieser „Technik-Politik-Link" ist von Schewick analysiert worden (Schewick 2012) und ist ein Schlüssel zum Verständnis der historischen Entwicklung der Wissensebene und der Big Data. Das enge Ende-zu-Ende Prinzip fordert, dass alle Knoten dieselben Anwendungen und Funktionen im Internet haben sollen, während das erweiterte Ende-zu-Ende Prinzip diese Anforderung aufgibt und so den Plattformen den Schutz ihrer Anwendungen und Daten ermöglicht. Im E-Commerce wollte man wissen, welchen Zustand eine Kommunikation mit einem Kunden

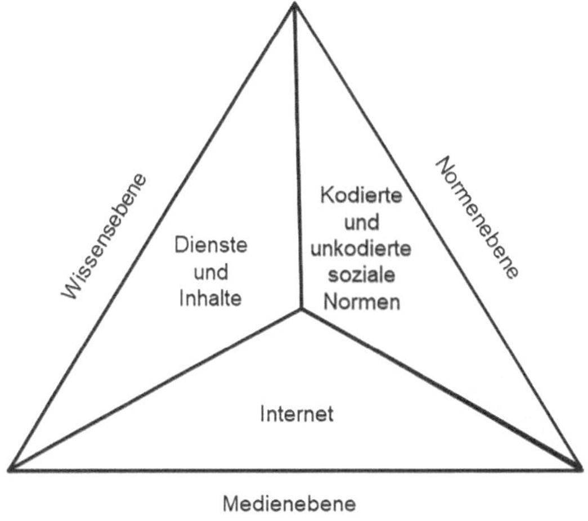

Abb. 1.1   Digitalisierungsdreieck

erreicht hat. Aus den Cookies, die die Zustandslosigkeit der Interaktionen kompensiert haben, sind die Big Data entstanden. Sie wurden die Tagebücher der Interaktionen der Plattformen mit den Teilnehmern.

Diese beiden technischen Entscheidungen haben zu zahlreichen Innovationen geführt, die mit einer Strategie durchgesetzt wurden, die durchaus an eine Landnahme zur Beeinflussung von Verhaltensweisen ohne Einwilligung oder informierter Zustimmung der Betroffenen erinnert. Wer hätte an die heutigen Veränderungen gedacht, als die sozialen Netze die Freizeit, die Meinungsäußerung sowie das Konsumverhalten und das Lebensgefühl digitalisierten? Die Vernachlässigung dieses universellen Charakters des Internet und die Gleichsetzung einzelner digitaler Innovationen mit den Errungenschaften der Industriezeit ist ein Grund für die „Leere" der Normenebene. Die Formulierung der kodierten und unkodierten sozialen Normen der digitalen Transformation ist faktisch an die kommerzielle Wissens- und die Medienebene delegiert worden.

Die *Medienebene* besteht im Wesentlichen aus dem Internet und der Aggregation von Informationstechnik, Kommunikationsnetzen und Endgeräten zur Speicherung, Verarbeitung und zum Austausch von Daten. Das Internet ist kein eigenes Netz (Müller und Blanc 1987). Es ist nur die Vereinbarung, wie existierende digitale Netzwerke durch die Protokolle TCP/IP verbunden werden müssen, um eine globale Kommunikation zu ermöglichen. Zusammen mit der Adressierung sind diese inzwischen in jedem Smartphone vorhandenen Protokolle die Voraussetzung der Digitalisierung (Müller 2009). Das Internet ist zu einer universellen Technologie geworden, die selbst Neuerung erzeugt:

1. **Universelle Technologie**
   Seit dem Beginn der kommerziellen Nutzung vor 27 Jahren sind neue auf dem Internet aufbauende Innovationen entstanden, die in ihrem wirtschaftlichen Umfang das Internet inzwischen bei weitem übertreffen (Jovanic 2005). So folgten nach der E-Mail und dem Zugang zu Datenbanken mit der erweiterten Ende-zu-Ende Adressierung die Browser, die zur Quelle von digitalen Innovationen wurden. Aus diesen haben sich die Suchmaschinen, die sozialen Netze und die Apps entwickelt (Müller 2013b).

2. **Anhaltender technischer Fortschritt**
   Seit mehr als 40 Jahren verdoppelt sich die technische Leistungsfähigkeit der Informationstechnik alle 12–18 Monate, ohne dass es zu Preisaufschlägen kommt. Alles Gehörte und Gesehene im Leben eines Menschen kann heute auf einem Speicher kaum grösser als ein Fingernagel aufbewahrt werden und in wenigen Sekunden weltweit verbreitet werden. Die Digitalisierung der Objekte, Prozesse und Werte war nur der Startschuss und damit die erste Stufe eines seither fortwährenden Prozesses, der innerhalb von knapp 30 Jahren 97 % aller in der Welt bekannten Objekte und die Gesamtheit des symbolisch repräsentierbaren Wissens in eine einheitliche Darstellungsform überführte. Im Jahre 2002 waren erstmals mehr Daten digital gespeichert als alle analogen Aufzeichnungen seit Beginn der Schriftlichkeit der

Menschheit zusammen. Mit einigem Recht kann das Jahr 2002 als der eigentliche Beginn des „Digitalen Zeitalters" gesehen werden (Hilbert und López 2011).

Die *Wissensebene* hat der digitalen Transformation erst die heutige Gestalt gegeben und leitet aus der erfolgreichen Einbeziehung der Menschen den Anspruch ab, immer leistungsfähigere und anspruchsvollere Dienste in immer kürzerer Zeit zu schaffen. Eine komplexe Aufgabe, wie z. B. das Befahren einer Kreuzung, erfordert eine Prognose des Verhaltens der anderen Verkehrsteilnehmer und einen eigenen Plan, der in Abhängigkeit von der Umwelt immer wieder modifiziert werden muss. Diese Fähigkeit zur revidierbaren Mustererkennung war bislang dem Menschen vorbehalten. Gerade beim Befahren einer Kreuzung ist die Lage jedes Mal neu. Mit den richtigen und vor allem aktuellen Daten, angepasst an die jeweilige Lage durch Verfahren des maschinellen Lernens, sehr leistungsfähigen Sensoren und der Interaktion von Fahrzeugen, also Dingen, sowie dem Rückgriff auf Big Data ist dies in Sekundenschnelle ohne menschliche Eingriffe möglich geworden. Kosinski hat persönliche Daten mit den „Likes" in sozialen Netzen und der freiwilligen Beantwortung von Persönlichkeitstests in Beziehung gesetzt, und konnte bei der Einschätzung von Menschen mit Algorithmen die Urteile anderer Menschen übertreffen (Youyou et al. 2015). Das scheinbar nutzlose Lösen von Schach- und Pokerspielen ist das Ausloten der Grenzen zum Ersatz von Menschen durch Algorithmen. Während eine Schachaufgabe durch vollständige Informationen und eine endliche Variantenzahl gekennzeichnet ist, ist ein Pokerspiel schon die nächste Stufe beim maschinellen Lernen. Man hat es beim Pokern mit unvollständiger Information und scheinbar irrationalem Verhalten zu tun und soll dennoch unter diesen Bedingungen zu zielführenden Entscheidungen gelangen.

Heute wird die Digitalisierung vor allem mit der Medienebene in Verbindung gebracht, obwohl die Innovationen und damit die wichtigen Fortschritte auf der Wissensebene liegen. Der aktuelle Zustand der Wissensebene ist durch acht beherrschende Plattformen gekennzeichnet. Amazon, Apple, Alibaba, Baidu, Tencent, Facebook, Google und Microsoft wirken wie Nadelöhre, die mit ihren Daten und Innovationen über die Zukunft der digitalen Transformation entscheiden. Sie sind die Tore durch die gegenwärtig jede neue digitale Innovation hindurchgehen muss. Sie gleichen damit den Torwächtern, denen man an den Zugängen zu großen Tempeln in Japan begegnet. Sie heißen dort *niō*, was wörtlich „barmherzige Könige" bedeutet. Sie blicken furchteinflößend drein, da sie das „Böse" aus den Tempeln fernhalten sollen. Es ist beachtenswert, dass die Netzwerktore kaum untereinander konkurrieren. Zwar sind sie immer noch die wichtigsten Innovatoren, werden aber vermehrt zu „killing zones" für originell Neues (Economist 2018b).

Die Netzwerkökonomie, die zum beherrschenden Organisationsprinzip der heutigen Wissensebene geworden ist, hat die Ausdehnung der Netzmacht zum Ziel, die durch zwei Strategien der Plattformen erreicht wird:

1. **Datenzentrische digitale Transaktionen**
   Das organisatorische Grundprinzip der Interaktion von Netzwerktoren mit den Nutzern und ihren zahlenden Kunden ist die datenzentrische Transaktion (Müller 2003).

Es ist dabei kennzeichnend, dass die Interaktionen auf der Nutzerseite kostenfrei sind, da nur dann gewährleistet ist, dass unverfälschte prognosesichere Datensammlungen entstehen (Rochet und Tirole 2003). Die Transaktion mit den Kunden hingegen ist kostenpflichtig und schafft die wirtschaftlich quantifizierbaren Werte. Die Verbindung zwischen der kostenlosen Interaktion und der kostenpflichtigen Transaktion ist das Geschäftsmodell der Netzwerktore.

2. **Netzökonomie**

In einer Netzwerkökonomie steigt mit jedem neuen Teilnehmer der Wert des Netzwerkes. Dies ist in der klassischen Wirtschaft anders. Dort gibt es einen optimalen Punkt für Größe, der bei Überschreiten zu sinkenden Erträgen führt. Der Wettbewerb konkurrierender Netzwerktore findet mithilfe sinkender Preise, Zahl der Interaktionspartner und der Kundenbindung statt. Dabei existiert nach Abb. 1.8 eine positive gegenseitige Abhängigkeit. Sinkende Preise haben mehr Nachfrager zur Folge, die dann die Kundenbindung erhöhen. Bleiben diese Abhängigkeiten unreguliert, wie bislang, führt dies zwangsläufig zu Monopolen oder Hegemonen (Barabasi et al. 2006).

Die *Regulierungs- oder Normenebene* ist bislang für die Digitalisierung kaum in Erscheinung getreten, was einerseits daran liegt, dass man überzeugt war, dass die dezentralen Prinzipien des Internet eine Regulierung nicht notwendig machen würden, da sie den demokratischen Entscheidungsmechanismen entsprechen. Andererseits hat sich die Lage so geändert, dass diese Einschätzung nun oft als fahrlässige Gefährdung der Demokratie angesehen wird (O'Neil 2017). So meint die Microsoft Studie mit dem Economist, dass 24 % aller Bürger durch die digitalen Medien in ihrem Sicherheitsgefühl beeinträchtigt sind (Economist 2018a). Die DSGVO ist die erste Regulierung, die einen Wendepunkt in der Abstinenz der Normenebene zur Digitalisierung repräsentiert. Die wichtigsten Fragen für die Normenebene jedoch lauten anders als sie in der DSGVO adressiert werden (Schoder 2018):

a) Wie lauten die Regeln, die eine Nivellierung der informationellen Ungleichheit ermöglichen?
b) Welche Entscheidungen sollen Algorithmen überlassen werden und wie ist dabei die Verantwortlichkeit zu regeln?
c) In welcher Form muss die Allgemeinheit einen angemessenen Anteil an der Wertschöpfung der digitalen Transformation erhalten, um die Folgen der Veränderungen konstruktiv für sich gestalten zu können?
d) Welche Regulierungen sind notwendig, um die Informationsmacht der Plattformen zu begrenzen und die Protektion der Menschen zu gewährleisten?

Die „digitalen Codes" definieren Regeln und Verhaltensweisen, die sich selbstorganisiert aus der Techniknutzung unter den Nutzern entwickeln, aber keinen formalen Status erreichen. Diese Integration des Neuen mit dem Alten kann in zwei Formen geschehen:

1. **Landnahme**

   Der heutige Zustand auf der Wissensebene ist in Form einer Landnahme erreicht worden, wobei die Netzwerktore die Regeln bestimmen, ohne dafür – außer durch die Marktordnung – legitimiert zu sein. Ihre Rechtfertigung ist die Akzeptanz durch die Nutzer und ihre Beiträge zum Wohlstand der Gesellschaft. Nach Schirrmacher führt allerdings eine Landnahme dieser Art in einen technologischen Totalitarismus, sollte man dies unreguliert gewähren lassen (Schirrmacher 2015).

2. **Technisch-soziale Ko-Evolution**

   Ko-Evolution ist ursprünglich ein aus der Biologie entlehnter Begriff, der einen Prozess der wechselseitigen Anpassung bezeichnet (Guimarães et al. 2011). Die „Leere" bei der Regulierung ist ein Hinweis, dass die legitimierten Institutionen sich an der zukünftigen Entwicklung der Digitalisierung nicht in wirksamen Umfang beteiligen, obwohl es dabei nicht nur um Technik, sondern um das Zusammenleben von Menschen geht. Bereits das Internet selbst, als auch die Wissensebene ist ohne wesentliche Regulierung entstanden. Das Ziel der technisch-sozialen Ko-Evolution ist die nachhaltige Sicherung der Fortschritte der Digitalisierung verbunden mit der Definition der neuen Stellung des Menschen. 79 % aller Menschen in 26 Ländern halten einer Sendung der BBC zu Folge den Zugang zum Internet für ein Menschenrecht (BBC 2010). Gleichzeitig zeigen alle Studien zur Privatheit und Datenschutz, dass sich 75 % der Teilnehmer der Gefahren von Missbrauch und Manipulation bewusst sind (Spiekermann et al. 2015). Als Resultat erwägen aber nur ca. 25 % auf die Teilnahme, z. B. auf Facebook, zu verzichten, da die damit verbundenen Kosten zu hoch scheinen und sie keinen Schutz erwarten (Almuhimedi et al. 2015).

Obwohl die legitimierten Institutionen die Digitalisierung der Gesellschaft nur geringfügig lenken, nehmen die Widerstände gegen die Landnahme unter den Nutzern in Form von Selbstregulierungen durch Kampagnen zu:

Beispiel

Der Erfolg eines kleinen Verlages gegen die Preispolitik von Amazon bei der Vermarktung von Kindle resultierte in einem Einlenken von Amazon, da der Widerstand der Netzwerk-Community zu zurückgehenden Verkäufen bei Amazon führte. Die Proteste von Mitarbeitern und Fahrern zu Ausbeutung und Regellosigkeit bei Uber veränderte die gesamte Managementstruktur ebenso wie auch bei Airbnb, als man rassistische Vermietungspraktiken nachweisen konnte (Iansiti und Lakhani 2018).

Die Selbstregulierung hat den zufälligen Charakter einer Kampagne und stärkt mit spontanen Wertäußerungen mehr das Unterlassen, als dass sie Neues fördert. Die Sanktionen beruhen auf Androhen von Reputationsverlusten oder sozialer Diskriminierung. Die DSGVO hingegen wird von Vielen als Beschränkung der Freiheit, statt als Hilfe beim Fortschritt gesehen. Diese Diskrepanz zwischen den deutlich höheren Erwartungen an die Normenebene im Vergleich zu Kampagnen ist ein Symptom der Vertrauenskrise. Die Sozialgesetzgebung könnte einen Weg aus dieser Vertrauenskrise zeigen. Krankenschutz, Schulbildung und Rente haben der Produktivitätsentwicklung der deutschen Industrie eine Spitzenstellung eingebracht, gerade weil sie den Unternehmen Freiheit zum „Wirtschaften" ließen und sich die Regulierung um die Rechte der Menschen gekümmert hat.

Das Internet ist erst dann als Option für eine universelle Technologie empfunden worden, als die Produktivität der Wirtschaft Ende der 80er und 90er Jahre des vorigen Jahrhunderts eine wenig aussichtsreiche Zukunftsperspektive bot. Sie löste vor allem die Hoffnungen aus, mit einer personalisierten Informationstechnik, wie sie an Universitäten schon in Gebrauch war, durch den unbegrenzten Zugang zu Wissen die Welt gerechter zu machen. Der als digitale Transformation bezeichnete Prozess, der in Deutschland als „Digitalisierung" bekannt ist und in seinem Bezug auf die technischen Vorgänge vor 30 Jahren die heutigen Herausforderungen eher verschleiert als deutlich macht, ist der ständig neue Umgang mit der Bewältigung von oft „disruptiven" Veränderungen durch die Informatisierung. Der Überfluss an Daten erzeugt neue Schutzbedürftige, aber ist auch ein Ausdruck der Hoffnung, die Probleme der Welt besser – teilweise mit Ersatz der herkömmlichen Technik – unter Kontrolle zu bekommen.

Wie alle sozialen Netze verfolgt Google das Ziel *„100 % der Daten eines Benutzers"* zu erfassen. Google will Antworten schon wissen, ehe Nutzer die Fragen stellen können. Inzwischen sind persönliche Daten nicht nur die Grundlage für gezielte Werbung, sondern sind selbst zu einer Kraft mit gesellschaftlicher Sprengwirkung geworden. Mit ihrer informationellen Überlegenheit dringen die Netzwerktore nicht nur in das Privatleben ein, sondern auch in Firmen, um sie entweder aus dem Markt zu drängen oder sie in Ökosystemen zu reorganisieren.

Die industrielle Wertschöpfung beruht auf einem Kerngeschäft, zu dessen Erfolg eine Kombination von Eigenkapital, Arbeit und Vermögenswerten notwendig ist. Digitale Anbieter waren anfänglich meist kapitalarm, hatten kaum Vermögenswerte, beschäftigten wenige Angestellte und finanzierten sich über Anteile an zukünftigen Gewinnen. Ihre Innovationen konzentrierten sich auf die „Schwachstellen" in den Geschäftsfeldern der Marktführer, die von diesen übersehen oder als wenig gewinnträchtig ignoriert wurden. Ihr neues Kapital entstand in den Datensammlungen, die im Laufe von nur zwei Jahrzehnten zur heutigen informationellen Überlegenheit geführt haben. Konzeptionell folgen die Übernahmestrategien dem Wertschöpfungsmodell von Porter, der in der Informatisierung intelligente Produkte entstehen sieht, die durch die Vernetzung zu neuen Geschäftsmodellen führen (Porter und Heppelmann 2018). Uber hat die Vernetzung genutzt und ist durch die direkten Kontakte von Fahrer und Passagier in den Markt der individuellen Mobilität als neuer Spieler eingedrungen. Der Vorsprung gegenüber den Taxiunternehmen ist ihre informationelle Überlegenheit (Christensen et al. 2015):

Eindringen

Beispiel

Uber wurde 2009 gegründet und hat seither einen Marktwert von ca. 70 Mrd. US$ erreicht. Uber verbindet Fahrgäste mit Führern von Fahrzeugen, die in den „Big Data" von Uber registriert sind und einen individuellen Transport anbieten. Die direkte Beziehung von Fahrzeugen zu den Kunden an beliebigen Orten wird vielfach als Steigerung des Kundennutzens gegenüber den Taxis empfunden. Das traditionelle Taxigeschäft wird weniger über den Preis als über die leichte Bedienbarkeit der Uber-App auf dem Smartphone herausgefordert. Uber hat die Taxis nicht verdrängt, sondern durch direkte Interaktionen mit Kunden die persönlichen Transportangebote vergrößert.

Die technische Voraussetzung für ein direktes Ansprechen der Kunden ist die fehlerfreie Übertragung von Daten, wobei eine Webseite zur selben Zeit millionenfach ohne Zusatzkosten offeriert werden kann. Diese Technik wurde durch Neuankömmlinge genutzt, um die IT-Branche der 80er und 90er Jahre zu reorganisieren. Sie „bedroht" jetzt die übrige Wirtschaft. Exemplarisch ist die Entwicklung der IBM, die sich schrittweise mit dem Aufkommen des Personal Computer, der Netzwerke und der verteilten Anwendungen vom Großrechner und der Transaktionsverarbeitung zugunsten von Oracle und der SAP im Bereich Datenbanken, durch Microsoft von der Betriebssoftware oder z. B. durch zahlreiche damals unbekannte Hersteller von der Hardware verabschieden musste. Bei den Telekomgesellschaften ist der Markt für die Telefonie bereits zugunsten der digitalen Innovation „Voice over IP" gekippt. Eine andere Form von Anpassung an sich ändernde Bedingungen wird gerade von Microsoft, aber auch von der SAP oder bei Oracle nachvollzogen, die weniger Erlöse durch Lizenzierung oder Vermietung ihrer angestammten Produkte erzielen, und stattdessen nun in Infrastrukturen investieren, deren wichtigste das Cloud-Computing ist.

Eine bevorzugte Branche für eine digitale Transformation sind die Automobilhersteller. Neues Kaufverhalten der Kunden, die auf Eigentum nicht unbedingt Wert legen, Zwang zu ökologischen Antrieben als ein Ausdruck der Bewahrung der Umwelt, sowie die Vision des zukünftigen autonomen Fahrens, führen zu innovativen Vertriebskonzepten, wie Car-Sharing, Leasing oder Firmenfahrzeugen, die nicht mehr den Eigentumserwerb priorisieren, sondern die Nutzungszeit. Dadurch verändern sich die Geschäftsmodelle. Die nahezu kostenfreie „Connectivity" und die Zunahme an „Intelligenz" lässt Marktverbünde entstehen, die interoperativ in einer gemeinsamen Wertschöpfungskette überlegene Angebote unterbreiten. Die Vernetzung zur Mehrung des Kundennutzens ist die Rechtfertigung für das Entstehen von „Ökosystemen" (Iansiti und Lakhani 2018). Ein gutes Beispiel für eine solche Reorganisation durch Übernahme ist der Wandel des Hausausstatters NEST zu einem Mitspieler im Energiemarkt.

Reorganisation

> **Beispiel**
>
> *„Vernetzen" und „intelligenter" machen, hat den lokalen Thermostathersteller NEST in ein Ökosystem mit Google eingebunden, das seine informationelle Überlegenheit einbrachte und nach Ausstattung der NEST Produkte mit digitalen Prozessoren diese untereinander im Haus und in ganzen Stadtvierteln vernetzte. Kunden können jetzt Energie billiger einkaufen und einen optimierten Verbrauch von Energie selbsttätig regeln. Durch die Kontrolle der Belüftung, der Klimaanlage und der Heizung senken sich die Energiekosten insgesamt. Sie werden zu einer Informationsquelle für die Energielieferanten und Kunden gleichermaßen. NEST ist als Teil eines Ökosystems nach der Übernahme durch Google in den Energiesektor eingedrungen und wurde zum Mitspieler im Energiemarkt.*

NEST ist ein Beitrag der IT zum Klimaschutz. Die informationelle Überlegenheit von Google hat zu einer disruptiven Veränderung bei NEST geführt. Ohne Übernahme wäre die Weiterentwicklung von NEST wohl mangels informationeller Kompetenz durch Big Data nicht geschehen. Erst die informationelle Überlegenheit von Google verbunden mit der Netzwerkstrategie nach Porter hat die Entwicklung branchenübergreifender Geschäftsmodelle in Ökosystemen ermöglicht.

Kollision digitaler Codes mit Normen

> **Beispiel**
>
> *Die Verbindung von persönlichen Daten sowie die in Facebook mit „LIKES" gekennzeichnete Interaktionen und die Auswertung von als privat empfundenen Persönlichkeitstests hat zu einer öffentlichen Kollision digitaler Codes mit den Normen geführt. Es versetzte das Unternehmen Cambridge-Analytica in die Lage, das Wahlverhalten einzelner Personen beim BREXIT-Referendum und bei der amerikanischen Präsidentenwahl im Jahre 2016 zu beeinflussen, indem alle Wähler in „Schubladen" eingeteilt werden konnten. Es erhielten nur die Wähler besondere Beachtung, deren Entscheidung noch unentschieden war, um danach die Wahlkampftaktik und die Aufwendungen und Werbung mit besseren Erfolgschancen kosteneffizient auszurichten* (Doward und Gibbs 2017).

Diese Erhebung kognitiver Daten wird in der Wirtschaft für Marketingzwecke, zur automatisierten Bewertung von Bewerbern, und bei der Messung der Beliebtheit von Produkten bereits eingesetzt. Die chinesische Regierung verkündet offen, dass durch eine technische aber auch kognitive Überwachung ein gesellschaftskonformes Verhalten der Bürger erreicht werden soll. Mit dem Facebook-Skandal, aber schon zuvor mit den Enthüllungen von Snowden (Schwarze 2013) ist offenbar geworden, dass das durch die informationelle Selbstbestimmung definierte Geheimhaltungsprinzip der DSGVO weder die Daten schützt noch deren Missbrauch verhindert (O'Neil 2017; Angwin et al. 2017).

1.1.1   Innovationsschübe

In den 50er Jahren des vergangenen Jahrhunderts waren Computer noch vollständig auf den wissenschaftlichen Bereich beschränkt und ermöglichten nur die Berechnung von Aufgaben, die in ihrem Lösungsweg beschreibbar waren. Man nannte sie, im Gegensatz zu den kreativen, dem Menschen vorbehaltenen Bereichen, die programmierbaren Tätigkeiten, die auf eine Welt des „Künstlichen" beschränkt seien (Simon 1996). Weltraumforschung, aber auch die Waffentechnik oder die Wetterprognose bestimmten den Einsatz. Die Rechenleistung der Computer war dem Menschen überlegen, obwohl dieser in seiner Organisationsfähigkeit unbestritten blieb. Inklusive dieser ersten Phase werden in Abb. 1.2 fünf „Innovationsschübe" unterschieden (Müller 2003).

Die zweite Phase wurde technisch durch das Timesharing der IBM eingeleitet. Hier spielten erstmals die Kosten des Computing eine wichtige Rolle, da Anwendungen durch viele Programmierer schnell erstellt werden sollten, um die Marktnachfrage zu befriedigen. Die Leerzeiten von Rechenanlagen machten die Hardwarekosten zu einem den Einsatz der IT gefährdenden Faktor. Die Leerzeiten konnten vermindert werden, weil die Kosten durch die Zuteilung von Zeitscheiben nun auf aktive Zeiten der Nutzung umgelegt wurden. Standardisierte Softwareprogramme ersetzten die menschliche Routinearbeit vor allem im Bürobereich. Tätigkeiten wie Buchhaltung, Rechnungstellung, Lagerverwaltung, Bestellwesen und Kostenrechnung waren die Aufgaben, die die Bewältigung großer Datenmengen mit einfachen Algorithmen bestritten. Mit dem PC und dem verbindenden Internet begann die Symbiose von Menschen und Maschine. Die Zeit der Großrechner war vorbei, als deutlich wurde, dass ihr Beitrag nicht mehr als Impuls für Innovationen ausreichte. Der Preis für jede Operation war im Vergleich zum PC zu hoch geworden. Der Übergang zur dritten Phase der Innovationsschübe wurde erstmals nicht nur vom Markt, sondern auch von Wettbewerbsgesetzen erzwungen. Der Marktführer IBM wurde verpflichtet, einen wichtigen Teil seiner technischen Vorsprünge mit den Konkurrenten zu „teilen". Hierzu mussten die Schnittstellen und Architekturen der IBM Hardware zum öffentlichen Gut erklärt werden. Zusätzlich wurde die Software

Innovation	Jahre	Entwurfsziele	Informationsräume
1. Phase „Rechnen"	50er	Berechnung großer Zahlenmengen	Wissenschaft, Militär
2. Phase „Prozesse"	60er	Großrechner	Administration, Unternehmen
3. Phase „Cloud Internet"	80er	Delegation des Computing	Virtuelle Community
4. Phase „Intelligente Dienste"	90er	Plattformen für Big Data und digitale Innovationen	Handlungsräume
5. Phase „Autonome Systeme"	21. Jh.	Reorganisation aller Prozesse	Digitale Ökosysteme

Abb. 1.2 Fünf Phasen der digitalen Innovationsschübe

kommerzialisiert, welche bisher als Nebenprodukt zur Hardware „kostenfrei" zu haben war. Mit der SAP, Microsoft und Oracle entstanden Marktführer, die neue und kostengünstigere Software anboten. Das Auftreten von E-Commerce, Suchmaschinen sowie der sozialen Netze, veränderte die Grenzen und das Verständnis von „Innen" und „Außen". Virtuelle Unternehmen, z. B. als *„Joint Ventures"*, schufen neue Kooperationsformen. Der Wert von Daten als Voraussetzung zu besseren Entscheidungen und zur Kontrolle der Prozesse schlug sich in effizienteren und passenderen Algorithmen nieder. Waren es lange Zeit nur die Geschäftsdaten, so wurde schnell offenbar, dass Informationen über das Verhalten von Menschen den Absatz positiv beeinflussten und damit die Werbung kostengünstiger und treffsicherer zu gestalten war. Die sozialen Netze wurden zum bevorzugten Werkzeug, um solche Daten zu sammeln und zu analysieren. Die Suchmaschinen reduzierten die Komplexität der entstehenden Informationsflut. Obwohl sich das Internet erst in den 1990er Jahren als hegemoniale Kommunikationsform etablieren konnte, war es bereits 10 Jahre später das alleinige „Nervensystem", um die Koordination der Globalisierung zu übernehmen. Damit wurde gleichzeitig und ökonomisch bedingt die Vermarktung der Software als lizensiertes Produkt durch andere Vertriebsformen erweitert. „Freie Software" (Raymond 2007) ist ein Motto der *„Open Source Community"*, die mit erheblichem persönlichem Aufwand verhinderte, dass von Anfang an nur kommerzielle Lösungen für das Internet infrage kamen. Ihre Zielsetzung war es, das dezentrale Internet mit dem freien Zugang für alle zu erhalten. Viele Programmierer verzichteten auf ein Angestelltenverhältnis, um stattdessen in autonomer Kooperation mit Gleichgesinnten an der sich abzeichnenden digitalen Welt mitzuwirken. Ihre Kultur des „Teilens" und der Fokus auf die „Community" ist ein Merkmal der Gründerzeit des Internet. Die heutige Open Source Bewegung ist die Gegenkraft zur Kommerzialisierung geblieben. Während die Ideen zur freien Software beibehalten wurden, ist dies bei den Daten nicht gelungen. Erst seit der Kommerzialisierung des Internet, dem ökonomischen Vorrang über die technische Innovation, dem gezielten Brechen von Tabugrenzen, wie beim heimlichen Beobachten und Erforschen von Menschen durch Google Glass, den Enthüllungen von Snowden und dem Facebook Skandal nimmt die Zahl derer zu, die in der Digitalisierung eine Datenkolonisierung durch ökonomisch motivierte Netzwerktore sehen (Couldry 2019). Das Misstrauen basiert auf den wachsenden Erfahrungen, nicht mehr entscheiden zu können, ob man eine Technik verwenden will oder nicht. Vielmehr passen sich die Formen des Computing ihren dominanten Vertriebsmodellen an, was zum einen die Anwendungsbreite erhöht und zum anderen einen subtilen aber starken Zwang ausübt, sich im Verhalten den Gewohnheiten der entstehenden, modernen Mehrheit anzuschließen.

1. Cloud-Computing und Big Data

Den Begriff des *Cloud-Computing* hat Googles Vorstandsvorsitzender Eric Schmidt geprägt (Pearson und Charlesworth 2009). Demnach nimmt die Datenverarbeitung keine feststehende konkrete Form mehr an, sondern vollzieht sich in der „Wolke" der Daten, der Soft- und Hardware des Internet. All dies steht im Prinzip dem Nutzer kostenfrei zur Verfügung. Das Instrument der Datensammlung sind die Apps des *Cloud-Anbieters*. Der PC, das Tablet oder die Smartphones sind nicht mehr der Ort der Verarbeitung, sondern werden zum Sensor für die sie umgebende Welt und für die Nutzer zum Fenster zur Cloud.

2. **Künstliche Intelligenz (KI)**

Die KI hat das Potenzial zur nächsten universellen Technologie aufzusteigen. Mit ihrer Begleitdisziplin – dem Maschinellen Lernen – können kognitive Fähigkeiten imitiert oder in Symbiose mit dem Menschen erweitert werden. Dadurch brauchen z. B. Menschen nicht präzise zu formulieren, was sie wissen oder wollen, da die Maschine bei der Fragestellung hilft (Brynjolfsson und McAfee 2018a). Gegenwärtig werden dazu neuronale Netze genutzt, um nicht nur Probleme zu lösen, sondern auch von den bisherigen Erfahrungen zu lernen. Zwar gibt es nicht die Garantie auf eine objektiv richtige Antwort, aber aufgrund der Big Data ist es meist die richtige Antwort für die anfragende Person zum Zeitpunkt der Anfrage.

3. **Internet der Dinge (IOT)**

Internet der Dinge ist auch unter den Bezeichnungen „pervasive" oder „ubiquitous" Computing bekannt und charakterisiert eine Techniknutzung, die zum Ziel hat, physische und virtuelle Gegenstände miteinander zu vernetzen (Weiser 1991). Dabei sind die Rechner entweder zur Erweiterung der Funktion Bestandteil des Objektes oder sie dienen nur der Bobachtung, wie z. B. eine Uhr den zurückgelegten Weg misst. Der Begriff *„Internet of Things"* (IOT) wurde bekannt durch das „Auto-ID Center" des MIT, wobei dort mit verbesserter Produktkennzeichnung und Sensortechnik der Barcode durch den Electronic Product Code (EPC) als Identifikationssystem ersetzt werden sollte (Fleisch und Mattern 2005).

Die heutigen Visionen gehen darüber hinaus. Intelligente Häuser oder Städte, sowie die Industrie sollen ihre Objekte, z. B. die Klimaanlagen, die Produktionsmaschinen, die Gesundheitsvorsorge oder auch Alltagsgegenstände ansprechbar und kontrollierbar machen (Mattern und Flörkemeier 2010). In Deutschland hat es vor allem das Konzept Industrie 4.0 zu großer Popularität gebracht (Bundesministerium für Wirtschaft und Energie 2016). Eingebettetes Rechnen, wobei Prozessoren unsichtbar im Produkt selbst verschwinden, macht die Idee von intelligenten Objekten möglich. Auch von deren „Verschwinden oder unsichtbar werden" wird geredet. Diese Technik steckt schon heute in Kreditkarten und Reisepässen, medizinischen Geräten und vor allem in Autos, aber auch Haushaltsgeräten und industriellen Maschinen (Pournaras et al. 2017).

Es sind jedoch nicht nur Entwicklungen in der Technik geschehen, sondern auch in der Form, wie Rechenleistung organisiert und erbracht wird. Dabei ist die Entwicklung vom Rechenzentrum hin zur Dezentralisierung des Computing mit Zugriff auf zentrale Dienstleistungen die Grundlage der vierten mit Übergang zur fünften Phase der Digitalisierung:

1. **Mittelalter-Paradigma der Großrechner**

„Mainframes" ist die englische Bezeichnung für Großrechner, die vor allem einen hohen Durchsatz von Daten und große Transaktionsraten ermöglichen. Solche Anwendungen sind heute in der Minderheit, obwohl es sie natürlich noch gibt. Zuverlässigkeit bei der Verarbeitung von Massendaten haben sie zu Vorreitern heutiger

Unternehmenssteuerung und der Rechnernetze gemacht, da z. B. bei Geldautomaten riesige Transaktionsraten mit vergleichsweise einfachen Algorithmen zu verarbeiten sind. Die Verarbeitung von ähnlichen, in ihrer Struktur eher einfachen Datenverarbeitungsvorgängen, wie z. B. Flug- oder Hotelbuchungen, unterschied bezüglich der betroffenen Personen nur zwischen den Programmierern und den Operateuren. Die Nutzer waren Kunden vergleichbar, die ihre Aufgaben an den „closed shop" Betrieb des Rechenzentrums abgaben. Das wichtigste Unterscheidungsmerkmal zum PC sind die Nutzerschnittstellen. Eine grafische Schnittstelle wurde nie entwickelt. Nutzer hatten über Terminals Zugang zu Systemen, die oft tausende von Teilnehmern scheinbar gleichzeitig bedienten. Diese Form der Interaktion wurde gegen Ende der 90er Jahre vollständig von den grafischen Schnittstellen abgelöst. Bis heute gibt es Anwendungen bei denen die Verschiedenartigkeit der Belastung einen ununterbrochenen Dienst, Garantien bei Fehlertoleranz und sicherheitskritische Eigenschaften verlangen. Hierzu werden noch immer Großrechner im „Backend" eingesetzt. Ab den 90er Jahren, verbunden mit sinkende Netzwerk- und Softwarekosten, wurde mit LINUX die Möglichkeit geschaffen, auf Großrechnern bis zu 8000 virtuelle Maschinen zu betreiben. Dennoch ist ihr Marktanteil auf unter 5 % der IT gesunken.

2. **Neuzeit-Paradigma mit Personal und Mobile Computing**

Ein Personal Computer ist ein Mikrorechner, dessen Größe und Leistung ihn für den individuellen Gebrauch im Alltag einsetzbar machen. Nach Phasen mit mittlerer Datentechnik, repräsentiert durch Nixdorf oder von Workstations von z. B. SUN und DEC, die letztlich nur leistungsfähigere PCs waren, ist diese Unterscheidung heute ohne Bedeutung. Der Trend geht zur Reduktion des Gewichtes, sodass die Schreibtischrechner nur noch selten anzutreffen sind und von Notebooks oder Tablet-Computern abgelöst werden. Die Betriebssysteme sind Windows, MacOS oder Linux. Der Begriff PC wurde von der IBM geprägt, aber von ihr nie außer für ihr eigenes Produkt genutzt.

Mobile Computing wird von mobilen Geräten durchgeführt, die eine Variante des PC sind. Sie lösen das Rechnen von einem physischen Anschluss und bestehen aus mobiler Kommunikation und mobiler Hardware. Smartphones sind das prominenteste Beispiel. Sie haben vielfältige Kommunikationsfähigkeiten wie WiFi, mobilen Breitbandanschluss, Bluetooth und Satellitennavigation. Die Interaktion wird über „Touch-Screens" mit wenigen physikalischen Knöpfen, im Gegensatz zu den Tasten des Vorläufers Blackberry, durchgeführt. Die Betriebssysteme Android und iOS haben alle anderen Optionen abgelöst. Abweichende Formen des Mobile Computing verschmelzen Rechner mit ihren Trägern, und werden daher als „Wearables" bezeichnet. Sie sollen die sie enthaltenden Objekte intelligent machen, wie bei Uhren, Armbändern, Halsketten oder tastenlosen Implantaten. Ein „Carputer" ist in Autos installiert und steuert z. B. das Tonsystem, GPS oder die Kommunikation mit Hilfe von Bluetooth. Der Carputer wird gegenwärtig durch Plattformen wie *Android-Auto, CarPlay* oder dem Open Source Angebot *OpenCar* abgelöst.

Wie beim Großrechner programmierten anfänglich PC-Nutzer ihre Anwendungen selbst. Seit ca. 2010 und der Einbeziehung des Internet in die Programmierung haben die Nutzer Zugang zu einem großen Angebot an kommerzieller Software, zur „*Freeware*" und zur „*Free und Open-Source Software*". Im Unterschied zu Großrechnern wird die Software für PC losgelöst von der Hardware produziert.

1.1.2   Ende des Fortschritts?

Gegenwärtig – und nun schon mehr als 50 Jahre anhaltend – lässt sich nach einer bekannten Parabel zeigen, welche Dynamik durch die rasante Entwicklung der Technik in der Gesellschaft und Wirtschaft entstanden ist. Nach dem Moore'schen Gesetz, das eigentlich nur eine unbewiesene Faustregel ist, wird in jedem folgenden Jahr die doppelte Menge an Rechenleistung zur Verfügung stehen wie im aktuellen Jahr. Soll dieser Fortschritt genutzt werden, müssen neue Anwendungen, die digitalen Innovationen, entstehen.

Der Brahmane Sissa erhielt für die Erfindung des Schachspiels von seinem König einen Wunsch frei. Er wünschte sich auf das erste Feld eines Schachbretts ein Korn Reis, auf das zweite Feld das Doppelte, also zwei, auf das dritte wiederum die doppelte Menge, also vier, und so weiter. Ab ca. dem 20. Feld überstieg die Menge an dazu notwendigem Reis die Ernte des Königreiches.

Dem König standen drei Optionen zur Verfügung, um auf seine Zahlungsunfähigkeit zu reagieren:

1. *Die Liquidierung von Sissa.*
2. *Das Eingeständnis, Versprechen nicht halten zu können und damit an Glaubwürdigkeit zu verlieren.*
3. *Das Finden einer kreativen Lösung.*

Letzteres war dann auch der Fall. Sissa musste die Reiskörner der letzten Zahlung einzeln zählen, um entscheiden zu können, ob der König einen korrekten Lohn auszahlt.

Die Digitalisierung kennt seit Mitte des vorigen Jahrhunderts keinen Stillstand. Sie wird auch von Fachleuten mit Staunen als exponentieller Prozess erfahren, der tatsächlich ca. alle 12–18 Monate die Leistungsfähigkeit der IT bei konstanten Kosten verdoppelt. Legt man als den Beginn dieses Phänomens das Jahr 1958 fest, als erstmals in den USA der Wert des Ergebnisses der Datenverarbeitung als Vermögen in der Bilanz angesetzt werden konnte, dann steht die Menschheit heute weit in der zweiten Hälfte von Sissa's Schachbrett (Brynjolfsson und McAfee 2012).

Auch die Innovationsrate bei den Diensten und Anwendungen hat damit Schritt gehalten, obwohl diese Entwicklung allerdings erst in der dritten Phase der Innovationsschübe Fahrt aufgenommen hat. Die Telekomgesellschaften konnten in den 1980er Jahren mit dem Fax und dem Telefon nur zwei Dienste anbieten, während im Internet bereits zur Jahrtausendwende ca. 15.000 Dienste verfügbar waren (Müller 2003) und die Innovationsrate bis heute weiter ungebremst ist.

Der Fortschritt und die Rasanz der Innovationen wird durch in Abb. 1.3 aufgeführten Faustregeln intuitiv anschaulich:

Bereits für 2007 wurde ein Auslaufen des Moore'schen Gesetzes vorausgesagt, was jedoch seither immer wieder korrigiert wird. Die Wissenschaft hat das *Armageddon* immer nach vorne verschoben, jetzt soll es 2029 stattfinden. Es hat Auswirkungen auf Technik und Kaufentscheidungen gleichermaßen. Üblicherweise schiebt man eine Kaufentscheidung auf, wenn man eine Innovation zu günstigeren Bedingungen erwartet. Bei der Digitalisierung ist dies anders. Obwohl man weiß, dass alle digitalen Geräte vom PC, über Musik- oder Computerspiele bis zum Smartphone in 12–18 Monate doppelt so gut sein werden und das für denselben Preis, stellt man den Kauf nicht zurück. Die Erklärung ist, dass nicht das technische Gerät gekauft wird, sondern die Nutzung neuer Anwendungen. Die in Abb. 1.8 gezeigten Rückkopplungsschleifen der Preis-, Netzwerk- und Lock-In-Effekte belohnen die Organisationsform, welche am meisten Nachfrager anzieht, die bereit sind, auf kurzfristige Gewinne zu verzichten, um in weitere Funktionalität zu investieren. Das Neue wird überproportional belohnt. Microsoft hat diese schon lange bekannten Prinzipien erstmals zur Gestaltung eines digitalen Marktes angewandt (Barabasi et al. 2006). Damals haben Kunden für die attraktiven

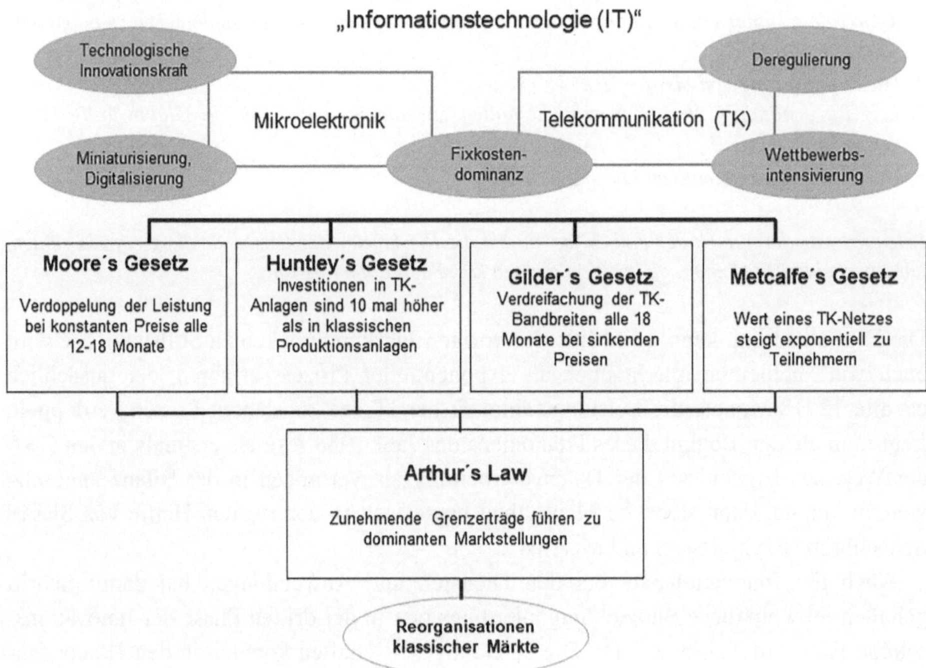

Abb. 1.3 Faustregeln der digitalen Transformation

Computerspiele die Nachteile des Betriebssystems in Kauf genommen. Man verblieb bei Windows wegen der Spiele. Die heutige Dominanz der Bürofunktionen Word, Powerpoint und Excel sind die Folge solcher Netzwerkeffekte.

Eine Differenzierung von Produkt und dessen Einsatz ist nach Gilder's und Huntley's Regel die Ursache für die Dominanz der Investitionen in die Bandbreite und deren Verdreifachung alle 18 Monate. Diese Priorisierung wird ökonomisch als die „Vergeudung des Gewinners" bezeichnet, da die billigste Ressource verschwenderisch genutzt wird, um die teuerste zu subventionieren. So hat Google von Anfang an auf die „besten" Antwortzeiten gesetzt und ist dadurch heute in der Lage, Dienste wie Google Maps oder freie E-Mail in einer Qualität anzubieten, die Kunden an Google bindet. Zur Grundlage des Verständnisses der Prinzipien der Netzökonomie ist das Metcalfe'sche „Gesetz" geworden, das proklamiert, dass der Nutzen eines Netzwerks quadratisch zur Zahl der Teilnehmer wächst. Arthur's oder Ricardo's Regeln betrachten in der Netzökonomie die Preise als dominantes Entscheidungskriterium für den Kunden. Wer den besten Grenzertrag, also den höchsten zusätzlichen Gewinn durch das letzte verkaufte Produkt, erzielt, wird am Ende als monopolistischer Sieger aus dem Wettbewerb um die Kunden hervorgehen.

Diese technischen Faustregeln werden von einer spektakulären Veränderung der Forschung und Entwicklung begleitet. Die Erstellung von Android liegt mit rund vier Mrd. US\$ bei weniger als der Hälfte der Kosten, die IBM für das PC Betriebssystems PS/2 Jahre zuvor aufbringen musste. Die Ursache ist die Beteiligung der „Open Source Community", die in vernetzter Form in digitalen Handlungs- und Informationsräumen das Betriebssystem Android effizienter entwickelte und für eine größere Verbreitung sorgte als Google dies im Alleingang vermocht hätte. Verbesserte Varianten dieser Entwicklungsform ist bei der künstlichen Intelligenz unter Einbeziehung der Nutzer in vermehrtem Umfang zu erwarten.

1.1.3   Wandel der Arbeit

Eine für Gemeinschaften wichtige Folge der digitalen Transformation ist der Vorwurf, dass die Netzwerktore nur für eine relativ geringe Beschäftigung sorgen, obwohl sie bereits heute einen überproportionalen Anteil der Wertschöpfung reklamieren. Während 1990 die damals dominierende IBM ca. 6 Mrd. US\$ Gewinn bei einer Beschäftigtenzahl von ca. 400.000 Personen erzielte, liegt der prognostizierte Gewinn von Google für 2019 beim nahezu Siebenfachen, wozu nur etwas mehr als ein Zehntel der Beschäftigten gebraucht werden.

Zur Dokumentation des vermehrten Wissens sind nicht nur riesige Bibliotheken oder vernetzte globale Einkaufsläden geschaffen worden, vielmehr sind diese in effiziente digitale Informations- und Handlungsräume integriert, damit der Wissenszuwachs in Netzwerken stattfinden und organisiert werden kann. Anfänglich waren die

Informationsräume virtuelle Begegnungsstätten der Open Source Gemeinschaft, um z. B. gemeinsam LINUX zu erschaffen. Die zahlreichen Innovationen des Internet erzeugten in immer kürzeren Abständen neue Chancen, die man besser nutzen konnte, wenn man vertraglich nicht gebunden war. Für die Nachfragenden und die Anbieter von Arbeit entstand ein persönlicher und wirtschaftlicher Vorteil, da Arbeitswelten weit über die Grenzen einer Unternehmung hinausreichten und Informationsräume entstanden, die als temporärer virtueller Arbeitsplatz zur Weiterbildung und Sammlung von Erfahrung projektbezogen einsetzbar waren (BITCOM 2014). Die individuellen Beiträge werden nach ihren Profilen bei „Open Source" oder „Open Innovation", nach ihrem „Know-How" und ihren Kompetenzen beurteilt, die oft kostenfrei gegen die Möglichkeit der Teilhabe an einer späteren Vermarktung erbracht werden. Arbeitnehmer werden je nach Grad ihrer Beteiligung an Gewinnen und an Risiken in „Innen" und „Außen" klassifiziert (Boes et al. 2015). Die „inneren" Arbeitskräfte sind festangestellt und dauerhaft Teil des Unternehmens, während mit „Außen" jene bezeichnet werden, die projektbasiert an der Wertschöpfung auf eigene Rechnung teilhaben. Die Kooperation der inneren und äußeren Akteure ist durch die Bereitstellung von anschlussfähigen Schnittstellen in den Informationsräumen und die Schaffung von Durchlässigkeit zwischen den Arbeitsprozessen möglich geworden. Dabei wird zur Motivation auf die idealistischen Vorstellungen von Freiheit von Bindung der Internetgründerzeit zurückgegriffen. „Gemeinschaften" (Communities) sind noch heute vielfach ein Leitbild, auch bei großen Plattformen. Viele Besucher und Nutzer von Informationsräumen haben inzwischen selbst kommerzielle Firmen gegründet.

Die Unterscheidung in „Innen" und „Außen" erinnert an die Kommodisierung von Arbeit während der industriellen Revolution (Doerre 2013). Bislang marktlich nicht verwertete Arbeit wird kommerzialisiert. Damals zog es Arbeitskräfte aus der Landwirtschaft mit Aussicht auf ein höheres Einkommen in die entstehende Industrie der Städte. Die pauschale Versorgung in der Landwirtschaft bei meist niedrigem Lohn entfiel. Was bisher „kostenfrei" war muss nun kommerziell beschafft werden, was wiederum die Löhne erhöhte. Oft waren Kinderarbeit und Ausbeutung die Folge. Erst die Regulierung durch Sozialgesetze, ferner der Zugang zur Bildung, führten für Viele zu stabilen Einkommens- und Lebensverhältnissen. Das Risiko der „Außen-Arbeiter" liegt in der Entwicklung ihrer Kompetenzen, die meist privat finanziert weiterentwickelt werden müssen und teuer beim Erwerb sind. Daher werden oft die Kosten der Weiterbildung in die Öffentlichkeit verschoben, die jedoch nicht immer mit konkurrenzfähigen Angeboten mit dem digitalen Wandel mithalten kann. Der Umbruchprozess der digitalen Transformation, der die Erwerbstätigkeit im Innenverhältnis teilweise durch das eigenverantwortliche Außenverhältnis ersetzt, ist durch die partielle Übernahme des Risikos und vor allem die hohen Gewinnerwartungen sehr attraktiv und eine der Ursachen für die hohe Innovationsrate. Die Ausbildung ist meist auf die vielfach einkommenslose Teilnahme an gemeinnützigen Projekten verlagert, was ja das Wesensmerkmal der „Internet Community" war. Heute investieren die meisten Plattformen erhebliche Summen für die Qualifizierung von Programmierern, um das Erfolgsmodell des „Innen" und „Außen" aufrecht erhalten zu können. Die ungleiche Partnerschaft zum Auftraggeber lässt das Eigentum an den entstehenden Innovationen überwiegend an den Auftraggeber gehen. Nur die Kompetenz und das persönliche Netzwerk kann mitgenommen werden.

Die Plattformen bevorzugen als Entlohnung die Gewinnbeteiligung, da diese erst bei Erfolg fällig werden. Aggregiert über alle Beschäftigten sind so die Aufwendungen niedriger, sofern ein effizientes und als gerecht empfundenes System zur Kontrolle etabliert werden kann. So hat z. B. IBM nach den kostenintensiven Erfahrungen bei der „internen" Entwicklung für das Betriebssystem PS/2 durch ein beeindruckendes Modell für die Kooperationen mit „Außen" die Systeme *Linux, Apache* und *Eclipse* zu relativ niedrigen Kosten geschaffen (Koenen 2012). Dieses Vorbild wurde von Google bei der Erstellung des Betriebssystems *Android* kopiert. Digitale Reputation ist ein Ausweis der akkumulierten Anerkennung, die externe Akteure durch ihre Beiträge erworben haben. Es entsteht so ein Kontrollmodus, der nicht auf Anweisung und Gehorsam beruht, sondern durch Erfolg und Akzeptanz bestimmt ist. Das System erlaubt eine permanente Überwachung mit erstaunlich präziser Prognostizierbarkeit von Verhaltens- und Leistungsmustern. Personen, die bislang im Innenverhältnis einen Expertenbonus genossen, da ihnen wegen der begrenzten Kontrollierbarkeit ihrer Tätigkeit Freiheiten zugestanden wurden, werden zum Wechsel in das Außenverhältnis mit den Chancen auf ein außergewöhnliches Einkommen und Selbstverwirklichung motiviert. Bei Misserfolgen besteht allerdings die Gefahr zu einem „Internet-Tagelöhner" oder einem „digital Bohemian" abzusinken (Boes et al. 2015).

1.1.4 Beschäftigungsarmes Wachstum

Der technische Fortschritt ist eine mögliche Ursache für die Veränderung der Arbeitsmärkte, das Stagnieren der Einkommen und der Bedrohung des Wohlstandes, gerade weil mit der Digitalisierung zwar enorme Rationalisierung aber meist keine oder nur geringe Beschäftigung verbunden ist (Brynjolfsson und McAfee 2018a). Einen wichtigen Beitrag zur Analyse dieses Verhältnisses bilden die Arbeiten von Frey und Osborne (Frey und Osborne 2017), die bereits 2013 eine Studie zum Risiko für Arbeitsplätze durch Datenzugang in den USA und Deutschland durchgeführt haben. Sie sind dabei zum Ergebnis gekommen, dass 47 % der amerikanischen Arbeitsplätze ein hohes Bestandsrisiko aufweisen, in naher Zukunft durch Digitalisierung ersetzt zu werden, während in Deutschland dieses Risiko nur 42 % beträgt (Lentz 2018).

Von 1990 bis ca. 2005 gab es in den USA kaum Veränderung im Verhältnis der Einkommen der 10 % Reichsten zu den 10 % Ärmsten. Auch der Median ist sowohl in Deutschland als auch in den USA von 1991 bis heute nahezu unverändert geblieben, obwohl in dieser Zeit ein hohes wirtschaftliches Wachstum zu verzeichnen war. Unter dem Median ist das Einkommen zu verstehen, bei dem es genauso viele Menschen mit einem höheren wie mit einem niedrigeren Einkommen gibt. Es darf nicht mit dem Durchschnittseinkommen verwechselt werden, da der Median kaum auf Ausschläge nach oben oder unten reagiert. Unterstützt durch Frey's Studien hat die Meinung Oberhand gewonnen, die es als „wahrscheinlich" ansieht, dass die Fortschritte in der digitalen Transformation zulasten der Beschäftigung gehen. Man bezeichnet dies als beschäftigungsloses Wachstum. Das bedingungslose Grundeinkommen ist eine vielfach postulierte Idee, um solchen zu helfen, deren Arbeit durch Maschinen verdrängt werden könnte und für die eine Fortbildung wenig aussichtsreich ist. Stiglitz sieht im bedingungslosen Grundeinkommen jedoch nur ein halbherziges Umgehen mit den Herausforderungen, die bei den Befürwortern Angst vor antizipierten negativen Folgen verrät und weniger das vorurteilsfreie Entwickeln von Alternativen, die dafür sorgen, dass die Digitalisierung allen zu Gute kommt, ohne dass Fürsorgeempfänger geschaffen und dauerhaft subventioniert werden (Stiglitz 2018).

Die Qualität der Arbeitsplätze hat sich auch in Deutschland geändert und die Arbeitnehmer haben seit 1991 teilweise einen Kaufkraftverlust hinnehmen müssen. Über 30 % aller Beschäftigten sind in Leiharbeiterstellen oder zeitlich begrenzten Angestelltenverhältnissen tätig. Zwar ist damit die Arbeitslosenquote gesunken, was aber mehr dem industriellen Wachstum als der digitalen Innovation zu verdanken ist (Leibniz-Zentrum für Europäische Wirtschaftsforschung 2018). Piketty konnte zeigen, dass es gegenwärtig sowohl in den USA als auch in Europa eine Ungleichheit der Vermögensverteilung und eine starke Ungleichheit der Einkommensverteilung existiert. So verdienen die obersten zehn Prozent in den USA 48 % des Gesamteinkommens, während es in Europa 35 % sind. Neben dem Einkommen definiert aber auch das Vermögen die Stellung in einer Gesellschaft. Die obersten 10 % der USA besitzen etwa 73 % des Gesamtvermögens, während es in Europa nur 66 % sind (Brynjolfsson und McAfee 2012). Piketty behauptet nun, dass es für die ungleichen Löhne einen Zusammenhang zwischen dem Realzins des Kapitals und dem Wirtschaftswachstum gibt. Danach wächst Kapitalvermögen schneller als das Lohneinkommen, da dieses im Durchschnitt mit dem Wirtschaftswachstum und das Kapitaleinkommen mit dem Realzins steigt (Piketty 2014). Es scheint so zu sein, dass Einkommen, die auf den Umgang mit Daten angewiesen sind, mit dem Realzins wachsen. Die Einkommen aus Firmenanteilen sind auf den Wertzuwachs durch Daten zurückzuführen und weisen analog zum Realzins höhere Wachstumsraten als die sonstigen Lohneinkommen auf. Die Ungleichheit der Einkommen wächst, da die Einkommensdifferenz zu den Kapitalbesitzern von der Bevölkerung ohne Kapitalvermögen nicht mehr kompensiert werden kann.

Dennoch hat sich das mittlere monatliche Nettoeinkommen für Einpersonenhaushalte in Deutschland von 2005 bis 2016 kontinuierlich erhöht. Im Jahre 2005 betrug es noch 1226 € und stieg seither um rund 28 % auf 1615 €. Dieselbe Größe für Familien mit zwei Kindern unter 14 Jahren betrug im Jahr 2005 2575 € und wuchs gleichmäßig bis 2018 um rund 32 % auf ca. 3392 € an (Sachverständigenrat 2014). Rechnet man die Preisentwicklung ein, so sind die Einkommen um zwölf Prozent gestiegen (Goebl und Krause 2016). Während die mittleren Einkommen um mehr als acht Prozent stiegen, legten die höchsten Einkommen jedoch um bis zu 26 % zu. Die unteren Einkommen hingegen fielen real zurück (Horn 2017). Dieser Trend gilt jedoch nur eingeschränkt für das Medianeinkommen. Dieses sank in den Jahren 1991 bis 2005 zunächst von etwa 20.700 € auf 19.000 €, ist aber im Jahre 2014 wieder auf 20.300 € angestiegen (Leibniz-Zentrum für Europäische Wirtschaftsforschung 2018).

Nach dem Einkommen sind vor allem die Auswirkungen auf die Beschäftigung ein wichtiger Indikator zur Beurteilung der Folgen der Digitalisierung. Dabei stehen zwei Fragen im Vordergrund: 1) Gibt es allgemein eher Beschäftigungsverluste oder Zuwächse? 2) Profitieren hochqualifizierte Beschäftigte zwangsläufig von der Digitalisierung und sind ungelernte Beschäftigte auf der Verliererseite?

Insgesamt ist die Zahl der Beschäftigten in Deutschland seit 2009 von 28 Mio. auf 34 Mio. gestiegen. Dazu kommen ca. 7 Mio. geringfügig, etwa 5 Mio. ausschließlich geringfügig und ca. 3 Mio. im Nebenberuf Beschäftigte. Obwohl keine verlässlichen Daten über die IT-Investitionen vorliegen, nehmen sie, übertragen aus den USA, mit ca. 20–30 % den Löwenanteil aller Investitionen ein. Zuwächse in der Beschäftigung betreffen insbesondere die Gruppe der Experten. Die mittlere Zahl der Beschäftigten stieg insgesamt um 10 % wobei bei den Unternehmen zwischen digitalen „Vorreitern" und „Nachzüglern" unterschieden wird. Nachzügler oder Abwartende bei der Digitalisierung bauten ihre Beschäftigung bis zu teilweise 40 % ab. Dieser Rückgang betrifft vor allem klassische Fachkräfte. Auch bei den „Vorreitern" verlieren die Facharbeiter an Boden, werden dort aber von Experten abgelöst, also Personen, die hochkomplexe vor allem aber IT-Steuerungstätigkeiten ausüben können. Negative Beschäftigungseffekte ergeben sich bei „Vorreitern" für ungelernte Mitarbeiter sowie bei nicht-wissensintensiven Hilfskräften. Für Deutschland kann daher gesagt werden, dass bei der gegenwärtigen Verteilung von Großbetrieben, sowie dem zahlenmäßig dominanten Mittelstand erheblich in die Informationstechnik investiert wird und dies bis zum Berichtszeitraum 2018 auch zu Wachstum geführt und sich positiv auf das Betriebsergebnis ausgewirkt hat, dass aber auch die Beschäftigungsschwankungen im Bereich des Normalen verblieben sind und ein Abbau nicht stattgefunden hat. Eher ist das Gegenteil der Fall. Aufgrund der Modernisierung des traditionellen Geschäftsmodells durch die Digitalisierung ist die Beschäftigung insgesamt gestiegen (Leibniz-Zentrum für Europäische Wirtschaftsforschung 2018).

Ganz anders sehen die Zahlen in den USA aus. Dort sind im vergangenen Jahr zwar deutlich mehr Arbeitsplätze als im Vorjahr geschaffen worden. Um jedoch die Migrations- und Rationalisierungsgewinne auszugleichen, hätten 208.000 zusätzliche Stellen statt der tatsächlich zusätzlich geschaffenen 117.000 Positionen pro Quartal entstehen müssen (Brynjolfsson und McAfee 2012). Der Ökonom Okun behauptete vor 50 Jahren, dass das Wirtschaftswachstum und die Entwicklung der Beschäftigung in einem negativen Verhältnis zueinander stünden. Dies führte er auf die zunehmende Rolle der Technik und damit der wachsenden Produktivität zurück (Okun 1962). Für Deutschland ist dieser Effekt bis jetzt für die Digitalisierung nicht nachweisbar (Bund 2018), während Brynjolfsson den Okun'schen Effekt in den USA zu erkennen glaubt (Brynjolfsson und McAfee 2012). Dafür kommen drei Erklärungsansätze infrage:

1. Die Nachfrage stagniert: Die Schwächung der Nachfrage liege an der Konkurrenz durch Schwellenländer wie China. Allerdings ist es wohl eher so, dass die ausgelagerten Industrien nicht ersetzt wurden und so die Löhne im Durchschnitt gefallen sind. Auch die IT-Industrie hat nicht für neue Beschäftigung gesorgt. Google und Facebook haben als die „Flaggschiffe" bezogen auf den Umsatz und den Börsenwert nur sehr wenige Angestellte.
2. Die Innovation stagniert: Die reduzierte Fähigkeit zur Innovation und zur Erhöhung der Produktivität drückt sich in relativen Kostenverschlechterungen bei der Produktion aus. In freien Märkten, die nicht tarifgebunden sind, wirkt sich dies auf die Löhne aus, da Lohnzuwächse aus erhöhter Produktivität oder wachsenden Marktanteilen entstehen.
3. Die Digitalisierung floriert: In der Ökonomie spielt sowohl der technische Faktor als auch die IT oder das Internet überwiegend keine Rolle für die Prognose der Zukunft, was sich aber für die Digitalisierung erstmals als Mangel der gewohnten Methoden erweisen könnte. Die Beschäftigung im produzierenden Gewerbe ist in den USA deutlich gesunken, was allerdings einerseits mit der Auslagerung von Produktion ins Ausland aber andererseits auch mit der Übertragung von Arbeit auf Maschinen zu tun hat.

Brynjolfsson sieht ein Rennen mit den Maschinen bereits im Gange, bei dem die Zeichen nicht auf den Menschen als den zukünftigen Gewinner deuten (Brynjolfsson und McAfee 2018b). Dem Argument, dass bislang noch jeder technische Fortschritt neue Arbeitsplätze geschaffen habe, die die verlorenen Stellen ersetzen konnten, hält er eine Anekdote entgegen, wonach Technik ein wichtiger Faktor zur Erklärung der Beschäftigung ist. Im England des beginnenden 20ten Jahrhunderts hätte es etwa 3 Mio. Pferde gegeben, die den gesamten Verkehr bewältigten. Erst als die Futterkosten für die Pferde zu hoch wurden, weil die Preise für den motorisierten Transport sanken, seien diese aus dem Wirtschaftsleben verschwunden.

1.2 Sind Daten das neue Kapital?

Ganze Epochen werden nach den sie beherrschenden Technologien oder Materialien benannt. Dem jeweiligen Innovationsschub der IT angepasst sind schon zahlreiche kurzlebige Bezeichnungen für die Jetztzeit gefunden worden und ebenso schnell in Vergessenheit geraten (Kübler 2009). Zurzeit sieht man die Vollendung der digitalen Transformation im Einsatz der künstlichen Intelligenz, die für alle den Weg zur Wissensgesellschaft öffnen solle, womit die Sorge um das Dasein durch ein Ende der Knappheit überwunden werde. Google hat mit seiner Suchmaschine die Informationsflut beherrschbar gemacht, sodass der Eindruck eines „Weltgedächtnisses" (Wells 1937) entsteht und Google als dessen Nachschlagewerk agiert (Facciorusso 2013). Die Voraussetzungen zu allem Fortschritt sind die Datensammlungen. Man könnte die Daten als die Objekte bezeichnen, die als Pfand für neues Kapital eingetauscht werden können. Ist erst der Kreislauf in

Gang gesetzt, ist vor allem die Wiederverwertung von Daten und Kapital der Motor für neue Innovationen. Voraussetzung dazu ist jedoch, dass Daten zu „Wissen" verarbeitet werden. Daten jedoch sind noch kein Wissen. Dieses muss erst durch die Datenanalytik erzeugt werden und einen Markt finden. Wissen hat eine individuelle Perspektive, die einen persönlichen Zweck voraussetzt und eine subjektive Absicht verlangt. Eine digitale Wissensgesellschaft verlangt daher Bewusstsein, Kreativität und Emotion, welches bislang die wohl letzten Domänen menschlicher Überlegenheit über die Maschine sind.

Unbestritten ist, dass es zahlreiche Anwendungsbereiche gibt, die suggerieren, dass der Mensch überflüssig wird, wie z. B. durch das Schachspiel, der Beantwortung von Fragen bei Quizsendungen oder bei dem Management von Städten, Häusern, Fahrzeugen, Maschinen bzw. Produktionslinien durch intelligente Algorithmen. Alle diese Lösungen sind jedoch nur Inseln mit kreativen Einzellösungen geblieben. Keine hat einen Gesamtanspruch auf Intelligenz. Die Rechner, die z. B. den Menschen beim Schachspielen schlagen, sind nicht in der Lage „Äpfel von Birnen" zu unterscheiden. Dafür braucht es dann wieder eine neue Insel, die eben dieses Problem lösen könnte. Die Steuerung des Garagentores und die flexible Logistik mit Uber, das Überlassen von Räumen bei Airbnb, die automatisierten Rasenmäher oder „intelligente Haustechnik" (Smart Home) sind dabei Leuchttürme der IT, die alles „intelligenter" machen, aber erst dann zu Wissen werden, wenn der Mensch die Resultate in einen Sinnkontext stellt. Insgesamt reduziert sich die Vision einer Wissensgesellschaft auf die Verfügbarkeit großer Datenmengen und die Ableitung von Signalen und Mustern für exakt vorbestimmte Anwendungen mit vordefinierten Zielen. Intelligente Systeme machen die Menschen „geschickter", aber nicht „wissender".

Das Betriebssystem Android von Google verfügt über den Zugang zu Milliarden von mobilen Telefonen, deren Eigentümer jeweils individuelle Zwecke mit ihrem Gerät verbinden und dabei mit den identischen Algorithmen zwar zum gleichen Ergebnis, aber zu unterschiedlichen Lösungen kommen. Nach denselben Prinzipien agieren Amazon und Alibaba, die den Kunden beim Einkauf helfen, die geeignetsten Angebote zu identifizieren und zur Beratung auf die Erfahrungen anderer Kunden und die Kaufhistorie zurückgreifen. Die Übertragungen der Erfahrungen aus der analogen Welt werden bei Facebook durch Begriffe wie „Freunde" bedient. Sie vermitteln das Gefühl, Teil einer Gemeinschaft mit identischen Werten und Normen zu sein, die Informationen bereitstellt, die man selbst nicht besitzt, aber nutzt, um zu einer Form von Wissen zu gelangen.

Die Auguren, die erwartungsfroh in die Zukunft blicken, sehen in der Digitalisierung den nächsten Schritt zur Emanzipation von der Knappheit von Gütern und zur Überwindung alter Grenzen. Nachdem die Maschinen die Muskelkraft erhöht haben, ist heute die Digitalisierung für die Steigerung der kognitiven Leistungsfähigkeit zuständig. Berger sieht dies als Quelle für höhere Einkommen durch bessere Beiträge zu Problemlösungen aller Art (Berger 2017). Das andere Lager sieht gerade darin eine Verstärkung der zukünftig wachsenden Ungleichheit (Piketty 2014). Die stark differenzierenden Erwartungen an die digitale Transformation sind exemplarisch an den Einschätzungen und Handlungen wichtiger deutscher Akteure zu erkennen:

1. Die politische Bedeutung wird beim Bundesministerium der Wirtschaft als große Chancen für mehr Lebensqualität, revolutionäre Geschäftsmodelle, effizienteres Wirtschaften und Modernisierung der Ausbildung verstanden. Die spezifischen öffentlichen Investitionen und Initiativen beziehen sich dabei auf den Ausbau der Infrastruktur: Digitale Ausbildung, Hochgeschwindigkeitsnetze, digitale Wirtschaft und digitales Arbeiten, innovativer Staat, digitale Gesundheit, Bildung, Forschung und Sicherheit stehen hierbei auf der Agenda (Bundesministerium für Wirtschaft und Energie 2018).
2. Die Wirtschaft verspürt eine gewisse Unsicherheit, da unklar ist, ob die Risiken der Transformation durch mögliche neue Erträge bei aktuell wirtschaftlich tragenden Produkten gedeckt sind (Leibniz-Zentrum für Europäische Wirtschaftsforschung 2018). Die digitale Transformation wird vielfach als ein disruptiver Vorgang gefürchtet, gegen den man sich nur durch Mitmachen wehren kann, da Anforderungen des Umweltschutzes, der Ernährung und des technischen Fortschrittes ansonsten ein Zurückbleiben und damit Ausscheiden aus dem Markt bedeuten (Haufe Verlag 2018).
3. Die Privathaushalte agieren nach der dialektischen Herausforderung, dass große Probleme wie der Klimaschutz und die Unterstützung der Schwachen meist in Konkurrenz zum Eigennutz und der Bequemlichkeit stehen. Die Digitalisierung eröffnet neue Freiheiten für ein verändertes „Arbeits-Freizeit-Gleichgewicht". Der Nachteil ist die Sorge, mit der raschen technischen Entwicklung nicht standhalten zu können und „abzusteigen" oder überhaupt nicht „aufzusteigen". Der Strukturwandel macht die Bildung zu einer Prognoseübung auf die Chancen der Zukunft (Lentz 2018).

Die Digitalisierung offeriert in der aktuellen vierten Stufe der Innovationen eine Vielzahl für sich erstaunlicher Beiträge zur Erleichterung des Lebens. Sie bleiben aber Inseln, die ohne Vermittlung durch menschliches Wissen nicht verbunden werden können.

1.2.1 Ende der Knappheit?

Die Vision der digitalen Transformation, über die Steigerung der Produktivität durch Vernetzung und Marktvergrößerung die Knappheit zu überwinden, könnte bewirken, dass Kapital in seiner jetzigen Form zur Steuerung der Wirtschaft entbehrlich und durch Daten ersetzt wird. Sollte die exponentielle Entwicklung der Produktivität anhalten, könnte deren zerstörerische Wirkung die gegenwärtige Wirtschaftsordnung als Ganzes infrage stellen. Ihre konstante Verbesserung, z. B. durch 3D-Drucker, führt im Extremen unweigerlich zu dem Punkt, dass die Produktion einer zusätzlichen Einheit keine Kosten mehr verursacht. Dieses Null-Grenzkosten-Phänomen stellt nicht nur die Rolle des Wettbewerbs infrage, sondern untergräbt die koordinierende Funktion von Märkten, da ja dann die Güterversorgung zentral vom letzten verbleibenden Netzwerktor koordiniert werden könnte. Der Zwang zu immer größerer Produktivität könnte eine solche Geschwindigkeit entwickeln, dass viele Güter, wie Informationen, Energie und Ausbildung fast kostenlos wären und damit durch Preise nicht mehr gesteuert würden. Die auf Knappheit basierende Marktwirtschaft wird dann durch die empathisch wirkende „Sharing Economy" ersetzt (Rifkin 2014). Die KI reduziert dabei den Aufwand für Daten, Energie, Arbeit und Logistikkosten. Der Eigentumserwerb lohnt sich nicht mehr und wird durch die Anrechte auf Nutzung ersetzt. Teilen ist das neue Motto, das die Beziehungen und das Streben der Menschen bestimmt. Teilen verringert zusätzlich die Zahl der Waren, da sie ja von Vielen genutzt werden können und trägt folglich zur Schonung von ökologischen Ressourcen bei. Natürlich haben nicht alle Güter Eigenschaften, die sie als „kollaborative Allgemeingüter" qualifizieren. Deren konkrete Existenz ist durch digitale Güter, z. B. Musik, Bücher, Mikromanagement des Privaten oder von Open Source Programmen zu einer für Produzenten aller Art „leidvollen" Realität geworden. Aktuell wird bei der dezentralen Erzeugung von „grüner" Energie, aber auch bei der Vermittlung von Hotelzimmern, Autos oder Ausbildung ausprobiert, wie weit das „Null-Grenzkosten" Phänomen gehen kann. Die grundsätzliche Annahme der „Sharing Economy" – nämlich das Ignorieren von Knappheit – ist schon wegen der Endlichkeit des menschlichen Lebens kein allgemeines Prinzip (Weizsäcker 2014). Generell sind zum einen die Aufmerksamkeit des Menschen und die Ressourcen der Erde auch bei sinkender Produktion endlich. Zum anderen ist bislang bei allen Stufen der Digitalisierung eine zunehmende Ungleichheit der Einkommen festzustellen (Piketty 2014), was dann zu einem Wettbewerb um die gewünschte Zuteilung führen würde. Die „Sharing Economy" stellt jedoch das Finanzierungsprinzip der Digitalisierung durch Werbung infrage. Bei Überfluss ist Werbung unnötig.

1.2.2 Mit Daten zu Wissen?

Man sucht auch heute nach dreißig Jahren seit der Einführung des WWW vergeblich nach der positiven, konstruktiven Gesellschaft, die bis ca. 2005 von „Propheten" des Internet als kurz bevorstehend propagiert wurde, wenn erst einmal alle Menschen mit genügend Informationen versorgt werden und ihr Wissen – also was man mit Daten machen kann – mit allen teilen. Gegenwärtig schützen die Netzwerktore ihre Daten mit digitalen Mauern, sodass mit der Google Suchmaschine kein Zugang zu den Facebook-Daten möglich ist. Durch den NSA-Fall und Facebook Cambridge-Analytica Skandal (HIIG 2018a) sind durch den persönlichen Mut von „Whistleblowern" die Gefahren der Informationsmacht einem breiten Publikum offenbar geworden. Die ursprüngliche Dezentralisierung des Internet ist zu einer Zentralisierung mit minutiöser Dokumentation aller noch so kleinen Vorgänge mutiert. Die Begründung dazu ist der Schutz der Anwendungen und Daten. Der Zugang zum Netz ist nicht mehr nur auf „Laptops" beschränkt, als Neugierige noch auf neue Dienste und unbekannte Möglichkeiten stoßen konnten, sondern die Interaktion wird durch das kundengerechte Anbieten aus einem „Internetladen" bestimmt. Das ursprüngliche Motto von Google, *„Don't be evil"*, ist noch ganz im klassischen Geist der frühen Internet-Gemeinschaft formuliert, während das Facebook-Motto *„move fast and break things"* doch eine aggressive Aufforderung zur digitalen Disruption darstellt. Der Internetnutzer bekommt nur, was für ihn vorgesehen ist. Die Zahl der „Freunde" oder „Follower" bestimmen die Position und den Wert des digitalen „Ich", das permanent durch Algorithmen eingeschätzt wird. Der Grund ist die Lenkung der Aufmerksamkeit, die zur Werbewirksamkeit mit allen Mitteln gewonnen werden muss. „Geschützte Parzellen" im Umgang mit Gleichgesinnten, die durch Datenfilterung erreicht werden können, machen die Nutzer für „Manipulationen" verführbar. Der Wert der Daten zu diesen Zwecken bestimmt sich aus seinem Informationsgehalt in den Filterblasen, während sie außerhalb wertlos sind. Werden Daten mit Kontextwissen aus Filterblasen angereichert und ist der Informationsgehalt nur in einer gefilterten Umgebung von Wert, handelt es sich nicht um Informationen, sondern um Manipulationen. Die Beeinflussung von Meinungen durch bewusstes Ignorieren der Wahrheit in *„Fake News"* und die Bildung von Filterblasen (Pariser 2012) führt zum Verlust einer freien Willensbildung. Jarvis sieht das Dasein im Netzwerk als die bislang kreativste Form der Existenz, während Privatheit und Autonomie kontraproduktiv für die Entwicklung der Menschheit seien. „Privacy kills", lautet seine Überzeugung (Jarvis 2013).

Das Projekt „Tarnkappe" an der Universität Freiburg war eine der wenigen technischen Ansätze, um die selbstbestimmte Handlungsfähigkeit in einer gefilterten Datenwelt zu stärken (Volkmann et al. 2016):

Tarnkappe untersuchte wieweit es möglich ist, Techniken zur Förderung eines selbstbestimmten Umgehens mit Daten zu entwickeln, um einerseits keine persönlichen Daten ohne Einwilligung zu übertragen und andererseits an den Fortschritten der Digitalisierung teilzuhaben. Es geht darum, sich Handlungsfähigkeit gegenüber der allgegenwärtigen Sensorik zu verschaffen. Man stellt sich unsichtbar. In Fortführung dieser Idee hat Echizen zahlreiche Systeme zur „tarnkappenartigen" Abwehr von Videoüberwachung in öffentlichen Räumen, Bestätigung von Echtheit bei Videoaufnahmen und Stimmen, sowie zur Täuschung durch Masken bei der Gesichtserkennung entwickelt (Ogane und Echizen 2018).

Der Traum von der Wissensgesellschaft ist ein „Mythos", der suggeriert, dass ihr Erreichen aus dem gegenwärtigen Zustand der Digitalisierung heraus unmittelbar bevorsteht. Eine Wissensgesellschaft entstünde jedoch erst, wenn im Netz nicht nur Daten getauscht werden, sondern durch die subjektive und kognitive Anreicherung Fakten durch Algorithmen zu Wissen transformiert werden, die den persönlichen Zwecken von Individuen dienen und von diesen als ihr persönliches Wissen für ihren Zweck akzeptiert werden. Wissen entsteht erst durch die Einordnung von Daten in einen Zweck- oder Zielzusammenhang (Müller 2003). Kreativität und Spontanität hingegen ist in der gegenwärtigen Phase der Digitalisierung unerwünscht und wird auch nicht erwartet. Wege zur „Wissensgesellschaft", wie es die Sammlung, Speicherung und Vermittlung von Daten eröffnen soll, sind seit jeher ein Teil der menschlichen Entwicklung gewesen. Durch die Digitalisierung sind nur die Verfügbarkeit, die Amplifikation, sowie die leichte Vervielfältigung neuartig. Wissen bleibt dennoch fraktal (Facciorusso 2013). In Wirklichkeit ist die Vision „Wissensgesellschaft" ein Werbetrick, der suggeriert, dass nur das zu wissen lohne, was digital verfügbar ist. Nimmt man an, dass durch autonomes Fahren die Zahl der Verkehrsunfälle reduziert wird, so verschwindet die Gefahr von Unfällen keineswegs.

Offen bleibt die Frage, ob dieses „Mehr-Wissen" durch Big Data schon ein Weg ist „wissender" zu werden? Daten sind für sich genommen nur Einträge in Raum und Zeit. Beziehen sich diese Daten aufeinander, können sie zu Informationen werden. Die Herstellung von Beziehungen isolierter Daten ist die Aufgabe von Suchmaschinen (Wahlster 2008; Paal 2012). Der nächste Schritt wäre die Beratung durch Suchmaschinen, was „sinnvoll" und „gut" für den Fragenden sei (Müller und Wahlster 2013).

Die begrenzte Speicherkapazität des menschlichen Gedächtnisses sowie die limitierte menschliche Informationsverarbeitung sind menschliche Begrenzungen, die man technisch durch eine Symbiose von Menschen und Maschinen verbessern kann. Die Nutzung von Spracherkennung, z. B. durch die intelligenten Chatbots Alexa oder Siri und die Kombination mit Bilderkennung und Kommunikation, ergibt vielfältige hilfreiche Anwendungen, z. B. die Pflege behinderter oder pflegebedürftiger Menschen durch Roboter. Tatsächlich wird die Datenflut nicht nur durch mehr menschliche Kommunikation, sondern vor allem automatisiert durch Algorithmen erzeugt. Nicht die visionäre Wissensgesellschaft entsteht, sondern sehr viel profaner – eine ökonomisch motivierte Datengesellschaft.

1.2.3   Sind Daten Produktionsfaktoren?

Zu Zeiten der industriellen Revolution, gekennzeichnet durch die stetigen Rationalisierungen der Massenproduktion, der Mechanisierung der Landwirtschaft und einer Landflucht der Bevölkerung zur Teilhabe an den neuen Chancen in den Industriestandorten, war die Verfügbarkeit der Produktionsfaktoren Kapital, Arbeit und Boden die Voraussetzung für eine erfolgreiche Marktteilnahme. Die Digitalisierung beruht auf digitalen Innovationen, die nur mit der Verfügbarkeit von Daten möglich sind. Daten sind in der digitalen Wirtschaft eine Notwendigkeit zur Produktion von Mehrwert. Die digitale Transformation ist ein technischer, aber auch ein gesellschaftlicher und sozialer Prozess, wobei die Bedeutung der menschlichen Arbeit, der Verfügbarkeit von Boden sowie der anfängliche Kapitalbedarf zugunsten der Verfügbarkeit von Daten abnimmt, bis eine Größe erreicht ist, bei der das Kapitalaufkommen entscheidend für die weitere Entwicklung wird. Es ist nicht schwer eine neue Suchmaschine zu entwickeln, aber schwer ist es, die Big Data von Google zu übertreffen. Der Besitz von Daten steigert das Einkommen und hat somit eine Eigenschaft, die Produktionsfaktoren ähnlich ist, während Arbeit und Boden ihre Bedeutung verlieren könnten (Stiglitz 2018).

Die Kommissarin Kuneva, die 2009 für den Konsumentenschutz in der EU verantwortlich war, verglich Daten mit Öl (Maydorn 2014). In der Diktion von Marx agieren dabei die Netzwerktore, wenn sie Kapital durch „Beschaffung" von Daten vermehren mit der Expropriation der Nutzer oder Datenquellen. Diesen wird ein Anteil des entstehenden Wertes als Naturalien – also kostenlosen Diensten – erstattet. Was darüber hinaus an Gewinn entsteht, verbleibt bei den Plattformen. Jede Nutzung eines Dienstes ist mit dem Einzahlen von Geld auf eine Bank zu vergleichen. Daten werden bei den Netzwerktoren in Kombination mit Diensten in einen ökonomischen Wert verwandelt.

Daten verhalten sich durch ihre unendliche Wiederverwendbarkeit dennoch nicht wie das fossile Öl, sondern durchaus wie Kapital, das sich ebenfalls in einem permanenten Kreislauf mit jeweils neuen Verwendungen befindet.

Die Digitalisierung bringt ferner eine Veränderung der Relation von Arbeit und Kapital mit sich, da der Kapitalwert der Daten zwar nicht in der Bilanz aber doch in der Börse ausgewiesen wird. Daten sind dann dem Kapital gleich, wenn sie erlauben, informationelle Überlegenheit zu erzeugen, die zu steigenden Erträgen führen. Der Kapitalwert von Facebook betrug 2018 ca. 550 Mrd. US$ und der von Google etwa 750 Mrd. US$, während die Bilanzwerte, worunter man die in der Bilanz unter Berücksichtigung der handels- bzw. steuerrechtlichen Bewertungsvorschriften vorgeschriebenen Wertansätze versteht, nur 85 bzw. 197 Mrd. US$ ausmachen. Handelte es sich bei den Daten um Kapital, wäre dies in der Bilanz als Vermögen angesetzt (Hemmer 1996). Vor allem der florierende Handel mit Daten lässt die Forderung nach Dateneigentum immer wieder aufkommen (Scassa 2018). Für die Erfassung der sozialen Werte und einer Beteiligung der Datenquellen ergeben sich dazu noch andere Optionen, die über Digitalsteuern und einer Beteiligung an den Gewinnen eine quantitative Bemessungsgrundlage bekämen.

Die stetig wachsenden Big Data und die wirtschaftliche Sichtweise darauf, bergen die Gefahr, dass verkannt wird, dass der Wertzuwachs durch neue Daten nicht nur steigt, sondern auch wieder sinkt. Die Daten sind Tauschwerte, die sich an Märkten durch Angebot und Nachfrage bilden. Der Zusatznutzen einer digitalen Innovation ist dann „Null", wenn die gewonnenen Daten keine neuen Einnahmen oder Innovationen erzeugen.

1.3 Organisation der Landnahme

Das Fehlen einer digitalisierungsgerechten Regulierung fördert die Landnahme, die mit informationeller Überlegenheit, unabhängig von der Zustimmung der Betroffenen, Vorgänge und Beziehungen ändert (Boes et al. 2015). Zwei Landnahmen sind im Abstand von ca. 30 Jahren zu identifizieren, deren gemeinsame Auswirkungen heute als digitale Transformation bezeichnet werden:

1) Zu Beginn der 70er Jahre entstand das Internet, das sich inzwischen zu dem einzigen Medium entwickelt hat, das zur Kommunikation genutzt wird. Beim Internet ist die Landnahme als die überraschende Akzeptanz zu verstehen, die durch die technischen Neuerungen TCP/IP, die Paketvermittlung und die Dezentralisierung eine fanatische Unterstützergemeinde vor allem im akademischen Umfeld gefunden hat, weil die Telekom-Dienste, reguliert, teuer und auf Sprache, Fax und rudimentäre Datenkommunikation beschränkt waren. Dies entsprach nicht mehr den Anforderungen von Wirtschaft und Gesellschaften, zusätzlich standen im akademischen Bereich wesentlich effizientere digitale Rechnernetze zur Verfügung. Diese Landnahme hat zur Deregulierung der Telekommunikation geführt und hat durch das Internet eine unterlegene Technik zum Vorteil der Nutzer abgelöst.

2) Auf der Wissensebene haben die Netzwerktore in nahezu allen Bereichen des Privaten, der Wirtschaft und Gesellschaft für den Durchbruch und die Verfügbarkeit von globalen Diensten gesorgt. Die Big Data stellen einen direkten Kontakt zwischen Nachfrager und Anbieter her. Allerdings nur scheinbar ohne Vermittler. Diese Rolle wird von den Netzwerktoren übernommen. Die Werbeeinnahmen machten seit 2010 deren wichtigste Einnahmequelle aus und wurden zum wirtschaftlichen Motor für Big Data und dem Zwang zu digitalen Innovationen. Neue Datenquellen erschließen neue Einnahmen (Varian 2010).

Die 80er und 90er Jahre des vorigen Jahrhunderts waren der Zeitraum, in dem sich entschied, dass das Internet zu seiner heutigen hegemonialen Form aufsteigen konnte (Müller und Blanc 1987). Die proprietären Netze der Hersteller, allen voran IBM mit der damals weitverbreiteten SNA (Systems Network Architecture), die offene Architektur des europäischen OSI (Open Systems Interconnection) und seine Unterstützung durch die Standardisierungsgremien wie ISO (International Organization for Standardization) und der ITU (International Telecommunications Union) schienen dem eher akademischen Internet – damals noch bekannt als militärisches Projekt unter dem Namen ARPAnet (Advanced Projects Research Agency) – keine Chance zur Entfaltung zu lassen. Von einer Hegemonie des Internet kann erst seit der kommerziellen Nutzung gegen Ende der 90er Jahre des vorigen Jahrhunderts gesprochen werden; d. h. mit dem Abschalten des ARPAnet und der folgenden explosionsartigen Akzeptanz des Internet durch das WWW (World Wide Web) sowie den ersten Browsern wie MOSAIC und NETSCAPE (Müller 2009). Das Internet steht nicht alleine. So ist seine überragende Bedeutung ohne die ebenso rasante Entwicklung der Informationstechnik (IT) in Kombination mit dem Ausbau der Netzinfrastruktur und den Plattformen die Ursache dafür, dass in der Öffentlichkeit die digitale Transformation auch als Revolution bezeichnet und sie mit dem Internet gleichgesetzt wird.

Die militärische Nutzung des ARPANET demonstrierte die technische Marktreife und versprach bei der zivilen Nutzung Kompensationsinnovationen:

1. Ein wirtschaftlicher Stillstand bzw. reduziertes Produktivitätspotenzial ging sowohl dem Internet, wie auch z. B. der Elektrifizierung voraus.
2. Die Miniaturisierung und der Zerfall der Preise für Speicher und Prozessoren, schafft die Voraussetzungen für ein Massenprodukt und hat z. B. das Smartphone zum Kulturgut werden lassen.
3. Die Diffusion der IT verlangt wenig Kapitaleinsatz und wird durch anhaltende Innovationsschübe ständig erneut begründet.
4. Die Komplementärerträge durch digitale Innovationen und die Verfügbarkeit von Wagniskapital schaffen die Bedingungen, um die Diffusion von digitalen Innovationen auf große Akzeptanz stoßen zu lassen.

Ganz anders verläuft die Landnahme auf der Wissensebene, die auf den Big Data und der direkten Beziehung zum Nutzer beruht. Die zentrale Rolle der Daten für die digitalen Innovationen zeigt sich darin, dass Amazon, Facebook und Google mehr Daten akkumuliert haben, als alle anderen Plattformen weltweit zusammen (Iansiti und Lakhani 2018). Diese Datenmengen – von planetarischen Dimensionen – werden nicht nur für „gezielte Werbung", sondern auch zum Erkennen von Meinungen oder Schlussfolgerungen genutzt und sind die Voraussetzung für die Entwicklung der künstlichen Intelligenz und damit wahrscheinlich aller kommenden digitalen Innovationen.

Das Musikgeschäft wird heute von Google, Apple und Spotify beherrscht. Die Namen der alten Plattenfirmen, wie Decca oder Philipps sind Geschichte. Während Alibaba und Amazon sich den Online-Handel aufteilen, veröden die Innenstädte. Insgesamt stehen jeder Branche schwere Zeiten bevor, wenn ihre Erträge sinken und die Einordnung in ein informationell bestimmtes Ökosystem oft die Alternative zum Ausscheiden aus dem Markt darstellt. Schicksale von Quelle, Neckermann sowie von Karstadt-Kaufhof sind Beispiele für ein Ausscheiden eines überkommenen Geschäftsmodelles aus dem Markt. In der Finanzdienstleistungsbranche verdrängen ApplePay, Google Wallet oder Tencent wohl nicht nur PayPal, sondern vor allem die Banken aus dem Zahlungsverkehr durch eine billigere Vermittlung ihrer Kunden zu den Zahlungsempfängern. Auch die Medien oder die Fernsehgesellschaften müssen sich Sorgen machen, da die Mehrheit der Konsumenten ihre Mediennachfrage durch Google, Amazon, Apple oder Netflix bedient. Doch auch Plattformen konkurrieren miteinander. Dabei wird die Plattform belohnt, der es gelingt, ein bereits existierendes Geschäft kostengünstiger zu gestalten. Das erfolgreiche Netzwerktor verdrängt den Wettbewerber nach den Regeln der positiven Rückkopplungsschleifen in Abb. 1.8. StudiVZ war ein Netzwerk mit ganz ähnlichem Angebot wie Facebook, nur zeitlich davor. Hier waren es die fehlenden Innovationen und finanziellen Mittel, die das Rennen zugunsten von Facebook ausgehen ließen. Heute investiert Microsoft in die *„Augmented Reality"*, um die Führung von Apple und Google bei mobilen Anwendungen zu kompensieren. Bei der Intelligenzverstärkung von Objekten, z. B. der Wohnung oder der Stadt, führt überraschenderweise der ehemalige Buchhändler Amazon und sieht sich jetzt der Konkurrenz von Google, durch deren Erwerb von NEST, sowie Apple, Microsoft und Samsung ausgesetzt. Im Nachhinein versteht man das Interesse von Amazon an den „Smart Cities" sowie „Smart Homes", da die Logistik entscheidend für die Kostenvorteile von Amazon im Stammgeschäft ist. Die deutsche Industrie reagiert mit Verbundplattformen (Bundesministerium für Wirtschaft und Energie 2016). HERE oder OpenCar sind solche Plattformen, die das Eindringen von *Android-Auto* in den Automarkt nicht alleine Google überlassen wollen. Aber auch Kunden bestimmen die Zukunft der Plattformen und wehren sich heute im Netzverbund statt über staatliche Institutionen. Bei Uber oder Lyft wird ihr Einfluss durch ihre Mobilität per Klick offenbar. Apple konnte nicht verhindern, dass von Apple nicht autorisierte Apps auf dem iPhone installiert werden können und trug damit gegen seinen Willen zum Erfolg Ubers bei. Aus öffentlicher Sicht ist die Anhörung des Facebook-Chefs Zuckerberg im Europäischen Parlament und im amerikanischen Kongress, sowie die Strafen für Google und Facebook in Europa ein Zeichen, dass in Zukunft nach Jahren der Vernachlässigung auf regulierten Widerstand gegen die Landnahmen zu hoffen ist, was sich erstmals auch in den USA mit der Prüfung von Facebook und Google abzeichnet (Stiglitz 2018).

1.3.1 Landnahme auf der Medienebene

Das wichtigste Prinzip der Architektur des Internet sind die Ebenen, die in aggregierter Form in Abb. 1.4 dargestellt sind (Müller 2003). Die Medienebene hat sich dabei durchaus erfolgreich und marktkonform, vielfältig und innovativ entwickelt. Bis heute sind dezentrale Strukturen vorhanden. Es gibt keine singuläre Firma, die die Medieninfrastruktur beherrschen würde, obwohl auch hier die Anzahl der Anbieter rückläufig ist (Economist 2018c). Auf der Anwendungsebene entstehen jedoch zunehmend zentrale Strukturen. So gibt es z. B. nur noch die Wahl zwischen zwei Smartphone-Betriebssystemen. Durch das erweiterte Ende-zu-Ende Prinzip können Daten und Anwendungen geschützt werden und sind so die Voraussetzung für die heute vorherrschende Zentralisierung der Dienste.

1.3.1.1 Die Ebenen des Internet

Die Kommunikationsebene übernimmt die Vermittlung von Internetpaketen. Das *Internet-Protokoll (IP)* ist der Eckstein des Internet. Es stellt einen *paketvermittelten* Dienst auf einem *verbindungslosen* Netzwerk zur Verfügung. Die Aufgabe des IP besteht darin, Datenpakete von einem Sender über mehrere Netze hinweg zu einem Empfänger zu transportieren, mithilfe der einzigartigen IP-Adresse dazu den Weg zu finden und die Flusskontrolle so zu handhaben, dass eine optimale Nutzung der Bandbreite möglich wird. Das zweite Protokoll der Kommunikationsebene ist das *TCP (Transmission Control Program)*. Es teilt die Datenströme in Pakete auf und setzt sie auf der Empfangsseite wieder zusammen. Internet hat sogenannte dezentrale Dienste, die in der Anwendungsschicht lokalisiert sind. Die ältesten Anwendungen sind die elektronische Post (SMTP), der Dateitransfer (FTP) und TELNET, um sich in einen anderen Knoten zuzuschalten. Gegenstand zahlreicher Aktivitäten ist der Namensdienst DNS (Domain Name Service), der die Adressierung im Internet regelt und wegen der konstanten Erweiterung der Adressen modernisiert

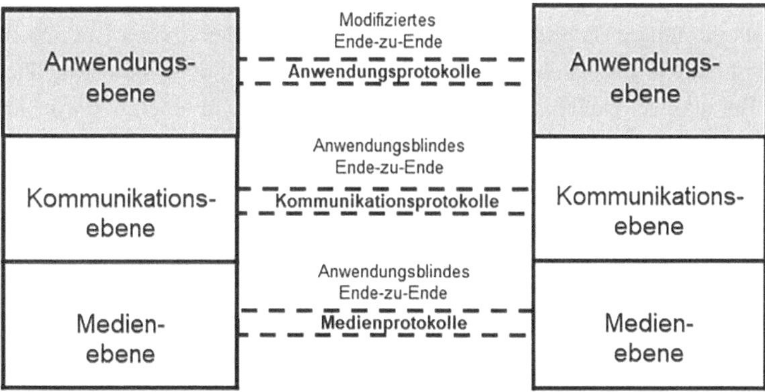

Abb. 1.4 Architektur des Internet

werden muss. Zumeist wird Internet mit der HTTP-Schnittstelle (Hypertext Transfer Protocol) und dem Browser gleichgesetzt, die es gestatten auf WWW-Seiten (World Wide Web) zuzugreifen.

Nach dem Economist ist die heutige Datenschutzdebatte ohne das Ebenenmodell des Internet nicht verständlich (Economist 2018c). Dies ist nicht wirklich korrekt, da der wahre Grund das erweiterte Ende-zu-Ende Protokoll ist. Sowohl das OSI (Müller und Blanc 1987) als auch IBM's SNA (Müller 2009) waren mit ihren Architekturen und Ebenen das Vorbild des Internets und wären, zumindest was den Datenschutz angeht, bessere Lösungen als das Internet gewesen (Müller und Blanc 1987).

1.3.1.2 Die Prinzipien des Internet entstehen

Die Architektur nach Abb. 1.4 verfolgt die Prinzipien der Universalität und Dezentralität mit einem zustandsfreien Ende-zu-Ende-Protokoll. Alle Anwendungen waren allen Teilnehmern des Internet verfügbar. Dieses dezentrale Prinzip wurde durch eine erweiterte Ende-zu-Ende-Adressierung pragmatisch ergänzt, um die Kommerzialisierung zu ermöglichen (Saltzer et al. 1984). Das Argument war, warum sollten Dienste auf den Rechnern verfügbar sein, die diese gar nicht nutzen wollen und warum war es sinnvoll, dass die Kommunikation „zustandsfrei" bleibt, also immer wieder vergessen wird, dass Sender und Empfänger schon einmal miteinander in Kontakt waren. Aus dem „erweiterten Ende-zu-Ende-Prinzip" und dem Gedächtnis der Anwendungsebene – den Cookies – entstanden Jahre später die Big Data.

Zu Beginn war das Internet zwar ein technisches, aber auch vor allem ein wirtschaftliches Experiment, das zeigen sollte, dass den etablierten Telekomgesellschaften ein modernes Kommunikationsmodell entgegengehalten werden kann, das effizienter, billiger und nutzerfreundlicher war. Dazu wurden vier Forschungsinstitute und Universitäten im Westen der USA verbunden, die unterschiedliche Großrechner einsetzten und die vor allem geografisch getrennt voneinander waren, sodass die damals gültige Regulierung, dass bei Überschreiten der Grundstücksgrenzen eine Beteiligung der zuständigen Telekomgesellschaften verlangt wurde, als fortschrittshemmend gekennzeichnet werden konnte. ARPA (Advanced Research Projects Agency), das sich an einer vermittlungsfreien Telekommunikation ohne Einschaltung Dritter für den zivilen Bereich interessiert zeigte, schrieb 1968 ein solches Vorhaben aus. Der Zuschlag ging völlig überraschend an Bold, Beranek & Newman (BBN), einem Beratungsunternehmen für Bauakustik, weil die damals führende IT-Industrie keine wirtschaftliche Zukunft im Internet sehen konnte. Im Dezember 1969 konnte ein funktionsfähiges Netzwerk zwischen dem Stanford Research Institute (SRI) und den Universitäten Santa Barbara, Los Angeles und Salt Lake City demonstriert werden. Zur Übertragung wurde das Paketvermittlungskonzept aufgegriffen. Jeder beteiligte Rechner stückelt die zu übertragenden Datenstrukturen in kleine Pakete auf und versieht jedes Paket mit Absender- und Empfängeradresse. Anhand von Routing-Tabellen können diese Pakete dann auf den verfügbaren Verbindungen übertragen werden. Beim Zielrechner angekommen, werden die Pakete wieder in der richtigen Reihenfolge zusammengesetzt (Müller 2003).

Neben der drahtgebundenen Kommunikation auf dem Festland entstand 1968 mit dem ALOHAnet ein funkbasiertes Netz, das kostengünstig die Großrechner auf den Inseln Hawaiis zusammenschloss (Cerf und Kahn 1974). Technisches Neuland war dabei die Vermeidung von Übertragungskollisionen. Mit dem SATnet, als Verbindung des ALOHAnet mit dem ARPAnet, entstand das erste paketvermittelnde Satellitennetzwerk der Welt. Die Idee der zeitverzögerten Übertragung bei Paketkollisionen fand einige Jahre später Eingang in die lokale Kommunikation. Metcalfe erkannte, dass das Prinzip auch bei Übertragung durch Kabel funktioniert (Metcalfe 1973). Das entstehende Ethernet sorgt bis heute für eine explosionsartige Ausbreitung von lokalen Netzwerken, weil damit innerbetriebliche Kommunikationskosten nahezu auf „Null" abgesenkt und bisher unbekannt hohe Durchsatzraten erreicht wurden.

Das FNC (Federal Networking Council) formulierte bereits 1995 eine Beschreibung des Internets, die bis heute gültig ist. Danach ist Internet ein globales Informationssystem, das wie eine Brücke existierende Netzwerke verbindet und

- logisch durch einen global eindeutigen Adressraum basierend auf dem Internet Protocol (IP) oder späteren Erweiterungen/Nachfolgern verbunden ist;
- in der Lage ist, Datenübertragung mit der Transmission Control Protocol/Internet Protocol (TCP/IP) Protokollsammlung oder späteren Erweiterungen/Nachfolgern und/oder anderen IP-kompatiblen Protokollen zu unterstützen;
- höherwertige Dienste sowohl für öffentliche oder private Zwecke basierend auf einer TCP/IP-Infrastruktur anbietet, nutzt oder zugänglich macht.

1992 sollte das IP wegen der schon damals bekannten Sicherheitslücken durch das CLNP (Connectionless Network Protocol) ersetzt werden. Das Vorhaben scheiterte an der IETF (Internet Engineering Task Force). Mit ihrem Vorschlag zu CLNP begingen Vinton Cerf und David Clark nach Ansicht der Internet-Community einen „Verrat" (Blumenthal und Clarke 2001), der auf „erboste" und „wütende" Programmierer traf. Die Internet-Gemeinde vermutete ein verstecktes Spiel der IT-Hersteller, der Telekomgesellschaften, der ISO und des Militärs. De Jardins drückte sein Unverständnis zur Opposition der Delegierten der IETF sehr drastisch aus: *„these are people who object to the convergence of cultures and races of the world at large"* (Des Jardins 1992). Vinton Cerf, einer der Gründerväter des Internet, war ursprünglich für den Ersatz des TCP durch CLNP, schloss sich aber der Meinung der Programmierer an und leistete Abbitte indem er seinem gewohnten Anzug durch ein T-Shirt mit der Aufschrift *„IP forever"* tauschte. David Clark prägte das bis heute verehrte Motto: *„We reject kings, presidents, and voting. We believe in rough consensus and running code"* (Clark 1992).

Was würde man heute zu diesem Motto sagen? Viel hat sich geändert. Das Netz besteht aus Milliarden von Smartphones und fußballfeldergroßen „Cloud-Fabriken", die mithilfe von Big Data die nächsten Stufen der Innovation ermöglichen. Der wirtschaftliche Einfluss des Internet lässt die Frage aufkommen, ob die Kontrolle des

Internet durch internationale Experten heute noch ausreicht, da vor allem die Prinzipien „Universalität" und „Dezentralisierung" zunehmend durch die Kommerzialisierung zurückgedrängt werden (Berners-Lee 2010):

1. *Universalität:* Danach muss zu allen Dokumenten eine verfügbare Verbindung oder ein Link vorhanden sein. Der Universal Ressource Locator (URL) ist der Schlüssel zur Aufrechterhaltung dieser Universalität. Die Architektur sowohl des Web als auch des Internet erlaubt Inhaltsanbietern aber diese Universalität auszuschalten. Facebook oder LinkedIn erzeugen dadurch ökonomische Vorteile, indem Hinweise auf bevorzugte Seiten begrenzt werden. Man könnte auch sagen, sie errichten Mauern. Mit Google kann man zwar die Profile erreichen, aber sonst zu keinen anderen Facebook-Daten Zugang bekommen.
2. *Dezentralisierung:* Es bedarf keiner Genehmigung durch Dritte oder einer Institution, um ein Dokument hinzuzufügen oder einen neuen Link zu etablieren (permissionless). Ferner wurde die „Anwendungsblindheit" zu einem Symbol der Freiheit vor Diskriminierung. Danach nehmen Kommunikationsnetze keine Rücksicht auf die Zwecke, die mit den transportierten Daten erreicht werden sollen. Dieses Prinzip wurde erstmals durch Netscape mit Cookies auf der Anwendungsebene durchbrochen und steht heute vor einer weiteren Herausforderung durch die Angriffe auf die Netzneutralität.

Blockchains sind eine gegen die Zentralisierung gerichtete technische Reaktion der Dezentralisten. Es geht um die Zerschlagung der Kontrollen der Plattformen über die großen Datensammlungen. Man verzichtet auf koordinierende Institutionen und überlässt die Koordination dem Netz, wobei Blockchains massive Defizite im Bereich „Privatheit" haben. In China sind die Blockchains zur Kontrolle der digitalisierten Schecks im Einsatz. Die Regierung schätzt die Transparenz der Blockchain, um die bislang fast anonymen „Scheckzahlungen" überwachen zu können. Die Frage, ob sich Missstände eher durch Technik oder Regulierung verhindern lassen, ist damit zum Nachteil der Technik beantwortet. Das dezentrale Prinzip ließ sich nach dem Entschluss zur Kommerzialisierung nicht durchhalten. Während zunehmend die Bewahrer des ursprünglichen Internet das Heil in einer Regulierung der Informationsmacht der Netzwerktore suchen, ist es schon bemerkenswert, dass ein Land wie China gegen eine Regulierung eingestellt ist (Economist 2018d).

1.3.1.3 Die Prinzipien des Internet vergehen

Die Prinzipien des ursprünglichen Internet sind nur noch ein Auslaufmodell, an das man sich zwar gerne erinnert, welches aber wenig mit der Wirklichkeit zu tun hat. Tim Berners-Lee, der Erfinder des WWW, ist der Überzeugung, dass das Internet eine Verteidigung der ursprünglichen Ziele brauche, da anstatt „Zugang zu Daten für alle" „Mauern" zur Separierung der Daten entstanden sind, die „eingerissen" werden sollten (Berners-Lee 2010). Berners-Lee will mit Solid (Social Linked Data) die Funktionsweise von Webanwendungen radikal ändern, was zu wirklicher Hoheit der Nutzer über die eigenen Daten und damit einer besseren Privatsphäre führen soll. Dies kann technisch durch die Entwicklung einer dezentralisierten und vollständig vom Benutzer kontrollierten Plattform erreicht werden (Weinberger 2018). Auch Zuckerberg meinte 2017 anlässlich einer Rede in Harvard, dass man durch die Zentralisierung eine Einkommensungleichheit erreicht hätte, die niemandem nutze. Im Rat für ausländische Politik in den USA äußern der Gründer des Medialabs am MIT und der ehemalige CEO der IBM die Befürchtung, dass das Internet in seiner gegenwärtigen Entwicklung weder offen für alle bleibe, noch sicher genug sei, und so an Resilienz einbüße, weshalb die Eingrenzung der zunehmenden Zentralisierung ein Element der amerikanischen Außenpolitik sein sollte (Negroponte und Palmisano 2017). Der Angriff auf die Netzneutralität ist der Versuch, die Kommerzialisierung auch auf die Steuerung des Netzverkehrs auszudehnen. Wer bezahlt, erhält bevorzugt Dienste und Bandbreite (Zittrain 2008). Die Zentralisierung bringt zwangsläufig eine Einschränkung der informationellen Selbstbestimmung und des Datenschutzes mit sich (Westin 1968), da die mit Big Data verbundene Informationsasymmetrie den Nutzern keinen und den Netzwerktoren einen vollständigen Überblick über die Daten gibt. Das Argument der Zentralisten zu dieser Geheimhaltung der Daten ebenso wie zur Netzneutralität ist dabei, dass dies ein Null-Summenspiel sei, da es eben entweder Schutz oder technischen Fortschritt geben könne. Die DSGVO hat eine Begrenzung des Gültigkeitsbereiches vorgenommen, indem sie sich auf persönliche Daten beschränkt und damit den Datenschutz in der anonymen Datenwelt vernachlässigt (Dammann 2016; Dimensional Research 2016).

Gerade wegen der Kontrolle des Internet durch eine internationale Gruppe von technischen Experten sei bislang die Meinungsvielfalt gesichert worden, meinen die Dezentralisten, während die Zentralisten auf die Zukunft verweisen und ihre bisherigen Erfolge bei der Aufrechterhaltung der Innovationsrate des Internet anführen. Unbestritten ist aber auch, dass die Veränderungen, die durch Big Data und die Überwachung schon heute Realität sind, zunehmend das rechtliche und normative Empfinden einer engagierten Öffentlichkeit herausfordern (Zuboff 2019). Die Vision des ursprünglichen Internet ist ferner bedroht durch Staaten, die Hindernisse errichten, um den freien Fluss von Informationen zu unterbinden. Auch in Demokratien ist man sich unsicher, ob die gewonnene Freiheit der unbehinderten Meinungsäußerung eher ein Instrument des sozialen Fortschrittes oder ein Zeichen für den Verfall sozialer Normen ist (Berners-Lee 2010). Der Druck hin zu mehr Zentralisierung hat die folgenden zwei unmittelbaren Begründungen:

1. Die Architektur des Internet begrenze das Prinzip der „Anwendungsblindheit" auf die Kommunikationsebene.
2. Die Kommerzialisierung verlange die Zentralisierung zum Schutz der Anwendungen, um die Investitionen in die digitalen Innovationen zu fördern. So sei in Zukunft ein dezentrales Internet nicht in der Lage die Summen zu mobilisieren, die z. B. die Entwicklung und Nutzung der Anwendungen der künstlichen Intelligenz verlange.

1.3.1.4 Auslaufmodell: Anwendungsblindheit

Die „Anwendungsblindheit" erschwert die Kundenbeziehungen, da der Status der Interaktionen für die Plattformen nicht nachvollziehbar wäre. Die heutigen Angriffe auf die Netzneutralität wollen die Anwendungsblindheit umgehen, um auch auf der Medienebene Ungleichheit einzuführen.

Die Ende-zu-Ende Adressierung ermöglicht die Beteiligten der Kommunikation und deren Umfang zu erkennen und aufzuzeichnen, auch wenn die Pakete über viele Zwischenknoten weitergereicht werden. Wie jedoch der Bauplan eines Hauses noch nichts darüber sagt, wie ein Gebäude konkret errichtet wird, so beeinflusst die Architektur den Aufbau eines Softwaresystems nur aus höherer Warte. Die Realisierung stellt „Beschränkungen" fest und löst diese vor Ort. Dies bleibt dann meist nicht ohne Wirkung für die spätere Entwicklung. Oft liegt es im Belieben oder der Erfahrung des Programmierers, welche der möglichen Optionen gewählt werden. Damit gewinnt der Entwickler in zahlreichen Fällen das finale Sagen bei der konkreten Realisierung technisch komplexer Systeme und erzielt so eine nachhaltige Langzeitwirkung. Lessig hat zu diesem Zusammenhang der Technik mit der Gesetzgebung bemerkt, dass Programme zwar wie Gesetze wirken *(Code is law)*, jedoch von keiner gewählten Institution legitimiert sind (Lessig 2001).

Die Entwurfsprinzipien sind ein Ausdruck dafür, welche Verbindungen zwischen der Architektur und der Ausgestaltung von Funktionen existieren sollen. Die Architektur und die Anordnung der Funktionen des Internet basieren auf drei Entwurfsprinzipien:

1. Die *Modularität* ist ein Maß, wie sehr die Komponenten des Netzes mit einander verbunden sind. Im Internet sind es „lose" gekoppelte, nahezu unabhängige Module, die nur über Protokolle miteinander interagieren. Damit diese Unabhängigkeit erreicht wird, ist ein Modul nur als „Black-Box" mit der Schnittstelle beschrieben. Es besteht kein Informationsaustausch außer den Informationen, die in das Modul hinein- und hinausgehen. Der modulare Aufbau des Internet bewirkt, dass die Funktionalität in immer gleicher Art und Weise garantiert werden kann.
2. Das *Ebenenkonzept* sichert, dass die Kommunikation sowohl eine vertikale als auch horizontale Repräsentation hat. Horizontal wird der Eindruck erzeugt, als ob jede Ebene direkt mit der Partnerebene des Zieles kommuniziere. Dies ist in Abb. 1.4 durch die Charakterisierung „Anwendungsblindheit der Protokolle auf der Medien- und Kommunikationsebene" gekennzeichnet. Der reale Datenfluss erfolgt vertikal über die Ebenen. Der *Internet-Layer* ist der „Eckstein" des Internet und implementiert einen paketvermittelten Dienst zwischen den Knoten des Netzes.
3. Das Internet hat ein begrenztes *Referenzmodell* der Ebenen und legt damit – wie in Abb. 1.4 gezeigt – verbindlich für alle Knoten fest, dass über der Transportebene keine weiteren Schichten Teil der Internet-Architektur sein sollen, da solche Vorgaben die Entwicklung der Anwendungsebene einschränken und die Innovationsraten reduzieren würden.

Das sogenannte Ende-zu-Ende-Prinzip ist nicht auf das Internet beschränkt und hat sich für alle Rechnernetze als hilfreich und unumgänglich erwiesen. Im Internet gibt es zwei Varianten:

1. Erweiterte Version des Ende-zu-Ende-Prinzips:
   Eine Funktion oder ein Dienst sollte nur dann vorhanden sein, wenn sie dort vollständig und korrekt implementiert werden kann.
2. Ursprüngliche Version des Ende-zu-Ende-Prinzips:
   Eine Funktion oder ein Dienst soll in allen Knoten des Netzwerkes vorhanden sein.

Die Entscheidung, dass beide Prinzipien, die von Schewick (Schewick 2012) sehr detailliert beschrieben werden, es vorteilhaft erscheinen lassen, neue Funktionen nicht in der Medienebene anzusiedeln, sondern erst auf höheren Ebenen hat die kambrische Entwicklung der Anwendungen auf der Wissensebene sowie die relative Stabilität der Medienebene zur Folge.

Die erweiterte Version des Ende-zu-Ende-Prinzips ist ein Kompromiss zwischen der kommerziell bestimmten „Evolution" des Netzes und der schrittweisen Aufgabe der ursprünglichen Dezentralität zugunsten der Zentralisierung. Die technischen Ebenen wirken Ende-zu-Ende, aber machen keine Aufzeichnungen über die abgelaufene Kommunikation (Zustandslos) und bieten daher „Anwendungsblindheit". Die „Blindheit" gegenüber Diensten auf höheren Ebenen ist die Voraussetzung für die Vermeidung von Diskriminierungen.

Könnte zur Lösung der Privatheit nicht einfach statt auf das „erweiterte" wieder auf das ursprüngliche „enge" Ende-zu-Ende-Prinzip zurückgegriffen werden? Unabhängig davon, dass bei einem solchem Vorhaben hohe Kosten bei der Rückabwicklung inzwischen eingespielter Gewohnheiten anfallen würden, wäre vor allem die Einheit des Internet gefährdet. Das Internet verlöre mit dieser Priorisierung der Privatheit seinen Charakter als universelle Technologie und damit die Voraussetzung für Innovationen. Die Problematik des Datenschutzes muss daher innerhalb einer dafür nicht ausgelegten Architektur des Internet durch persönliches Verhalten, Regulierung auf der Normenebene und die Datenschutzalgorithmen im Rahmen einer technisch-sozialen Ko-Evolution permanent weiterentwickelt werden.

1.3.1.5 Auslaufmodell: Dezentralisierung

Waren es in der Ausgangsversion des Internet noch soziale Vorstellungen von „Informationen für alle", so sind es jetzt wirtschaftliche Faktoren, die den Einsatz und damit die Entwicklung des Internet bestimmen. Gegenwärtig ist daher eine die Netzwerktore bevorzugende Verstärkung oder Zentralisierung zu erkennen.

1. **Warum Zentralisierung?**
   Das erweiterte Ende-zu-Ende-Prinzip ist technisch gesehen nur eine Liste von Websites und eine Datenbank zur Suchhistorie im Internet von Milliarden von IP-Adressen. Waren es früher die Kaufleute, die die Auswahl der Waren für Kunden vorgenommen haben, so haben die Netzwerktore versucht, einen Weg zu finden, wie trotz der Kostenlosigkeit der Dienste Geld verdient werden kann. Die Erfahrung mit Google z. B. für Kunden ist es, dass sie oft bessere Angebote online erhalten als im lokalen Geschäft. Dieses Gerücht war für Google sehr wertvoll. Damit hat Google etwa 25 % des gesamten Datenverkehrs des Internet auf sich vereinigt. Die Investitionen der Firmen in Cloud-Computing und die Kommunikationsinfrastruktur – so entstanden drei Glasfaser-Kabelstränge vom Pazifik bis in die Nordsee – machen es Wettbewerbern finanziell nahezu unmöglich die Netzwerktore anzugreifen.

2. **Ist Dezentralisierung noch möglich?**
   Die „Hoffnung" der Dezentralisten ist es, eine technische Lösung für solche Unternehmen und Nutzer zu finden, die nicht die „Opfer" der Landnahmen sein wollen, sondern die ihre Geschäfte auf eine ihnen genehme Weise erledigen wollen. Es gibt zwei Optionen dazu:

   A) Dezentralisierung durch die Blockchain
       Die Blockchain Technologie kann die Macht der Netzwerktore brechen, da sie ein transparentes Logbuch aller Transaktionen führt. Sie verspricht ferner, dass ein Konsensmechanismus die Irreversibilität und die Einsicht in die verteilten Datenbanken garantiert. Die Dienstleistung der Blockchain ist es, dass die Existenz oder der Inhalt der Eintragungen weder manipuliert oder gar gelöscht werden können. Der Nachteil der Blockchain ist, dass die Skalierung bei einer großen Anzahl von Transaktionen nicht ausreichend ist und hinter der gegenwärtig eingesetzten konventionellen Technik weit zurückbleibt (Waldo 2019). Alle Blockchain Varianten haben bislang ihre Konzepte nach Bitcoin gestaltet, dabei aber kein überzeugendes neues Geschäftsmodell konzipieren können (McKinsey 2018), das außer der Kryptowährung genügend Anwender findet (Brenig et al. 2015).

   B) Dezentralisierung trotz Zentralisierung (Fallstudie: Projekt EMIKA)
       Das Projekt EMIKA (Einsatz mobiler Agenten in Krankenhausapplikationen) ist ein Beispiel für eine Dezentralisierung von Aufgaben bei gleichzeitiger Zentralisierung des Internet. Hierzu gehören heute vor allem die Nutzung der Cloud und die Methoden der KI und des maschinellen Lernens. EMIKA basiert auf mobilen Agenten, um eine lernende Prozesslogik zu konzipieren, die die Basisdienste in Abhängigkeit von der Ressourcenlage und den noch anstehenden Behandlungsfällen einsetzt (Eymann 2003).

Eine zentrale Klinik wie eine Universitätsklinik übernimmt solche Patienten, die besondere Ausstattung oder ärztliche Kompetenz und Erfahrung brauchen, die in regionalen Krankenhäusern teilweise nicht vorhanden sind. Dabei ergibt sich für die zentrale Klinik ein erhebliches Problem bei der Kapazitätsplanung, da Notfälle, Fehldiagnosen der überweisenden Einrichtungen, aber auch interne Störungen, z. B. durch Krankheiten des Personals, Überbelegung oder technische Ausfälle der medizinischen Geräte, die erstellten Kapazitäts- und Zeitplanungen sehr häufig außer Kraft setzen. Diese müssen dann neuen, den Dringlichkeiten geschuldeten Bedingungen angepasst werden. Ziel ist die geringstmögliche Verzögerung im Zeitplan für die Patienten durch den Neueinsatz von vorhandenen Ressourcen und der Bewertung der noch ausstehenden Behandlungen. In den Testfällen konnte die Wartezeit der Patienten nahezu halbiert werden.

EMIKA wurde experimentell Anfang des Jahrtausends im Klinikum der Universität Freiburg erprobt. Mobile Agenten wandern in einem Netz heterogener Rechner – typischerweise dem Intranet – umher und verrichten dabei im Auftrag eines Nutzers Dienste. Ein Agent entscheidet dabei selbst, aufgrund seiner Handlungsregeln, ob, wann und wo er gegebenenfalls als nächstes einen Auftrag erfüllen kann (Sackmann et al. 2002). Der Agent optimiert entsprechend der Lage und der Dringlichkeit der Behandlung den Ressourceneinsatz. Dies ist eine Tätigkeit, die bis dahin die Domäne eines Menschen gewesen ist. In Abb. 1.5 ist die Architektur einer zentralisierten Lösung dargestellt. Aufgaben, Kapazitäten und aktuelle Belegungen sowie Behandlungspläne bezogen auf die geplanten Patienten liegen zwar vor, aber jede Veränderung der Ausgangsdaten führt zu Anpassungen, Verzögerungen oder gar Ablehnungen von Patienten, da eine Umplanung der Behandlung nicht möglich ist.

Abb. 1.6 zeigt, wie ausgehend von einer lernenden Prozesslogik Behandlungsvorschriften durch flexible Basisdienste eigenständig, innerhalb der zulässigen Freiheitsgrade erstellt und auch modifiziert werden können; passend zur gegenwärtigen Belastung der Klinik und der Berücksichtigung der Auswirkung auf andere Patienten.

Der Einsatz von KI, Big Data und Verfahren des maschinellen Lernens zeigen den Fortschritt von einem starren Anwendungsprogramm zu autonomen Diensten. Es ist nicht mehr notwendig, Vorgaben der zentralen Planung bei der Aufgabenlösung zu berücksichtigen. Der Schlüssel liegt in der Erhöhung der Selbstorganisationsfähigkeit durch Technik, hier autonome Basisdienste, die sich je nach Anforderung durch eine lernfähige Prozesslogik selbst koordinieren. Die Ausgangsannahme beim Einsatz der Algorithmen ist, dass „Störfaktoren" planbar sind. Dezentrale Dienste können in Zukunft mit der KI aus einer Unordnung eine mögliche Ordnung aufgrund von aktuellen Daten schaffen.

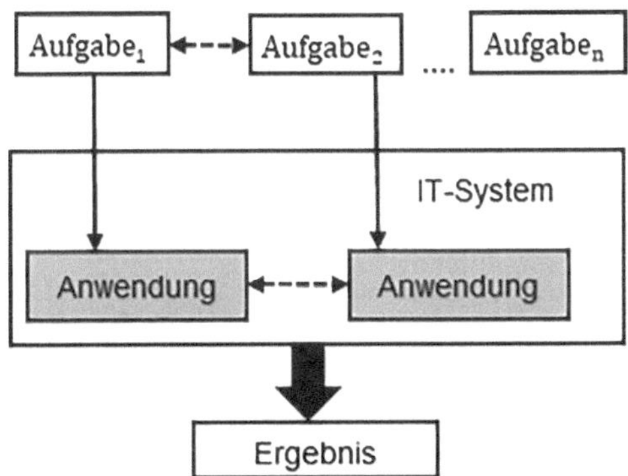

Abb. 1.5 Zentralisierte Aufgabenlösung

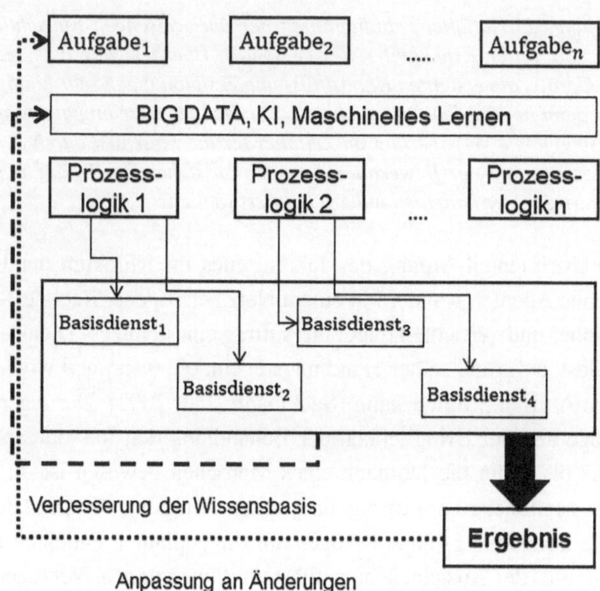

Abb. 1.6 Dezentralisierte oder autonome Aufgabenlösung

1.3.2 Landnahme auf der Wissensebene

Das Geschäftsmodell der Netzwerktore basiert auf der Erhebung und Verwendung von Daten und der Fähigkeit, Verfahren und Algorithmen zur Datenanalytik anzubieten, die klassifizieren und prognostizieren. Damit ist ein Mikromanagement des Alltagslebens der Bürger durch die Netzwerktore möglich geworden (Lanier 2014). Dabei werden mit komplexen Verfahren die kognitiven Fähigkeiten verstärkt, was jedoch Abhängigkeiten schafft. Algorithmen unterliegen mathematischen Gesetzmäßigkeiten und stellen daher einen engen Pfad dar, der die Freiheit für alternative Lösungswege einschränkt und eine Lenkung durch Algorithmen bedeutet:

1. Eindeutigkeit: Ein Algorithmus ist nicht differenziert. Er hat nur einen Zweck, der durch den Ablauf erreicht wird.
2. Ausführbarkeit: Jeder Einzelschritt muss so ausgelegt sein, dass in endlichen Schritten ein eindeutiges Ergebnis erzielt wird.
3. Determiniertheit: Der Algorithmus basiert auf Annahmen, und führt bei gleichen Voraussetzungen stets zum gleichen Ergebnis.

Kooperierende Algorithmen lassen neue Anwendungen entstehen, da diese jetzt flexibel zur Mehrung des Kundennutzens eingesetzt werden und so z. B. moderne Mobilitätsanwendungen bei der Autoindustrie entstehen lassen:

Fallstudie: Handlungsräume für individuelle Mobilität

Beispiel

Beim „Verkaufsmodell" vor 30 Jahren offerierte die Automobilindustrie Neuwagen und verdient zusätzlich an den Ersatzteilen und den Reparaturen. Im heutigen „Vertragsmodell" wird der Eigentumserwerb durch Verträge aufgelockert, z. B. durch Firmenwagen, Dienstfahrzeuge oder Carsharing sowie dem privaten „Leasen". In einer Plattform wird in Zukunft die Vernetzung von Herstellern, Banken, Werkstätten, Tankstellen, Automobilclubs und Versicherungen realisiert, um die günstigste und unmittelbarste Form der passenden Mobilität zu erkunden und dem Nachfragenden anzubieten.

Um eine informationelle Überlegenheit Wirklichkeit werden zu lassen, sind vor allem die Verfügbarkeit von „Daten" und die Organisation der „Vernetzung" notwendig. Ergänzt um die Datenanalytik, die Daten erst les- und interpretierbar macht, repräsentiert sie die Fähigkeiten eines Handlungsraumes, der Kunden z. B. zu der zu ihnen passenden individuellen Mobilität berät. Die ökonomischen Lenkungswirkungen von Plattformen sind durch das Motto des MIT Media Lab von 1995 griffig zusammengefasst „Process bits, not atoms" (Negroponte 1995). Die Vernetzung und Beratung ist die Grundlage der hohen Anteile an der Wertschöpfung. Die informationelle Überlegenheit basiert auf drei Prinzipien, die nachfolgend als die Wissensmaschine und die beiden Strategien der Wissensebene bezeichnet werden.

1.3.2.1 Die „Wissensmaschine"

Erst vor weniger als 15 Jahren hat die Finanzierung der Netzwerktore durch Werbung für ein stetiges Einkommen gesorgt und so geholfen, aus Garagenfirmen Internetgiganten entstehen zu lassen. Die Werbung ist seit 2009 bis heute die alles andere dominierende Einkommensquelle geblieben (Varian 2009). In der analogen Welt werden Eigentumsrechte an Gütern und Forderungen zwischen Wirtschaftssubjekten in einer Transaktion übertragen. Beide Transaktionspartner müssen sich davon einen Vorteil oder Nutzen versprechen. Die Rolle von Vermittlern geht auf ihre Dokumentationsfunktion zurück, die es erlaubte, den Ablauf und die Folgen einer Transaktion nachzuvollziehen und daraus zu lernen oder auch darin bestand, Kontrolle auszuüben z. B. Beschwerden zum erworbenen Produkt oder den Tauschpraktiken einzulegen. Transaktionen sind mit Aufwand und Risiken verbunden, da davon auszugehen ist, dass eine vollkommene Information über das zu tauschende Eigentumsrecht nicht existiert (Varian 2010).

Ähnlich sind die Aufgaben der Netzwerktore in einer digitalen Transaktion. Es geht um die Verbesserung des Kundennutzens durch die Filterung von Daten und die Datenanalytik zur Verminderung des Risikos zu Fehlentscheidungen. Dazu musste die Transaktion in drei Punkten angepasst werden: Zum einen haben die Netzwerktore die Rolle eines Vermittlers übernommen und zum anderen ist daraus eine Wettbewerbsform entstanden, die nach Abb. 1.8 als Verdrängung durch positive Skaleneffekte zu verstehen ist. Zum Dritten ermöglicht die „Wissensmaschine" nach Abb. 1.9 die Unterscheidung in eine kostenfreie Interaktion zum Gewinnen neuer Datenquellen und in eine werteschaffende Transaktion zur Nutzung der Big Data, zumeist für treffsichere Werbung.

Abb. 1.7 Zweiwertige oder datenzentrische Transaktion

A) Zweiwertige datenzentrische Transaktion

Das kostenlose Anbieten von Diensten ist zum zentralen Prinzip der Interaktion mit Werbetreibenden und Teilnehmern geworden. Die Plattform nimmt die Rolle eines Intermediärs ein und teilt damit eine Transaktion in zwei unterschiedliche Teile auf, die voneinander abweichende Werte erzeugen. Der kostenfreie Teil ist die Interaktion mit den Nutzern, der kostenpflichtige Teil umfasst die werthaltige Transaktion mit dem werbetreibenden Kunden. Die Plattform vermittelt mit den Daten ihrer Teilnehmer zwischen diesen und den Werbetreibenden. In Abb. 1.7 ist eine solche Transaktion skizziert (Müller 2013a).

Eine zweiwertige Transaktion wird von einem Intermediär unterbrochen, der Daten sammelt und diese einem Nachfrager anbietet. Dabei wird in der Interaktionsphase ein wirtschaftlicher Wert v_1 erzeugt, den ein Nutzer als „Geschenk" empfindet. Der Nutzen für den Intermediär liegt in den anfallenden persönlichen Daten, die ausgewertet, aggregiert und den Werbekunden gegen Bezahlung offeriert werden. Die informationelle Überlegenheit der Plattform schafft in der Transaktionsphase die wirtschaftliche Wertschöpfung. Dabei wird Wert v_2 generiert, der sich aus den Kosten für die Attraktivität der Dienste, dem Einzug von Daten und den Erträgen aus der Platzierung der Werbung ergibt.

Die Position als Intermediär ermöglicht im Gegensatz zu den beiden anderen Akteuren die Kontrolle über die gesamten Transaktionen. Plattformen verfolgen dabei ein Geschäftsmodell mit vier Annahmen:

1. **Rahmenbedingungen:** Sie setzen mit den Algorithmen und Operationen den Kontext der Kommunikation, der vom Nutzer nicht verlassen werden kann. In Deutschland werden zurzeit in zunehmendem Umfang ca. 35 % des Wirtschaftswachstums mittel- und unmittelbar mit dem Internet erzeugt. Plattformen senken die Suchkosten (Müller 2013a).

2. **Angebot und Innovation:** Netzwerktore reduzieren die Informationsflut nach Kriterien, die von ihnen bestimmt sind und bieten dem Kunden innerhalb dieser Grenzen Hilfestellung beim Finden des besten Angebotes, z. B. über den Preis.

3. **Kundenbeziehung:** Wissen über Kunden ermöglicht eine individuell ausgerichtete Werbung und Beratung mit sehr hoher Treffsicherheit. Die Mehrung des Kundennutzens, wie auch die Beratung der Werbetreibenden z. B. durch

Verhaltensprognosen, wie die Bestimmung des Willens zum Kauf oder die Zahlungsbereitschaft, reduzieren den Werbeaufwand und tragen zur gesteigerten Befriedigung der Kunden bei.

4. **Erlöse:** Das Erlösmodell setzt sich für die Netzwerktore aus drei Quellen zusammen. Der wichtigste ist die individuelle Werbung mit ca. 60 % Umfang an den Einnahmen. Die Preisdifferenzierung durch Feststellung des Zahlungswillens hat einen Umfang von etwa 30 %, während Schlussfolgerungen und Inferenzen von Datenaggregationen den Rest ausmachen (Müller 2013a).

Datenzentrische Dienste, die nach Wirksamkeitskriterien wie Kosten per Klick (Cost-per-Click oder CPC) bemessen werden, haben dabei einen Kostenvorteil im Vergleich zu den Erlösmodellen der klassischen Werbung, die nach Reichweite kalkuliert werden. Der Kontaktpreis für 1000 Personen (TPK), der für herkömmliche Werbung anfällt, ist wesentlich höher und die Wirksamkeit unschärfer als bei den klickbasierten Abrechnungsmodellen, die analog zur personalisierten Ansprache eine trefferbezogene Abrechnung der Effektivität der Werbung gestatten (Varian 2010).

B) Zyklus der Skaleneffekte

Aus einer einfachen datenzentrischen Transaktion entsteht, wie in Abb. 1.8 zu sehen, ein komplexes Rückkopplungssystem, wenn die Skaleneffekte für Preise, Netzwerke und Kundenbindung ineinandergreifen. Die Ausmaße solcher Skaleneffekte symbolisieren die Strategie der Netzwerktore und führen für den Sieger in diesem Verdrängungswett-

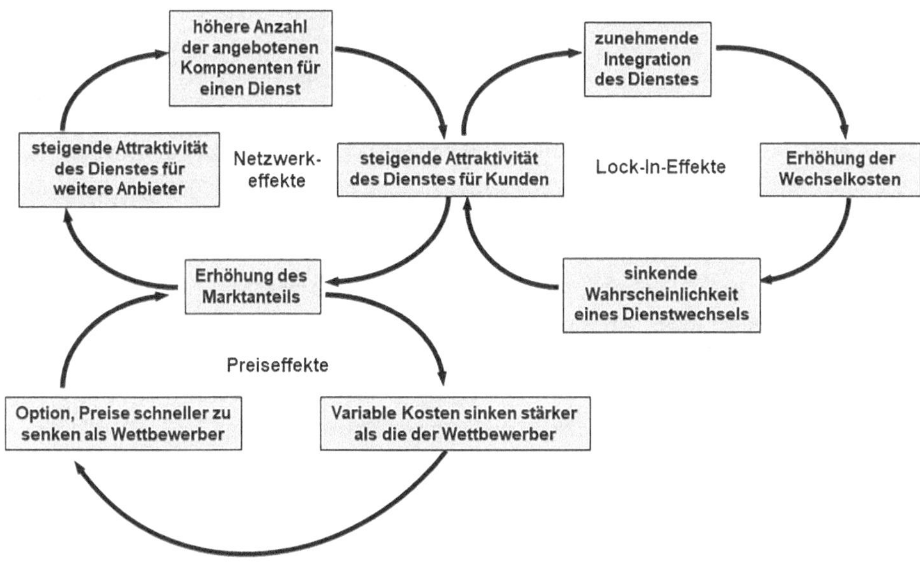

Abb. 1.8 Synergetische Skaleneffekte

bewerb zu einer hegemonialen Stellung (Barabasi et al. 2006). Durch den Netzwerk-effekt kann eine Plattform mit vielen Teilnehmern die Treffsicherheit der Werbung besser garantieren als kleinere Mitbewerber, die oft nach kurzer Zeit aus dem Markt ausscheiden. Es lassen sich erste Anzeichen erkennen, dass für den Wettbewerb nicht nur auf die Skaleneffekte vertraut wird, sondern die Filterfunktion auch zur Bildung von „geschützten Parzellen" herangezogen wird, um den Nutzer schon in Voraus zu einer positiven Einstellung gegenüber der Werbung zu bringen. Dies wird schon zum Bereich der Manipulation gerechnet (Economist 2018b).

Ein Fallbeispiel für eine gescheiterte Nutzung von Skaleneffekten nach Abb. 1.8 ist Amazons Versuch, den elektronischen Buchmarkt durch das Lesegerät Kindle zu verändern. Es ist ein Lehrbeispiel für die Macht der Teilnehmer zur Selbstregulierung mithilfe sozialer Netze:

Fallstudie: E-Book Lesegerät: Kindle von Amazon

Beispiel

Die Einnahmen für Kindle waren nicht kostendeckend, weil Amazon der Kundengewinnung Priorität eingeräumt hat. Die Preise der E-Books sollten daher unter Beteiligung von Autoren und Verlagen möglichst niedrig angesetzt werden, wobei Autoren und Verlage durch die Nachfragekraft von Amazon regelrecht „erpresst" wurden, auf einen Teil ihrer Entlohnung bei der elektronischen Vermarktung zu verzichten. Dies gelang und Kindle wurde dadurch billiger angeboten als dies bei den Konkurrenten der Fall war. Die hegemonialen Praktiken machten jedoch die Verlage und Autoren besorgt, ob Amazon auch zukünftig in dieser Weise über sie verfügen würde. Der Konflikt gewann öffentliches Interesse, als Amazon einen Verlag aus seinem Angebot nahm, der sich weigerte, die Bedingungen zu akzeptieren. Erst nach öffentlichem Protest gab Amazon seine aggressive Absicht auf.

Die Interaktion auf der Wissensebene mit datenzentrischen Transaktionen erfordert ein Zusammenspiel von zumindest vier Faktoren. Diese haben eine technische, eine algorithmische und eine menschliche sowie eine institutionelle Dimension. Jeder dieser Faktoren kann Kräfte auslösen, die Teilnehmer aufschrecken, wenn sie dahinter unfaire Praktiken vermuten. Die Politik des Internet stellt außer den Angriffen auf die Netzneutralität niemand mehr infrage. Bei Algorithmen und Institutionen ist dies schon anders. Sehr schnell entstehen dabei Protest-Kampagnen, die durchaus wirtschaftlichen Schaden anrichten können. Bei Amazon ist es die Verlagerung der Kosten auf Verlage und die Kulturschaffenden, sowie der authentische Kampf des „David" gegen „Goliath" gewesen, der die Sympathie der „Netzwerk-Community" gegen Amazon mobilisiert hat.

C) Die Wissensmaschine

Wachstum und Wettbewerbsfähigkeit von Netzwerktoren verlangen die Gewinnung neuer Datenquellen, da nur dadurch die Expansion der Netzwerke möglich wird. Von der Erschließung bis zur Sammlung kann die Wissensmaschine oder das Entstehen der Big Data und deren Aufbereitung nach Abb. 1.9 in vier Aufgaben unterteilt werden, die insgesamt als „Datenintelligenz" bezeichnet werden. Da ist zum einen die Datenanalyse, die neue bislang unbekannte Korrelationen durch das Zusammenführen von Daten aufdeckt. Zum anderen werden Schlussfolgerungen oder Muster zu Inputs für die „Geschäftsintelligenz" (Business Intelligence), die daraus z. B. geeignete Absatz- oder Preisstrategien entwickelt (Mayer-Schönberger und Cukier 2012). Dieser Zusammenhang bei der Wertschöpfung mit Daten ist in Abb. 1.9 als „Zyklus der Landnahme" dargestellt und mit dem Titel „Wissensmaschine" versehen.

Die bereitwillige Akzeptanz der Nutzer mit Daten für Dienste zu bezahlen und als Datenquelle zu fungieren, wird vor allem wegen der Veränderung ihres Verständnisses von Autonomie und informationeller Selbstbestimmung kritisiert. Die Autonomie, die von Netzwerktoren als der freie Zugang zu ihren Diensten verstanden wird, ist unterschiedlich zum Verständnis der europäischen Moderne, die Menschen als autonom bzw. frei ansieht, wenn deren Handeln nicht durch materielle oder sonstige Interessen fremdbestimmt wird. Das Geheimhaltungsprinzip und die Unmöglichkeit zwischen authentischen persönlichen, abgeleiteten und anonymen Daten zu unterscheiden, sind Hinweise für eine wachsende Differenz von Erwartung und Wirklichkeit.

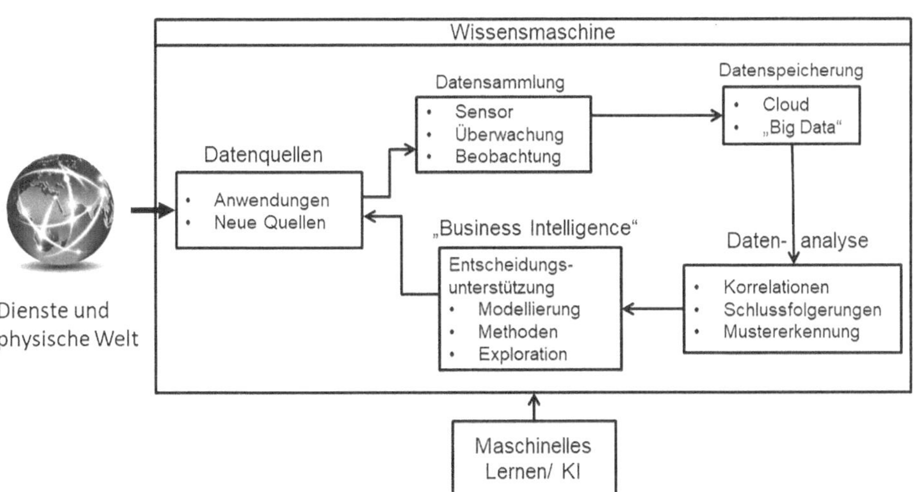

Abb. 1.9 Zyklus der Landnahme

1.3.2.2 Fallstudie Google: Ein Netzwerktor entsteht

Seit 2004 ist Google börsennotiert und seit 2012 auf Platz fünf der wertvollsten Unternehmen der Welt vorgerückt. Durch offensive und technisch-strategische Zukäufe hat Google Schritt für Schritt sein Portfolio erweitert. Für die elf größten Übernahmen hat Google bislang 26 Mrd. US$ ausgegeben, obwohl nach klassischen Verfahren der Unternehmensbewertung diese Preise oft utopisch anmuten (Wildkommer 2017). Google hat im Gegensatz zu anderen Plattformen eine sehr beachtete Forschungsstrategie mit den sogenannten X-Projekten entwickelt (Funk 2015). Der Name Google X ist ein Wortspiel, wobei X für die Ambition zu wirklicher technischer Neuheit steht. Die gegenwärtig wichtigste Bestrebung gilt dem „autonomen Fahren" und richtet damit dem Blick auf die Automobilindustrie, die durch Android-Auto auch bereits mit der Informatisierung nach der Vorstellung von Google konfrontiert ist. Große Beachtung fand *Google Glass,* das allerdings bislang nicht vermarktet wird, dennoch als eine Investition in Richtung erweiterter Realität zu sehen ist. Ein Minicomputer ist auf einen Brillenrahmen montiert und erweitert die Sinne des Trägers durch zugeführte Information zu den Gegenständen seines Blickfeldes. Solche komplementären Funktionen schaffen eine Art von „Röntgenblick" und dienen z. B. in der Medizin den Chirurgen, die so über die Daten auch entfernter bildgebender Geräte ohne Zeitverlust während der Operation verfügen können. Google Glass kann aber auch, und das war die Hauptkritik, unauffällig die Umgebung des Trägers von Google Glass ausspähen. Datenschützer, aber auch viele Bürger haben sich selten einmütig gegen das unmittelbare Eindringen von Google Glass in ihre Privatsphäre gewandt. Die bisherige Abstinenz einer Vermarktung ist auf diesen Widerstand zurückzuführen.

1.3.2.2.1 Mit der Suchmaschine zu Daten

Der Kern des Geschäftes von Google ist die Bewältigung der Informationsflut mithilfe einer elaborierten Suchmaschine. Der technische Vorsprung beruht auf der Idee, dass es nicht nur um Dokumente geht oder die Anzahl der Links, sondern darum mehr über diese Links zu wissen, z. B. woher sie stammen. Je beliebter eine verlinkte Seite, desto wertvoller ist sie und desto höher klettert sie in der Ergebnisliste. Jeder Verweis auf eine andere Seite ist ein Votum im Web und ein Grad für die „Popularität" eines Links. Konkret werden von Google ca. 200 Attribute zu den folgenden Kategorien erfasst (Gierow 2017):

1. **Domäne und Server:** Hierzu gehört das Alter, Dauer, Sichtbarkeit, Art der Domäne, der Inhaber, welche Schlüsselwörter und IP Adressen gültig sind, welches die Nachbaradressen sind und wie oft die Domäne erwähnt wird. Beim Server interessieren vor allem die geografische Lage und Verfügbarkeit, sowie die URL und HTML Struktur und die Zugänglichkeit, z. B. Verwendung von Java Script.
2. **Inhalt und Verlinkung:** Nach dem Sprachstil und dem Verhältnis von Textanteil, z. B. im Vergleich zum HTML Anteil, sowie den Datentypen des Textes und dessen Aktualität, wird über Schlüsselwörter auf den Inhalt und die semantische Information geschlossen. Die interne Linkdichte verweist auf Beziehungen zu einer Seite

mit identischem Ankertext und zu deren internen Links. Dadurch kennt Google den Ursprung von Informationen. Die Häufigkeit der Updates gibt Hinweise auf das Vertrauen in eine Seite, wie es auch eine korrekte Rechtschreibung und Grammatik oder eine politisch zuordenbare Nutzung des Vokabulars und die Kontaktdaten vermögen. Doppelte Inhalte mit anderen Seiten, Lesbarkeit und Ladezeit, sowie die Messung der internen und externen Popularität der Seite identifizieren z. B. Suchmaschinenoptimierer.

3. **Schlüsselwörter:** Hierbei ist das Ziel, aufgrund der verbrachten Zeit und dem Grad an Aufmerksamkeit für die wichtigsten Positionierungen Kenntnis zu erhalten. Wichtig sind dafür die Beziehung zu Ankertexten, z. B. ob sie fett oder kursiv markiert sind, auf ihr Vorkommen im Haupttext und dessen Bezug zum Thema sowie dem Auftreten in der URL. Die Anzahl ausgehender Links und die Qualität der Seiten sowie deren Relation zu benachbarten Seiten vervollständigen das Bild. Wichtig sind ferner die verlinkten Bilder. Wie verhält es sich mit geografischer und thematischer Vielfalt sowie z. B. der Zitierung von Wikipedia und der Offenlegung der Historie der Links.

4. **Profil und Verhalten** der Besucher erfassen die Anzahl und die demografischen Eigenschaften, die „Bounce-Rate" und die Browse-Eigenschaften wie z. B. plötzliche Zugriffssteigerung und die Anzahl der Klicks.

5. **Gekaufte und verkaufte Links,** sowie Hinweise auf Spammer, versteckte Texte und Täuschungen können im Interesse der Glaubwürdigkeit der Google-Ergebnisse durch Ausschluss den Nutzen der Teilnehmer erhöhen.

Diese Daten sind die wichtigsten Voraussetzungen, um Effizienz bei der Akquisition von Werbung durch eine ungewöhnliche Treffsicherheit zu erreichen. Das Werkzeug dazu ist *Keyhold,* womit z. B. der Bildbestand von *Google Earth* und von *StreetView* vermarktet werden kann. Google verwendet Methoden wie das *Click-Tracking, Log-Files, Java-Scripts, Web-Beacons* oder auch Cookies und registriert so alle mit einer Anfrage verbundenen Daten. Die jeweilige Person wird mit teilweise weniger bekannten Grundfunktionen der Suchmaschine wie *Google Search, Google Toolbar, Google Web History* oder *Google Maps* nicht direkt, aber über Ableitungen aus Profilen identifiziert. Eine Webseite wird mit *Google Chrome, Android oder dem Web Accelerator* erfasst. Kenntnisse über die Inhalte ergeben sich durch *Google Desktop, Google Books, Google Scholar, Google News, Google Notebook, Google Bookmarks, Google Chrome, Google Reader* oder aus den Auswertungen von Inhalten, die mit *Gmail* erhalten werden. Die Erfassung von Texten, Bildern, Fotos sowie Video- und Audiodateien werden über nutzerfreundliche Dienste angeregt, wie *Google Groups, Gmail, Google Talk* oder *Friends Connect.* Mit dem *Google Catalog* und *Product Search* lernt Google die Konsumwünsche kennen und kann eigene Kunden beraten. Um die Gesundheitsdaten kümmert sich *Google Health,* während *Google Maps* den Wohnort, die Reiseziele und Freizeitaktivitäten erkennt.

1.3.2.2.2 Mit Übernahmen zur Plattform

Bis zum Dezember 2016 hat Google mehr als 200 Firmen erworben, wobei die wichtigste strategische Erwerbung im Jahre 2011 *Motorola Mobility* war, da damit der Weg zur heutigen Dominanz bei mobilen Anwendungen gelegt wurde. Die Voraussetzung zu diesem Geschäft war die Eigenentwicklung von Android und die Nutzung der Motorola Patente, die vor allem die Rechtsstreitigkeiten mit Apple bereinigten. Google hatte wohl nie vor, ein Google Smartphone zu entwickeln, obwohl es in kleiner Zahl solche bis heute gibt. Nach dem Erwerb von WAZE, einem Verkehrsnavigationssystem, wurde bekannt, dass Google im Jahre 2013 1,3 Mrd. US$ für diese Akquisitionen ausgegeben hat, obwohl doch der Navigator bei Google Maps bereits zu den führenden Angeboten gehört. Der Nachteil ist die Konzentration auf Bewegungsdaten und das Fehlen von Verkehrsmeldungen, um Kunden besser beraten zu können. WAZE hat zum Ziel die noch offenen Entscheidungsfragen bei der Routenplanung dem Nutzer abzunehmen.

Die Entwicklung von Android begann schon im Jahre 2005 und fand unter Beteiligung von Programmierern im Außenverhältnis statt. Bereits 2007 wurde das Bemühen um die mobilen Anwendungen durch den Erwerb von *Dodgeball* komplettiert, da durch „Voice over IP" der Zugang zu Smartphones möglich wurde. Die sinkenden Skalenerträge der traditionellen Mobilfunkanbieter machten die Reorganisation dieses Marktes überfällig. Zwischenerwerbungen, wie *Grand Central* wurden in *YouTube* integriert, das 2006 übernommen wurde. Den überlegenen Kundenzugang nutzend, sinkende Skalenerträge der TV Anstalten und Zeitungen berücksichtigend, bietet YouTube eine Technik an, die Kunden individuell mit tausenden von Kanälen anspricht. Diese können sowohl als Anbieter und Nachfrager auftreten. Ein Angebot, dem die traditionelle Medienindustrie, inklusive der Fernsehanstalten, wenig entgegenzusetzen hat, weshalb sie daher wohl in ihrem Bestand gefährdet ist.

Der Erwerb und die Auswertung neuer Datenquellen nach der Strategie von Abb. 1.9 wurde durch die Übernahme von *DoubleClick* im Jahre 2007 vervollständigt. Google verschaffte sich damit eine marktbeherrschende Stellung im Online-Werbemarkt und sicherte die zukünftige finanzielle Basis durch *Google Ads,* die *Google-Marketing-Plattform* und den *Google-Ad-Manager ab.* Im Gegensatz zu YouTube verschwand DoubleClick als eigener Namen sehr bald nach der Übernahme. Man wollte die Beziehungen zu den Werbepartner direkt mit dem Namen Google oder der Mutterfirma Alphabet verbunden wissen.

2014 wurde mit dem Erwerb von NEST der Zugang zur vernetzten Haustechnik und der Rauchmelder und Thermostate bekanntgegeben. *„Wir sehen, wenn bei Leuten der Toast verbrennt oder Kohlenstoffmonoxid austritt",* lautete der Anspruch des Pressesprechers. Inzwischen wird betont, dass die Daten nur zum Betrieb und zur Verbesserung der Geräte eingesetzt werden. Ein Erwerb, der auf den ersten Blick verwundert, beim näheren Hinschauen jedoch erkennen lässt, dass der Einstieg in einen Anwendungssektor zum „intelligenter" machen in einem etablierten Markt gelungen ist, dessen weitere Erfolge nach Porters Stufen der digitalen Wertschöpfung (Porter und Heppelmann 2018) durch neue Werkzeuge entschieden werden, die Google entwickelt:

Datenanalyse: *Google Analytics* besitzt heute den wohl fortschrittlichsten und vollständigsten Methodenvorrat zum statistischen *Data Mining*, um durch das Ableiten von Meinungen auch in den Alltag der Nutzer und die dabei vorherrschenden Motive einzudringen. *Google Analytics* wurde bisher zur Verkehrsanalyse von Webseiten angewendet. Es zeigt die Herkunft der Besucher, ihre Verweildauer sowie die Nutzung von Diensten.

Künstliche Intelligenz (KI) und Maschinelles Lernen (ML): Die KI und das ML wurden experimentell von Google für die Erfolgsmessung von Finanztransaktionen eingesetzt, stellen aber heute die Bestandteile von *Google Cloud Machine Learning* dar, das unter Nutzung von *„Deep Learning Systemen"*, die für *Google Translate*, die Analyse von Fotos, Sprache und *Gmail* verwendet werden, nun auch Datenanalytikern ermöglicht, Modelle mit maschinellem Lernen zur Verbesserung ihrer Anwendungen zu erstellen. Dazu stehen Trainings- und Vorhersagedienste zur Verfügung, die zur Lösung verschiedener Probleme eingesetzt werden, wie z. B. um Wolken in Satellitenbildern zu erkennen, Lebensmittelsicherheit zu gewährleisten und sogar um eine schnellere Reaktion auf Kunden-E-Mails zu ermöglichen.

Der Erwerb von *DeepMind* im Jahre 2014 ist der bisherige Höhepunkt der KI-Strategie von Google. DeepMind ist ein Unternehmen, das die maschinelle Intelligenz grundlegend verstehen und Strategien für deren Anwendung entwickeln will. Dazu soll auch das Kurzzeitgedächtnis des Menschen durch Algorithmen imitiert werden. Durch diesen Erwerb erhält Google den Zugriff auf die Daten von 1,6 Mio. englischen Patienten. Bestandteil davon sind auch die Daten von HIV-positiven Patienten, Drogenabhängigen oder Frauen, die Abtreibungen vornehmen ließen. Eine Möglichkeit zur Verweigerung der Preisgabe von Daten für Patienten ist bislang nicht vorgesehen. Neben den pathologischen und radiologischen Ergebnissen werden die Daten der Intensivmedizin und der Notfallabteilungen in die Cloud übertragen, sowie die vollständigen Tagesaktivitäten der Kliniken, der Zustand und die Unterbringung der Patienten und die Krankenbesuche. 2015 gab *Google DeepMind* bekannt, dass es seinen Verfahren gelungen sei, die Atari Spiele zu erlernen und eigenständig Erfolgstaktiken zu entwickeln. AlphaGo hat nicht nur die Strategien erlernt, sondern den Welt- und Europameister durch den Einsatz von maschinellem Lernen besiegt (DeepMind 2015). Der Austritt Englands aus der EU und damit die künftige Unwirksamkeit der DSGVO wird ein Faktor unter vielen gewesen sein, der den Londoner Stammsitz von *„DeepMind"* für Google zusätzlich attraktiv machte.

1.3.2.2.3 Mit Android-Auto zur Disruption?

Die scheinbare harmlose Forderung, die Funktionen des Smartphones mit dem Unterhaltungssystem eines PKW zu verbinden, ist aus Sicht von Google die Chance zum Zugang und damit der Informatisierung und Vernetzung von Automobilen. Alle Smartphones, die mit dem Betriebssystem Android betrieben werden, verbinden sich mithilfe der Dienstplattform *Android-Auto* mit dem Unterhaltungssystem eines PKW. Android-Auto konkurriert mit einem technischen Vorläufer, der Plattform *MirrorLink,* die exakt dieselbe Funktionalität anbietet und auf Ideen des Labors Bochum der NOKIA zurückgeht, ferner mit der Open Source Software *OpenCar,* die keine sensiblen Informationen von Herstellern verlangt, aber eigenes Engagement der Hersteller voraussetzt. Bislang haben etwa 35 Hersteller eine Kooperation mit Android-Auto abgeschlossen, was ein Hinweis darauf ist, dass sich die PKW-Hersteller die Investitionen in diese digitale Zukunft nicht aus eigener Kraft zutrauen und dafür eine Abhängigkeit von Google und dessen informationeller Überlegenheit riskieren. Deutlich weniger Hersteller setzen auf OpenCar, das branchenweit die einzige standardisierte Entwicklungsumgebung für die Erstellung von automobilen Apps anbietet. Anders als mit Android-Auto von Google und Apple CarPlay, die durch wohl weitreichende Vorgaben die Autonomie der Autohersteller beschränken, wird OpenCar von PKW-Herstellern kontrolliert und ermöglicht so einen marken-, modell- und regionentypischen Anstrich, um die Markenidentität zu bewahren oder gar zu stärken (INRIX 2016).

Android-Auto hat zum Ziel, die PKW zu mobilen Netzwerkknoten zu machen. Damit wird Google zum Kontrolleur einer der wichtigsten Faktoren einer zukünftigen Kaufentscheidung für ein Auto. Die sinkenden Skalenerträge der Fahrzeughersteller, z. B. durch die Veränderungen im Antrieb, sind verbunden mit der Tatsache, dass IT-Ausstattung in einem PKW sich unmittelbar in Verkaufszahlen niederschlägt. Sie erhöhen den Druck zur Adaption von digitalen Innovationen, um diesem Trend gerecht zu werden. Dies macht zum einen Google für die Automobilindustrie attraktiv, um die Investitionsrisiken zu teilen. Andererseits eröffnet das entstehende System „vernetztes Auto" zukünftig auch wichtige neue Datenquellen für Google bzw. gestattet in einem Ökosystem neue Geschäftsmodelle, um individuelle Mobilität als digitale Innovation anzubieten.

Für Android-Auto ist mit dem Anschluss eines Fahrzeuges der erste „Brückenkopf" im Auto erworben. Das Angebot an den Kunden ist zum einen die Bequemlichkeit und Vertrautheit mit der gewohnten Umgebung, aber zum anderen auch, dass eine Verbindung zum „Auto-Smartphone" zum Werterhalt des PKW beiträgt. Es erweitert den Büroarbeitsplatz auf den PKW, der dadurch stärker ausgelastet wird. Ferner können alle mit dem PKW verbundenen Daten in das Smartphone oder den Büro-PC integriert werden. Die Eindringstrategie hat gerade den ersten Schritt gemacht, dem nach dem Porterschen Modell vier weitere folgen können (Porter und Heppelmann 2018). Zwar steht mit der Automobilindustrie ein riesiger Markt für digitale Innovationen mit den Phasen „Eindringen" und „Reorganisation" offen, aber Google läuft durchaus Gefahr, sich mit den Mobilitätsdienstleistungen organisatorisch und finanziell zu übernehmen. Dies zeigt sich auch in der Vorsicht beim Technologietransfer. So erweitert Google zwar sein Netzwerk, beansprucht aber außer Android-Auto keine weitere Übernahme seiner Technologie. Dennoch werden die Daten der beteiligten PKW von Google erfasst und für weitere digitale Innovationen genutzt:

1. Google gewinnt Zugang zu Partnern der PKW Wertschöpfung. Neben APP-Plattformen, wie z. B. der von TESLA sind Anbieter, wie z. B. AT&T oder Verizon eingebunden. Mit den Autoherstellern Ford, Toyota und Daimler sind mächtige Partner

aus allen drei Auto-Kontinenten an Bord, die durch die Zulieferer Bosch und Magna ergänzt werden. Die Anbieter des Kernbereiches der IT reichen von Microsoft über Intel bis zu Qualcomm.

2. Google gewinnt evtl. die Kontrolle über das entstehende Ökosystem „individuelle Mobilität" und wird z. B. mit iMessage von Apple, Skype von Microsoft oder neuen Chatdiensten zur Konkurrenz von Facebook werden. Das Verdrängen der Mobilfunkgesellschaften aus den PKW wird von diesen wohl widerstandslos akzeptiert werden. Versicherungen, wie die Allianz, oder Dienstleister, wie der ADAC, stehen bereit, um ihre Dienste an die informationelle Überlegenheit von Google anzupassen. Mit Google wissen sie zu jeder Zeit, welchen Zustand sowohl der Fahrer, das versicherte Fahrzeug als auch dessen Umfeld hat. Google gewinnt damit Einblick und Zugang in die Wertschöpfungskette von Versicherungen und Autodienstleistern inkl. Reparaturwerkstätten.

Aktuell kooperiert Google zwar nicht mit Apple, erlaubt aber *Apple CarPlay* den Zugang zu Android-Auto. In geringerem Maße ist dies auch der Open Source Plattform *OpenCar* gestattet. Die finanziellen Aufwendungen für Karten, Technik und Anschluss an die digitale Welt sind enorm. Davon abgesehen ist es vorstellbar, dass gerade die gewohnte Kommunikationsumgebung in Zukunft zum wichtigsten Faktor einer Kaufentscheidung für ein Auto wird. Das Navigationssystem WAZE ist eine zugekaufte digitale Innovation, die gegenwärtig schon Echtzeitdaten liefert, aber in Zukunft die erste PKW-App sein wird, bei der ein Fahrzeug nur noch die Absicht des Fahrers kennen muss, um selbstständig ans Ziel zu gelangen. OpenCar ist dezentral angelegt, wird jedoch mit dem Problem konfrontiert werden, wie die extrem hohen Investitionen zu finanzieren sind? Ein Hersteller wird ohne weitreichende Verbünde nicht auskommen, riskiert aber dann, statt von Google eben von den Verbundmitgliedern abhängig zu sein. Dennoch liegt hier die Chance von OpenCar, dem bislang einzig ernst zu nehmenden Gegenspieler von Android-Auto. Eine Verbundplattform aller Hersteller wäre die wohl aussichtsreichste Lösung, die informationelle Überlegenheit des „Nadelöhrs" Google zu vermeiden.

1.4   Technisch-soziale Ko-Evolution auf der Normenebene?

Vorbilder von Regulierungs- oder Normenebenen waren zuerst in der *Science-Fiction* Literatur zu finden. Danach darf ein Roboter eine Person nicht verletzen, außer dies wäre zum Wohle der Menschheit. Eine Regulierung steht daher immer im Konflikt, ob sie den Interessen der einzelnen Individuen oder dem Wohle der Allgemeinheit dienen soll. In Demokratien werden solche Entscheidungen im Wettstreit der Interessen in einer Art Ko-Evolution durch Aussprachen und Mehrheitsentscheidungen in dafür legitimierten Institutionen wie z. B. dem Parlament getroffen. Bei der Normenebene geht es um die Aushandlung einer akzeptablen Balance des Digitalisierungsdilemmas zwischen Schutz und Innovation.

Ganz ohne Eingriffe durch Regulierung hat sich das Internet in den vergangenen 30 Jahren zu einer hegemonialen Infrastruktur entwickelt, die in Folge Myriaden von Innovationen ausgelöst hat, ferner an der Wohlstandsentwicklung seit 2000 führend beteiligt ist. Dieser Erfolg, die Komplexität des Gebietes, und die begeisterte Akzeptanz hat die legitimierten Institutionen zu einer Abstinenz bei der Regulierung bewogen und immer, wenn sie davon abgewichen sind, ihnen den Vorwurf der Behinderung des Fortschritts und der Rückwärtsorientierung eingetragen. Die immer kürzeren Perioden der Erneuerung sowie die unklare Erwartungen an die Normenebene hat die Rolle der Daten und Algorithmen faktisch mit Normen gleichgesetzt. Diese Haltung kommt einem Freischein für die Netzwerktore gleich (Beliger und Krieger 2018). Die fiktive Gleichheit von Daten und Algorithmen mit den Normen verändert die Willensbildung der Massen, indem den Netzwerktoren unmerklich die Rolle einer legitimierten Institution übertragen wird. So hat der Europäische Gerichtshof Google gebeten, die Big Data auf unliebsame Einträge zu durchforsten und das Recht auf Vergessen zu exekutieren. Selbst war man dazu nicht fähig und hat daher Google hoheitliche Aufgaben übertragen. Mit der Inklusion oder gar Gleichsetzung von Normen mit den Regeln und Inhalten von Algorithmen entsteht eine algorithmisch beeinflusste Ordnung. Diese Abstinenz der Regulierung bewirkt, dass persönliche und gesellschaftliche Normen entwertet werden (Economist 2018b). Das Risiko dieser unkontrollierten und überlassenen Landnahme trägt die Allgemeinheit, da sie Arbeit und Einkommen sowie den bisherigen Umfang der Teilhabe an der Gestaltung der Gesellschaft verlieren könnte, während die Netzwerktore sich bei ihrer sozialen Verantwortung überaus erfolgreich zurückhalten. Die in China gewählte Form des „Teilens" verlangt als Risikoausgleich, dass die Gewinne der Plattformen in die Gesellschaft reinvestiert werden müssen (Economist 2018d). Anders sieht es im Westen aus. Hier gehen die gesamten Erträge an die Anteilseigner. Ein direkter Ausgleich der konsumierten sozialen Werte, wie Ausbildung, Sicherheit und Infrastruktur, erfolgt nur dann, wenn der Gewinn reinvestiert wird, wobei der Wettlauf um die günstigste Besteuerung unabhängig von einem Zusammenhang zur Datenentstehung inzwischen zum Thema für Regierungen erhoben worden ist.

Die Alternative zu einer „unkontrollierten Landnahme" durch die Plattformen ist die „vielseitige technisch-soziale Ko-Evolution" unter Beteiligung der legitimierten Institutionen. Die wichtigste Voraussetzung dazu ist, die Fähigkeit und den Nachweis zur Wahrnehmung der Innovationsverantwortung zum Ausgleich des Schutzes der Menschen vor der missbräuchlichen Datennutzung durch Dritte und zur gleichzeitigen Förderung von Innovationen zu stärken. Die technisch-soziale Ko-Evolution sollte dabei einerseits nicht zum Hemmnis für die wirtschaftliche Entwicklung oder zu einer Zensur der Technik werden. Sie muss anderseits aber Fehlentwicklungen für das Gemeinwohl erkennen und genug Autorität besitzen, um gegenzusteuern. So stößt der Datenschutz in seiner Absicht zwar auf hohe Akzeptanz, aber die passive Ausrichtung erregt hörbare Enttäuschung aus der Wirtschaft und aus dem privaten Bereich (Pohle 2016). Die gewählten Begrenzungen der DSGVO haben Folgen. So wird z. B. der Facebook

Cambridge-Analytica Fall zwar weltweit als Datenschutzproblem gesehen, nur eben nicht von der DSGVO. Der Mangel an einer geeigneten Regulierung lässt zurzeit die Ausübung von Innovationsverantwortung nicht zu.

Oft werden der Datenschutz und die Privatheit gleichgesetzt. Erst das Eindringen z. B. in einen privaten Raum macht die Verletzung der Privatheit zu einem Rechtsfall, nicht die Option, dies tun zu können. Die DSGVO betrachtet jedoch schon die Dokumentation von Geburtstagen und Adressen als ein Datenschutzproblem, das unmittelbar und nicht erst bei Missbrauch wirksam wird. „Privacy" hat eine längere Tradition als der Datenschutz, der erstmals 1983 in Hessen als Reaktion auf das Volkszählungsurteil entstand (Rossnagel 2012). Privatheit schützt gegen den Staat und wird erst bei Verletzung des Rechtes wirksam, während der Datenschutz „ex-ante" das Verhalten beeinflussen soll, damit es erst gar nicht zu einer Datenschutzverletzung kommt (HIIG 2018c).

Der Datenschutz schützt die Menschen nicht vollständig, da zwar die Datenpreisgabe, aber nicht die Herkunft, die Verarbeitung oder die Datenverwendung in der DSGVO geregelt sind und so die empfangenen Daten von Personen nicht immer im richtigen Kontext interpretierbar sind. Es ist unbekannt, welche Bedeutung die Daten durch die angewendeten Datenanalysen bekommen oder wie die maschinellen Lernalgorithmen konzipiert sind, damit die Schlussfolgerungen und Inferenzen nicht „manipulativ" ausgelegt werden. Ein Gleichgewicht der Verhältnisse von Nutzer und Datensammler könnte durch ein regulativ angeordnetes „Teilen" der Daten erreicht werden. Bei Verfahren nach dem Wettbewerbsrecht Ende des letzten Jahrhunderts und zum Anfang dieses Jahrtausends gegen IBM und gegen Microsoft war das Prinzip des „Teilens" noch sehr wirksam. Die Freigabe von Schnittstellen zur Hardware, respektive den Betriebssystemen haben den Wettbewerb gefördert und die drohende Marktverschließung und Monopolbildung verhindert. Neue Anbieter sind mit Google, SAP, Oracle und eben Microsoft entstanden, die nach der Beseitigung von Hindernissen mit besseren und günstigeren Produkten und Diensten den Wettbewerb zugunsten der Nachfrager verbessert haben. Die digitale Transformation hat heute wieder einen Zustand erreicht, der bereits Hegemonien erzeugt hat, wobei es jedoch nur sekundär um die Marktverschließung, sondern primär um die Begrenzung der Informationsmacht geht. Die EU-Wettbewerbsverfahren gegen Google und Facebook haben gezeigt, dass Marktmacht, ebenso wenig wie die Erzielung von Monopolpreisen, bei der Vielfalt der kostenlosen Dienste Ansatzpunkte für die „Zerschlagung" oder das „Teilen der Daten" sind. Dies muss nicht ein exklusives Aufteilen bedeuten, es genügt die gemeinsame Verwendung. Zudem gefährdet man die technischen Entwicklungen und reduziert die Chancen auf Investitionen in die Wirtschaft durch die Netzwerktore. Erstmals allerdings, und das ist an der heutigen Situation neu, ist die ungenügende Transparenz ein Zustand, der sowohl die Öffentlichkeit, die Kontrollbehörden als auch ganze Staaten beunruhigt, da sie außer durch illegale „Backdoors" und enorme Überwachungsnetze von der Kommunikation der Bürger mit den Plattformen ausgeschlossen sind.

Zahlreiche Lösungsansätze zur Geheimhaltung aber auch zur Transparenz sind vorhanden. Erst im vergangenen Jahr haben die Leopoldina, die Acatech und die Union der deutschen Akademien der Wissenschaft eine lesenswerte Stellungnahme zum Thema

„Privatheit in Zeiten der Digitalisierung" verfasst (Leopoldina 2018), die als Folge des Acatech-Projektes zur Privatheit im Internet von 2013 zu sehen ist (Buchmann 2013). Beide sehen die Lösung in mehr Innovationsverantwortung. Gegenwärtig sind allerdings drei der wichtigsten Plattformen zur Umsetzung des Datenschutzes in China und fünf in den USA angesiedelt. In beiden Fällen ist zu erwarten, dass der Förderung der Innovationen und den wirtschaftlichen Argumenten Priorität vor dem Schutz eingeräumt wird. Ein wirklich fundamental neues Paradigma wäre die Transparenz anstatt der bisherigen Geheimhaltung. Unter Kontrolle ist bei Transparenz nicht nur ein Eingreifen bei z. B. Verstößen gegen Regulierungen, sondern vor allem ein Monitoring oder Beobachten der Datenherkunft sowie Hilfe bei der Einordnung des Datenempfangs zu verstehen. Die technischen Mittel dazu sind vorhanden, ebenso wie die sozialen, rechtlichen und gesellschaftlichen Normen. Neu wäre, dass sich die Normenebene nicht nur auf die Rechtsordnung zur Durchsetzung verlassen dürfte, sondern auf eine unabhängige und vertrauenswürdige Kontrollinfrastruktur angewiesen wäre, die technisch mit den Netzwerktoren mithalten und auf die regulierte Rechenschaftspflicht der Datensammler bauen könnte (Economist 2018b).

Es stellt sich ferner die Frage, was gegenwärtig reguliert werden sollte? Der Einfluss von Algorithmen ist dem Einfluss der Daten und Technik nicht nachrangig. Algorithmen werden immer mehr verwendet. Dies ist begründet durch die hohe Steigerung ihrer Wirksamkeit von über 43 % pro Jahr (Brynjolfsson und McAfee 2012). Chatbots übernehmen bereits heute ca. 30 % der Call-Center Anfragen. Dies stößt nicht immer auf Verständnis. So fällt es z. B. schwer, zu erklären, weshalb z. B. ein Fluggast nicht diskriminiert wurde, wenn er den zugeteilten Platz wegen Überbuchung von einem Algorithmus gestrichen bekommen hat. In der DSGVO der EU sind algorithmische Entscheidungen erstmals erwähnt. Dies ist eine richtungsweisende Innovation, obwohl es jedoch kaum Vorstellungen gibt, wie damit außer der Möglichkeit zur Anfechtung umgegangen werden soll (European Union 2018). Die Gefahr bei Entscheidungen durch Algorithmen macht nachfolgender Fall zur automatisierten Rechtsprechung aus den USA deutlich:

Am 26.10.2017 berichtete die New York Times von einem Gerichtsverfahren, das ein Programm namens COMPAS zur Entscheidungsfindung einsetzte. Ein Autofahrer erhielt für Fahrerflucht nach überhöhter Geschwindigkeit eine sehr negative computerbasierte Prognose über sein Verhalten in der Zukunft. Die gesellschaftliche Risikoanalyse sagte einen potenziell hohen Schaden voraus, da es sich um einen Wiederholungstäter handeln würde. Der Beschuldigte wurde auf Vorschlag von COMPAS zu 11 Jahren Gefängnis verurteilt, obwohl nach gültigem Recht die zu behandelnde Straftat keine Gefängnisstrafe nach sich gezogen hätte. Der Algorithmus von COMPAS ist das Geschäftsgeheimnis des Anbieters. Er verwendet persönliche Daten und bewertet diese mit einem nicht öffentlichen Verfahren (Israni 2017).

1.4.1 Innovationsverantwortung

Digitale Innovationen sind ohne Zugang zu Daten nicht möglich. Das Erschließen neuer Datenquellen ist die wichtigste Tätigkeit der Plattformen, um die kostenfreie Interaktion in die wertschaffende Transaktion zu überführen und damit im Wettbewerb zu bestehen. Das Datenaufkommen wächst ungebremst, gleichzeitig entfalten die persönlichen Daten immer mehr „Sprengkraft", die damit die Vertrauenskrise begründet. Die Innovationsverantwortung ist die Utopie der digitalen Transformation, die zugleich Innovationen und neue Dienste fördert und sowie der Bevölkerung eine der Digitalisierung angepasste Sicherheit gibt. Dieses gegenwärtige Dilemma der Digitalisierung wird erst beseitigt, wenn nicht allein die Daten geschützt werden, sondern der Mensch im Umgang mit dem Netz Sicherheit empfindet. Täglich gibt es neue Sensoren, wie „intelligente Uhren" oder „intelligente Haushaltsgeräte" bis hin zu „autonomen Autos", die ständig in großen Mengen neue Daten generieren. So wurden beispielsweise im Juni 2015 etwa 500 Mio. Tweets pro Tag versendet (Twitter 2015) und der globale Internetverkehr hatte bereits 2016 88,4 Exabyte pro Tag erreicht (Cisco Systems 2015). Unter den verschiedenen Datenkategorien haben sich insbesondere personenbezogene Daten als „kritisch" für Innovationen herausgestellt, wie das Weltwirtschaftsforum 2011 feststellte (WEF 2011). Der Konflikt zwischen dem Schutz der Privatheit und dem Entstehen von Innovationen ist durch die DSGVO bislang einseitig zugunsten des Datenschutzes priorisiert worden, wodurch oft der Rückstand der Digitalisierung in Europa erklärt wird. Das Recht auf Schutz personenbezogener Daten ist jedoch kein absolutes Rechtsgut, sondern muss nach Meinung der EU im Zusammenhang mit seiner Funktion in der Gesellschaft betrachtet werden (European Union Agency for Fundamental Rights 2014).

Auf der einen Seite können die Analysen personenbezogener Daten die Produktivität steigern. Überlegene Techniken zur Datenanalyse und -sammlungen stellen entscheidende Wettbewerbsvorteile für Unternehmen dar, lassen schnellere und bessere Diagnosen im Gesundheitswesen zu und sind ein unverzichtbarer Berater beim Konsumverhalten geworden. Tatsächlich hat Brynjolfsson gezeigt, dass Unternehmen, die datengesteuerte Entscheidungsfindungen anwenden, eine Produktivität nachweisen können, die 5–6 % über dem liegt, was angesichts ihrer anderen Investitionen in die Informationstechnologie zu erwarten wäre (Brynjolfsson und McAfee 2012). Varian zeigt weiter auf, dass es nicht nur im Interesse der Unternehmen liegt, Kundendaten zu erheben und zu analysieren, sondern dass die Nutzer von deren Offenlegung durch bessere Beratung profitieren (Varian 2009). Auf der anderen Seite argumentierte Hirshleifer, dass Investitionen in die Analyse personenbezogener Daten zu Ineffizienzen führen, wenn die Prognose und Langfristperspektive fehlt (Hirshleifer 1971). Aber auch Schermer sieht in den Big Data und der Datenanalyse die Ursache für Informationsasymmetrien und damit der wachsenden Ungleichheit, z. B. in der Einkommensentwicklung (Schermer 2011). Wer auf Daten Zugriff hat und sie wirtschaftlich nutzen kann, ist beim Einkommen überwiegend an den Realzinsen ausgerichtet und erzielt so uneinholbare Vorsprünge im Verhältnis zu anderen Beschäftigten, deren Einkommen sich am Wirtschaftswachstum ausrichtet (Horn 2017). Ganz in der Vorstellung der Ursprünge des Datenschutzes sieht Hildebrandt nicht nur in der Datensammlung, sondern vor allem in der Analyse personenbezogener Daten eine eingebaute Diskriminierung (Hildebrandt 2009). Die beiden Fälle bei Airbnb und Uber zeigen, dass aber auch das Gegenteil eintreten kann, und Transparenz von Daten und Algorithmen Personen schützen. Die Proteste wegen Diskriminierung von Mitarbeitern und Fahrern bei Uber konnten durch Datenanalysen mit transparenten Daten belegt werden, wie auch das Einlenken von Airbnb erst erfolgte, als rassistisch motivierte Vermittlungspraktiken nachgewiesen wurden (Iansiti und Lakhani 2018).

Privatheit und Datenschutz werden entweder als Folge der Menschenrechte oder als Kontrolle über Räume begründet. Geeinigt hat man sich weltweit auf den Schutz persönlicher Daten. Trotz der fast schon „babylonische Verwirrung" und raschen Veränderungen der Ziele für den Datenschutz (Pohle 2016) wurden in allen westlichen Ländern Datenschutzmaßnahmen ergriffen, die in unterschiedlicher Form das „sich Zeigen" bzw. „sich Verbergen" über Daten regulieren (Solove 2008). Es besteht die proaktive Annahme, dass gespeicherte Daten Spuren hinterlassen, die tendenziell „negativ" – also zuungunsten des Datensubjektes – genutzt werden könnten. Im Sinne der informationellen Selbstbestimmung kann der Nutzer jedoch jederzeit auf den Datenschutz verzichten, was fast allen Umfragen zufolge in mehr als 75 % der Transaktionen geschieht (Acquisti 2017). Der dadurch elitär gewordene Ruf des regulierten Datenschutzes hat seine Ursachen auch darin, dass die „unwissenden" Nutzer zwar im Sinne der Gleichheit der Waffen Schutz vor den immer „wissender" werdenden Netzwerktoren benötigen, sie aber diese Rechte nicht einfordern können, weil die DSGVO Transparenz nicht vorsieht und eine Alternative zum digitalen Dienst vielfach nicht existiert. Die Geheimhaltung bei den Plattformen ist zusammen mit der Geheimhaltung beim Datenschutz eine doppelte Absicherung vor einer Stärkung der Nutzer. Die Asymmetrien in der Datenverfügbarkeit lassen eine Verweigerungshaltung (opt-out) nur mit hohen Kosten zu. Die Daten der Nutzer gehen nicht de jure, aber in einem praktischen Sinne in den Besitz derer über, die Daten verwenden. Da die informierte Zustimmung als Ausdruck des freien Internetbürgers die Mehrheit überfordert, ist der Datenschutz ein Recht geworden, das man sich leisten können muss.

Die DSGVO hat durch dasselbe Grundmodell Kontinuität mit dem BDSG (Bundesdatenschutzgesetz) gewahrt. Dennoch hat sich die DSGVO auch an Innovationen gewagt, die aktiv Personen stärken und die den Risikogedanken propagieren. Mit Art. 20 ist das „Recht auf Datenportabilität" und im Art. 17 das „Recht auf Löschung", genauer das „Recht auf Vergessenwerden", auch als „Recht auf Vergessen" bekannt, eine Stärkung der Datensubjekte, da sie, zusammen mit dem ebenfalls innovativen in Art. 3 regulierten Aufenthaltsortprinzip, den Inhalt der Datensammlungen auch dann verändern können, wenn die Big Data außerhalb Europas gespeichert sind, aber einen Bürger der EU-Länder betreffen.

Die Innovationen in der DSGVO können aber auch das Gegenteil dessen erreichen, was intendiert war:

a)　So sind beim „Recht auf Vergessen" die Suchmaschinenbetreiber vom EuGH beauftragt worden, unliebsame Daten auszufiltern und zu löschen. Obwohl es wie eine zusätzliche Last aussieht, war es in Wahrheit ein Erfolg für Google. Google rückt damit in die Rolle eines Gerichtes auf, da es über „unliebsame" Fakten entscheiden konnte. Normen werden dabei auch vom EuGH in einem juristischen Freudschen Lapsus mit Algorithmen gleichgesetzt.

b)   Der häufig geforderte Wegfall der Vorratsdatenspeicherung hat oft negative Folgen zur Vermeidung von Geldwäsche, Steuerhinterziehung oder für den Schutz von Kindern vor Missbrauch. Die Verfolgung der Täter fällt schwer oder wird gar unmöglich.

In Anlehnung an die Prinzipien des dezentralen Internet ist in Analogie zum Wahlspruch von Clark (Clark 1992) heute zu fordern, dass es die Aufgabe der Normenebene sein muss, nicht zu gestatten, dass die Sammlung, Verarbeitung, Anwendung und der Empfang von Daten und die Nutzung von Algorithmen eine neue Form feudaler Macht durch Netzwerktore legitimiert.

1.4.2   Rolle der Daten und der europäische Datenschutz

Die DSGVO der EU ist wegen dieser Neuerungen ein erster – allerdings sehr kleiner – Schritt hin zur Protektion, da sie im Umgang mit Daten nicht nur passive Regelungen zur Abwehr der Datensammler umfasst, sondern mit ihren Innovationen aktiv die Rechte der Datensubjekte stärkt. Die Rolle der Daten werden als Teil der Identität angesehen und dürfen daher ohne Zustimmung nicht genutzt werden. Der anonyme Teil der Daten, der jederzeit personalisiert werden kann, sowie der Datenempfang und die Herkunft und Verwendung von Daten sind nicht Teil der DSGVO. Bezeichnet man die Datenpreisgabe als Eintrittskarte in die digitale Öffentlichkeit, ist eine bereitwillige, wenn auch risikobehaftete Transparenz von Daten notwendig, damit der Datenempfang und damit der Kontext der Datenerzeugung interpretierbar werden soll. Nur so sind Manipulationen und Irreführungen zu vermeiden. Die Filterung von Daten und die Einstellung der Filter ist ebenfalls nicht in der DSGVO geregelt. Sie werden von den Plattformen meist voreingestellt, um die Informationsflut zu bewältigen, aber auch um die Teilnehmer zu beeinflussen.

Ob die DSGVO in ihrer heutigen Form die Daten wirklich schützt, wird zunehmend in Zweifel gezogen (HIIG 2018b). Der wichtigste Grund für diese Meinung ist die Zweckbestimmung, wobei es zu Konflikten über den Zeitpunkt der Festlegung oder über den Sinn der Zweckbestimmung überhaupt kommt (Grafenstein 2018). Das Geschäftsmodell der Netzwerktore und damit der Antriebskraft für Innovationen ist dabei der Vorstellung der DSGVO entgegengesetzt. Big Data wird angelegt, weil man einen Vorrat an Daten haben will, um zum Zeitpunkt der Nachfrage durch Dritte Werte, z. B. für die Werbung, erzeugen zu können. Bei der DSGVO ist der Zeitpunkt der Datenpreisgabe für die Festlegung der Zweckbestimmung entscheidend, die in der Praxis meist so unkonkret ausfällt, dass auch dieses Recht „de facto" an die Plattformen delegiert wird. Der Missbrauch ist im Falle Facebook und Cambridge-Analytica zu sehen. Die Zustimmung zu den Geschäftsbedingungen lag vor. Die Daten von „Freunden" durften genutzt werden, da diese bereits zum Zeitpunkt ihrer Datenpreisgabe den Geschäftsbedingungen zugestimmt hatten (HIIG 2018b). Ein einmal festgelegter Zweck behindert die Innovationsfähigkeit, wenn die Formulierung des Zweckes nicht bewusst „nebulös" formuliert wird. Die Zweckbestimmung ist aber die Voraussetzung für die informationelle Selbstbestimmung (Angwin et al. 2017). Die Form der Zweckbestimmung und ihre Delegation an die Netzwerktore macht die DSGVO zu einer Ursache für die Vertrauenskrise, wobei der DSGVO zunehmend Technikferne attestiert wird (Kuner 2014). Sie schützt die Personen nicht, die deswegen auf ihre Rechte aus der DSGVO oft verzichten, da sie sonst an der digitalen Öffentlichkeit nicht teilhaben können. Diese ist für immer weniger Personen ein „Freizeitvergnügen", sondern für viele ein Teil ihres Einkommenserwerbes.

1.4.2.1 Modell der DSGVO und die 11 Regeln

Die DSGVO ist eine europaweit gültige Verordnung zum Datenschutz, die nicht erst von den Mitgliedstaaten interpretiert wird, sondern eine direkte Wirkung entfaltet. Dabei hat sie eine doppelte Aufgabe. Nicht nur soll sie persönliche Daten schützen, sondern gleichzeitig auch einen Wettbewerbsvorteil für die Verarbeiter von Daten ermöglichen. Die Verordnung ersetzt die aus dem Jahre 1995 stammende Richtlinie 95746/EG, die wiederum auf das Bundesdatenschutzgesetz (BDSG) zurückgeht. Die DSGVO basiert auf einem Modell, das durch drei Akteure und die zulässigen Operationen definiert ist. Die hier genannten 11 Operationen sind repräsentativ bzgl. ihrer Wichtigkeit für die Praxis ausgewählt. In den Art. 12–28 der DSGVO werden drei Rollen unterschieden:

1. Der Verantwortliche (Data Controller) entscheidet über die Zwecke und die Mittel der Verarbeitung personenbezogener Daten.
2. Der Auftragsverarbeiter (Data Processor) verarbeitet ausschließlich im Auftrag des Verantwortlichen personenbezogene Daten. Der Verarbeiter ist in der Regel ein Dritter, der durch einen Vertrag an den Verantwortlichen gebunden ist
3. Ein Datensubjekt (Data Subject) ist eine natürliche Person über die persönliche Daten gesammelt, verarbeitet oder verbreitet werden.

Die Verantwortlichen (Data Controller) und die Verarbeiter (Data Processor) haben die Verpflichtungen „bewusst" und „transparent" zu handeln. Die wichtigste Neuerung ist die explizite Beschreibung der Rechte der betroffenen Personen oder des Datensubjektes (Data Subject) in den Art. 12–23. Sie sollten durch die Zuordnung zu einer Kennung wie einem Namen, einer Kennnummer oder zu Standortdaten zwar identifiziert werden können, jedoch nicht aussonderbar sein.

Den „Verantwortlichen" obliegen die drei Verpflichtungen: 1) Den Nachweis der Verbreitung, also der Erfassung, der Organisation, des Ordnens, der Speicherung, der Anpassung oder Veränderung, des Auslesens oder der Abfragen und der Verwendung sowie des Abgleichs, der Einschränkung und des Löschens der Daten zu erbringen und transparent zu machen. 2) Die Rangfolge der Rechte zu garantieren, wobei die Zwecke der Datensubjekte Priorität haben und vor den Interessen der Verantwortlichen gereiht werden. Damit kann eine Weiterverarbeitung oder -verbreitung der Daten untersagt werden. 3) Die Regelung des Zugangs ist die Garantie, dass die Daten ohne Umwege direkt vom Datensubjekt bezogen wurden und so in der Authentizität dem Prinzip von „Recht und Glauben" entsprechen. Gewährleistung und Vorkehrungen müssen dem geltenden Stand der Praxis hinsichtlich der Kosten, des Umfangs der Verarbeitung und der zeitgemäßen Ausstattung sowie bei der Risikoeinschätzung bzgl. der Einhaltung der DSGVO genügen.

Die „Auftragsverarbeiter" oder „Verarbeiter" (Data Processor) sind natürliche oder institutionelle Personen. Der Zugang zu Daten von Datensubjekten ist durch zahlreiche operative Vorgaben bestimmt, die durch die 11 Operationen beschrieben werden können. Eine Verarbeitung der Daten ist ohne (O1) die Einwilligung der betroffenen Person in freiwilliger, informierter und unmissverständlicher Willensbekundung ausgeschlossen. Die Verarbeitung nach (O2) Rechtmäßigkeit, Treu und Glauben, sowie in transparenter Art und Weise garantiert, dass es keine unbekannten Absichten oder verborgenen Interpretationen oder Sonderregelungen oder andere ungenannten Handlungen gibt, wie mit den Daten umgegangen werden soll. Die (O3) Zweckbestimmung gestattet die Verarbeitung der Daten nur für vorher festgelegte Zwecke, wobei die Datenerhebung auf das dazu notwendige Maß zu beschränken ist. Die (O4) Richtigkeit der Daten wird garantiert und die betroffenen Personen haben das Recht die Löschung oder Berichtigung zu verlangen, sollte sich herausstellen, dass Daten gespeichert wurden, die von den Datensubjekten als „falsch" oder unkorrekt angesehen werden. Die (O5) technische Sicherheit muss gewährleistet werden, damit z. B. eine Speicherbegrenzung nicht als Begründung genutzt werden kann, um die Identifizierung über die zulässige Zeit hinaus zu ermöglichen. Der „Verarbeiter" muss (O6) die Integrität und Vertraulichkeit einschließlich dem Schutz vor unbefugter oder unrechtmäßiger Verarbeitung und vor unbeabsichtigten Verlust, Zerstörung oder unbeabsichtigter Schädigung gewährleisten. Automatisierte Entscheidungen (O7) sind dann verboten, wenn sie rechtliche Konsequenzen haben, z. B. die Kreditfähigkeit, die Glaubwürdigkeit, die polizeiliche Führung usw. beeinträchtigen. Das Recht auf Benachrichtigung (O8) wird oft von den Betroffenen selbst vernachlässigt. Nach der englischen Zeitung Guardian überspringen 60 % der Nutzer die Bedingungen und geben ihre Zustimmung auf Treu und Glauben, wobei die Bequemlichkeit der ausschlaggebende Faktor für die Aufgabe von Rechten ist. Das Grundrecht auf informationelle Selbstbestimmung reduziert sich daher meist auf ein „Ja" oder „Nein" zu den Nachfragen der Netzwerktore. Zusätzlich dazu müssen die Datensubjekte informiert werden. Die „Verarbeitung" muss die Einhaltung dieser Grundsätze unter dem Risiko eines (O9) Bußgeldes nachweisen. Am heftigsten wurde das (O10) „Recht auf Vergessen" diskutiert, das letztlich ein Recht auf „Löschung" ist. Das wichtigste Argument dagegen war, dass damit die Vergangenheit je nach Gefallen oder Missfallen der Betroffenen geändert werden kann. Für den Verantwortlichen liegt eine Verpflichtung zum Löschen dann vor, wenn eine bestimmte Anzahl dazu berechtigter Personen dies verlangt. Das „Recht auf Datenübertragbarkeit" oder „Datenportabilität" (O11) regelt, dass Daten problemlos zu einem neuen Anbieter übertragen werden können. Dies war zwar schon bislang möglich, nur dürfen die Anbieter den Wechsel nicht durch „Bindewirkung" wie z. B. Kosten erschweren (Lock-In-Effekt).

In der Möglichkeit, alle Links, Kopien oder Zitate der zu „vergessenden" Daten ebenfalls zu löschen, ist noch ein Rest des ursprünglich gewünschten „digitalen Radiergummies" (Welt 2011) enthalten. Alle 11 operativen Rechte und die 3 Verpflichtungen der Verarbeiter und Verantwortlichen basieren auf dem nicht kodifizierten Gedanken der „Zurechenbarkeit" jeder Aktion und der Zusicherung „Vertrauen" haben zu können, da zur Verpflichtung der Dokumentation zusätzlich eine Aufsichtsfunktion vorgesehen ist.

1.4.2.2 Alte Mythen und neue Innovationen

Der Datenschutz steht seit Mitte Mai 2018 in Europa mit der DSGVO vor der Herausforderung, die Prinzipien des Datenschutzes entlang einer langen Tradition zu formulieren, ohne ein konkretes Angreifer- oder Schädigungsmodell zu haben. Dabei sind die ärztliche Schweigepflicht, das Beichtgeheimnis, das Bankgeheimnis ebenso wie die fast 300 Jahre alte preußische Postordnung mit dem Briefgeheimnis oder das noch ältere Steuergeheimnis Traditionen, die den Geheimnisschutz begründet haben. Dazu trat in den 20er Jahren des letzten Jahrhunderts das Löschungsrecht von Einträgen aus Akten (Lewinski 2009), da gleiche Führung der Akten als Teil der Gleichheit vor Gericht gezählt wurde.

Das schützenswerte Rechtsgut der DSGVO ist auf das abgeleitete Grundrecht der informationellen Selbstbestimmung beschränkt und daher eher prozedural als inhaltlich ausgerichtet. Die Limitierung der DSGVO auf personenbezogene Daten und der Ausschluss der anonymen Datenwelt, die die Personalisierung durch die Datenanalytik vernachlässigen, halten daher die nachfolgenden Mythen des Datenschutzes seit seinem Beginn im Jahre 1983 am Leben (Müller 2018):

Mythos 1: Die größte Gefahr für den Datenschutz kommt von einem nicht autorisierten Zugang zu Informationen.
Die informationelle Selbstbestimmung verlangt, dass der Schutz auch gewollt wird. Meist wird jedoch bei Zustimmung zu den Allgemeinen Geschäftsbedingungen auf dieses Recht verzichtet. Oft, weil die Evaluierung und Einschätzung der Folgen die Nutzer überfordern oder weil sonst ein Dienst nicht offeriert wird.

Mythos 2: Der Datenschutz ist an die Erfassung von Personen identifizierende Informationen (PII) gebunden.
Diese Einschränkung ignoriert die Erfolge und Fortschritte der Datenanalytik. Anonyme Daten können durch Datenanalyse häufig personalisiert werden.

Mythos 3: Mitteilung und Optionen zur Wahl sind die Grundpfeiler des Datenschutzes.
Die Annahme ist, dass man zum Erhebungszeitpunkt weiß, wozu Daten verwendet werden sollen. Wirtschaftlich ist der Zeitpunkt der Datennutzung relevant. Dies verführt die Verantwortlichen zur Umgehung der DSGVO.

Mythos 4: Datenschutz ist eine Sache über Individuen.
Daten sind nicht nur an Personen gebunden. Missbrauch ist auch gegenüber Institutionen möglich und betrifft ebenfalls die Re-Identifizierung anonymer Daten.

Fünf substanzielle Innovationen sind in der DSGVO enthalten, die die Richtung zum Schutz von Personen statt von Daten andeutet. Mit der „Datenportabilität" und dem „Recht auf Vergessen", sowie der Behandlung von „algorithmischen Entscheidungen", dem „Aufenthaltsort" anstelle der geografischen Begrenzung und vor allem der „Datenschutzfolgenabschätzung" werden die Rechte des Datensubjektes in einem aktiven Sinne gestärkt, d. h. der Nutzer kann Einfluss auf die Verwendung seiner Daten nehmen. Da es vielfach keine Alternativen zu den Hegemonen gibt, sind diese Rechte aktuell nur schwer durchsetzbar. Bei den Forderungen „Datenschutz durch Technikgestaltung" und „Datenschutz durch datenschutzfreundliche Voreinstellung" wird erst die praktische Erfahrung beweisen, ob dies mit der Voreinstellung nach dem BDSG identisch ist, das nach der Zweckbestimmung auch die Funktionalitätsgarantie der Sicherheit verlangte. Der lange diskutierte Wegfall der Zweckbestimmung in der DSGVO sollte durch Privacy-by-Design als Bestandteil der Schutzfunktionalität ersetzt werden. Diese Absicht gelangte durch eine NGO (Non-Government Organisation) vorzeitig an die Öffentlichkeit und wurde schließlich, wohl auf Druck von außen, verworfen (European Digital Rights 2015). Die Problematik ist jedoch grundsätzlicher Natur, da die Angreifer und die Bedrohung erst in der Zukunft bekannt werden und die Technik zum Schutz aber in der Gegenwart mit ihrem aktuellen Stand implementiert werden muss und jeder technische Fortschritt oder eine neue Bedrohung erhebliche Anpassungen erfordern. Die Analysen komplexer Informationsverarbeitungen durch Datenschutzfolgenabschätzungen auf der Basis voraussichtlich hoher Risiken ist ebenfalls mit Privacy-by-Design z. B. durch positiv-negativ-Listen zu erreichen. Die ausschließlich deskriptive Einteilung der Risikokategorien und die Beschränkung auf die Risiken bei der Einhaltung des Datenschutzes gehören zu den Begrenzungen der DSGVO.

Die Kritik an den Innovationen der DSGVO ist aber auch ein Beweis, wie schwierig es ist, die Gefahren der Digitalisierung gesellschaftlich akzeptabel, technisch vollständig und perspektivisch zutreffend zu adressieren. Google behauptet, für seine Datenanalysen nur noch 3 % DSGVO relevante Daten zu nutzen. Der Rest seien Ableitungen. Die Beibehaltung des Prinzips von „Verbergen" und „Zeigen" widerspricht der bedingten Datenfreigabe, die für das Agieren in der „digitalen Öffentlichkeit" eine Notwendigkeit für die Mehrheit der Nutzer geworden ist. Ein vollständig neues Paradigma anstelle der Geheimhaltung und der informierten Zustimmung ist die Transparenz, welche eine weniger regulierte Datenerhebung, Speicherung und Verarbeitung zuließe. Die Voraussetzung dafür ist die Durchsetzung einer Rechtfertigungspflicht für die Betreiber der Big Data. Das Prinzip des „Erlaubens" und „Teilens" unter Verwendung der Transparenz als Leitbild für Sicherheit und Schutz ist der heutigen Realität der Digitalisierung angemessener als das „Verbergen" und „Zeigen" der DSGVO.

1.4.2.3 Digitale Öffentlichkeit und DSGVO

Die digitale Öffentlichkeit entspricht in der analogen Welt einem Marktplatz. Auf dem digitalen „Marktplatz" oder in der digitalen Öffentlichkeit werden persönliche Daten gegen erhoffte Vorteile getauscht. Floridi nennt die Teilnehmer an der digitalen Öffentlichkeit „Inforg", da sie nur durch Daten und digitale Interaktionen charakterisiert seien (Floridi 2014). Die Preisgabe von Daten ist mit einem Risiko verbunden, dass die Daten missbraucht werden könnten. Beliger und Krieger fordern einen Verzicht auf die Unterscheidung von „öffentlich" und „privat" für die digitale Welt, da es in den bisherigen Innovationsschüben zu einer Veränderung der Organisation des Wissens und zu einem veränderten Selbstverständnis des Menschen gekommen sei, wonach dieser auf den Austausch von Informationen angewiesen ist. Die Ziele der DSGVO mit der Stärkung von Autonomie und Freiheit durch Geheimhaltung entspreche nicht der gegenwärtigen Lebenswirklichkeit, sondern seien ein Relikt aus der europäischen Moderne (Beliger und Krieger 2018). Durch die Beschränkung auf die Datenpreisgabe sind nicht alle Phasen der Interaktion der Datensubjekte mit den Big Data erfasst. Insbesondere der unkontrollierbare Datenempfang ergänzt den Missbrauch um die Möglichkeit zur Manipulation.

Die Meldungen zu persönlichen Daten, die in falsche Hände geraten sind, die Unfähigkeit, Sicherheit zu garantieren und die Fortschritte der Datenanalytik verbunden mit der Fähigkeit, die kognitiven Prozesse von Menschen direkt zu beeinflussen oder über Filterblasen, Echokammern und direkten Fälschungen auch zu manipulieren, werden als Risiken gesehen, die in Kauf genommen werden müssen. Die Skandale lüften den Schleier, dass Daten nicht nur technische Artefakte sind, sondern direkten Einfluss auf die Identität und das Agieren im Netz haben. Es mag z. B. die Krediteinschätzung einer Internetfirma sein, die über digitale Identitäten ohne Ansehen der realen Person festlegt, ob man ein Haus erwerben oder eine Firma gründen kann, wobei die Entscheidung auf Daten beruht, die möglicherweise nicht korrekt abgeleitet wurden. In der digitalen Öffentlichkeit ist die Autonomie als das Ideal einer freien und singulären Individualität nicht mehr ausreichend für die Protektion der Menschen, sondern es geht vielmehr um eine erfolgreiche, korrekte und effiziente Einordnung und das vertrauensvolle Nutzen der Daten und Verfahren eines Informationsnetzwerkes.

Der Datenschutz stand schon mit dem Bundesdatenschutzgesetz (BDSG) und steht auch heute mit der DSGVO vor der Herausforderung, dass der technische Fortschritt die Hypothesen zu den antizipierten Annahmen schnell veralten lässt. Dies hat auch wirtschaftliche Folgen, da damit dem Datenschutz der Ruf der „Technikverhinderung" und unnötig hoher „Kosten" ohne „Nutzen" vorauseilt, der die Sicherheit nicht erhöht (Müller 2019). Den Aufbau einer PKI (Public Key Infrastructure) in den 90er Jahren begleitete die Vorstellung, dass man bei vertrauenswürdiger Authentifikation und der zugehörigen Autorisierung, den Datenschutz über die Eindeutigkeit einer Identität durch die Zertifizierung auf ein sicheres technisches Fundament stellen könne (Carlisle und Lloyd 2003). Die Re-Identifikation hat diese Illusion zerstört und die Professionalisierung der Datensammlung machen Daten, Schlussfolgerungen und Inferenzen zur Handelsware, die auch zur Manipulation und Veränderung der Wahrheit genutzt werden kann (Accorsi und Müller 2013). Heute sind es zunehmend weniger die Ausgangsdaten, sondern die Ableitung von Daten aus Daten und die antizipierten Reaktionen beim Empfang von Daten, die einen wirtschaftlichen Wert darstellen (Pournaras et al. 2017).

Es ist der Anspruch der DSGVO, die Wirtschaft und Gesellschaft und deren Interessen bei der digitalen Transformation mit dem Schutzbedürfnis von Individuen zum Ausgleich zu bringen. Wie Abb. 1.10 zeigt ist das Optimum von Transparenz und Geheimhaltung die wirtschaftlich sinnvolle Basis von Entscheidungen, was dem „alles

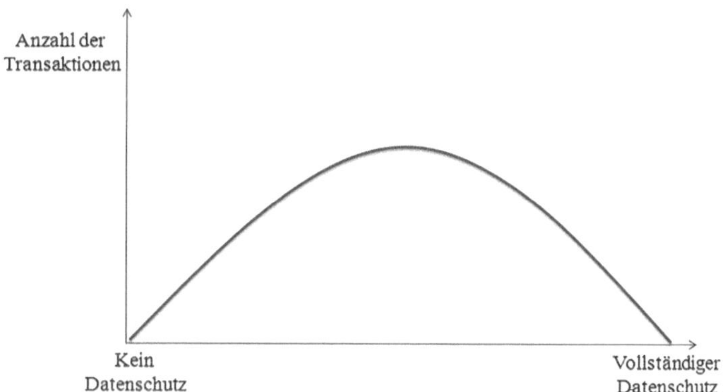

Abb. 1.10 Optimum durch Interoperation

oder nichts" Prinzip der DSGVO widerspricht. Dabei kennzeichnet die Ordinate die Zahl der Transaktionen und die Abszisse beschreibt den Grad an Datenschutz. Völlige Transparenz ist wie auch die Geheimhaltung wirtschaftlich kontraproduktiv.

Datenschutzentscheidungen fallen meist bedingt durch eine persönliche Kosten-Nutzen-Vorstellung. Die Risikoeinteilung betrifft in der DSGVO jedoch nicht die erwarteten Schäden, die mit der Geheimhaltung der Plattformen bei der Ausführung der Transaktion verbunden sind, sondern erfassen nur solche Risiken, die durch Verletzung der Regeln der DSGVO bei der Speicherung und Verarbeitung entstehen.

Der Datenschutz nach der DSGVO ist daher – trotz der gegenteiligen Ansprüche – keine Kategorie zur Stärkung der individuellen Autonomie, vielmehr ist er für die Wirtschaft ein kaum überzeugender Kostenfaktor geworden. Eine Option zu mehr Beachtung des Wirtschaftlichen wäre der Verzicht auf die Zweckbestimmung gewesen. Da damit auch die informationelle Selbstbestimmung gegenstandslos geworden wäre, ist die Erhaltung dieses Prinzips ein Hinweis auf die Priorität des Schutzgedankens bei gleichzeitiger Rückstufung der Innovationen. Wenn die DSGVO nicht nur den Datenschutz, sondern eine wirtschaftlich gemeinte Technologiepolitik im Sinne der Innovationsverantwortung durchsetzen wollte, wäre im planwirtschaftlichen Falle zu klären, welches Innovationsniveau dann „zulässig" sein sollte. Im marktwirtschaftlichen Falle müsste der Datenschutz und die Innovationen allerdings dezentral entstehen.

1.4.2.4 DSGVO ist noch keine Protektion

Beispiel

DeepL, ein Kölner Unternehmen, hat ein Google Translate überlegenes Übersetzungsverfahren nur entwickeln können, weil mit den Dokumenten der EU und deren zahlreichen Übersetzungen in die Sprachen der Mitgliedsländer eine Datenbasis zur Verfügung steht, die erst die Voraussetzung schafft, dass die Algorithmen von DeepL das Übersetzen automatisiert lernen und verbessern können. Die künstliche Intelligenz ist eine universell verwendbare Technik, die mit Hilfe von maschinellem Lernen durch die Verfügbarkeit von Daten – bei DeepL übersetzten Texten – trainiert werden muss (Budras 2018).

Hier besteht die Gefahr, dass Kompetenzen ohne Honorar übertragen werden. Diese Unausgeglichenheit in der gegenwärtigen Entwicklung der digitalen Transformation lässt die Wirtschaft zur Einstellung kommen, dass der Datenschutz oft mehr schadet als nutzt (Müller 2019):

1. Zwar wird der Datenschutz als wichtig erkannt. Gleichzeitig werden die Datenschutzgesetze aber als eine Fehlinterpretation und Behinderung des Fortschritts angesehen. DeepL ist nur an der Sprache, nicht dem Inhalt interessiert.
2. Die Zielsetzung des Datenschutzes als Bastion gegen den Verlust an Autonomie, Freiheit und Menschenwürde hätte sich in sein Gegenteil verkehrt, wenn alle an den EU-Akten Beteiligten um Zustimmung zum Training von DeepL hätten gefragt werden müssen.

Während das Ziel des Datenschutzes 1983 noch das Regulieren des Verhältnisses von Wirtschaft, den Individuen und dem Staat war, ist er heute durch die Notwendigkeit zur Präsenz der Individuen in der digitalen Öffentlichkeit und damit durch Vernetzungen und die Balance der Preisgabe und Verfügbarkeit von Daten gekennzeichnet. Der Vergleich mit der Privatheit offenbart den besonderen Charakter der Datenschutzgesetzgebung. Die DSGVO möchte „beeinflussen" und nicht die Möglichkeit zum Missbrauch geben, während die Privatheit erst geahndet wird, wenn sie tatsächlich verletzt wurde. Es mag zwar die Privatheit einer realen Person durch die Datenpreisgabe bedroht sein, während jedoch ihr „Datenschatten" oder ihre digitale Identität erst dann agieren kann, wenn eine digitale Öffentlichkeit hergestellt ist. Die DSGVO hindert 75 % der Datensubjekte nicht daran, persönliche oder sogar für sie nachteilige Daten im Netz bekannt zu geben (Acquisti 2017), wenn sie sich davon Vorteile versprechen. Die Häufigkeit der Datenschutzverletzungen, wobei sich nicht einmal Computerhersteller oder Staaten gegen Datenverlust schützen können, und die Unfähigkeit die Täter zu finden und wenn doch, sie auch zu belangen, lässt kein Vertrauen in den Datenschutz nach der DSGVO aufkommen. Die bittere Erkenntnis, dass der Fall Cambridge-Analytica kein Vergehen gegen den Datenschutz war, zeigt die Dichotomie von Erwartung und Wirklichkeit. „Profiling" ist seit vielen Jahren ein gutes Geschäft. Die Firma Axiom vertreibt eine Datenbasis mit persönlichen Daten von 700 Mio. Menschen.

Der Datenschutz ist mit einem Paradox konfrontiert (Barth und Jong 2017), indem alle Nutzer zwar die Idee des Datenschutzes unterstützen, aber im konkreten Handeln millionenfach täglich konterkarieren (Müller 2010). Man könnte zum Urteil gelangen, dass die DSGVO die Kosten des Datenschutzes von einer Akteursgruppe auf eine andere verschiebt, ohne Vorteile für eine Gruppe zu erzielen (Mayer-Schönberger 2015). Die gegenwärtige Interpretation der DSGVO sei eine Repräsentation einer Sichtweise der Akteure auf der Normenebene, wobei sie die drei wichtigsten Disruptionen in der täglichen praktischen Interaktion, verglichen mit der Industriezeit, ignorieren (Beliger und Krieger 2018):

1. **Wolke:** Nach Weinberger ist die hierarchische Ordnung der Industriegesellschaft mit einem begrenzten, exklusiven und autorisierten Wissensregime durch eine

vernetzte, unbegrenzte, inklusive und öffentliche Wissensordnung abgelöst worden. Er bezeichnet dies als „Wolke" (Cloud). Was bisher nur Experten offen stand, ist jetzt allen verfügbar und kann auch von allen gebraucht und missbraucht werden (Weinberger 2012). Der Eintrittspreis ist die bedingte Datenpreisgabe.

2. **Rationalität:** Interaktionen zwischen losen oft nur temporär verbundenen Personen, die nicht nur einen geringeren Verpflichtungsgrad zu einander besitzen und oft eigene Wahrheiten und Fakten einbringen zerstören eine gemeinsam akzeptierte Basis und damit die Grundlage zu rationalem Handeln, wenn dazu nach Habermas Wahrheit und Wahrhaftigkeit sowie gemeinsame Daten gehören (Habermas 1997). Die Folge ist, dass eine allgemeine Rationalität zum Auslaufmodell wird.

3. **Digitale Öffentlichkeit:** Ein Netzbürger (Netizen) betrachtet Autonomie und Freiheit als die Fähigkeit zur Vernetzung. Was persönliche und was öffentliche Daten sind, hängt von der Situation und den Zielerwartungen einer konkreten Interaktion ab, da digitale Identitäten zwischen persönlich und öffentlich nicht unterscheiden (Beliger und Krieger 2018).

Nach der OECD (Organisation for Economic Cooperation and Development) sind Innovationen unumgänglich, wenn neue Produkte, Prozesse und Methoden sowie neue Märkte entstehen und damit Einkommen, Wohlstand und Beschäftigung in ausreichendem Umfang auch in Zukunft bereitstehen sollen (OECD 2015). Die DSGVO wird von 79 % der Leser des Economist in einer Studie mit Microsoft als hinderlich für Innovationen gesehen (Economist 2018a). Eifert sieht die Ursache darin, dass Innovationen prinzipiell nach Neuem oder Unerwartetem streben, während Regulierungen und Gesetze Gewissheit bei dem Erwarteten erreichen wollen (Eifert 2007). Diese Einschätzung der DSGVO als für Innovationen hinderliche Regelung beruht auf drei Beobachtungen (Acquisti 2017):

1. Individuen sind mit der informationellen Selbstbestimmung überfordert, da sie die zukünftigen Risiken, die mit einer digitalen Interaktion verbunden sind, nicht einschätzen können und dazu keine Hilfe erhalten.

2. Individuen tendieren folglich dazu, kurzfristigen Vorteilen den Vorzug vor langfristigen möglichen Nachteilen zu geben, da ein langfristiges Denken in der digitalen Welt nicht als „zielführend" angesehen wird, da Kontext und Situation sich rasch ändern.

3. Die Dynamik der technischen Entwicklung mit den wechselnden Interoperationen machen eine Offenlegung von Daten in der Regel lohnender als die Geheimhaltung.

Am Beispiel des Online-Shopping wurde untersucht, ob die Prinzipien des Datenschutzes individuell aufgegeben werden, wenn durch eine Datenpreisgabe materielle Vorteile zu erzielen waren. Es wurde die latente Bereitschaft zur Herausgabe persönlicher Informationen schon für extrem geringe Vorteile festgestellt. Nur 25 % gaben dem Datenschutz die höchste Priorität, während 75 % sich letztlich entweder ohne Bedenken oder nach Abwägen der Vor- und Nachteile gegen den Datenschutz und für den materiellen Vorteil entschieden (Berendt et al. 2005). Acquisti vertritt die Ansicht, dass dieses opportunistische Verhalten nicht als Ausdruck von Irrationalität gelten solle, sondern einem Konglomerat äußerst komplexer Zusammenhänge von verschiedenen Faktoren zuschulden ist, wie inkonsistente Präferenzen, gegenläufige Bedürfnisse, unvollständige Informationen über mögliche Risiken, begrenzte kognitive Fähigkeiten sowie unterschiedliche Bewertung von Strategien (Acquisti et al. 2013).

1.4.3 Fallstudie: Facebook Cambridge-Analytica und die DSGVO

Mit Hilfe von psychometrischen Schätzverfahren wurden die persönlichen Daten von ca. 87 Mio. Nutzern von Facebook missbraucht, um die Wahlstrategien für den Brexit und die amerikanische Präsidentenwahl zu beeinflussen. Cambridge Analytica (CA) verfügte nach eigenen Angaben legal über Verhaltensdaten von über 200 Mio. Einwohnern der USA und hat diese vor allem für politische Beratungen genutzt, um Einfluss auf Änderung der Wahlpräferenzen zu erreichen. Dieses ursprünglich von der CA vertretene Eingeständnis wurde später dementiert.

Die Daten für CA stammen nachweislich von Facebook. CA hat über einen Mitarbeiter der Universität Cambridge Personen für ein wissenschaftliches Experiment angeworben. Zur Umgehung des Verbotes der Teilnahme durch die Universität wurde die Firma Global Science Research (GSR) von einem Mitarbeiter gegründet. Dort sollten Daten über möglichst viele Teilnehmer bei Facebook erhoben werden, die – angereichert um Verhaltensdaten – eine vorgetäuschte Gesundheitsumfrage unterstützen würden. Die Datensammlung fand im Jahre 2014 statt. Kogan verkaufte die erworbenen Daten ohne Wissen der Teilnehmer an CA und übernahm dort anschließend eine einflussreiche Position. Abweichend von den mitgeteilten Absichten wurden die Daten dann von CA für die Beeinflussung von Wählern beim Brexit Referendum und später den Präsidentenwahlen in den USA verwendet. CA ist eine Tochter der englischen SCL Gruppe (Strategic Communication Laboratories) und wurde maßgeblich von republikanischen Unterstützern der Präsidentschaftskandidaten Cruz und Trump gegründet und mit der Klassifikation der Wähler beauftragt. Die Firma hat dabei persönliche Daten von ca. 300.000 Teilnehmern eines Psychotests genutzt, die zuvor ihre Einwilligung zur Teilnahme an akademischen medizinischen Studien gaben. Zu dieser Zeit hatte Facebook die Datenschutzpolitik, dass über die zustimmenden Kontoinhaber auch die Daten der „Freunde" verfügbar wurden. Auf dieser Basis sind die verbundenen Personengruppen („Freunde") „abgeschöpft" worden, wodurch letztendlich die Verfügbarkeit von persönlichen Daten von insgesamt 87 Mio. Personen durch die mit Facebook verbundene App „thisisyourdigitallife" gewonnen wurde. Bei der Wahl zum amerikanischen Präsidenten sowie beim Brexit-Referendum im Juli 2016 wurden nach Aussagen von Christopher Wylie, einem Mitarbeiter der CA, Dienste der CA zur Einschätzung von Wählern genutzt, die entweder für die Republikaner oder vorher in England für den Brexit potenziell überzeugt werden können. Nach der Offenbarung von Wylie wurde CA vom Mutterunternehmen aufgelöst, obwohl sie sich bis dahin – laut eigenen Aussagen – auf Erhebung, Auswertung, Anwendung und Zuordnung sowie Verkauf von hauptsächlich im Internet gewonnenen persönlichen Daten spezialisierten und Analysemethoden der Psychometrie anwendeten, aber damit nur Kundschaft in der Wirtschaft bei der Produktplatzierung angesprochen hätten (Whylie 2018).

Facebook ist mit dem Cambridge-Analytica-Skandal zum Inbegriff der „Fake News", Filterblasen und Ausspionieren von Personen geworden. Es sind nicht so sehr die Verstöße in diesen Bereichen, sondern es ist für viele ein Tabubruch, dass die IT in die kognitive Sphäre eingedrungen ist. Die Fiktion von Facebook, nur die neutralen Helfer und Dokumentare der von Nutzer kontrollierten gewünschten Interaktionen zu sein, hat die Netzwerktore zusammen mit einer fehlenden Regulierung auf der Normenebene bislang davon befreit, wie ein normales Medienunternehmen behandelt und bei Verfehlungen zur Rechenschaft gezogen zu werden. Durch den Skandal um CA ist offensichtlich geworden, was Fachleute schon lange wissen: Mit Verfahren der künstlichen Intelligenz und dem Zugriff auf Verhaltensdaten kann eine bessere Einschätzung der Absichten, wenn nicht gar des Charakters eines Menschen erstellt werden, als dies ein Mensch könnte (Kosinski et al. 2013). *Die Grenzen und der Begriff „persönliche Daten" sind durch die Anhörungen von Mark Zuckerberg im amerikanischen Kongress und im Parlament der Europäischen Union erstmals in dieser von CA genutzten Ausweitung erkannt worden. Dies gilt auch für die DSGVO, die mit dem Facebook-Fall unmittelbar vor ihrer Einführung der Wirkungslosigkeit überführt wurde. Die DSGVO ist für den Skandal um CA und Facebook nicht zuständig, obwohl hier Millionen von Personen durch Missbrauch ihrer Daten fehlgeleitet wurden. Die Zustimmung zur Datennutzung ist erteilt worden, wenn auch aufgrund einer Täuschung.*

In der Öffentlichkeit wird der Fall Cambridge-Analytica meist unter der Rubrik „Datenschutz" diskutiert. Dies ist er auch, wenn auch nicht nach dem Modell der DSGVO. Tatsache ist, dass die Nutzer getäuscht wurden, indem man ihnen sagte, es handele sich um ein akademisches Experiment. Der Bezug zur DSGVO könnte die Zweckbindung sein, die allerdings durch die Zustimmung der 300.000 Teilnehmer und den publizierten Regeln von Facebook aufgehoben wurde. Das „Cambridge University's Psychometrics Center" lehnte die Kooperation mit CA ab, ebenso der „Entdecker" des „Psycho-Minings" Kosinski (Kosinski et al. 2013). Es ist unwahrscheinlich, dass die Teilnehmer die Allgemeinen Geschäftbedingungen von Facebook gelesen haben, ehe sie in die Verarbeitung ihrer Daten eingewilligt haben. Einer der häufigen Irrtümer bei der Auslegung der DSGVO ist allerdings, dass es nur mit Einwilligung möglich ist, persönliche Daten zu nutzen. In Wahrheit ist deren Verarbeitung nach Art. 6 erlaubt, wenn die Interessen des Verantwortlichen oder eines Dritten gewahrt bleiben. Die Direktwerbung ist eine der Anwendungen, die als berechtigte Interessen Dritter gelten. In Deutschland wäre die Wahlkampfhilfe ein berechtigtes Interesse Dritter. Bereits heute werden Meldedaten von Bürgern zu diesem Zweck herausgegeben.

Alexander Kogan, ein Professor der Universität Cambridge, entwickelte den zulässigen Zugang durch eine APP zu Facebook und die ersten 300.000 Teilnehmer wurden um Einwilligung gebeten. Die Täuschung zum Zweck wurde jedoch von Kogan's Firma GSR, nicht von Cambridge-Analytica begangen.

Facebook wurde frühzeitig auf die missbräuchliche Verwendung aufmerksam gemacht, reagierte allerdings sehr zurückhaltend. Erst Jahre nach 2014 und erst auf Anfragen von Medien forderte Facebook CA auf, die Daten zu löschen. Nach anfänglich nur nachlässigem Beharren auf der Anweisung, erhöhte Facebook den Druck mit der Drohung, alle Beteiligten zu verklagen. Dies geschah auch erst als der „Whistleblower" Whylie an die Öffentlichkeit ging (Whylie 2018). Man darf davon ausgehen, dass alle Daten von ca. 87 Mio. Facebook-Konten, die „thisisyourdigitallife" installiert hatten, unbehindert von Facebook in den Besitz von CA übergingen (Dachwitz et al. 2018). Die Spekulationen sind nicht von der Hand zu weisen, dass Facebook oder Teile davon von Anfang an gemeinsame Sache mit CA machte, da die Erforschung des „Psycho-Minings" als zu gefährlich für das eigene Geschäftsmodell erschien.

Die internationale Entrüstung gegen Facebook ist nachvollziehbar. Durch den Fall wird offenbar, dass die DSGVO zwar zum Schrecken für den Mittelstand, sogar für Schulen und Sportvereine wird, jedoch das Problem des Datenmissbrauchs bis hin zur Manipulation nicht regelt, sondern sich mit Verwaltungsvorschriften vor einer Ausübung der Innovationsverantwortung scheut (HIIG 2018a, b). Die Behauptung, dass es sich beim Psycho-Mining um eine völlige Neuheit handelt, ist unrichtig, da die Verfahren zur Einschätzung von Personen bekannt sind und vielfach für kommerzielle Zwecke verwendet werden (Pang und Lee 2008). Zielgerichte Werbung, die auf psychometrischen Daten basiert, ist seit langer Zeit in der Wirtschaft Praxis. Das Problem bei Facebook liegt eher im Offenbaren von Tabuzonen. Positive und physische Signale scheinen von den Nutzern akzeptiert zu werden, während psychisch und manipulative Signale abgelehnt werden. Die Grenze für die Akzeptanz war bislang die Selbstbestimmung über das physische „Verbergen" oder sich „Zeigen". Jetzt ist sichtbar geworden, dass es auch ein „Verändern" oder „Manipulieren" der Psyche gibt. Der Facebook-Fall zeigt ferner die Ambivalenz der Akzeptanz des Datenschutzes. Während in der Werbung und für Zwecke der Wirtschaft solche Techniken durchaus akzeptiert sind, scheint dies bei Angriffen auf Institutionen der Demokratie auch von der Öffentlichkeit nicht toleriert zu werden.

Der Facebook-Fall ist ein Beispiel für die enorme Macht, die aus Daten und deren Verarbeitung durch die Fortschritte mit Algorithmen entstehen kann. Freiheitsrechte, gesellschaftliche Werte und Rechtsstaatlichkeit werden bedroht, nicht nur der missbräuchliche Zugang zu gespeicherten persönlichen Daten. Allerdings muss auch zu Ehren der DSGVO gesagt werden, dass die Diskussion um den Facebook-Fall nur deshalb möglich war, weil CA ein englisches Unternehmen war und damit der europäischen DSGVO unterlag.

Die Auflösung des Dilemmas der Digitalisierung ist eine offene Frage, der sich primär die Normenebene stellen muss. Der Fokus kann dabei weniger auf dem Schutz von

Daten liegen als in der Protektion der Menschen in einer digital veränderten Zeit. Die wichtigste Schlussfolgerung wäre die fundamentale Umkehr der Vorstellungen zum „Zeigen und Verbergen" von Daten sowohl beim Datenschutz als auch bei den Netzwerktoren. Dieses Zusammenspiel wird nachfolgend als doppelte Geheimhaltung bezeichnet, die dazu geführt hat, dass Plattformen eine bislang unbekannte Informationsmacht erreicht haben. Die DSGVO hat sich bislang nicht als ausreichend wirksam erwiesen, diese Informationsmacht zu begrenzen.

Literatur

Accorsi R, Müller G (2013) Preventive inference control in data centric business. In: 2nd IEEE security and privacy, San Francisco, S 28–33

Acquisti A (2017) The economics of personal data and the economics of privacy. Carnegie Mellon University. http://repository.cmu.edu/heinzworks/332/. Zugegriffen: 10. Mai 2016

Acquisti A, John LK, Loewenstein G (2013) What is privacy worth? J Leg Stud 42(2):249–274

Almuhimedi H, Schaub F, Sadeh N, Adjerid I, Acquisti A, Gluck J, Cranor LF, Agarwal Y (2015) Your location has been shared 5.398 times! A field study on mobile app privacy nudging. In: 33rd annual ACM conference on human factors in computing systems. ACM. S 787–796

Angwin J, Varner M, Tobin A (2017) Facebook enabled advertisers to reach ‚Jew Haters'. https://goo.gl/53iNUf. Zugegriffen: 1. Febr. 2019

Barabasi L, Newman M, Watts D (2006) The structure and dynamics of networks. Princeton University Press, Princeton

Barth S, de Jong M (2017) The privacy paradox. Telematics Inform 34(7):1038–1058

BBC (2010) Internet access is ‚a fundamental right'. http://news.bbc.co.uk/2/hi/technology/8548190.stm. Zugegriffen: 15. Nov. 2018

Beliger A, Krieger D (2018) You have zero privacy anyway – get over it. Inform Spektrum 41(5):328–348

Berendt B, Günther O, Spiekermann S (2005) Privacy in e-commerce: stated preferences vs. actual behaviour. Commun ACM 48(4):101–106

Berger R (2017) 12 Thesen zu den Auswirkungen der Digitalisierung auf die Arbeitswelt der Zukunft. https://www.rolandberger.com/publications/.../roland_berger_zukunft_der_arbeit.pdf. Zugegriffen: 15. Nov. 2018

Berners-Lee T (2010) Long live the web. Sci Am 303(6):80–85

BITCOM (2014) Crowdsourcing für Unternehmen. Leitfaden. http://www.bitkom.org/files/documents/Crowdsourcing_LF2014_web.pdf. Zugegriffen: 15. Nov. 2018

Blumenthal MS, Clarke D (2001) Rethinking the design of internet. ACM Trans. Internet Technology 1(1):70–109

Buchmann J (2013) Internet privacy. A multidisciplinary analysis. ACATECH Study Series. Springer, Heidelberg

Budras C (2018) Deutschlands stärkstes Start-up. Frankfurter Allgemeine Sonntagszeitung. 3.12.2018. Nr. 48. S 30

Bund (2018) Das Gesetz von Okun. Der Bund. 19.8.2018. S 19ff

Bundesministerium für Wirtschaft und Energie (2016) Digitalisierung der Industrie. https://www.bmwi.de/Redaktion/DE/Publikationen/Industrie/digitalisierung-der-industrie.pdf. Zugegriffen: 29. Juni 2019

Bundesministerium für Wirtschaft und Energie (2018) Digitalisierung. https://www.bmwi.de/Navigation/DE/Themen/digitalisierung.html. Zugegriffen: 29. Juni 2019

Boes A, Kämpf T, Lang B, Lühr T (2015) Landnahme im Informationsraum. Neukonstituierung gesellschaftlicher Arbeit in der „digitalen Gesellschaft". WSI Mitteilungen 2:77–85

Brenig C, Accorsi R, Müller G (2015) Economic analysis of cryptocurrency backed money laundering. In: 23rd ECIS Münster, Germany, S 1–18. https://aisel.aisnet.org/cgi/viewcontent.cgi?article=1019&context=ecis2015. Zugegriffen: 19. Juli 2019

Brunhöber B (2012) Individuelle Autonomie und Technik im Körper. In: Beck S (Hrsg) Jenseits von Menschen und Maschinen. Ethische und rechtliche Fragen zum Umgang mit Robotern. Künstlicher Intelligenz und Cyborgs. Robotik und Recht. 1. Baden-Baden, Nomos, S 77–104

Brynjolfsson E, McAfee A (2012) Race against the machine: how the digital revolution is accelerating innovation, driving productivity, and irreversibly transforming employment and the economy. Digital Frontier Press, Lexington

Brynjolfsson E, McAfee A (2018a) Von Managern und Maschinen. In: Harvard Business Manager. Edition 3. S 32–39

Brynjolfsson E, McAfee A (2018b) The second machine age. Plassen

Carlisle A, Lloyd S (2003) Understanding PKI: concepts, standards, and deployment considerations. Addison-Wesley, Boston

Cerf VF, Kahn REA (1974) Protocol for packet network intercommunication. IEEE Trans, S 71–82. https://www.cs.princeton.edu/courses/archive/fall06/cos561/papers/cerf74.pdf. Zugegriffen: 19. Juli 2019

Christensen CM, Raynor M, Mc Donald R (2015) What is disruptive innovation? https://hbr.org/2015/12/What-is-disruptive-innovation. Zugegriffen: 15. Nov. 2018

Cisco Systems (2015) Cisco visual networking index: forecast and methodology. 2014–2019 White paper. http://www.cisco.com/c/en/us/solutions/collateral/service-provider/ip-ngn-ip-next-generation-network/white_paper_c11-481360.html. Zugegriffen: 26. Juli 2017

Clark D (1992) A cloudy crystal ball: visions of the future. In: Proceedings of the 24th internet engineering task force. The internet society. https://groups.csail.mit.edu/ana/People/DDC/future_ietf_92.pdf. Zugegriffen: 19. Juli 2019

Couldry N (2019) Datenkolonialismus. https://www.hiig.de/events/nick-couldry-datenkolonialismus-digitale-gesellschaft/. Zugegriffen: 30. Apr. 2019

Dammann U (2016) Erfolge und Defizite der EU-Datenschutzgrundverordnung. Erwarteter Fortschritt, Schwächen und überraschende Innovationen. ZD 307. https://beck-online.beck.de/Dokument?vpath=bibdata%2Fzeits%2Fzd%2F2016%2Fcont%2Fzd.2016.307.1.htm&anchor=Y-300-Z-ZD-B-2016-S-307-N-1. Zugegriffen: 27. Juli 2019

Dachwitz I, Rudi T, Rebiger S (2018) Was wir über das größte Datenleck in der Geschichte von Facebook wissen. Netzpolitik 2018 https://netzpolitik.org/2018/cambridge-analytica-was-wir-ueber-das-groesste-datenleck-in-der-geschichte-von-facebook-wissen/. Zugegriffen: 26. Juli 2019

DeepMind (2015) Human-level control through deep reinforcement learning. https://deepmind.com/research. Zugegriffen: 15. Nov. 2018

Des Jardins R (1992) OSI is (still) a good idea. ConneXions 6(6):33–48

Dimensional Research (2016) GDPR: perceptions and readiness. A global survey of data privacy professionals at companies with european customers. Dimensional research. https://goo.gl/BRTQuc. Zugegriffen: 15. Aug. 2017

Doerre K (2013) Landnahme und die Grenzen sozialer Reproduktion. In: Schmidt I (Hrsg) Akkumulation des Kapitals. VSA, Hamburg, S 82–116

Doward J, Gibbs A (2017) Did Cambridge Analytica influence the Brexit vote and the US Election? https://goo.gl/ZKsZJJ. Zugegriffen: 15. Nov. 2018

Economist (2018a) Intelligent economies: AI's transformation of Industries and Society. Intelligent Economies: AI's transformation of Industries and Society. https://eiuperspectives.economist.com/sites/default/files/EIU_Microsoft-20--Intelligent-Economies_AI's-transformation-of-industries-and-society.pdf. Zugegriffen: 15. Nov. 2018

Economist (2018b) How to fix what has gone wrong with the internet. https://www.economist. com/specialreport/2018/06/28. Zugegriffen: 15. Nov. 2018

Economist (2018c) The story of internet is all about layers. https://www.economist.com/special-report/2018/06/30. Zugegriffen: 15. Nov. 2018

Economist (2018d) China has the worlds most centralised internet system. https://www.economist. com/specialreport/2018/06/30. Zugegriffen: 15. Nov. 2018

Eifert M (2007) Zweckvereinbarkeit statt Zweckbindung als Baustein eines modernisierten Datenschutzrechts. In: Rechtswissenschaft im Wandel. Mohr Siebeck, Tübingen, S 139–152

European Digital Rights (2015) Data protection broken badly. https://edri.org/files/DP_Broken-Badly.pdf. Zugegriffen: 15. Nov. 2018

European Union Agency for Fundamental Rights (2014) Handbook on European data protection law. Publications Office of the European Union, Luxembourg

European Union (2018) What does general data protection regulation GDPR govern? https:// ec.europa.eu/info/law/law-topic/data-protection/reform/what-does-general-data-protection-regulation-gdpr-govern. Zugegriffen: 23. Febr. 2019

Eymann T (2003) Digitale Geschäftsagenten. Springer, Berlin

Facciorusso DSJ (2013) Google als World Brain. FB2. Universität Mainz

Fleisch E, Mattern F (2005) Das Internet der Dinge. Ubiquitous Computing und RFID in der Praxis: Visionen, Technologien, Anwendungen. Handlungsanleitungen. Springer, Berlin

Floridi L (2014) The fourth revolution: how the infosphere is reshaping human reality. Oxford University Press, New York

Frey C B, Osborne M A (2017) The Future of Employment: how susceptible are Jobs to Computerisation? Technol Forecast Soc Change 114:254–280

Funk L (2015) Google X: Die geheime Moonshot-Fabrik. https://www.giga.de/unternehmen/google-x/. Zugegriffen: 15. Nov. 2018

Gierow H (2017) Was sammelt Google über mich? https://mobilsicher.de/hintergrund/was-sammelt-google-ueber-mich. Zugegriffen: 15. Nov. 2018

Goebl J, Krause P (2016) Einkommensentwicklung. http://www.bpb.de/nachschlagen/datenreport-2016/226274/einkommensentwicklung-und-verteilung. Zugegriffen: 15. Aug. 2017

Grafenstein M (2018) The Principle of Purpose Limitation. In: Data Protection Laws. Nomos 2018. https://www.hiig.de/publication/the-principle-of-purpose-limitation-in-data-protection-laws-the-risk-based-approach-principles-and-private-standards-as-elements-for-regulating-innovation/. Zugegriffen: 15. Nov. 2018

Guimarães J, Jordano P, Thompson J (2011) Evolution and coevolution in mutualistic networks. Ecol Lett 14:S 877–885

Habermas J (1997) Theorie des kommunikativen Handelns. Suhrkamp, Frankfurt

Haufe Verlag (2018) Digitalisierung im Mittelstand: Nur 46 Prozent haben einen Umsetzungsplan. Freiburg

Hemmer E (1996) Das Scheitern einer gescheiten Idee. Der Arbeitgeber 48(23):796–800

HIIG (2018a) Datenethik: Facebook und Cambridge Analytika. https://www.hiig.de/datenethik-facebook-und-Cambridge-analytica. 24. April 2018. Zugegriffen: 15. Nov. 2018

HIIG (2018b) Was ist die DSGVO? 23. Mai 2018. https://www.hiig.de/Was-ist-die-DSGVO. Zugegriffen: 15. Nov. 2018

HIIG (2018c) Warum ist Privacy ungleich Datenschutz? 23. Mai 2018. https://www.hiig.de/ warum-privacy-ungleich-datenschutz. Zugegriffen: 15. Nov. 2018

Hilbert M, López P (2011) The world's technological capacity to store, communicate, and compute information. Sci 332(6025):60–65

Hildebrandt M (2009) Profiling and AmI. In: Rannenberg K, Royer D, Deuker A (Hrsg) The future of identity in the information society. Springer, Berlin, S 273–310

Hirshleifer J (1971) The private and social value of information and the reward to inventive activity. Am Econ Rev 61(4):561–574

Horn G (2017) Die Entwicklung der Einkommensverteilung – Was ist zu tun? In: IMK 2017. S 117–134

Iansiti M, Lakhani K (2018) Die neuen Monopole. In: Harvard Business Manager. Edition 3. S 24–31

INRIX (2016) NRIX übernimmt OpenCar und fordert so Apple und Google im Auto heraus. inrix. com/press-releases/opencar-german. Zugegriffen: 15. Nov. 2018

Israni E (2017) When an Algorithm sends you to prison. https://www.nytimes.com/2017/10/26/opinion/algorithm-compas-sentencing-bias.html. Zugegriffen: 15. Nov. 2018

Jarvis J (2013) Welcome to the end of secrecy. https://www.theguardian.com/commentisfree/2013/sep/06/nsa-surveillance-welcome-end-secrecy. Zugegriffen: 15. Nov. 2018

Jovanic B (2005) General purpose technologies. In: Aghion P, Durlauf SN (Hrsg) Handbook of economic growth, Bd 1B. Elsevier, Amsterdam, S 1181–1224

Koenen J (2012) Schrumpfkurs. IBM baut in Deutschland tausende Stellen ab. Handelsblatt vom 01.02.2012.   http://www.handelsblatt.com/unternehmen/it-medien/schrumpfkurs-ibm-baut-in-deutschland-tausende-stellen-ab/6135510.html. Zugegriffen: 15. Nov. 2018

Kosinski M, Stilwell D, Graepel T (2013) Private traits and attributes are predictable from digital records and human behaviour. PNAS 4:5802–5805

Kübler H D (2009) Mythos Wissensgesellschaft. Gesellschaftlicher Wandel zwischen Information, Medien und Wissen. VS Verlag, Wiesbaden

Kuner C (2014) The Data Protection Credibility Crisis. IDPL 2015 5(3):161–175

Lanier J (2014) Who owns the Future? Simon and Schuster. New York

Leibniz-Zentrum für Europäische Wirtschaftsforschung (2018) Digitalisierung und Zukunft der Arbeit.   https://www.zew.de/forschung/digitalisierung-und-zukunft-der-arbeit-makrooekonomische-auswirkungen-auf-beschaeftigung-arbeitslosigkeit-und-loehne-von-morgen/. Zugegriffen: 11. Apr. 2019

Lentz F (2018) Digitalisierung und Beschäftigung. Stiftung Marktwirtschaft 141:1–24

Leopoldina (2018) Privatheit in Zeiten der Digitalisierung. Stellungnahme, Halle, ISBN: 978-3-8047-3642-9

Lessig L (2001) Code und andere Gesetze des Cyberspace. Berlin Verlag, Berlin

Lewinski K (2009) Geschichte des Datenschutzrechts von 1600 bis 1977. In: Fv Arrndt et al (Hrsg) Freiheit – Sicherheit – Öffentlichkeit. Nomos, Heidelberg, S 196–220

Mattern F, Flörkemeier C (2010) Vom Internet der Computer zum Internet Der Dinge. Inform Spektrum 33(2):107–121

Mayer-Schönberger V, Cukier K (2012) Big data: a revolution that transforms how we work, live, and think. Houghton Mifflin Harcourt, New York

Mayer-Schönberger V (2015) Privacy by regulation. Protecting personal data in the age of big data. In: Keynotes of Amsterdam privacy conference, Amsterdam

Maydorn D (2014) Daten sind das Öl des 21. Jahrhunderts. http://www.shs-viveon.com. Zugegriffen: 15. Juli 2017

McKinsey (2018) Blockchain beyond the Hype: what is the strategic business value? https://www.mckinsey.com/business-functions/digital-mckinsey/our-insights/blockchain-beyond-the-hype-what-is-the-strategic-business-value. Zugegriffen: 15. Nov. 2018

Metcalfe RM (1973) Packet communication. MIT Project MAC technical report MAC TR-114, Cambridge

Müller G (2003) Telematik und Kommunikationssysteme in der vernetzten Wirtschaft. Oldenbourg, München

Müller G (2009) War Internet die einzige Option. Wirtschaftsinformatik 51(1):53–60

Müller G (2010) Weiß Google mehr als ein „Geheimdienst"? Special Workshop LAW 7. Internationales Menschenrechtsforum Luzern (IHRF) 18(19):17f

Müller G (2013a) Informationsdefizite und Privatheit. In: Buchmann J (Hrsg) Privatheit im Internet. https://www.acatech.de/Projekt/internet-privacy-eine-kultur-der-privatsphaere-und-des-vertrauens-im-internet/AcatechBerlin. Zugegriffen: 15. Nov. 2018

Müller G (2013b) Characterization of E-commerce. In: Buchmann J (Hrsg) Internet privacy – options for adequate realization. Acatech Study, Munich, S 43–59

Müller G (2018) DSGVO und Landnahme. https://PrivacyRewritten.Wordpress.com/verhindert-die-dsgvo-eine-landnahme-durch-netzwerktore/. Zugegriffen: 12. Juli 2019

Müller G (2019) Verhindert die DSGVO eine Landnahme durch die Digitalisierung? ZFW 29(1):7–8

Müller G, Blanc RP (1987) Networking in open systems. Springer, Berlin

Müller G, Wahlster W (2013) Placing humans in the feedback loop of social infrastructures. Informatik Spektrum 36(6):520–529

Negroponte N (1995) Bits and Atoms. In: Wired Magazin. https://www.wired.com/1995/01/negroponte-30/. Zugegriffen: 15. Nov. 2018

Negroponte J, Palmisano S (2017) Defending an Open, Global, Secure, and Resilient Internet. In: Council on foreign relations. independent task force MIT report no. 70. Cambridge, USA

OECD (2015) Data-driven innovation for growth and well-being. http://www.oecd.org/sti/ieconomy/PolicyNote-DDI.pdf. Zugegriffen: 15. Nov. 2018

O'Neil C (2017) Weapons of math destruction. How big data increases inequality and threatens democracy. Broadway Books, New York

Ogane T, Echizen I (2018) Biometric Jammer: Use of pseudo fingerprint to prevent fingerprint extraction from camera images without inconveniencing users. IEEE International Conference on Systems, Man, and Cybernetics (SMC2018), S 7–14

Okun A (1962) Potential GNP: its measurement and significance. In: American Statistical Association. Proceedings of the business and economic statistics section, S 98–104

Paal B (2012) Suchmaschinen, Marktmacht und Meinungsbildung. Nomos, Baden-Baden

Pang B, Lee L (2008) Opinion Mining and Sentiment. Foundations and Trends in Information Retrieval 2(1–2):1–135

Pariser E (2012) Filter Bubble. Wie wir im Internet entmündigt werden. Hanser, München

Pearson S, Charlesworth A (2009) Accountability as a way forward for privacy protection in the cloud. In: IEEE international conference on cloud computing, S 131–144

Piketty T (2014) Das Kapital. Beck Verlag, München

Pohle J (2016) Datenschutz und Technikgestaltung Geschichte und Theorie des Datenschutzes aus informatischer Sicht und Folgerungen für die Technikgestaltung. Dissertation TU Berlin

Porter ME, Heppelmann JE (2018) Wie smarte Produkte Unternehmen verändern? Harvard Business Manager 3:5–23

Pournaras E, Nikolic J, Omerzel A, Helbing D (2017) Engineering democratization in internet of things data analytics. In: 2017 IEEE 31st international conference on advanced information networking and applications. http://evangelospournaras.com/wordpress/wp-content/uploads/2016/12/Engineering-Democratization-in-Internet-of-Things-Data-Analytics.pdf. Zugegriffen: 27. Juli 2019

Raymond E (2007) Goodbye, "free software"; hello, "open source". http://www.catb.org/~esr/open-source. Zugegriffen: 26. Apr. 2016

Rifkin J (2014) Die Null-Grenzkosten-Gesellschaft. Fischer, Frankfurt a. M.

Rochet J-C, Tirole J (2003) Platform competition two-sided markets. Journal of the European Economic Association 1(4):990–1029

Rossnagel A (2012) Internet Privacy aus Rechtswissenschaftlicher Sicht. In: Buchmann J (Hrsg) Internet Privacy. Springer, Berlin, S 281–325

Sachverständigenrat (2014) Analyse: Einkommens- und Vermögensverteilung in Deutschland. https://www.sachverstaendigenrat-wirtschaft.de/fileadmin/dateiablage/gutachten/jg201415/JG14_09.pdf. Zugegriffen: 15. Nov. 2018

Sackmann S, Eymann T, Müller G (2002) EMIKA: real-time controlled mobile information systems in health care. In: GI Proceedings. Lecture Notes. Springer, S 151–158

Saltzer JH, Reed DP, Clark D (1984) End-to-end arguments in system design. ACM Trans. Computer Systems 2(4):277–289

Scassa T (2018) Data ownership. In: Center for international governance innovation. Waterloo (Canada) September No 187. https://www.cigionline.org/publications/data-ownership. Zugegriffen: 15. Nov. 2018

Schermer BW (2011) The limits of privacy in automated profiling and data mining. Computer Law & Security Review 27(1):45–52

Schirrmacher F (2015) Technologischer Totalitarismus: Eine Debatte. Suhrkamp, Berlin

Schoder D (2018) Introduction to the internet of things. In: Hassan QF (Hrsg) Internet of things A to Z: technologies and applications. IEEE Press, Hoboken, S 3–50

Schwarze T (2013) NSA-Skandal: Snowden kündigt weitere Enthüllungen an. Zeit Online. http://www.zeit.de/digital/datenschutz/2013-06/snowden-guardian-interview. Zugegriffen: 26. Apr. 2016

Simon HA (1996) The sciences of the artificial, 3. Aufl. MIT Press, Cambridge

Solove DJ (2008) Understanding privacy. Harvard University Press, Cambridge

Spiekermann S, Acquisti A, Böhme R, Hui K-L (2015) The challenges of personal data markets and privacy. Electronic Markets 25:161–167

Stiglitz J (2018) Josef Stiglitz on Artificial Intelligence: We are going to a more divided society. In: Guardian. Sunday Interview 9.9.18. https://www.theguardian.com/technology. Zugegriffen: 2. Febr. 2019

Twitter (2015) Twitter company page (English Version). https://about.twitter.com/company. Zugegriffen: 20. Aug. 2017

van Schewick B (2012) Internet architecture and innovation. MIT Press, Cambridge

Varian HR (2009) Economic aspects of personal privacy. In: Lehr WH, Pupillo LM (Hrsg) Internet policy and economics. Springer, Heidelberg, S 101–109

Varian HR (2010) Computer mediated transactions. Am Econ Rev 100(2):1–10

Volkmann S, Feiten L, Zimmermann C, Sester C, Wehle L, Becker B (2016) Digitale Tarnkappe: Anonymisierung in Videoaufnahmen. Informatik 259:413–426

Wahlster W (2008) Von Suchmaschinen zu Antwortmaschinen: Semantische Technologien und Benutzerpartizipation im Web 3.0. In: Mattern F (Hrsg) Wie arbeiten Suchmaschinen von morgen? Informationstechnische, politische und ökonomische Perspektiven. ACATECH, München, S 59–75

Waldo J (2019) A Hitchhiker's guide to the blockchain universe. ACMqueue 16(6):1–13

World Economic Forum (2011) Personal data: the emergence of a new asset class. http://www3.weforum.org/docs/WEF_ITTC_PersonalDataNewAsset. Zugegriffen: 15. März 2015

Weinberger D (2012) Too big to know. Rethinking knowledge now that the facts aren't the facts. Experts are everywhere and the smartest person in the room is the room. Basic Books, New York

Weinberger D (2018) How the father of the World Wide Web plans to reclaim it from Facebook and Google. Digital Trends. 10. August 2016

Weiser M (1991) The computer of the 21st century. Scientific American 9:94–104

Weizsäcker C (2014) Das Ende der Knappheit? F.A.Z. Frankfurter Allgemeine Zeitung vom 10.10.2014. S 18–20

Wells H (1937) World Brain. http://freeread.com.au/@rglibrary/HGWells/NonFiction/World-BrainB.html. Zugegriffen: 18. Aug. 2018

Welt (2011) „Digitaler Radiergummi" bekommt schlechtes Zeugnis. https://www.welt.de/wirtschaft/webwelt/article12322790/Digitaler-Radiergummi-bekommt-schlechtes-Zeugnis.html. Zugegriffen: 4. Juli 2018

Westin AF (1968) Privacy and freedom. Wash Law Rev 25(1):166–170

Whylie C (2018) I made Bannons Warfare Tool. Guardian 2018. https://www.theguardian.com/news/2018/mar/17/data-war-whistleblower-christopher-wylie-faceook-nix-bannon-trump. Zugegriffen: 4. Apr. 2019

Wildkommer J (2017) Die größten Akquisitionen von Google, Amazon und Apple. https://www.techdivision.com/blog/die-groessten-akquisitionen-von-google-amazon-und-apple-und-einige-learnings-daraus.html. Zugegriffen: 15. Nov. 2018

Youyou W, Kosinski M, Stillwell D (2015) Computer-based personality judgments are more accurate than those made by humans. Proceedings of the National Academy of Sciences (PNAS) S 36–40

Zittrain J (2008) The Future of the Internet – and how to stop it. Yale University Press, New Haven

Zuboff S (2019) The age of surveillance capitalism: the fight for a human future at the new frontier of power. Public Affairs, New York

Weiterführende Literatur

Accorsi R, Zimmermann C, Müller G (2012) On taming the inference threat in social networks. In: Privacy and Data Protection Technology (PDPT), Amsterdam, S 1–5. https://staff.fnwi.uva.nl/g.j.vantnoordende/pdpt/2012/accorsi.pdf. Zugegriffen: 15. Mai 2016

Cabinakowa J, Zimmermann C, Müller G (2016) An empirical analysis of privacy dashboard acceptance. The google case. ECIS 2016 research paper. https://aisel.aisnet.org/ecis2016_rp/114/. Zugegriffen: 27. Juli 2019

Echizen I, Müller G, Sasaki R, Tjoa A (2013) Privacy by transparency for data-centric services http://shonan.nii.ac.jp/shonan/wpcontent/No.2013-51.pdf. Zugegriffen: 12. Okt. 2017

Haas S, Wohlgemuth S, Echizen I, Sonehara N, Müller G (2011) Aspects of Privacy for Electronic Health Records. Int J Med Inform 80(2):26–31 (Special Issue: Security in health information systems)

Hoffmann-Riem W, Fritzsche S (2009) Innovationsverantwortung. In: Eifert M, Hoffmann-Riem W (Hrsg) Innovation und Recht. Duncker & Humblot, Berlin, S 11–41

Müller G (1996) Secure communication: trust in technology or trust with technology? Interdisc Sci Rev 21(4):336–347

Müller G (2008) Information Security: 50 years behind, 50 years beyond. Wirtschaftsinformatik 50(4):322–323

Müller G (2011) Die Mythen von Transparenz und Sicherheit im Internet. Ansprache zur Verleihung der Ehrendoktorwürde der TU Darmstadt. http://www.telematik.uni-freiburg.de/system/files/Ansprache.pdf. Zugegriffen: 15. Nov. 2018

Müller G (2014) Datenschutz bei datenzentrischen Diensten: Auslaufmodell oder nur 30 Jahre zurück? FIFF 1:21–34

Müller G, Accorsi R (2013) Why are business processes not secure? In: Fischlin M, Katzenbeisser S (Hrsg) Number theory and cryptography. Lecture notes in computer science, Bd 8260. Springer, Berlin, S 240–254

Müller G, Pfitzmann A (Hrsg) (1997) Mehrseitige Sicherheit in der Kommunikationstechnik, Verfahren, Komponenten, Integration. Addison-Wesley, Bonn

Müller G, Rannenberg K (Hrsg) (1999a) Multilateral security in communications technology, empowering users, Enabling Applications. Addison-Wesley, Bonn

Müller G, Rannenberg K (1999b) Multilateral security. In: Müller G, Rannenberg K (Hrsg) Multilateral security in communications technology, empowering users, enabling applications. Addison-Wesley, Bonn, S 562–570

Müller G, Stapf K (Hrsg) (1999) Mehrseitige Sicherheit in der Kommunikationstechnik, Erwartung, Akzeptanz, Nutzung. Addison-Wesley, Bonn

Müller G, Zimmermann C (2017) Accountability as a privacy option – privacy dashboards. Research report Hitachi Ltd 20170330

Müller G, Sackmann S, Prokein O (2008) IT security: new requirements, regulations and approaches. In: Frank-Schlottmann F (Hrsg) Handbook on information technology in finance. Springer, Berlin, S 711–730

Müller G, Accorsi R, Höhn S, Sackmann S (2010) Sichere Nutzungskontrolle für mehr Transparenz in Finanzmärkten. Inform Spektrum 33(1):3–13

Nolte C-G, Zimmermann C, Müller G (2015) Social network services – market structure and its influence on privacy. In: Amsterdam privacy conference, S 269–271

Pretschner A, Hilty M, Basin D (2006) Distributed Usage Control. CACM 49(9):39–44

Reichl H, Roßnagel A, Müller G (2005) Digitaler Personalausweis. DuV, Wiesbaden

Wohlgemuth S, Müller G (2006) Privacy with delegation of rights by identity management. In: Müller G (Hrsg) Emerging trends in information and communication security. ETRICS 2006, Bd 3995. Lecture Notes in Computer Science, Berlin, S 175–190

Zimmermann C, Accorsi R, Müller G (2014) Privacy dashboards. Reconciling data-driven business models and privacy. In: 9th international conference on availability, reliability and security, IEEE, S 152–157

Begrenzung der Informationsmacht

Zusammenfassung

Die Informationsmacht wird durch die Innovationen und die Daten erzeugt und könnte durch die Interoperationen und die Protektion, z. B. die DSGVO, begrenzt werden. Waren es in der industriellen Zeit vor allem inkrementelle Verbesserungen von Produkten, so streben digitale Innovationen nach einer maximalen Erweiterung ihres Netzwerkes durch das informationelle Eindringen in einen Markt, die Informatisierung der Prozesse und die nachfolgende Reorganisation der betroffenen Unternehmen. Fallstudien zu NEST, Motorola und General Electric sowie Android-Auto zeigen die Stufen der Informatisierung, der Vernetzung, das Überschreiten von Branchengrenzen und damit den Zwang zur Entwicklung übergeordneter Geschäftsmodelle am Beispiel von vier Branchen – u. a. der Automobilindustrie – als Folge von informationeller Überlegenheit der Netzwerktore. Eine der schärfsten Waffen zur Begrenzung von Marktmacht ist das Kartell- oder Wettbewerbsrecht. Die insgesamt beschränkten Ergebnisse der Klagen der EU gegen Google und Facebook zeigen, dass das Kartellrecht neue Instrumente zur Kontrolle der Informationsmacht braucht, gewissermaßen als digitales Pendant einer wettbewerbsschädlichen industriellen Marktmacht. Trotz hoher Strafen für sogenannte „Wenn-dann-Geschäfte" ist die Informationsmacht und Wettbewerbsfähigkeit von Google und Facebook durch die EU nicht geschwächt worden. Die DSGVO ist eine sich selbst beschränkende weithin passive Regulierung. Sie konzentriert sich auf die Datenpreisgabe mit nachfolgender Geheimhaltung und vorausgehender informierter Zustimmung, lässt den Datenempfang aber außer Acht. Damit verstärkt sie das Digitalisierungsdilemma und schützt weder Daten noch Menschen in wirksamem Umfang. Ein Paradigmenwechsel des Datenschutzes wäre die Normierung einer Rechtfertigungspflicht verbunden mit der Transparenz der Daten als Regeldienst für die Netzwerktore und zur Stärkung der Datensubjekte, damit Daten z. B. „geteilt" genutzt werden können, ohne sie „aufzuteilen".

© Springer-Verlag GmbH Deutschland, ein Teil von Springer Nature 2020
G. Müller, *Protektion 4.0: Das Digitalisierungsdilemma,* Die blaue Stunde der Informatik, https://doi.org/10.1007/978-3-662-56262-8_2

McNealy, der legendäre Vorsitzende der ehemaligen SUN-Microsystems, konnte nicht ahnen, dass sein Spruch aus dem Jahre 1999, *man solle die Privatheit vergessen und hinter sich lassen,* sich in sein Gegenteil verkehrt (Wired 1999). Noch nie wurde so viel über den Datenschutz debattiert wie jetzt. Wenige Plattformen haben eine informationelle Überlegenheit erreicht, dass sie heute die wichtigen Innovationen bestimmen, während der Datenschutz zunehmend als Fortschrittshemmnis in Verruf gerät. Der anonyme Teil der Big Data kann häufig sehr leicht personalisiert werden, womit die informationelle Überlegenheit, die überwiegend auf anonymen Daten beruht, mit dem Bekenntnis der „Nicht-Zuständigkeit" der Normenebene weiter anwachsen wird. Ebenso können Nutzer wegen der doppelten Geheimhaltung sowohl beim Datenschutz als auch bei den Big Data immer weniger auf informationeller „Augenhöhe" mit den Plattformen handeln. Die Ausübung dieser Informationsmacht nimmt als Folge davon zwangsläufig die Züge einer unkontrollierten Landnahme an, die das Vertrauen der Nutzer in legitimierte Institutionen und Autoritäten untergräbt, da Normen mit Algorithmen und Daten, gewissermaßen der Forderung von McNealy folgend, so ineinander verwoben sind, dass es einer Regulierung scheinbar nicht weiter bedarf. Die Innovationsverantwortung, verstanden als Ausgleich von „Schutz von Personen" und Innovationen als „Wandel zum Besseren", gerät mit diesem Freifahrtschein der Normenebene außer Balance. McNealy hat sicher nicht gemeint, dass der Datenschutz faktisch an die Plattformen delegiert werden sollte.

Den Netzwerktoren wird weithin vorgeworfen, ihre Informationsmacht zu Lasten der Allgemeinheit zu nutzen, um unverhältnismäßig hohe Anteile an der Wertschöpfung für sich zu beanspruchen. Solche Gewinne deuten auf Monopolbildungen hin, die den Wettbewerb behindern bzw. ausschalten. Dies war auch der Verhandlungsgegenstand der Kartellverfahren der EU gegen Google und Facebook. Diese haben untersucht, ob die Nachfragebedingungen der Werbeträger und die Kaufbereitschaft ihrer Nutzer in unsachlicher Form beeinflusst wurden, um dadurch marktbeherrschende Überschussgewinne zu erzielen. Obwohl die USA diese Verfahren bislang abgelehnt hat, wird jetzt evaluiert, ob mit veränderter Fragestellung in Richtung Informationsmacht ebenfalls Kartellverfahren gegen Google und Facebook eröffnet werden sollen.

Beispiel

Tatsächlich sind die digitalen Hegemonien so bedrohlich zurzeit noch nicht. Bezogen auf die Umsätze der größten 300 Firmen findet man Apple auf dem 15ten Platz, gefolgt von Amazon nur einen Platz dahinter. Google ist 37ster und das als besonders manipulativ eingeschätzte Facebook findet sich erst auf Rang 107 wieder. Die Gewinne aller Plattformen zusammen machen in etwa 0,16 % des Bruttosozialproduktes der USA aus, während frühere Giganten wie die Automobilindustrie, US-Steel oder IBM und AT&T ca. 0,24 % des amerikanischen Inlandsproduktes beansprucht hatten. Es wird jedoch ein Anwachsen der Plattformen in den kommenden Jahren auf 0,60 % für wahrscheinlich gehalten. AT&T, IBM und Microsoft wurden Objekte von amerikanischen Kartellverfahren als sie zusammen einen Gewinnanteil von ca. 0,29 % am Inlandsprodukt der USA erreicht hatten (Economist 2018b).

Informationsmacht drückt sich in der Fähigkeit zur Beeinflussung und zur Manipulation aus (Lobe 2017). Zurzeit ist ein Europäer im Durchschnitt 24 h pro Woche online; 89 % vergleichen Preise und 77 % nutzen soziale Netzwerke zur Informationsgewinnung. Nur ca. 30 % wissen, dass persönliche Daten gesammelt und Profile angelegt werden. Jedes „zweite" Individuum ist sich sicher, dass die persönliche Autonomie und Rationalität dabei nicht eingeschränkt wird (Spiekermann und Novotny 2015).

Unter Informationsmacht wird die Fähigkeit verstanden, durch die Nutzung und Verteilung von Daten die Handlungen von Dritten so zu beeinflussen, dass diese nicht mehr allein durch die von einer Person selbst gewählten Präferenzen bestimmt sind. Entscheidend für den Grad der Beeinflussung ist, ob die Nutzer die Datenquellen frei aussuchen, d. h. ob sie Interagierende oder Interagierte sind (Castells 2017). Die Nutzung von Suchmaschinen scheint diese freie Auswahl zwar zu gewährleisten, was sich jedoch spätestens dann als Illusion erweist, wenn die innere Logik der genutzten Algorithmen und Verfahren sich im Ergebnis widerspiegelt und dadurch eine Interpretation und Einordbarkeit der empfangenen Daten den Betroffenen meist nicht möglich ist. Eine unabhängige Entscheidung setzt zum einen den Einblick in die Daten, aber zum anderen auch die Kenntnis der Datenherkunft und Verwendung voraus. Die DSGVO konzentriert sich nur auf die Datenpreisgabe, nicht auf den Datenerhalt. Dieser jedoch bestimmt die Wirkung der Informationsmacht, während die Datenpreisgabe nur ihrer Entstehung dient.

Ein „Verzicht" (opt-out) auf Teilhabe wird nur sehr begrenzt in Anspruch genommen, da wegen des doppelten Geheimhaltungsprinzips unbekannt ist, welche Daten gesammelt werden und ferner die Kosten der Datenpreisgabe erst verspätet, wenn überhaupt, anfallen. Die wichtigsten Instrumente zur Begrenzung der Informationsmacht sind die Kartellgesetze, die DSGVO, aber auch die technischen Algorithmen. Die Informationsmacht ist durch die Innovationen, die Interoperationen und die Daten sowie den Regeln zur Protektion bestimmt. Nur die Protektion begrenzt die Informationsmacht, während Interoperationen, Innovationen und Daten zu ihrer Erhöhung beitragen. Eine Sonderrolle nimmt das Darknet ein, das einem Refugium gleicht, um sich der scheinbaren Allgegenwärtigkeit der Informationsmacht in der „normalen" digitalen Welt zu entziehen. Die Belohnung ist die unbeeinflusste Informationsversorgung durch eine verborgene digitale Öffentlichkeit. Leider ist das Darknet auch zu einem Marktplatz für Kriminalität geworden (Brauer 2018).

Im alltäglichen Leben sind die Folgen der Informationsmacht an der Veränderung bei der Versorgung mit Waren zu sehen, da damit scheinbar nicht gekoppelte Kosten verborgen und der Allgemeinheit aufgebürdet werden können. Zwar wird der Online-Handel meist mit der Bequemlichkeit bei der Bestellung begründet, doch sind auch die Auswahl und die Preise sowie die direkte Ansprache der Kunden Faktoren, die soziale Kosten verursachen.

Beispiel

Die Verödung der Innenstädte ist auch der Bequemlichkeit der Nutzer beim Online-Handel geschuldet. Das große Angebot und die Unabhängigkeit von der Zeit zum Einkaufen, sowie die direkte Auslieferung an der Haustüre sorgt dafür, dass die lokale Gemeinschaft verarmt. Läden, die nur noch von dem existieren, was man nicht bei Amazon kaufen kann, sind nicht nachhaltig zu betreiben. Der Beitrag zu sozialen Werten ist bei Netzwerktoren im Vergleich zum stationären Einzelhandel gering. Letzterer trägt mit 23,2 % an Steuern aus den Gewinnen zur Finanzierung der Allgemeinheit bei. Die Plattformen zahlen im Durchschnitt jedoch nur 9,5 % Steuern auf ihre Gewinne (Economist 2018b).

Ein verborgener Preis wird durch die Reduzierung der Autonomie von den Nutzern selbst entrichtet. Auf der einen Seite steht der Genuss von Diensten in großer Auswahl, auf der anderen Seite wird diese Bequemlichkeit mit einer Einbuße an unbeeinflusster Willensbildung und transparenter Privatsphäre bezahlt. Allgemeinheit und auch Einzelne werden durch zwei Instrumente in einer Direktheit erreicht, die bislang unbekannt war:

1. **Die Interoperationen:** Sie sind das bestimmende Charakteristikum aller sozialen und wirtschaftlichen Tätigkeiten. Durch das Fehlen einer gemeinsamen Plattform zur diskriminierungsfreien Interoperation aller Akteure entstehen „Mauern" zwischen den Daten der Netzwerktore. Die Netzwerktore haben eine gemeinsame Plattform zur Interoperation bisher vermieden, da dies die Kosten für Neueinsteiger reduzieren und so zusätzlicher Wettbewerb durch eine freie Entscheidung der Nutzer entstehen würde. OpenSocial ist ein solches System zur gemeinsamen Interoperation. Es ist von Google entwickelt und in den „Open Source" Bereich überführt worden (Jacobs 2014).
2. **Die Innovationen:** Digitale Innovationen nutzen persönliche Daten, um eher Prozesse als Produkte zu verändern. Meist stellen diese Prozesse einen direkten Kontakt der unmittelbar betroffenen Parteien, z. B. zwischen Verkäufer und Käufer, her:

Beispiel

So gibt Amazon jedem Käufer die Wahl zwischen ca. 40 Mio. Produkten und bietet damit eine etwa 4000-mal größere Auswahl an, als dies die größten stationären Kaufhäuser der Megastädte dieser Welt tun können. Den Handel selbst beherrscht Amazon nur zu weniger als 12 %. Auch die Suchmaschinen bringen erstaunlich hohe wirtschaftliche Vorteile. So werden in den USA die Einsparung zur Beschaffung von Informationen mit Hilfe von Suchmaschinen im Durchschnitt bei ca. 17.500 US$ pro Nutzer angegeben (Economist 2018b). *Damit wäre der gesellschaftliche Beitrag von Google 100-mal höher als sein Umsatz.*

Persönliche Daten sind jedoch auch ein „Sprengstoff", da Innovationen nicht nur Werte schaffen, sondern auch Werte vernichten (Wessel 2017). Diese Schäden sind bei den Netzwerktoren vor allem auf die kostenlose Nutzung von Infrastrukturen und öffentlichen Gütern zurückzuführen.

Die Informations- und Nachfragemacht von Amazon beruht auf der Verfügbarkeit über persönliche Daten und der Fähigkeit zur direkten Ansprache der Kunden. Dies reduziert die Preissteigerung in den USA um ca. 1 %. Die zunehmende Logistik bei der Zustellung jedoch erzeugt ca. 4 % der Straßenschäden und trägt überdurchschnittlich zur Umweltbelastung und Parkplatznot in den Innenstädten bei (Economist 2018b).

3. **Die Manipulation:** Werbung ist primär ein Mittel zur Verbesserung des Informationsstandes für komplexe Produkte, damit diese über Preise und Qualität verglichen werden können. Mit den Techniken des „Data Mining" (Schermer 2011) sowie „Process Mining" (Müller und Accorsi 2013), „Opinion Mining" (Pang und Lee 2008) oder „Psycho Mining" (Kosinski et al. 2013) werden Prognosen und der Wille zum Kauf aus persönlichen Daten abgeleitet. Eine zielgerichtete Werbung (targeted advertising) überschreitet dann die Grenze zur Manipulation, wenn die Verkäufe unterschwellig gefördert werden, also Interessen und Assoziationen, z. B. durch Pop-up Meldungen erweckt werden, die scheinbar mit der sachlich notwendigen Information über das Produkt nichts zu tun haben.

Kennt man 68 „Likes" bei Facebook und dazu Verhaltensdaten aus Persönlichkeitstests und das Profil des Nutzers, ist der Wille zum Kauf mit einer Sicherheit von 85 % vorhersagbar (Kosinski et al. 2013). Diese Prognose ist darüber hinaus nicht ausschließlich produktspezifisch, sondern umfasst die gesamte Palette ähnlicher Produkte, auf die der Kunde durch seine Assoziationen bei der originären Werbebotschaft kognitiv aufmerksam wird.

4. **Die Protektion:** Schutzalgorithmen und Regulierungen, wie die DSGVO und das Wettbewerbs- und Kartellrecht sind die gegenwärtigen Instrumente zur Begrenzung der Informationsmacht. Trotz der Vielfalt der angebotenen technischen Verfahren sind alle nach dem Prinzip AAA aufgebaut, wobei das erste A den Zugang (Access Control) beschreibt, das zweite A verlangt, dass Anfragende identifiziert werden (Authentication) und schließlich durch die Autorisierung (Authorization) die Erlaubnis zum Zugang erteilt wird. Durch die DSGVO geschützt sind nur die persönlichen Daten, obwohl der „anonyme" Teil der Big Data abgeleitete Identitäten und nicht von originären Daten unterscheidbar sind. Sie sind ohne Verständnis des Kontextes nicht einordbar (Dhar 2013). Dies ist das Einfallstor, das überwiegend genutzt wird, um Information zur Manipulation bei der Werbung einzusetzen. Auch der kostenlose Übertrag von Kompetenzen, die Zuboff als „Enteignung" und Überwachung bezeichnet, ist weder durch Schutzalgorithmen noch durch die DSGVO zu vermeiden (Zuboff 2014). Um „Echt" von „Falsch" zu unterscheiden, gibt es inzwischen nur singuläre technische Optionen, wobei z. B. Videos und Bilder bei Pop-Ups als „Echt" oder „Fake" angezeigt werden (Yamada et al. 2013, Ogane und Echizen 2018).
   Die Protektion von Personen ist eine Weiterentwicklung des Datenschutzes, indem nicht nur die Datenpreisgabe, sondern auch die Interpretation des Datenempfangs gewährleistet wird. Eine transaktionsbezogene Kontrolle von Daten und Algorithmen durch technisch dazu fähige Institutionen, wie z. B. Vertrauensinfrastrukturen, ist eine

kostengünstige Option im Vergleich zu entweder einem Verzicht auf Kontrolle oder, wie bisher oft gefordert, einer von der öffentlichen Hand getragenen Duplizierung von erfolgreichen kommerziellen Diensten, nur mit sozialer Ausrichtung.

Dass nicht alles, was machbar ist, gemacht werden soll, hat Facebook durch den Skandal um Cambridge-Analytica erfahren, der nicht nur zu einem –allerdings nur kurzfristigen – Einbruch der Marktbewertung geführt hat, sondern auch durch die Anhörung Zuckerbergs im amerikanischen Kongress und im europäischen Parlament die Rückständigkeit der Regulierungsmacht gegenüber der Informationsmacht verdeutlichte. Die Hybris und Täuschung im Umgang mit den anvertrauten Daten wurden von den Nutzern nicht nur bei Facebook, sondern auch in anders gelagerten Fällen bei Amazon, Uber und Airbnb als ungerechtfertigte Ausnutzung von Informationsmacht empfunden und teilweise durch Kampagnen in sozialen Netzen abgestellt (Iansiti und Lakhani 2018). Die Abstinenz der Regulierung hat zu Einbußen ihrer Autorität beigetragen, was sich darin zeigt, dass weder der Facebook-Skandal, noch Airbnb oder Uber bei ihren Verstößen gegen weitverbreitetes Empfinden von dazu passenden Gesetzen belangt werden konnten. Rechtlich haben alle außer *Airbnb* nichts „Falsches" getan. Die Protektion der Menschen ist durch selbstregulierte Kampagnen geschehen.

Vielfach wird eine Vertrauenskrise zwischen der Normierung und den Erwartungen der Bevölkerung konstatiert, da gerade die DSGVO das Verhalten und Lebensgefühl der digital Aktiven nicht trifft und diese sich durch die DSGVO missverstanden und behindert fühlen. Boyd sieht die Gesellschaft in einem Grundzustand der permanenten „digitalen Öffentlichkeit" (Boyd und Crawford 2012), in der Menschen sich weniger als privates Individuum empfinden, sondern als ein „informationelles" Selbst, das viele virtuelle Identitäten unterhält, wobei jede davon die „informationelle Selbstbestimmung" durch Datenfreigeben und Verbergen ausübt. Ein Hinweis zum gemeinsamen Wertekonzept, das hinter der DSGVO steht, überlässt Boyd jedoch jedem Nutzer selbst (Gillespie 2018).

Die ansteigende Informationsmacht der Netzwerktore fördert die Neigung, die Risiken und Kosten der digitalen Transformation auf die Allgemeinheit zu transferieren. Wired hat schon vor 20 Jahren berichtet, dass mit Big Data die Kundenbindung so gestaltet werden kann, dass die Kunden dies als Vorteil für sich empfinden (Wired 1999). Die Informationsmacht wird als Qualitätsnachweis gesehen (Posner 2008). Solche Erkenntnisse befähigen die Netzwerktore zum einen die Regulierung zu beeinflussen und zum anderen die Beteiligung an den sozialen Kosten auf einem Minimum zu halten. Diese Fehleinschätzung der Nutzer (Castells 2017) untergräbt die Autorität und den Glauben an die Schutzfunktion des Staates (Grafenstein 2018). Die jetzige Regelung, dass vom selbstbestimmten Zweck abgewichen werden kann, wenn ein legitimes Interesse nachgewiesen wird, erhöht allerdings die Rechtsunsicherheit und damit die Vertrauenskrise in den Datenschutz (Pohle 2016). Ein angebrachtes Misstrauen in die allzu rosigen Versprechungen der digitalen Innovationen, wie auch die Sorge um die Flüchtigkeit von zivilisatorischen Werten, verbietet die Tatsache, dass die ursprünglichen Erlösfelder von Google, Facebook oder Amazon noch immer – trotz enormer Investitionen und Übernahmen – deren wichtigste Einnahmequellen geblieben sind. Man nehme nur an, es gäbe eine wirkliche Alternative zu den heutigen Suchmaschinen und den sozialen Netzen, um die Privatheit der Nutzer zu garantieren und die Korrektheit und Objektivität der Daten zu verifizieren. Dass ein Netzwerktor eine solche – nun für sie zutreffende – disruptive Innovation überleben könnten, ist zumindest fraglich.

2.1 Digitale Interoperationen

Interoperationen sind das Wesensmerkmal einer vernetzten Gesellschaft (Grasser 2015). Sie haben in ihrer digitalen Durchführung eine technische, algorithmische und eine menschliche sowie eine institutionelle Dimension und treten in zwei grundsätzlichen Formen auf: Zum einen sind es die Dienstleistungen, die bei Netzwerktoren durch Nutzer in Anspruch genommen werden, zum anderen erfolgen sie nach den Vorgaben der zweiwertigen datenzentrischen Transaktion nach Abb. 1.7. Die Interoperation könnte durch eine unabhängige, für alle Akteure gemeinsame Plattform angeboten werden, um den Teilnehmern z. B. einen Wechsel oder den Transfer ihrer Daten zu ermöglichen. Solche unabhängigen Interoperations-Plattformen schwächen die Informationsmacht und werden daher von den Netzwerktoren nicht angeboten, aber bemerkenswerterweise auch von der Regulierung nicht gefordert. Zum anderen verstärken digitale Interoperationen die Vernetzung und führen dabei zu meist temporären, projektbezogenen Organisationen. Es handelt sich überwiegend um privat organisierte Interoperationen in einer kooperativen vernetzten Arbeitsumgebung.

In Abb. 2.1 sind diese vier möglichen Interoperationsformen mit den Sektoren des Digitalisierungsdreiecks aus Abb. 1.1 überlagert. Die institutionellen Regeln sind oft

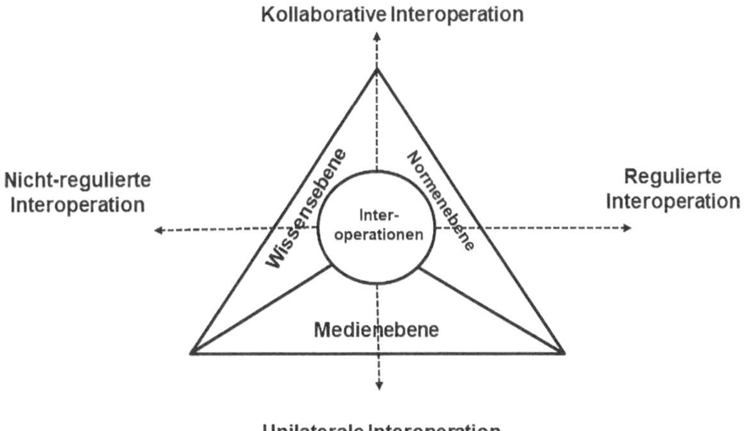

Abb. 2.1 Interoperationen im Digitalisierungsdreieck

selbstdefiniert oder durch Governance bestimmt und unterscheiden sich von analogen Interoperationen vor allem durch das Selbstverständnis der Akteure, die sich als Teil eines Netzwerkes und nicht einer Hierarchie fühlen. Im analogen Bereich haben die Akteure aufgrund der limitierten Kommunikationstechnik nur eng umgrenzte Kompetenzen. Sie werden zur Regelung und Vereinbarung der Bedingungen der Interoperationen genutzt und müssen dabei Vorschriften oder Formvorgaben einer Bürokratie oder von gesetzlichen Normen oder sozialen Gewohnheiten genügen. Die analogen Kommunikationsstrukturen sind mangels flexibler Technik meist hierarchisch und die Regeln werden von „Oben" gesetzt. Die Digitalisierung erweitert diese starre Ordnung – aus den exklusiven Verfügungen über Daten und Regeln resultierend – durch einen unbegrenzten Wissenszugang. Was bisher nur Experten offenstand, ist jetzt allen erreichbar. Die Bindung der Interoperation an einen Ort oder eine Zeit oder spezielle Personen reduziert sich. Damit spielen Persönlichkeitsmerkmale oder Rangunterschiede nur noch eine beschränkte Rolle. Der subjektive persönliche Anteil wird durch die objektiv messbaren Beiträge zur Problemlösung zurückgedrängt. Der Informationsfluss von „oben nach unten" orientiert sich weniger an Rangunterschieden oder Seniorität, sondern stellt Kompetenzen, Verantwortung und den Sachbezug in den Vordergrund. Die Selbstregulierung entspricht den Erwartungen der Akteure der digitalen Öffentlichkeit nach Spontanität und Projektbezogenheit. Es gilt die beste Form zu finden, um die Verfügbarkeit von Daten zu nutzen und zusammen mit der spezialisierten fachlichen Kompetenz zu vernetzen und mit Algorithmen die Ergebnisse interaktiv zu evaluieren und wenn nötig kooperativ zu verbessern. Die sachlich „Kompetenten" kommunizieren direkt und ohne Vermittlung der rangmäßig „Zuständigen". Das Netzwerk verdrängt die Hierarchie. Damit erhält Autonomie und Freiheit eine veränderte Bedeutung, denn ein jeweils neuer Kontext, ein neues Netzwerk und eine neue Gemeinschaft oder temporäre Ökosysteme setzen jeweils neue Regeln und funktionieren nur, wenn Informationen geteilt, nicht, wenn sie geheim gehalten werden. Die Autonomie liegt in der Freiheit über die Teilhabe an solchen Interoperationen entscheiden zu können. Dies geschieht meist nach folgenden Kriterien, die die Popularität digitaler Interoperationen mit den besseren Ergebnissen erklären, die gemeinsam in der Gruppe erreicht werden:

1. Das auf Vernetzung basierende Selbstverständnis der Individuen führt zu einer Dominanz von Spezialisten bei gemeinsamer Verantwortung aller. Die Steuerung kann nicht über Anweisungen, sondern nur über Zielvereinbarungen erfolgen.
2. Die Interoperationen erfordern das Teilen von Kompetenzen und Daten. Eine sachbezogene digitale Öffentlichkeit ersetzt das bisherige auf Geheimhaltung bezogene Informationsmanagement. Das Beharren auf einer rangmäßigen Überlegenheit Einzelner verhindert nachfolgende Kooperationen.
3. Ohne Begrenzungen durch Vorgaben, z. B. Einhalten von Unternehmensgrenzen, schafft der netzwerkorientierte Informationsfluss neue Handlungsräume, die zu einer spontanen kreativen Ordnung führen können.

Für die digitalen Interoperationen gilt in besonderem Maße die Überlegenheit der Vernetzung und Arbeitsteilung über andere Koordinationsformen. Auf diese Weise ergeben sich Einschätzungen zum Beitrag der Einzelnen zum Ganzen. Hier kommt die algorithmische Dimension der Interoperationen ins Spiel. Da z. B. „Smart Contracts" die Konformität der Handlungen mit den vereinbarten Zielen und den daraus entstehenden Verpflichtungen und Sanktionen in Echtzeit überwachen können, werden menschliche Eingriffe zur Kontrolle der Zwischenergebnisse immer seltener notwendig (Chance 2017).

In Abb. 2.1 wird zwischen vier Formen von Interoperationen unterschieden, wobei unilaterale Interoperationen am ehesten einer Hierarchie näherkommen. Diese Form wird bei Notwendigkeit für eine dominante Kompetenz gewählt, was sehr häufig bei technisch geprägten Vorhaben der Fall ist. Die kollaborativen Interoperationen sind die Idealform des Netzwerks. Durch das Zusammenspiel werden die Ergebnisse insgesamt in kürzerer Zeit verfügbar und in der Qualität besser als sie von jedem Partner alleine hätten erreicht werden können. Der Unterschied einer regulierten und einer nicht-regulierten Interoperation liegt in der Formalisierung der Regeln. Während eine Regulierung ihre Vorteile hat, wenn Sicherheit und Gleichheit der Verhältnisse garantiert werden muss, ist eine unregulierte Interoperation ergebnisoffener, risikobereiter und strebt einen Gruppenvorteil an. Je mehr Risiko für den Erfolg des Vorhabens gesehen wird, desto weniger wird eine regulierte Interoperation gewählt werden.

2.1.1 Struktur digitaler Interoperationen

Eine Interoperation stärkt dann die Teilnehmer, wenn sie auf eine Infrastruktur zurückgreifen können, die allen gemeinsam zur Verfügung steht. Gegenwärtig ist eine gemeinsame Realisierung der Interoperationen technisch zwar möglich, aber von den Netzwerktoren nicht gewollt. Digitale Interoperationen finden in allen drei Sektoren des Digitalisierungsdreiecks statt:

1. **Die Medienebene** umfasst die verfügbaren Hard- und Softwarekomponenten, sowie die Ausgestaltung z. B. der Sicherheit des verwendeten Kommunikationssystems. Die Interoperabilität basiert auf einer gemeinsamen Infrastruktur, die umso günstiger und effizienter zu betreiben ist, je mehr sie offene Standards nutzt und je mehr Teilnehmer ihre Dienste nutzen. Heute wird diese Infrastruktur auf der Medienebene mit dem Internet und WWW gleichgesetzt. PKI (Public Key Infrastrukturen) grenzen die Mitglieder über verifizierte Identitäten in „zugehörig" und „außen" ab (Axon 2017). Damit wird geklärt, ob über die Grenzen einer Plattform hinaus ohne Zustimmung kommuniziert werden darf? Dabei werden 1) die Authentifizierung und 2) die Arbeitsumgebung offen oder geschlossen gestaltet. Ebenso ist zu klären, ob die Infrastruktur 3) zuverlässig und verfügbar, sowie 4) resilient gegen Angriffe ausgelegt ist (Müller 2003).

2. **Die Wissensebene** hat entweder eine gemeinsame Plattform für alle Interoperationen oder sie besteht aus getrennten speziellen Zugängen für jedes Netzwerktor. Durch die Datenportabilität und das Recht auf Vergessen nach der DSGVO könnten z. B. die Big

Data in ihrem Bestand beeinflusst werden, da die Nutzer den Anbieter wechseln, bzw. bei Transparenz bei den Plattformen unkorrekte Daten verändern oder löschen können. Technisch gibt es solche gemeinsam nutzbaren Systeme. Das wichtigste Beispiel ist OpenSocial, das auf offenen Webservices basiert. Es wurde von Google entwickelt und als Open Source an das W3C (World Wide Web Consortium) übertragen (Jacobs 2014). OpenSocial bietet den Datenaustausch, die Anbahnung und Wartung von Beziehungen sowie eine textbasierte Kommunikation an. Obwohl es sich um ein funktionierendes offenes System für Interoperationen handelt, liegt dessen geringe Nutzung auch an seinem beschränkten Funktionsumfang, was allerdings nicht verwundert, da wenig in OpenSocial investiert wird (Berners-Lee 2010).

3. **Die Normenebene** ist für das Setzen von generellen Regeln und deren Einhaltung zuständig. Sie schafft die Rahmenbedingungen einer Protektion. Die aktiven und innovativen Regeln der DSGVO, wie die Datenportabilität oder das Löschungsrecht, gefährden zwar die hegemoniale Stellung der Big Data, setzen aber eine gemeinsame Interoperationsplattform voraus, da sie sonst außer dem Löschungsrecht praktisch nicht ausgeübt werden können.

Der Kreis in Abb. 2.1 symbolisiert diesen gemeinsamen Zweck, der für alle Sektoren des Digitalisierungsdreiecks gilt, aber nur auf der Wissens- und Medienebene, wenn auch unterschiedlich hinsichtlich der gemeinsamen Nutzbarkeit, realisiert ist. Auf der Wissensebene reichen die Interoperationen vom E-Mailaustausch, über Messenger-Dienste bis hin zu Systemen, die in der Funktionalität OpenSocial entsprechen. Der gegenwärtige Stand ist, dass Interoperationen vollständig den Netzwerktoren überlassen sind und eine Interoperation außerhalb der Plattformen dadurch nicht stattfindet. Dabei ist die Interoperation ein mögliches Feld einer technisch-sozialen Kooperation, um die „Mauern" zwischen den Netzwerktoren abzubauen. Ein Beispiel für eine nicht-regulierte aber multilaterale Vereinbarung einer äußerst komplexen Interoperation mit wechselnden Parteien, die sich nicht alle vertrauen, ist mit den Zahlungssystemen GooglePay und ApplePay Realität geworden:

Fallstudie: Kooperative Interoperation: GooglePay und ApplePay

GooglePay und ApplePay ermöglichen Zahlungen über mobile Geräte. Beide nutzen NFC (Near Field Communication) und eine „Device Account Number" als zufällig generierte 16-stellige Repräsentation der Kreditkartennummer zur Authentifizierung. Das Ergebnis ist ein Token, das die Interoperation mit Banken ermöglicht, die wiederum für die Freigabe der Transaktion verantwortlich sind. Listen zum Bankennetzwerk ermöglichen die Zuordnung der Device Account Number zu den hinterlegten Kreditkarten, was zu einer Freigabe oder Ablehnung der Zahlung führt. Die Transaktion wird danach abgeschlossen.

Da Google's Fokus nicht auf den Smartphones liegt, ist es auf Banken für eine Vernetzung über NFC bei den Verkäufern angewiesen. Der Dienst GooglePay wurde 2015 angekündigt und im gleichen Jahr bei Google „Innovation in the Open" (Google I/O) offiziell vorgestellt. Anfang 2018 hat Google die Bezeichnung GooglePay eingeführt. Die digitale Interoperation „Zahlungen" besteht aus Händlern, Banken, Kreditkartengebern, Netzwerkanbieter, NFC Endgeräte Herstellern und Google sowie Apple. Die Interoperation wurde über Selbstregulierung realisiert.

GooglePay ist ein Beispiel für den Einfluss der institutionellen und technischen Dimension. Es hatte zumindest in Europa keinen leichten Start, da die Interessen der involvierten Interoperationspartner zu heterogen sind bzw. diese erst später, nachdem das Projekt Fortschritte erzielt hatte, beteiligt wurden. Dabei ist die Akzeptanz von Google-Pay von den passenden Endgeräten bei den Zahlungsempfängern und von den Gewohnheiten der Zahlenden, aber vor allem von den Kreditkartenfirmen und den Banken abhängig. So wurde eine reibungslose und vertrauenswürdige Interoperation von Kunden und Verkäufern mit den Banken lange nicht erreicht, weil die Vermittlung und Garantie der Kreditkartenbetreiber ausblieben. Da die monetären Belastungen primär bei den Verkäufern liegen, die auch für die Risiken der Kreditkartenunternehmen aufkommen sollten, fehlen ihnen die Anreize für eine digitale Innovation, die scheinbar nur zur Förderung der Bequemlichkeit der Kunden und der Absatzchancen für Endgeräte sowie der Kundenbindung an Apple hohe Kosten und Risiken im Einzelhandel verursacht.

Das Gegenmodell, auch in institutioneller Hinsicht, ist der unerwartete Aufstieg von Tencent, deren Interoperationen sowohl hinsichtlich der Kosten als auch der Risiken von der chinesischen Regierung gedeckt werden. Eine erhebliche Verringerung der Kosten im Zahlungsverkehr allgemein ist dann zu erzielen, wenn die Wertschöpfungskette verbilligt wird. Es besteht für GooglePay organisatorisch die Möglichkeit, die Kreditkarten als Ganzes zu ersetzen und vom Markt zu verdrängen. Dann hätten allerdings entweder Google oder die Banken die finanziellen und organisatorischen Aufgaben der Kreditkartenfirmen zu übernehmen. Es scheint so, dass diese Vorstellung Google ohne staatliche Garantie überfordert. Dabei übt die Vielfalt der Zahlungsformen einen wichtigen Einfluss auf die Skaleneffekte, insbesondere den „Netzwerkeffekt" aus. Die Zahlungsart verändert den Umsatz und die Risiken der Verkäufer und Käufer. Der Schutz beider Seiten geschieht durch Regulierungen wie dem Kundenschutz und dem Wettbewerbs- und Vertragsrecht. Die Reduktion der Zahlungsformen macht die Entscheidung der Akteure leichter und verbessert die Skaleneffekte der Technologie, drängt aber andere Formen aus dem Markt, wie an den Widerständen zur Abschaffung des Bargeldes zu sehen ist.

Ein revolutionär neuer Weg zur Reduktion der Kosten und gleichzeitig ein Beispiel zur Delegation der Vertrauensgarantien an die Medienebene wäre der Ausbau und die Neuorientierung der Dimension Technik gewesen. Dazu hätte man z. B. auf die Verwendung der Blockchain setzen können. Durch die unveränderbare und transparente zentrale Datenbank als Hauptbuch aller Transaktionen hätten in einer Konsortiallösung die Kosten der Zahlungen durch eine vereinfachte Kontrolle verringert werden können. ApplePay und GooglePay hätten sich als digitale Disruptionen für Kreditkarten erwiesen. Die Problematik war, neben den Kosten und Risiken, die geringe Skalierung bei hohen Transaktionsraten der Blockchain (McKinsey 2018). Der zweite Grund ist der mangelnde Datenschutz. Obwohl behauptet wird, die Blockchain könne anonymisiert werden, ist es doch nur ein auf einem öffentlichen Schlüssel aufbauendes Pseudonym, das die Zahlungsströme identifizierbar macht. Diese Transparenz ist nicht im Interesse der Händler oder Kunden (Economist 2019a). Das Bemerkenswerte an der Blockchain ist ferner, dass sie nicht in die Klassifikation der Abb. 2.1 passt und so einen technischen Paradigmenwechsel symbolisiert. Zwar könnte man sie der Medienebene zuordnen, dennoch handelt es sich auch um einen Dienst der Wissensebene (Flament 2016). Die Blockchain übernimmt ferner Aufgaben der Anwendungsebene, ohne dass sie jedoch im Gegensatz zu allen gegenwärtigen digitalen Diensten ein Gedächtnis zur Durchführung der Interaktion mit Kunden aufbauen muss. Die Aufrechterhaltung der Infrastruktur wird durch sogenannte „Konsensmechanismen" erreicht, wobei die Mehrheit, festgelegt durch die Rechenleistung in der Blockchain, jede einzelne Transaktion analysiert und erst danach deren Gültigkeit bestimmt.

2.1.2 Mit Interoperationen zu Ökosystemen

Übernehmen Akteure in einer Interoperationsstruktur eine informationell herausgehobene Rolle, tendieren diese im Gegensatz zur industriellen Zeit nicht zu einer Übernahme der anderen Partner, sondern bevorzugen ein lose verbundenes Ökosystem. Sie ändern nicht die rechtliche Selbstständigkeit der Partner, legen aber die Struktur und die Ziele der Interoperationen fest. Die Wertschöpfungsprozesse der einzelnen Mitglieder des Ökosystems ordnen sich mit ihren Interoperation in das Regelgeflecht eines übergeordneten Metageschäftsmodells mit Mehrwert für alle ein. Spezialisierungsgewinne der Teilnehmer sollen dem gesamten Ökosystem zugutekommen und die Kosten für alle senken und so die Marktchancen des Ökosystems erhöhen. Zwei Eigenschaften kennzeichnen Ökosysteme (Skog et al. 2018):

1. Es handelt sich um ein dynamisches Geflecht von vernetzten meist heterogenen Akteuren, die Technologien, Firmen, Institutionen oder auch Kunden umfassen können, die sich durch die Vereinigung ihrer Wertschöpfungen und Geschäftsmodelle zu einem Metageschäftsmodell verbinden.
2. Dieses Metageschäftsmodell entwickelt sich von einem zumeist analogen Ausgangsprodukt nach den Porterschen fünf Stufen (Porter und Heppelmann 2018). Aus dem Ausgangsprodukt, z. B. einem klassischen PKW, wird in der zweiten Stufe durch die Informatisierung, z. B. mittels ABS-Bremssystem, ein „smartes" Produkt, das in einer dritten Stufe durch Vernetzung Kontakte zur Umwelt realisiert, z. B. mit Navigationssystemen. Die vierte Stufe kennzeichnet die Harmonisierung und Zusammenführung der Interaktionen mit bislang z. B. nicht zu den PKW Herstellern gehörenden Partnern wie etwa Versicherungen oder Banken. Erst in der letzten, der fünften Stufe entsteht ein Ökosystem, das durch ein Meta-Geschäftsmodell motiviert wird. Googles Vorstellung eines neuen Geschäftsmodells bei Android-Auto ist beim autonomen Fahren der leistbare digitale Chauffeur für alle. Ein Metageschäftsmodell zur „individuellen Mobilität" entsteht, das im Zusammenspiel von Zulieferern, Versicherungen, der Verkehrskontrolle und der Regelung von Anwesenheitszeiten, aber auch der bevorzugten Wohnlage und dem Ausgleich von Familie und Beruf den Kundennutzen erhöht. Im Übrigen gewinnen die PKW-Nutzer die bisher für das Lenken genutzte Zeit.

Digitale koordinierte Ökosysteme sind ein sozio-technisches Netzwerk unabhängiger Akteure, die durch zumeist kooperative und nicht-regulative digitale Interoperation über ein Geschäftsmodell, Geschäftsprozesse oder die Wertschöpfung verbunden sind

(Adomavicius 2008). Sie erweisen sich als besonders geeignet für schnelllebige technische Entwicklungen und für Geschäftsmodelle, die bisherige Branchengrenzen überschreiten. Dabei werden die Interaktionen und Abhängigkeiten durch vernetzte und smarte Erweiterungen der Produkte stetig verändert. Ökosysteme werden daher meist von einem Schlüsselunternehmen dominiert, das die Interoperation der Mitglieder über seine Informationsmacht steuert und regelt.

Fallstudie: Android-Auto: Strategien auf dem Weg zum Ökosystem?

Die erste Stufe von Android-Auto, der Plattform von Google zur Bildung eines Ökosystems mit der Autoindustrie, besteht in der Abbildung der Google-Dienste auf dem Armaturenbrett von PKW. Die zweite Stufe wird die Sammlung und Analyse von Mobilitätsdaten sein, um mit digitalen Innovationen den Kundennutzen rund um das Auto zu erhöhen. Die Daten werden mit der geeigneten Datenanalytik zur Ware, die den Wertschöpfungsprozess beim Kunden eines PKW verändert. Man kann sich hier die kundenorientierte Fertigung der Wagen vorstellen (Build to Order), sowie die Bündelung von Servicepaketen, wie z. B. das autonome Fahren. Die nutzungsabhängige Vergütung (Pay per Use) kann einen Ersatz für Eigentum durch Product-as-a-Service schaffen. Geschäftsmodell-Innovationen sind auch für den PKW-Kunden vorstellbar, der in Kooperation mit Logistikunternehmen oder Mitfahrgelegenheiten z. B. über eine autonome Variante von Uber Transporte anbietet.

Die Informationsmacht von Google wird steigen, weil ein größerer Anteil an der Wertschöpfung durch Android-Auto von den klassischen Herstellern auf Google umgeleitet werden kann. Allein deshalb, dass kein anderes Netzwerktor an Android-Auto teilnimmt und Google so Anwendungen und Daten schützen kann, wird einer gleichberechtigten Interoperationsplattform wenig Aussicht auf Realisierung gegeben.

2.2   Digitale Innovationen

Digitale Innovationen verbessern weniger Produkte, sondern wenden sich bevorzugt den Prozessen zu, um dadurch die Netzwerkbildung und in Folge Ökosysteme als Triebkräfte der Digitalisierung mit Metageschäftsmodellen zu entwickeln (Porter und Heppelmann 2018). Bei NEST wurden die Thermostate in der zweiten Stufe informatisiert und durch die Vernetzung in der dritten Stufe ein Teil eines erweiterten Geschäftsmodells zur gemeinsamen Beschaffung von Energie für Hausbesitzer. In der vierten Stufe kam bei NEST erstmals die Informationsmacht von Google zum Tragen, als die Kenntnis von Kundenwünschen und Kooperationen mit Energielieferanten das nun „smarte" NEST zu einem Akteur zur Energiekontrolle ganzer Städte aufsteigen ließ. In der fünften Stufe wurde dieses System zum „System in einem größeren System". Weltweite Kooperationen machen NEST nun durch die digitalen Geschäftsmodellinnovationen „Energiekontrolle" zu einem Teilsystem des globalen Systems „Energieversorgung". In diesem neuen Ökosystem findet der Wettbewerb und die Interoperationen nicht mehr zwischen einzelnen Unternehmen, sondern zwischen verschiedenen Branchen und Unternehmensverbünden statt.

Digitale Innovationen sind überwiegend disruptive Innovationen, die zu einer „Zerstörung" führen, wenn Erprobtes wie z. B. technische Verfahren oder Vertriebspraktiken durch informationelle Überlegenheit erodieren und sie ihre Relevanz für die Produktion und die Erzeugung von Erlösen verlieren (Skog et al. 2018). Teilweise werden digitale Innovationen nur mit einer Neuausrichtung der Prozesse unter Verwendung von IT definiert (Nambisan 2018). Nur in seltenen Fällen sind alle drei möglichen Erscheinungsformen von digitalen Innovationen Bestandteile der tatsächlichen Veränderungen: ein neues Produkt, innovative Prozesse oder ein dem Ökosystem angepasstes Geschäftsmodell (Fichman et al. 2014). Die Initiative geht meist von einem Agenten aus, der sich in seinem Kerngeschäft einen informationellen Vorsprung geschaffen hat und diesen nun zur Veredelung des Wertschöpfungsprozesses in einem Ökosystem einsetzt. Diese Strategie ist oft dann erfolgreich, wenn die Skalenerträge der potenziellen Partner des geplanten Ökosystems sinken, wie dies bei NEST der Fall war. Skalenerträge zeigen das Verhältnis des Ergebnisses zum Einsatz an. Statt einer direkten Übernahme wie noch bei NEST, sind verbundene Ökosysteme unter der Führung der informationellen Agenten die erfolgreichste organisatorische Form zur Weiterentwicklung der digitalen Transformation mittels Informationsmacht.

Die Innovationen erfolgen üblicherweise in den Phasen „Eindringen" und „Reorganisation" des existierenden Geschäftsmodelles. Uber ist allerdings ebenso wenig wie Airbnb in das Geschäftsmodell der Taxiunternehmen oder Hotels eingedrungen, sondern beide haben jeweils den Markt um ein bisher nicht bedientes Segment erweitert. Apple erfand nicht die mobile Kommunikation, übernahm auch keinen Mobilfunkanbieter, sondern erweiterte für das iPhone die Mobilkommunikation um die Dienste eines Computers. Das Ignorieren solcher digitalen Innovationen hat oft disruptive Folgen, z. B. wurden Nokia und andere Mobiltelefonproduzenten durch die digitalen Innovationen von Apple zum Ausstieg aus dem Markt gezwungen. Wahrscheinlich strebt Google mit Android-Auto nicht die Übernahme der Automobilindustrie an, sondern etabliert einen neuen datenbestimmten Markt zur individuellen Mobilität in einem Ökosystem mit den an Android-Auto beteiligten Firmen.

Die Automobilindustrie läuft dennoch Gefahr das Eindringen von Google nicht auf das Armaturenbrett begrenzen zu können, sondern damit die fremdbestimmte Reorganisation ihres bisherigen Geschäftes einzuleiten und den Kontakt zu ihren Kunden zu verlieren.

2.2.1　Innovationsprozesse und Innovationen

Digitale Innovationen und der Datenschutz stehen in einem gegenläufigen aber doch eng verbundenen Verhältnis. Während digitale Innovationen durch Disruptionen Risiken und Chancen für alle bedeuten, will der Datenschutz die Risiken durch die Schaffung gleicher Verhältnisse für alle minimieren. Digitale Innovationen verändern die Prozesse der Wertschöpfung und versprechen mehr Effizienz, Kostensenkung und Kundenbindung, nutzen dazu aber persönliche Daten. Uber bietet kein neues Produkt an, sondern vereinfacht nur die Vermittlung von Fahrzeugen und Passagieren. Uber ist in diesem Sinne keine digitale Disruption der Taxiunternehmen, da dazu die nachfolgenden Faktoren vorhanden sein müssten:

1. Kontrollierte Innovationsprozesse: Sie werden meist als Reaktion auf externe Einflüsse unter erheblichem ökonomischem Druck zur Revision bisheriger Pläne und zur Anpassung an veränderte Bedingungen erzwungen. Dies gestattet wenig Zeit, die Organisationsstrukturen und Abläufe auf die Einbindung der neuen Technik auszurichten. Dies umso weniger, wenn die Innovation mit einer gleichzeitigen Übernahme des angegriffenen Unternehmens verbunden ist. Zwei Verursacher oder Agenten von Innovationsprozessen sind zu unterscheiden:

   A) Externer Agent: Bei sinkenden Erträgen sind digitale Innovationen eine Option, um diesen Trend umzukehren. Die Übernahme von NEST und die nachfolgende Neuausrichtung mit den Daten von Google hat NEST zu einem Anbieter im erweiterten Markt „smart home" und dem „Energiemarkt" gemacht. Die Komplementarität des informationell dominierenden externen Agenten Google und der industriellen NEST im neuen Ökosystem hat erst das „Eindringen" und die Reorganisation des Energiemarktes ermöglicht.

   B) Interner Agent: General Electric (GE) reorganisierte mit digitalen Innovationen sowohl die internen Prozesse als auch die Kundenangebote. Ohne Aufgabe der rechtlichen Selbstständigkeit konnten die Prozesse durch interne Agenten so verändert werden, dass der Kundennutzen erhöht wurde und gleichzeitig GE ein hohes Wachstum verzeichnete.

2. Disruptive Innovationsprozesse: Die Nutzung von Daten kann die Interaktion mit Kunden so verändern, dass das Geschäftsmodell von eingesessenen Firmen zerstört wird, sodass diese aus dem Markt ausscheiden. Das Smartphone ist eine solche disruptive Innovation. Die Absicht einer digitalen Disruption ist nicht die Übernahme eines Unternehmens, sondern die Modifikation des gesamten Marktes durch informationelle Überlegenheit, wobei die „Zerstörung" der angegriffenen Unternehmen in Kauf genommen wird.

Digitale Innovationen folgen anderen Mustern als denjenigen, die bei klassischen Innovationen auftreten. Dort entstehen Innovationen überwiegend am unteren Ende der Werterzeugung. Die neuen Produkte sind billiger und in der Qualität deutlich von denen der Marktführer unterscheidbar. Ihre Kostenvorteile machen sie bei Kunden attraktiv, die sich sonst solche Güter nicht leisten würden. Ein Vorläufer der Einführung von digitalen Innovationen ist Apple. Anfänglich waren Apple-Rechner so günstig, dass sie für Studierende attraktiv waren. Niemand hätte Apple-Rechner mit z. B. Angeboten des damaligen Marktführers IBM verglichen. Mit einer vielbeachteten Entscheidung überwand Apple die selbstgezogenen Grenzen der anderen Computerhersteller und führte die bislang separaten Sektoren wie Personal Computer, das Telefonieren und den Audio- und Videomarkt zusammen. Der Anstieg der Qualität und das Herausbilden des für Apple speziellen Stils, der nicht nur als ästhetisch überlegen empfunden wird, sondern bis heute das Augenmerk auf die Bedienbarkeit legt, führten nicht nur zur „Zerstörung" des „Walkman" oder der „Mobiltelefonie", sondern ersetzte diese mit einem von Anfang an „besseren"

Produkt – dem iPod und dem iPhone. Die Technik wurde zudem von weiteren digitalen Innovationen begleitet. Der Vertrieb von Musik und von Videos und die Verfügbarkeit der Cloud machten das iPhone zu einem mobilen „Fenster" zur digitalen Welt. Der AppStore erwies sich als eine die Lebenswirklichkeit der Kunden ideal treffende Vertriebsform, die bis heute neue Einnahmequellen erschließt, die sogenannte App-Ökonomie einleitete und das Verhalten der Nutzer in Freizeit und Beruf anhaltend revolutionierte.

Es besteht das hartnäckige Vorurteil, dass digitale Innovationen im Gegensatz zu Innovationen der herkömmlichen Industrie billiger seien, umsonst verteilt werden und daraus die Geschwindigkeit ihrer Akzeptanz zu erklären wäre. Tatsächlich spielt die Finanzierung und die kreative Ausnutzung der direkten Formen der Kapitalbeschaffung außerhalb des Bankensystems eine wichtigere Rolle. Banken sind üblicherweise nicht bereit, die extrem hohen Risiken von digitalen Innovationen zu tragen. Das Eigenkapital ist daher notgedrungen das alleinige Mittel zur Finanzierung der digitalen Innovationen geworden. Dies ist umso erstaunlicher, da die Technologiefirmen gerade Eigenkapital nicht besitzen. Die Wagniskapitalgeber sind anstelle der Banken getreten. Die Kosten sind dadurch für die Innovatoren sehr viel niedriger, weil die anfänglichen Verluste als Investitionen in die Zukunft gelten und Wagniskapital als Risikokapital mit der Gefahr auf Totalverlust verstanden wird (Wessel 2016). Der zweite Vorteil der Finanzierung durch den Kapitalmarkt liegt in der Erwartung der Investoren. Sie orientieren sich mehr an den vermeintlichen Potenzialen als am aktuellen Wert einer Firma oder gar an den Vermögensaufstellungen einer Bilanz. Die Erfahrung zeigt, dass bei solchen Voraussetzungen die Kursgewinne aus Anteilen einerseits die operativen Gewinne miniaturisieren und andererseits dann am höchsten sind, wenn entweder „Neues" entsteht oder wenn „Bekanntes" zerstört und ersetzt wird. Die Mehrheit der Neugründungen der digitalen Firmen ist auch eher an der Verbesserung der Prozesse und Senkung der Kosten des Bestehenden interessiert als an neuen Produkten. „Zerstörung" des „Alten" hat ein deutlich höheres Gewinnpotenzial. Dennoch zeigt der Facebook Cambridge-Analytica-Skandal, dass das scheinbar unerschütterliche Vertrauen in ein anhaltendes Wachstum dann labil wird, wenn gesellschaftliche Trends und Werte missachtet werden und die Nutzer sich für den Datenschutz zu interessieren beginnen. Der in Europa beobachtete, kurzzeitige Rückgang der Teilnehmerzahlen von Facebook hatte sinkende Aktienkurse zur Folge. Das sehr hohe Kurs-Gewinn-Verhältnis wendete sich gegen Facebook, obwohl diese Reaktion durch die aktuellen Gewinne und das Wachstum bei Anwendung einer klassischen Bewertung nicht gerechtfertigt war. Bei Amazon beträgt das Kurs-Gewinn-Verhältnis inzwischen 185, was bedeutet, dass man 185 mal den Jahresgewinn bräuchte, um die Firma erwerben zu können. Bei Industriefirmen spricht man von herausragenden Jahren, wenn ein Kurs-Gewinn-Verhältnis von 10–15 erreicht wird. Die Dynamik der digitalen Innovationen kommt möglicherweise dann zum Ende, wenn das Kurs-Gewinn Verhältnis so wächst, dass die Investoren das Vertrauen in die Realisierbarkeit zukünftiger Wertzuwächse verlieren, sich stärker auf die Realisierung von Gewinnanteilen orientieren oder wenn eine moralisch einmütige Verurteilung des Geschäftsmodells durch die Öffentlichkeit z. B. durch eine digitale Kampagne geschieht.

Gegenwärtig geht man trotz des Vorfalls bei Facebook davon aus, dass die „Wissensmaschine" nach Abb. 1.9 stetig neue Datenquellen erschließt und zu weiteren digitalen

Innovationen führen wird (Iansiti und Lakhani 2018). Die Voraussetzung dazu ist zum einen, dass die Daten keine Eigentümer haben und es zum anderen dabei auch bleibt. Sie brauchen daher nur „geschürft" oder gesammelt zu werden und verursachen sonst keine relevanten Kosten. Die Sorge und der Respekt vor Regulierungen, wie z. B. der DSGVO, ist scheinbar trotz des Falles Facebook sehr gering, da diese aus Sicht der Investoren nicht die Bequemlichkeitsanforderungen der Nachfrager verändern. Die bedingte Freigabe von Daten und die hohen Kosten eines Verzichtes auf die digitalen Dienste lassen Warnungen vor Datenmissbrauch für viele Nutzer als virtuelle „Gespenster" erscheinen. Der Wert von Daten ergibt sich nicht aus sich heraus, sondern wird erst durch die Nachfrage messbar. Dieser Trend ist jedoch nicht unumkehrbar. Daten erhöhen ihren Beitrag zur Wertschöpfung nur, wenn ihr Erwerb zu neuen attraktiven Diensten mit hohen Produktivitäts- und Ertragsgewinnen führt. Ist dies nicht der Fall, dann ist der Wert der zusätzlichen Daten abnehmend und könnte auch die Kosten eines Ökosystems übersteigen. Es sind demnach zwei Richtungen zu unterscheiden:

A) Der Wert der Daten nimmt ab: In diesem Fall wird die digitale Innovation ein Werkzeug der Rationalisierung zur Verbesserung von Bekanntem.
B) Der Wert der Daten nimmt weiter zu: Die digitalen Innovationen führen zur Erschließung neuer Datenquellen und zu neuen Geschäftsmodellen, Produkten oder Prozessen und damit zu wachsenden Erträgen. Die disruptive Wirkung der digitalen Transformation für das Gewohnte setzt sich unverändert fort.

Bei der Plattform „Android-Auto" ist z. B. der Wertzuwachs der zugewonnenen Daten nicht unmittelbar einsichtig. Alle erzeugbaren Daten liegen Google durch die Bewegungsprofile der Smartphones schon heute vor oder sind von diesen ableitbar. Dem entgegen steht der Kundennutzen, z. B. die gewonnene Zeit, wenn das Auto das Fahren autonom durchführt. Damit könnte die unproduktive Fahrzeit nutzbar und der abnehmende Ertragszuwachs der Daten kompensiert werden.

Der Datenschutz und die digitalen Innovationen sind zwar gekoppelt, aber es gibt Alternativen zur direkten Nutzung (Varian 2009). Die Verfügbarkeit persönlicher Daten – wie es die DSGVO annimmt – ist keine technisch notwendige Voraussetzung für die Plattformen. Sie ist nur die jetzt betriebswirtschaftlich günstigste. Sollte der Fall eintreten, dass entweder durch die Aversionen der Teilnehmer oder durch einen global wirksamen Datenschutz die Plattformen zum Schluss kommen, persönliche Daten überhaupt nicht mehr zu sammeln, bricht ihre Finanzierung nicht zusammen. Ebenso wenig wird damit die digitale Transformation beendet, wahrscheinlich zeitlich nicht einmal aufgeschoben. Die kurzfristige Reaktion auf den Facebook Cambridge-Analytica Skandal hat gezeigt, dass sich Nutzer prinzipiell von einem Netzwerktor abwenden können. Durch die Nutzung des Kontextes entstehen jedoch Techniken, die nicht mehr auf das Nutzerprofil angewiesen sind. Nimmt man nur die Inhalte der Webseiten könnten diese zusammen mit der IP-Adresse „verkauft" werden, ohne dass persönliche Daten gesammelt werden. Man könnte z. B. den Kontext „Kursentwicklung Aktien" Finanzberatern anbieten, ohne persönliche Daten zu kennen oder auf Profile zurückgreifen zu müssen. Allerdings wäre es ein Irrtum anzunehmen, dass nun Cookies und die Ortsbestimmungen, Gerätenachverfolgungen usw. aufhören und Big Data zum Auslaufmodell würde. Zum einen gibt es auch Nutzer außerhalb Europas und zum anderen wird man verstärkt auf Anonymisierung setzen oder die Identität durch Re-Identifizierung erhalten.

2.2.2 Fallstudie Motorola: Digitale Disruption

Die digitalen Innovationen können „Schocks" auslösen, die dann als digitale Disruption bezeichnet werden. Eine digitale Disruption ist die Umstellung der Prozesse eines existierenden Geschäftsmodells, wobei die eingesetzten digitalen Innovationen sowohl die Produktion als auch die Erlösgenerierung und das Geschäftsmodell infrage stellen. Sie haben im Gegensatz zu normalen Innovationen identifizierbare Angreifer und Opfer. Fast immer sind dabei eingesessene Firmen mit sinkenden Erlösen gezwungen, digitale Innovationen einzuführen und ihre Prozesse zur Werterzeugung und die Erlösgenerierung durch den Gewinn an informationeller Kompetenz so zu verändern, dass die verbesserte Kundenbeziehung das bisherige Verhältnis zu Lieferanten und Kunden ersetzt oder modifiziert.

In Abb. 2.2 ist die Beziehung der Akteure einer digitalen Disruption dargestellt. Dabei wird in ein angegriffenes Unternehmen „eingedrungen", dieses „reorganisiert" und danach in ein evtl. erst entstehendes digitales Ökosystem mit Metageschäftsmodell eingegliedert. Eine digitale Disruption dient nicht zur Absicherung des vorhandenen Geschäftsmodells der „Opfer", sondern die Motivation der Netzwerktore besteht darin, durch die Veränderung der Geschäftsmodelle, Prozesse und Erlöse neue Datenquellen für die Wissensmaschine zu erschließen. Nicht das klassische Ziel einer Innovation – Verbesserung und Ersatz – sondern die Reorganisation und Erweiterung des Netzwerkes wird angestrebt. Die unternehmerische Existenz – nicht Selbstständigkeit – wird meist erhalten. Der Angreifer kann dabei durchaus das kleinere Unternehmen sein, entscheidend ist die Ausrichtung der Prozesse auf die informationelle Überlegenheit des Angreifers (Christensen et al. 2015). Die digitale Disruption ist vielfach der Wandel zum Besseren und fügt das angegriffene Unternehmen in ein digitales Ökosystem ein, das dem Angreifer, wie dem Opfer zum Vorteil werden kann.

Eine digitale Disruption unterscheidet sich von einer herkömmlichen Disruption, bei der meist eine kleine Firma mit geringeren Ressourcen eine etablierte Firma in einem bislang von diesem vernachlässigten Segment angreift. Bei digitalen Disruptionen greift oft der kleinere Partner den Großen an, indem er dessen Geschäftsmodell mit seiner Informationsmacht und Strategie der Informatisierung infrage stellt. Eine seltene Übernahme mit dem Ziel der Ausbeutung zur Sicherung der eigenen Zukunftsstrategie ist der Kauf und Verkauf von Motorola durch Google. Bei der Übernahme von Motorola hatte Google wohl nie vor, das Geschäftsmodell von Motorola zu erweitern und damit vorrangig zum Hersteller von Android-Telefonen zu werden. Google nutzte Motorola, um

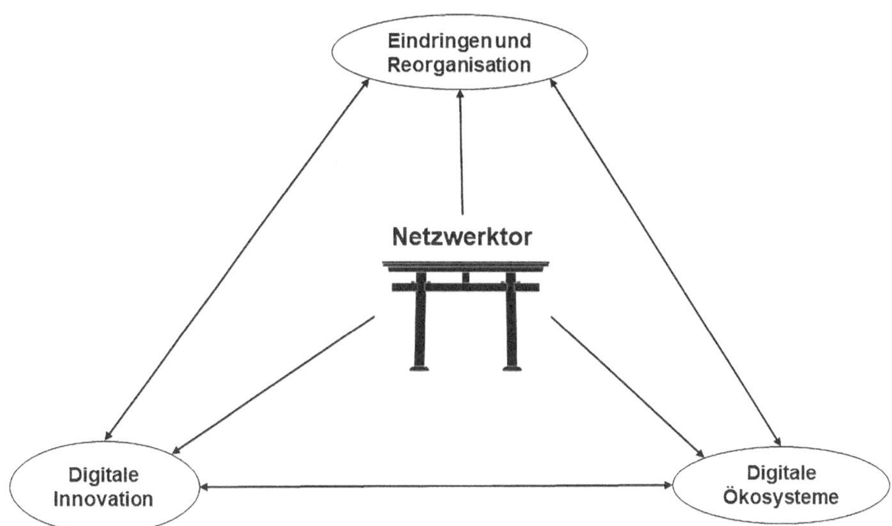

Abb. 2.2 Stufen disruptiver Innovationen

kurzfristig dem andauernden Patentstreit, z. B. mit Apple, besser begegnen zu können und langfristig Android als Betriebssystem für mobile Anwendungen auf allen Smartphones der Welt zu etablieren.

Für Motorola war die Übernahme dennoch eine digitale Disruption, welche die Firma von Grund auf verändert und zerstört hat. Der Angriff auf Motorola wurde 2011 durch den Erwerb für 12,5 Mrd. US\$ eingeleitet. Nach Sicherung der für Google wichtigen Werte ging der Rest bereits 2014 großteils an Lenovo. Motorola hätte aus eigener finanzieller Kraft die technischen und marktlichen Anpassungen hin zum Smartphone nicht realisieren können.

Fallstudie: Motorola – Google: Übernahme des „Know-How"

Seit 2006 entwickelte Google das Betriebssystem Android, wobei der Mangel an Patenten zur Mobilkommunikation die Handlungsfreiheit einschränkte und das unternehmerische Ziel von Google gefährdete, nämlich zum dominanten Anbieter von Software für Mobilität zu werden. Zahlreiche Prozesse wegen Patentverletzungen durch Apple und andere Konkurrenten waren anhängig. Die Übernahme von Motorola im Jahre 2011 wurde vom Markt kaum verstanden, erwies sich jedoch als weitsichtig und hat aus heutiger Sicht alle Ziele erfüllt. Google nutzte seit dem Kauf von Motorola seine digitale Innovation Android, um in die Märkte für mobile Anwendungen einzudringen und Android und die Google-Dienste auf den Smartphones der meisten Hersteller zu etablieren. Motorola war mit den Telefonanbietern vernetzt und besaß über 17.000 Patente. Durch zwischenzeitliche Teilverkäufe im Gesamtwert von etwa 8,5 Mrd. US\$ und einem Erlös von 3 Mrd. US\$ von Lenovo ist die Zerstörung der Traditionsfirma Motorola wirtschaftlich für Google kein Gewinn-, aber auch kein Verlustgeschäft geworden. Bedenkt man, dass Google die meisten Patente und außerdem die Bereiche Forschung und Entwicklung bis heute behält, hat Google eine Absicherung gegen die zukünftigen Angriffe auf das eigene Kerngeschäft der mobilen

Anwendungen erhalten, z. B. durch Samsung, mit dessen dafür vorgesehenem und nun zurück-
gestelltem Betriebssystem TIZEN, und durch in Zukunft zu erwartenden ähnliche Attacken der
chinesischen Hersteller. Kaum ist der Verkauf von Motorola an Lenovo bekannt geworden, hat
Samsung TIZEN eingestellt und Android in seine Geräte eingebaut. Da Google später eigene Tele-
fone praktisch nicht anbietet, ist die Strategie, mit Android weltweit die mobilen Anwendungen auf
Smartphones zu steuern, aufgegangen. Mit Lenovo scheint auch der Zugang zu den chinesischen
Herstellern nun leichter möglich.

Diese Reorganisation und Neuausrichtung bedeutete die Zerstörung von Motorola
und eine Absicherung des Google Geschäftsmodells mit Android. Dennoch handelt es
sich um eine digitale Disruption, wie durch die vier dazu notwendigen Bedingungen
erkennbar ist:

1. Digitale Innovationen führen zu Veränderungen der betroffenen Firma, wenn bereits
   Erosionen der Skalenerträge vorhanden sind.
2. Die digitale Technologie sowie Daten bestimmen die Beziehung von Agenten und
   betroffener Firma und deren Umfeld.
3. Die digitale Disruption trifft Unternehmen, die in die Fortsetzung bislang erfolgreicher Produktions- und Marktverhältnisse investiert haben und deren geplante Entwicklungen durch digitale Innovationen gestört, oft zerstört werden.
4. Disruptive digitale Innovationen verändern die Wertschöpfung und die Erlösgenerierung dauerhaft.

In einer Abwägung des Umgangs mit den Gefahren von digitalen Disruptionen stehen
nur zwei Optionen zur Verfügung: Entweder die Veränderung der Märkte mitzugestalten
oder das Unternehmen selbst durch Nutzung der Innovationen zu erneuern. Die Alternative dazu ist im besten Fall der Verlust an Autonomie und im schlechtesten Fall das
Ausscheiden aus dem Markt.

2.2.3 Fallstudie GE: Kooperativer Wandel durch interne Ökosysteme

Eine digitale Innovation kann durchaus disruptiv wirken, auch wenn ein Unternehmen
dadurch seine rechtliche und finanzielle Autonomie nicht verliert. Gerade große Kon-
zerne stehen vor der Frage, wie eine Reorganisation aussehen kann, die zum einen die
Zukunft des Unternehmens sichert und zum anderen alle Prozesse und die Wertschöpfung an die Informatisierung anpasst. Der Unterschied zur losen Kopplung der
herkömmlichen Ökosysteme oder der disruptiv entstehenden neuen Ökosysteme mit
Autonomieverlust, z. B. von Motorola, liegt in der Vernetzung und Informatisierung der
eigenen Wertschöpfung durch den Aufbau einer internen Plattform und der Entwicklung
eines „internen" Metageschäftsmodells.

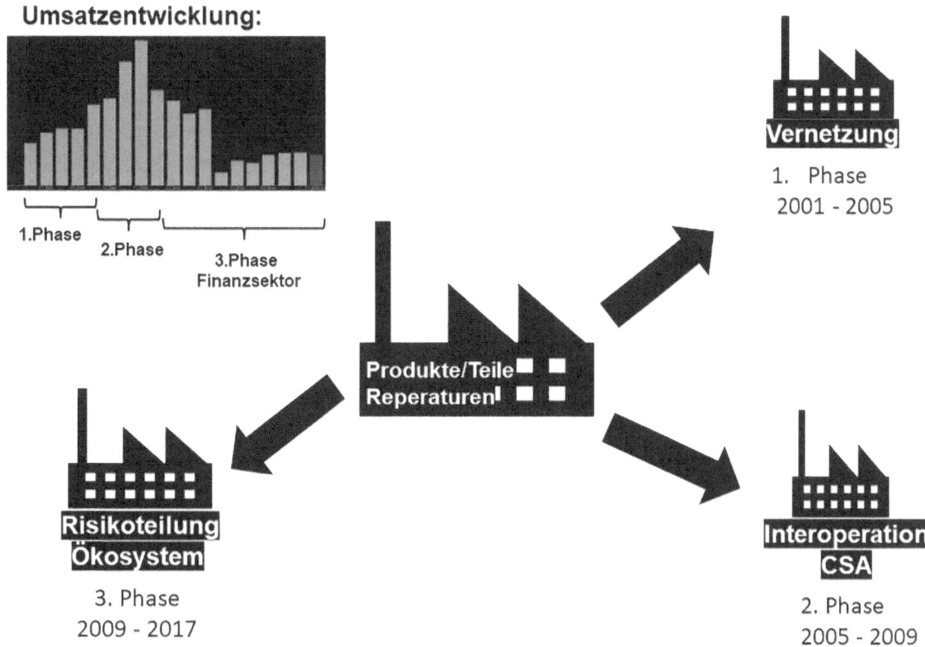

Abb. 2.3 Internes Ökosystem bei General Electric

Die Umwandlung von General Electric (GE) von einem Unternehmen, das Produkte, Ersatzteile und Reparaturen anbot, geschah in drei Phasen. Es senkte die Kosten in der ersten Phase durch Informatisierung und das Teilen von Risiken mit den Kunden und in einem zweiten Schritt wurde GE so reorganisiert, dass der operative Betrieb der mit GE Ausrüstung versehenen Kraftwerke von GE selbst übernommen wurde. Die Produkte wurden „smart". Erst in der dritten Phase entstand eine Plattform zum Management von Energiesystemen mit GE Technik mit dem Ziel der Ausübung von Informationsmacht und Vernetzung mit Kunden. Das schrittweise Entstehen des internen „Ökosystems" GE ist in Abb. 2.3 dargestellt.

Fallstudie: General Electric (GE) wird zum Ökosystem (Iansiti 2014)

Beispiel

Im Jahre 2001 war GE starker Konkurrenz ausgesetzt. Seine wichtigsten Produkte wurden in ähnlicher Qualität von Hitachi und Siemens und anderen z. B. ABB produziert. Da insgesamt eine Überkapazität auf dem Markt für Energieinfrastrukturen zu verzeichnen war, fielen die Preise. Die Nutzung digitaler Innovationen zur Verbesserung der internen Kommunikation, aber auch die enge Kopplung an Kunden war die Strategie, um aus dem Erlöstief herauszukommen, das den Bestand des Unternehmens gefährdete. In der 2. Phase, der Erweiterung des Geschäftsmodells, addierte GE zur vorhandenen Produktentwicklung, den Reparaturen und dem Ersatzteilegeschäft ein neues Feld mit Dienstleistungen. GE übernahm das operative Management beim Kunden mithilfe eigener digitaler Innovationen. Das Mittel war das „Contract Service Level Agreement" (CSLA), das die Prozesse beim Kunden digital repräsentiert und damit in einer Art Kommandozentrale überwachbar macht. Dies umfasste das gesamte operationale Management der vom Kunden von GE erworbenen Anlagen, eingeschlossen die Reparaturen und eine vorausschauende Wartung.

Begonnen hat diese Reorganisation hin zu einem internen Ökosystem durch eine Kooperation mit E.ON, das wegen der hohen Nachfrage nach Energie mehr Turbinen und Kraftwerkausstattungen benötigte. Die GE machte den damals ungewöhnlichen Vorschlag, die operationalen Daten von E.ON und die technischen Daten von GE zu vernetzen und über Simulationen alternativer Szenarien den Erwerb neuer Turbinen zur Kapazitätserweiterung zu vermeiden. Die Lösung war frappierend, anstatt mehr Turbinen einzusetzen, war es günstiger, E.ONs Turbinen zu vernetzen und damit in Echtzeit eine Kontrolle und bessere Lastverteilung zu ermöglichen. Im Jahre 2005 machten die CSLA bei GE 50 % des industriellen Geschäftes aus. Im Jahre 2009 folgte die dritte Phase, die über weitere Vernetzungen und digitale Innovationen den Nutzen der Kunden weiter optimieren konnte. Die Zusammenführung von Daten, die Analyse dieser Daten und der Entwurf von Lösungen wurden 2011 von Sensoren und Prozessoren nahezu vollständig automatisiert, wodurch es GE möglich war mit vergleichsweise geringen Entwicklungskosten über eingebettete Systeme nun digital gesteuerte Kraftwerke, Flugzeuge, Krankenhäuser und Versorgungsunternehmen zu betreiben. Der letzte Schritt war die Einrichtung einer zentralen Plattform, um die Heterogenität der Spartenlösungen innerhalb der GE zu homogenisieren.

Nachklang: GE zeigt, dass Neuerungen auch verführen. Die Etablierung eines Finanzsektors, der mit dem industriellen Geschäft nur über das Kreditrating verbunden war, gefährdet bis heute den Bestand von GE.

Ökosysteme sind eine Organisationsform, die durch eine auf Vernetzung ausgerichtete Arbeitsteilung und Veredelung der Prozesse für erhöhte Erlöse mittels Kostensenkung durch Informatisierung sorgen, solange mit digitalen Innovationen ein verbundenes Metageschäftsmodell entsteht.

2.3 Digitale Manipulation

Gesellschaftliche Veränderungen werden inzwischen weniger durch bisherige Institutionen, z. B. Politik, Wissenschaft oder Kirchen, als zunehmend durch Kampagnen eingeleitet. Diese erweisen sich durch die Popularisierung eines Anliegens oft den hergebrachten Formen zur Anregung von Änderungen als überlegen. Der Beginn ist zumeist eine erregende Meldung, die in der Öffentlichkeit Aufmerksamkeit gewinnt und die sich zumindest im Kern als wahr herausstellt, aber von den dafür zuständigen Institutionen bislang vernachlässigt wurde. Rauchverbote oder vegetarische Lebensweise, Tempolimit, „Fridays for Future" für den Klimaschutz, aber auch #MeToo sind Beispiele für solche Kampagnen, die über die Amplifikation des Internet sehr rasch eine breite weltweite Öffentlichkeit erlanget haben. Überspitzt könnte man sagen, es genügt heute ein Hashtag, um eine gesellschaftliche Krise auszulösen. Je nach Akzeptanz und Reichweite solcher digitalen Kampagnen dringen diese neuen digital gesetzten Codes schließlich in den kommerziellen Bereich ein und dienen als Indikator der Unterstützung des gesellschaftlichen Anliegens, das durch angepasste Produkte symbolisiert wird. Pop-up Meldungen von Facebook, in den 90er Jahren eingeführt, sind ein Beispiel wie eine Werbebotschaft mit einer Verbindung zu einem aktuellen Thema verstärkt werden kann. Nur oberflächlich haben Pop-ups nichts mit den Inhalten der Webseiten oder den Profilen der Nutzer zu tun und haben sich daher weitgehend unbemerkt zu einem erfolgreichen Instrument der digitalen Manipulation entwickelt (Metz 2018).

Populäre Kampagnen setzen die Motive für die spätere Werbung. Laut Lanier sind Menschen für schlechte Nachrichten empfänglicher als für Gute. Zwar geben die guten Nachrichten möglicherweise ein besseres Gefühl, jedoch nur mit den schlechten Meldungen, die Erschrecken erregen, erreiche man haftende Aufmerksamkeit. Der Grund sei, dass Menschen einem Rudelmodus folgen, wonach die schlechten Meldungen nachhaltiger im Gedächtnis bleiben. Die Verfügbarkeit von Big Data, die Nutzung von Chatbots und die Methoden der künstlichen Intelligenz machen zusammen mit Filterblasen und der Amplifikation Kampagnen zu „Verhaltens-Manipulationsmaschinen" (Lanier 2018).

Lanier identifiziert als Ursache für diesen Missbrauch des Internet die Werbefinanzierung, da sie der Schlüssel zum Starten von Kampagnen sei. Es sei „eine Fehlentwicklung", dass die Filterung der Informationsflut nicht primär zur Schaffung von Orientierung diene, sondern sich an den Interessen der Werbetreibenden ausrichte, die dafür bezahlen, dass die Wirkung und weniger die Inhalte im Vordergrund stehe. Werbung ist in seiner Ausgangsform nicht auf Manipulation ausgerichtet, im Gegenteil sie ist ein wichtiges Informationsmittel, um zum einen von der Existenz von Produkten zu erfahren und zum anderen die Vergleichbarkeit über Qualität und Preis herzustellen. Manipulation beginnt, wenn die Gefühlswelt, z. B. emotionale Ereignisse, die Konstellationen schafft, die zu Kaufhandlungen führen, die sonst unterblieben wären. Die Beeinflussung führt schneller zu Käufen, wenn ein Gefühl zur Gleichheit in den als positiv empfundenen Zielen mit Anderen erzeugt wird.

Eine kognitive, manipulativ wirkende Akzeptanz von Werbung ist bei einem Bestehen von Informationsdefiziten leicht erreichbar. Diese entstehen durch einen asymmetrischen Informationsstand, so weiß z. B. der bisherige Besitzer über sein Fahrzeug mehr als der gerade interessierte Käufer. Werbekampagnen können die Informationsdefizite ausnutzen und über Filterblasen und Echokammern Nachfragen lenken und erzeugen (Metz 2018). Es sind drei Formen zur Ausnutzung von Informationsdefiziten zu unterscheiden:

1. **Filtern:** Durch das Filtern von Daten wird ein wichtiger Beitrag zur Ordnung der Informationsflut im Internet geleistet. Die Reihung der Suchauswahl auch danach, ob der Werbetreibende Kunde bei Google ist, ist von der EU als Manipulation bezeichnet worden, da der Nutzer die sekundären Motive für die Reihung nicht erkennen kann. Google spekuliert dabei bewusst auf den „guten Glauben", dass die Reihung in der Suchliste durch die objektive Wichtigkeit im Hinblick auf eine Anfrage bestimmt sei. Da zu viele Daten verfügbar sind, kann das Filtern entweder passiv, z. B. durch Google, erfolgen oder es könnte aktiv mit Nutzerbeteiligung vorgenommen werden. Gegenwärtig fehlen zur aktiven Beteiligung die Werkzeuge. Manipulation ist gegeben, wenn Filter Daten selektieren und zu Entscheidungen verleiten, die bei voller Kenntnis der Umstände nicht so getroffen worden wären, da die Umstände und nicht die Absicht für die Gewinnung von Aufmerksamkeit entscheidend waren.
2. **Emotionen:** Der zunehmende Appell an die Emotionen hat seinen Grund im Wunsch der Netzwerktore nach Verhaltensdaten. Eine gängige Methode ist die Bereitstellung von sogenannten Psychotests, die zusammen mit den „likes" in den sozialen Netzen mit Verfahren der Psychometrie – dem Psycho-Mining – ausgewertet werden, um dadurch Hinweise zum kognitiven Status z. B. der Kaufbereitschaft zu erlangen. Diese Methoden haben erst durch den Facebook Cambridge-Analytica Skandal eine öffentliche Aufmerksamkeit gefunden, als bekannt wurde, dass damit Wahlkampf getrieben wurde, um Zweifelnde zu einer Meinung zu bewegen, die nicht ihre hätte sein müssen. Diese Methoden sind im Werbebereich z. B. zur Produktplatzierung allerdings schon seit längerer Zeit im Einsatz (Kosinski et al. 2013).
3. **Filterblasen, Echokammern und „Fake News":** Datenfilter sind durch Interessenten gesetzte Markierungen und spiegeln oft ein unvollständiges, normenbasiertes, aber auch unter Umständen unzutreffendes Abbild der Wirklichkeit vor, die im Falle der Fake News einer außerhalb der Gruppe existierenden Überzeugung widerspricht. Mangels eigener von Nutzern zu kontrollierenden Filterung und ebenfalls mangels einer passenden Einordnung der gefilterten Daten, werden immer mehr kognitive und psychologische Daten zur Erzeugung von positiven Emotionen eingesetzt, da damit die Mitglieder von Filterblasen und Echokammern eine Verstärkung ihrer Überzeugungen erfahren.

Die Werbefinanzierung hält die Traditionen des Internet aufrecht, damit die Dienste kostenfrei bleiben. Eine Alternative zum Geschäftsmodell der zielgenauen Werbung ist momentan nicht absehbar. Teilweise wird vorgeschlagen, ein öffentlich verfügbares soziales Netz mit einer Verpflichtung zu Wahrheit zu etablieren (Metz 2018). Das Rufen nach Finanzierung durch die öffentliche Hand oder die Duplizierung der Dienste in einen „wahren" und in einen „kommerziellen" Dienst eliminiert das Filtern nicht. Vielmehr besteht die Gefahr, dass nun zusätzlich politische und andere Interessen die kommerziellen Absichten der jetzigen Werbung mit anderen Manipulationen ergänzen. Man bräuchte eine Technik, die einem Netcrawler ähnelt und die Daten im Netz aggregiert, die erst dann mit justierbaren Algorithmen gefiltert werden. Diese algorithmische Selektion ist allerdings der Einstieg in die Überwachung. Eine Alternative ist die Kontrolle der Interaktionen in Vertrauensinfrastrukturen. Informationsdefizite auf der einen und wachsende informationelle Überlegenheit auf der anderen Seite verschieben die Grenzen von sachlicher Information hin zu mehr Manipulation.

2.3.1 Fallstudie: Online-Werbung

Mit dem Wandel von Verkäufer- zu Käufermärkten wurde die Werbung zum wichtigsten Informationssystem der Käufer. Was bislang häufig im persönlichen Kontakt oder durch die Präsentation auf Werbeträgern wie Papier, Film und Fotografie passierte, wird von der Online-Werbung übernommen, da sie die klassischen Medien in Reichweite und Preis-Leistungsverhältnis bei weitem übertrifft. Dies lässt sich auch am Rückgang der Auflagen von Zeitungen erkennen, denen die Werbeaufträge fehlen. Nach einer aktuellen Online-Befragung sind die Ausgaben für die Online-Werbung in Deutschland in den vergangenen Jahren jedes Jahr um mehr als 16 % gewachsen (Arthur 2011). Für 2018 entfällt 30 % des gesamten Medienkonsums der Bevölkerung auf das Internet. Der Online-Anteil des gesamten Werbebudgets beträgt jedoch schon 35 %. Damit hat sich in den letzten 10 Jahren der Anteil der Online-Werbung in Deutschland mehr als verdoppelt.

Der Werbeerfolg kann in der digitalen Welt exakt gemessen werden. Gegenwärtige Verfahren beurteilen den Wert einer Werbekampagne durch die „Klicks" auf dem Bildschirm, die ziemlich sicher einer realen Person zugeordnet werden können. Über 50 % aller Online-Werbekampagnen in Deutschland werden durch Cost-per-Click (CPC), Cost-per-Action (CPA) oder Cost-per-Order (CPO) gemessen, wobei CPC gegenwärtig mit deutlichem Abstand führt. Google's CPC Werbeangebot zählt Klicks auf Werbelinks. CPA misst die auf Klicks folgenden Downloads, während CPO erst den tatsächlichen Verkauf berücksichtigt. Die Überlegenheit solcher Messungen wird offenbar, wenn man z. B. CPC mit den TKP Modellen (Tausend-Kontakt-Preis) vergleicht. Diese messen, welcher Geldbetrag eingesetzt werden muss, um 1000 Personen einer Zielgruppe per Sichtkontakt zu erreichen. Der TKP der herkömmlichen Werbung ist wesentlich höher als z. B. CPC. Anstatt Werbung zu einem Pauschalpreis anzubieten, wie z. B. TV und Zeitungen, erlaubt die Versteigerung des Werbeplatzes auf einem individuellen Bildschirm für den Werbetreibenden eine gegenwärtig unübertroffene Trefferrate.

Der Unterschied zur klassischen Werbung ist in etwa so, als wüsste jedes Werbeplakat, wer die Person ist, die es gerade betrachtet. Jede Webseite hat Werbeplätze, sogenannte „Banner", die immer neu auktioniert werden, sobald ein Nutzer die Seite aufruft. Der freie Platz wird auf Werbebörsen verschiedenen Werbetreibende angeboten, wobei der Preis mit der Einschätzung der Erträge korrespondiert, die mit diesem Banner erzielt werden können. All dies geschieht in millionenfachem Umfang in kürzerer Zeit als ein „Wimpernschlag" dauert. Zusätzlich sind mit Drittanbietern neue Intermediäre entstanden, die in Echtzeit (Real Time Bidding) die Werbetreibenden bei ihrer Werbeplatzierung beraten. Ihre Grundlage sind öffentlich verfügbare persönliche Daten aus dem Internet. Ihr Versprechen ist es, den Nutzern nur solche Werbung anzubieten, die primär auf die Emotionen geordnet nach der Bonität des Kunden – also der Zahlungs- und Kaufbereitschaft – eingeht. Mit dem „Retargeting" wird nicht nur die aktuelle Sitzung ausgewertet, sondern die gesamte „Surfhistorie" zur Erzeugung eines Persönlichkeitsprofils genutzt.

Die Messungen der Werbewirksamkeit kann mit Wissen oder auch ohne Wissen der Nutzer leicht z. B. in automatisierter Form durch Bots überwacht, beeinflusst und im Extremfall auch verfälscht werden. Gelingt es die Profile von solchen Manipulationen frei zu halten, z. B. durch die Unterscheidung von „wahr" und „falsch" (Nguyen et al. 2018), dann entstehen Modelle, die das jeweilige Verhalten simulieren. Die immer schwerer werdende Unterscheidbarkeit einer maschinellen von einer menschlichen Kommunikation macht Chatbots zu wichtigen Helfern bei der Kundeninformation aber auch zur Desinformation. Ein Bot kann entweder im Interesse der Nutzer oder der Anbieter wirken. Die leichteste Form im Interesse der Netzwerktore und zum Schaden der Werbetreibenden zu wirken, wäre es, die Profile zu verfälschen. Da dies nicht unentdeckt bliebe, der Gewinn marginal wäre, ist ein solches Verhalten nicht zu erwarten. Social Bots, die in sozialen Netzwerken wie Twitter und Facebook angewendet werden, verhalten sich wie reale Nutzer, sind aber automatisierte Fake-Profile zur Täuschung der Nutzer, um sie leichter in Echokammern und Filterblasen einzuordnen und sie in ihren vorgefertigten Meinungen zu bestärken. Webcrawler machen es möglich, dass mit einer Suchmaschine nicht nur gefunden wird, was man sucht, sondern das, was gefunden werden soll.

2.3.2 Fallstudie: Diskriminierung

Der Wunsch zur Unterscheidung der Käufer einer identischen Ware ist die Begründung der Preisdifferenzierung. Dabei werden je nach Einschätzung einer Person verschiedene Preise verlangt. Es ist z. B. belegt, dass für funktionsgleiche Produkte für Frauen und Männer unterschiedliche Preise erzielt werden. Die digitalen Werbeinstrumente erheben zu diesem Zweck zunehmend sozio-persönliche Daten (Heiden und Wersig 2018). Die Fähigkeit zur Diskriminierung ist damit gegeben und in zahlreichen Fällen ökonomisch lohnenswert. Die Feststellung, dass Airbnb rassistische Kriterien bei der Vermittlung von Zimmern einsetzte, ist durch Datenanalysen entdeckt worden, was zwar erfreulich ist, aber auch ein Hinweis, dass man mit denselben mathematischen Methoden auch diskriminieren kann (Iansiti und Lakhani 2018). Bei Facebook ist die ausgeübte Diskriminierung zu einer prinzipiellen Frage nach dem Existenzrecht des Dienstes an sich geworden. Die Offensichtlichkeit des Ausnutzens von Diskriminierungstechniken hat zu einem anhaltenden Reputationsverlust geführt, sodass sich die Frage stellt, ob durch Facebook nicht mehr Schaden angerichtet wird als es Nutzen stiftet und der Dienst eingestellt oder zerschlagen werden sollte.

Diskriminierungen bleiben im ökonomischen Bereich inzwischen folgenlos, wenn es sich um eine preisliche Diskriminierung handelt. Dass z. B. jedes Flugticket einen anderen Preis hat, der auf einer prognostizierten Verfügbarkeit der Nachfrage ermittelt wird, ist ebenso akzeptiert, wie dass es für Senioren oder Studierende Vergünstigungen gibt, die auf ihrem sozialen Status beruhen. Eine Grenze liegt zum einen beim Ausnutzen persönlicher Merkmale, dem Eindringen in psychische Kategorien und zum anderen in der Behandlung von Notlagen. Wenn z. B. durch Analysen von Nachrichten oder bei sozialen Medien Kenntnis über eine Notlage entdeckt wird, die dann zur Preissetzung ausgenutzt wird, ist insgesamt mit einem Rückgang des Geschäftes zu rechnen, sobald die digitale Öffentlichkeit davon erfährt. So haben in den USA einige Fluggesellschaften systematisch nach Trauerfällen geforscht und bei den Familienangehörigen für Reisen, z. B. zu Bestattungen, erhöhte Preis verlangt. Der Einfluss zur Teilnahme an einer Familienzusammenkunft unter dem Zwang jedes Reiseangebot akzeptieren zu müssen, wurde zum Nachteil der Fluglinien als zynisch und unmenschlich empfunden. Der Verkauf von Anzeigenbannern durch „Echtzeitversteigerung" wird kriminell, wenn z. B. in die Preisgestaltung einfließt, dass gerade eine Übernahme eines Anbieters durch einen konkurrierenden Werbekunden geplant ist und die Plattform verborgen und gegen Geld Partei bezieht.

Die Preisdifferenzierung ist ursprünglich ein Marketinginstrument und soll die Zahlungsbereitschaft und den Willen zum Kauf positiv erkunden. Eine Beeinflussung der Daten führt jedoch zu einer Beschränkung der Konsumentenrente. Unter Konsumentenrente wird der Teil des Verkaufspreises verstanden, um den der Nutzen beim Verbrauch eines Gutes den Einkaufspreis übersteigt. Da der Nutzen durch das Psycho-Mining immer besser vorhergesagt werden kann, lohnt es sich die Informationen zur Bewertung des Nutzens durch den Kunden in die Preisgestaltung einfließen zu lassen (Kosinski et al. 2013). Wer glaubhaft sein Profil so beeinflussen kann, dass z. B. eine bestimmte Automarke zum Kauf nicht infrage kommt, wird den besseren Preis erhalten, als wenn die wirklichen Präferenzen bekannt wären.

Eine der ersten Studien zur Beeinflussung der Konsumentenrente durch Informationsmacht wurde 2003 von Brynjolfsson durchgeführt. Er konnte zeigen, dass im Internetbuchhandel von den Anbietern eine Konsumentenrente von 1 Mrd. US$ abgeschöpft werden konnte (Brynjolfsson 2003), als das kollaborative Filtern, d. h. die Kommentare der Leser nicht nur zur Beratung der Kunden, sondern vor allem zu Preisgestaltungen der Buchhändler eingesetzt wurden. Positive Kommentare erhöhten dann die Preise. Bapna, Jank und Shmueli haben die Konsumentenrente geschätzt, die bei eBay erzielt werden kann, wenn persönliche Daten zum Verhalten beim Bieten genutzt werden. Dies hat sich auf einen Durchschnittswert von 4 US$ pro Auktion summiert, was für alle Auktionen im Jahr 2004 ein Vorteil von etwa 7 Mrd. US$ für E-Bay bedeutet hätte (Bapna et al. 2008).

2.3.3   Fallstudie: Sublime Inferenzen

Eine Inferenz oder Schlussfolgerung ist ein Zusammenhang, der aus den primären Daten nicht unmittelbar ersichtlich ist. Statt auf Kausalität alleine Wert zu legen, genügt auch die Korrelation zur Identifikation von Abhängigkeiten. Es ist z. B. keine Kausalität, dass Kinder von Eltern höherer Bildung selbst ein höheres Einkommen erzielen. Es ist jedoch eine hilfreiche Korrelation, da eine solche Beziehung zwar nicht für alle Fälle, aber doch zutreffend für viele festgestellt werden kann. Sublime Inferenzen sind die digitale Variante der das Angebot begleitenden digitalen verborgenen Manipulation, die eine lange Geschichte hat und erstmals für die Steigerung des Verkaufs in Kinos angewendet wurde. Durch die Einblendungen von Bildern, die ein Kinobesucher nicht bewusst wahrnimmt, haben sich die Verkäufe der so beworbenen Produkte signifikant erhöht. New York erließ im Jahre 1958 ein Gesetz zum Verbot von unterschwelligen Werbebotschaften, die jedoch für den digitalen Bereich nicht gilt, obwohl hier dasselbe Prinzip angewandt wird. Sublime Inferenzen untersuchen das Profil eines individuell Beworbenen nach Verhaltensweisen, die nicht in direkter Beziehung zur Werbeabsicht für ein konkretes Produkt stehen, aber Korrelationen durch z. B. Persönlichkeitsmerkmale zu dem anstehenden Kauf haben könnten. Jeder kennt diese Technik bei Amazon, die darauf hinweisen, welche anderen Produkte jemand kauft, der auch den aktuellen Verkauf getätigt hat. Mit der eigentlichen Kaufabsicht korrelierte Faktoren zu entdecken, die nicht nur die Werbeabsicht unterstützen, sondern den Wunsch nach einem anderen, bislang nicht im Kaufinteresse stehenden Produkt entfachen, kann durch sublime Inferenzen erleichtert werden (Accorsi et al. 2012). Die älteste Variante einer sublimen Inferenz basiert darauf, dass zu den gerade genutzten Diensten Videos oder Eilmeldung eingespielt werden, die wie zufällig eingetroffene Meldungen und Einschätzungen wirken und spontane Assoziationen unabhängig von Produkten der Werbepartner auslösen. Die Fähigkeit zur Ableitung von Inferenzen wird im kommerziellen Bereich seit langem unter dem Schlagwort der „Business Intelligence" oder Datenanalytik angewendet. Diese Verfahren sind ihrer Natur nach anwendungsneutral und können auch zur Warnung vor sublimen Inferenzen eingesetzt werden, wie Müller und Accorsi gezeigt haben (Accorsi und Müller 2013).

Mit Hilfe von künstlicher Intelligenz und dem maschinellen Lernen können nun zu den sachlichen Daten auch Verhaltensdaten verwendet und zu komplexen sehr persönlichen Werbebotschaften verarbeitet werden. Ist z. B. jemand an biologischen Produkten und Fair-Trade-Handel interessiert, wird man sich von anderen biologischen Produkten unterscheiden können, indem man über den Kontext, z. B. die Herstellungsfirma und die Umstände des Anbaus informiert. Das Ziel der zukünftigen sublimen Inferenz wird es sein, ein Bild des Kunden zu entwerfen, welches durch veränderte Lebensumstände, z. B. einer Heirat, selbstständig zu erwartende Verhaltensänderungen antizipiert.

Alle diese Verfahren basieren auf bekannten statistischen Methoden und nutzen spezielle Modelle, die eine immer tiefer in die Persönlichkeit eindringende „Überwachung" zulassen. Dies alles geschieht schon heute mit Hilfe von Inferenzmaschinen, worunter eine Software der künstlichen Intelligenz verstanden wird, die durch Schlussfolgerungen neue Fakten aus bestehenden Datenbeständen ableiten kann und so die Treffsicherheit der Online-Werbung immer weiter verfeinern wird. Inferenzen basieren auf Verhaltensmodellen und benötigen keine Personen Identifizierende Daten (PII).

2.4 Digitale Protektion

Das Modell der DSGVO ähnelt einem Tresor, bei dem der Verantwortliche für den Unterhalt des Tresors aufkommt, während das Datensubjekt den Schlüssel zum Inhalt in seinen Händen hält. Der Tresor schützt die Daten der Datensubjekte; nur es bleibt offen, wovor diese geschützt werden. Die Bedrohungen reichen von der Manipulation und Beeinflussung von individuellen Bedürfnissen und Interessen, über die Menschenwürde, Autonomie oder einer nicht beobachtbaren Kommunikation bis hin zur Schaffung von neuen geschützten Freiheitsräumen und utopischen Informationsordnungen. Bei der DSGVO hat man sich auf den Schutz personenbezogener Daten geeinigt, deren Verwendungen ohne Zustimmung der Datensubjekte mit Sanktionen belegt werden (Pohle 2016).

In Anlehnung an das Vorbild der Sozialgesetzgebung könnte der Datenschutz gleichbedeutend mit dem Schutz der Arbeit sein. Damals jedoch wurden nur die Umstände der industriellen Arbeit durch eine Verbesserung der Lage der Arbeiter geschützt. Eine solche Protektion hätte – wie die Sozialgesetzgebung im industriellen Umfeld – den Schutz des Menschen in einer sich entwickelnden digitalen Ordnung zum Gegenstand. Dazu ist nicht nur die Datenpreisgabe, sondern auch Hilfestellung beim Datenempfang zu leisten, um die Daten in einen Kontext zu stellen und sie dadurch für die Nutzer interpretier- und einordbar zu machen. Die Begrenzung der DSGVO auf den Schutz von originären personenbezogenen Daten bei der Datenpreisgabe entspräche einer Sozialgesetzgebung, die sich auf die Regelung der Einstellung und Kündigung beschränkt. In der industriellen Zeit wurden unabhängige Institutionen geschaffen, die die Einhaltung der Rechte der Arbeiter bis heute kontrollieren. Diese Erfahrungen können übertragen werden, wenn die bislang passiven Rechte der DSGVO die Datensubjekte aktiv stärken, und so zu einer Protektion der Menschen weiterentwickelt werden.

Das Ergebnis der DSGVO ist die bis heute immer stärker steigende Informationsmacht der Plattformen. Die Protektion hingegen stellt nach der Tresormetapher nicht die scheinbare Macht des Schlüssels zu den Daten in den Vordergrund, vielmehr die aktive Verfügung über die eigenen Daten. Denn nach der Zustimmung zur Datennutzung an die Netzwerktore gehen alle Rechte auf die Plattformen über. Dazu sind neue Diskurse zur Rolle des Datenschutzes im Sinne einer Erweiterungen zur Protektion von Menschen statt, wie in der DSGVO, von Daten notwendig:

1. Zur Begrenzung der Informationsmacht könnte man die Daten als Entlohnung für die Dienste verstehen, die ja „kostenlos" angeboten werden. Der Datenschutz wäre dann eine Kompensation des Eigentums an Daten.
2. Der Verantwortliche kann Nutzen daraus ziehen, wenn das Datensubjekt der Datennutzung zustimmt. Die Kontrolle der Nutzung stützt eine Rechtfertigungspflicht der Netzwerktore (Mayer-Schönberger und Cukier 2012).
3. Informationelle Asymmetrie entsteht, wenn die subjektiven Vorteile der Dienstnutzung die Risiken einer Datenpreisgabe übersteigen und die Nutzer sich folglich für eine kurzfristige Nutzenoptimierung entscheiden (Posner 2008). Zu einer Kosten-Nutzenanalyse ist kein Nutzer informiert fähig, während die Netzwerktore dies durchaus leisten können. Die Nutzer erhalten in diesem Falle Anteile an den Gewinnen der Netzwerktore, da auch sie Risiken bei der Datenpreisgabe eingehen.

Die Protektion kann durch zahlreiche Verfahren und Werkzeuge erreicht werden: 1) durch Verhaltensmaßnahmen der Nutzer, 2) mit Regulierungen wie die DSGVO, 3) durch Algorithmen für Datensicherheit und Datenschutz (Fischer-Hübner et al. 2016) oder 4) indirekt über das Kartellrecht, um die hegemoniale Informationsmacht zu begrenzen (Knieps 2015). Die Verhaltensweise, die Personen angeraten wird ist die Datensparsamkeit und die Datenminimierung. Die Vorstellung dabei ist, dass alles was nicht kommuniziert wird, auch nicht missbraucht werden kann. Die DSGVO ist der Versuch, mit „Wenn-dann" Verordnungen beides, sowohl die Innovation als auch den Schutz von Personen, zu erreichen. Dazu wäre es wichtig zu unterscheiden, welche Daten privat gehalten werden und welche Daten durch Offenlegung zu Innovationen befähigen sollen.

Eine der wichtigsten und schärfsten Waffen war in der Vergangenheit das Kartelloder Wettbewerbsrecht. Die Hoffnung dabei ist, dass die Informationsmacht abnimmt, wenn die Marktmacht der großen Datensammler reduziert wird. Bei Verfahren gegen die IBM in den 80er Jahren des vorigen Jahrhunderts und gegen Microsoft 30 Jahre später, haben beide Unternehmen zwangsweise ihren technischen Vorsprung mit der Konkurrenz geteilt. Damals haben die Verfahren zur Stärkung des Wettbewerbs die Marktversorgung qualitativ und monetär drastisch verbessert und z. B. mit der SAP oder mit Google für neue Konkurrenz gesorgt. Verfahren der EU gegen Google und Facebook, nach denselben Gesetzen, konnten eine netzspezifische Marktmacht nicht nachweisen. Zwar wurden Bußgelder verhängt, aber eine Stärkung des Wettbewerbs konnte dadurch nicht erreicht werden. Die Kosten für den Markteintritt für Neuankömmlinge sind weiter zu hoch (Knieps 2015). Die bei IBM und Microsoft noch wirksamen Instrumente des Kartellrechtes bleiben bei den Unternehmen der Netzökonomie zur Begrenzung der Informationsmacht bislang stumpf.

Die technischen Mechanismen zur Stärkung der Protektion setzen bei vier Optionen an. Es geht um die Stärkung der Nutzerseite bei den Verhandlungspositionen zur Datenverwendung (Bundeskartellamt 2016):

A) Protektion durch Vertrauensinfrastrukturen

Es war ein mathematischer Durchbruch von durchaus epochaler Bedeutung, dass es vor 30 Jahren gelungen ist, Nachrichten über unsichere Kanäle – und solche nutzt das Internet – auszutauschen und dabei die Identität und die Inhalte zu schützen (Müller2008). Die wichtigsten Institutionen, die die asymmetrische Kryptografie zu Identitäts- und Vertrauensdiensten nutzen, sind die Vertrauenszentren. Dort werden zwei Schlüssel erzeugt, wobei der öffentliche Schlüssel in einer öffentlich zugänglichen Datenbank abgelegt wird und zur Verschlüsselung des Nachrichtenaustausches dient, während der zweite, der sogenannte private Schlüssel, das „digitale Selbst" repräsentiert. Die fälschungsfreie Sicherstellung der Identität ist die Voraussetzung, um Daten einer Person zuzuordnen. Die asymmetrische Kryptografie ermöglicht z. B. die sichere Kommunikation von Milliarden von Smartphones und PCs und allen smarten Produkten zum Ausbau von Ökosystemen. Der digitale Personalausweis z. B. benötigt diese Sicherung der Identität (Reichl et al. 2005). Ebenso findet der elektronische Handel, die Interaktion in sozialen Netzen, Sicherung von Zahlungen und elektronische Wahlen, oder Bestellungen in einer Netzwerkökonomie meist zwischen Unbekannten statt, die auf ein sicheres Identitätssystem angewiesen sind.

B) Protektion als Zugangsbeschränkung

Der Zugang zu Daten wird in den drei Stufen Authentisierung, Authentifizierung und Autorisierung geprüft. Während der Authentisierung wird die Identität festgestellt. Einfache Verfahren verwenden dafür beispielsweise nur ein Passwort. Der erhöhten Anforderung an Sicherheit angepasst sind biometrische Dienste und Verifikationen, die gleichzeitig mehrere Faktoren zur Identifizierung heranziehen. In einem zweiten Schritt wird während der Authentifizierung die eigentliche Prüfung der vom Nutzer behaupteten Identität durchgeführt. Die Autorisierung gleicht als letzter Schritt bei der Erteilung des Zugangs die Zugriffsberechtigungen des Anfragenden mit einer Liste ab. Ist die Identität für den gewünschten Dienst oder die Daten nicht vermerkt oder werden unzulässige Zugriffsrechte gefordert, wird der Zugang untersagt. Warren und Brandeis Definition des „Rechts auf Privatsphäre" gründet sich auf die Auffassung, dass Privatsphäre eine negative Freiheit sei, d. h. Freiheit von Beobachtung und Eindringen in den „inneren Kreis" sowie der Schutz von der Veröffentlichung von Informationen, die aus einer solchen Beobachtung und Einmischung gewonnen wurden (Warren und Brandeis 1990).

C) Protektion durch Kontrolle

Im Gegensatz zur Zugangskontrolle ist die Protektion eine positive Freiheit, d. h. eine „Freiheit zu" Selbstbestimmung, statt einem „Schutz vor Bedrohungen". Westin definiert Privatsphäre als „den Anspruch von Einzelpersonen, Gruppen oder Institutionen, selbst zu bestimmen, wann, wie und in welchem Umfang Informationen über sie an andere weitergegeben werden" (Westin 1968). Der technische Schlüssel zur positiven Freiheit ist eine Sicherheitsvereinbarung, die das regelkonforme Verhalten kontrolliert. Eine solche Sicherheitsvereinbarung besteht aus drei Teilen:

1. Durchsetzung: Zur Protektion gehört die Kontrolle der Nutzung der Daten, sowie die Garantie, dass die Verpflichtungen eingehalten werden.
2. Flexibilität und Sanktionen: Nicht nur Genehmigungen und Verbote sind Teil einer Sicherheitsvereinbarung, sondern ebenso die Vorkehrung bei Ausnahmen (Müller et al. 2008). Diese Funktionen ermöglichen vielfältige Reaktionen bei unvorhergesehenen Ereignissen.
3. Berechenbarkeit: Ist dann gegeben, wenn sich widersprechende Regeln erkannt und beseitigt werden und die Vereinbarung algorithmisch korrekt ist.

Die Protektion durch Kontrolle ist mit der Transparenz als Regeldienst der Netzwerktore verbunden. Mit der Garantie der Regelkonformität kann der zur Transaktion nötige Datenzugriff ermöglicht werden, ohne damit den Datenschutz zu korrumpieren. Vollständige Transparenz ist gegeben, wenn jederzeit ein Überblick und Einsicht in die ein Datensubjekt betreffenden Daten verlangt werden kann und wenn die Datenverwendung und Entstehung durch eine Kontrolle des Informationsflusses oder der Verarbeitung überprüfbar ist.

D) Protektion durch Eigentum
Inzwischen sind Märkte für personenbezogene Daten entstanden, obwohl an Daten nach der DSGVO kein Recht auf Eigentum besteht. Vielmehr ist dabei ein überaus differenziertes Kalkül im Spiel, das sich aus der DSGVO ergibt. Der Käufer erkennt an, dass sich die Grenzen zwischen privat und öffentlich verschoben haben (Beliger und Krieger 2018). Während Daten zur Person unveräußerlich sein sollten, waren die persönlichen, aber öffentlichen Daten immer frei verfügbar. Die DSGVO unterscheidet nicht zwischen diesen Kategorien, sondern überlässt die Öffnung der Geheimhaltung der Zustimmung des Datensubjektes. Der Handel mit Daten zur Person hätte bei Bekanntwerden – wie bei Cambridge-Analytica – Reputationsverluste zur Folge, weshalb der Datenhandel eine Versicherung gegen spätere Anklagen ist. Zugleich senkt man die Kosten für den Datenschutz. Bergelson (2003) argumentiert ebenso wie Westin (1968), dass personenbezogene Daten, die als Teil der Identität und der Menschenwürde anzusehen seien, als Eigentum gelten müssen, um sie schützen zu können (Schwartz 2004). Andere Daten, wie Körpergröße oder Haarfarbe hingegen bedürfen dieses Schutzes nicht. Purtova hat gezeigt, dass die Eigentumsansprüche der betroffenen Personen an personenbezogenen Daten mit dem Grundsatz der informationellen Selbstbestimmung vereinbar wären (Purtova 2010).

Die DSGVO ist in Ermangelung eines Rechtsgutes notgedrungen verfahrensmäßig prozedural. Die Vertrauenskrise hat zur Folge, dass in der jetzigen Phase der digitalen Transformation Individuen die Veröffentlichung von persönlichen Daten überwiegend als einen unschönen, aber eben doch unumgänglichen Preis für die Teilnahme an den Fortschritten der Digitalisierung ansehen. Acquisti und Grossklags leiten aus dieser Haltung ein freiwilliges Eingehen auf unabwendbare Risiken wegen unzureichender Kontrolle ab (Acquisti und Grossklags 2007):

1. Individuen können die digitalen Risiken nicht einschätzen, da die Informationsflüsse nicht überschaubar und proaktive Einschätzungen fast immer mit einer Überforderung verbunden sind. Die Befriedigung des kurzfristigen Nutzens wird in Relation zu zukünftigen Risiken gesetzt.
2. Die Nutzer bezahlen die nachgefragten Dienste mit privaten Daten und stimmen dadurch dem Entstehen zukünftiger Kosten zu.
3. Nach Posner wäre es notwendig, dass Nutzen und Kosten der Datenpreisgabe gegeneinander aufgewogen werden (Posner 1981). Die Umsetzung dieser ökonomischen Maxime ist jedoch nur mithilfe einer vertrauenswürdigen Kontrollinfrastruktur möglich.

Die Unabänderlichkeit der Zweckbestimmung zum Zeitpunkt der Datenpreisgabe bei der DSGVO ist ökonomisch ohne Lenkungscharakter und daher für die Protektion ohne Effekt. Das Eigentum an Daten hingegen erschwert Innovation, da anstatt der Zustimmung nun monetäre Interessen ausgeglichen werden müssen.

2.4.1 Protektion: Erweiternde Schutzkataloge

Das Ansteigen der Informationsmacht ist ein Indikator, dass die Innovationsverantwortung aktuell nicht optimal balanciert ist (Hoffmann-Riem und Fritzsche 2009). Die Aufhebung des Widerspruchs von Informationsfreiheit auf der einen Seite und Informationsmacht auf der anderen Seite ist nicht, wie oft gefordert, durch die Duplizierung der Dienste der kommerziellen Anbieter mit sozialem Vorzeichen sinnvoll. Die Kosten sind zu hoch. Als alternativ dazu wird hier eine Verstärkung der Kontrolle durch unabhängige dritte Parteien vorgeschlagen. Dabei ist zu zeigen, dass mit Kontrollinfrastrukturen ein garantiertes Schutzniveau erreicht werden kann, das die Nutzer stärkt. Da Vertrauen ein subjektiver Begriff ist, müssen objektive Methoden und Verfahren zur Garantie dieses Schutzniveaus vorhanden sein, damit ein akzeptiertes Vertrauensmaß festgelegt werden kann.

Die Perspektive und ein mögliches Dienstangebot der Protektion ist in Abb. 2.4 als Wertschöpfungskette dargestellt, die aus fünf noch erweiterbaren Stufen besteht und über alle Stufen zusammengenommen einen mit dem technischen Fortschritt wachsenden noch im Detail zu definierenden Schutzkatalog zur Protektion vorschlägt. Auf jeder Stufe erfolgt eine Prüfung der Interaktion zwischen Nutzer und Anbieter nach den Schutzzielen der mehrseitigen Sicherheit. Ab der dritten Stufe bestätigt ein Zertifikat die Einhaltung nicht nur des öffentlichen und privaten Schlüssels, sondern auch der rechtlich definierten Anforderungen an die Historie der Veränderungen von Daten und Dokumenten. Erst ab der vierten Stufe wird von einem hier verstandenen Kontrollzentrum gesprochen, das zwar auf der Tradition der europäischen Regulierung aufbaut, aber zusätzlich die Prozesse zertifiziert, die den Informationsfluss bestimmen, um den Datenempfang einordnen zu können und die Rechtfertigungspflicht bei den Big Data zur Zurechenbarkeit zu nutzen. Gegenwärtig sind solche Vertrauenszentren bis Stufe drei nach eIDAS (electronic Identifikation, Authentication and Trust Services) akkreditiert und auch real im Betrieb:

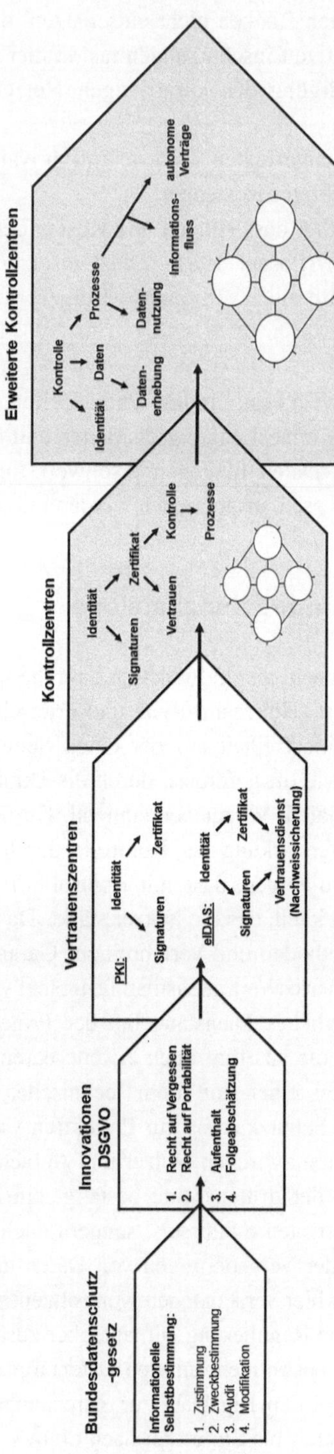

Abb. 2.4 Wertschöpfung der Protektion

Stufe 1: Bundesdatenschutzgesetz
Mit den Prinzipien Zustimmung, Zweckbestimmung, Audit und Modifikation wird der Schutzkatalog der informationellen Selbstbestimmung definiert. Eine Prüfung oder Kontrolle des Datenschutzes wird über Vertrauenszentren teilweise realisiert.

Stufe 2: DSGVO
Die zweite Stufe wird durch die DSGVO repräsentiert, wobei der Schutzkatalog des Bundesdatenschutzgesetzes (BDSG) um die Innovationen zur Datenportabilität, dem Recht auf Vergessen, der Erweiterung des Aufenthaltsortes und der Datenschutzfolgenabschätzung sowie zur Risikobestimmung erweitert wurde.

Stufe 3: Vertrauenszentren
Die Vertrauensinfrastrukturen sind entweder privat organisiert oder unterliegen der eIDAS-Verordnung der EU (Bundesamt für Sicherheit in der Informationstechnik 2018). Private Dienste bieten meist nur die Identifikation in einer PKI (Public Key Infrastructure) an. Die Vertrauenszentren als Organisationen der Vertrauensinfrastruktur haben umfangreiche technische Institutionen zur Verfügung, um die Kontrolle der Dienste zu garantieren. Das Vertrauen wird mit kontrollierten TOM (Technisch-Operative-Methoden) und Algorithmen gerechtfertigt.

Stufe 4: Kontrollzentren mit eingeschränkter Transparenzvoraussetzung
Die Voraussetzung zu dieser Phase ist die Normierung einer Rechtfertigungspflicht für Plattformen. Die Kontrollzentren umfassen die Schutzkataloge der Vertrauenszentren nach der Stufe 3 und ergänzen diese um Kontrollen von Prozessen, wobei sie die Herkunft, Verarbeitung und Interdependenzen von Daten und Algorithmen nach dem Schutzziel der Zurechenbarkeit untersuchen. Die Transparenz ist eingeschränkt und nur transaktionsbezogen, wobei die Netzwerktore verpflichtet werden, die von einer Transaktion benötigten Daten korrekt und vollständig anzubieten. Kontrolldienste werden in privaten Unternehmen zur Transparenz der Geschäftsabläufe genutzt, haben aber bislang keine öffentliche Anwendung.

Stufe 5: Erweiterte Kontrollzentren mit vollständiger Transparenzvoraussetzung
Diese Stufe erweitert die Kompetenzen der Kontrollzentren um die Möglichkeit zu Selbstregulierung und folgt dazu zur Darstellung der erweiterten Aufgaben den Prinzipien der mehrseitigen Sicherheit. Durch autonome Verträge (Szabo 2006) können Sicherheitsvereinbarungen, z. B. Smart Contracts, festgelegt werden, wobei die Schutzziele aus der mehrseitigen Sicherheit (Müller und Rannenberg 1999b) oder den Common Criteria stammen können (CCIB 2006).

Die Protektion schließt die Gefahr der Überwachung ein (Zuboff 2019). Eine Regulierung zur Kontrolle der Landnahme (Schmitt 1950) und zur Bewältigung der Gefahr der
Datenkolonialisierung (Couldry 2019) erfordert die Initiierung, Gestaltung und den Einsatz von Kontrollzentren, die technisch auf Augenhöhe mit den Netzwerktoren operieren
und doch gesellschaftlich kontrolliert werden können.

2.4.2 Geheimhaltung oder Transparenz?

Die Geheimhaltung mit informierter Zustimmung zur Dateneinsicht ist das Prinzip des
Datenschutzes, wie er heute für Europa gültig ist und mit der DSGVO in Gesetzesform
vorliegt. Beim Vorläufer der DSGVO, dem Bundesdatenschutzgesetz (BDSG) sollte vor
ca. 40 Jahren das Verhältnis zu einem für übermächtig gehaltenen Staat ausgeglichen
werden. Inzwischen hat sich das Angreifermodell jedoch gewandelt. Gefahren für die
Autonomie einer freien Willensbildung liegen in den Auswirkungen der zunehmenden
Informationsmacht der Plattformen begründet und sind in Europa vorwiegend wirtschaftlicher Natur. Die DSGVO regelt die Datenpreisgabe, wozu die Ermahnung zur Datensparsamkeit und Datenminimierung gehört. Danach brauchen Daten nicht preisgegeben
werden, wenn kein sachlich zwingender Zusammenhang mit einer beabsichtigten Transaktion besteht. Die Datensparsamkeit wird wegen der Fortschritte der Datenanalyse und
der Re-Identifizierung als ein „Auslaufmodell" angesehen, da eine Personalisierung auch
anonymer Daten sehr leicht möglich ist. Die Veränderung des Selbstverständnisses der
Nutzer digitaler Dienste sieht in der Autonomie – verstanden als Möglichkeit zur unbeeinflussten Herausbildung einer individuellen Persönlichkeit – eine nachgeordnete Zielsetzung, die hinter der Teilnahme an der digitalen Öffentlichkeit gereiht wird und die
eine bedingte, d. h. zielorientierte Datenpreisgabe unumgänglich macht (Beliger und
Krieger 2018). Eine Alternative zur Geheimhaltung ist die Transparenz. Nicht so sehr
das „Besitzen" und „Sammeln" von Daten beunruhigt die Nutzer, als vielmehr die Verwendung ihrer Daten (Pretschner et al. 2006). Eine weitere Anforderung besteht in
einer Risikoeinschätzung bei bedingten Datenfreigaben. Transparenz bedeutet nicht,
dass persönliche Daten für alle einsichtig sind. Der Schutz erfolgt über bislang selbstregulierte Sicherheitsvereinbarungen. Ein Nachweis, wozu die Daten verwendet werden
oder welche Gewinne damit erzielt werden, ist in der DSGVO nicht geregelt. Transparenz verlangt auf Anfrage eines berechtigten Individuums eine vollständige, zeitge-
mäße und korrekte Präsentation aller über ein Datensubjekt gespeicherten Daten. Damit
ist das Problem verbunden, dass die Vollständigkeit und Korrektheit nur mithilfe einer
dritten Partei, die unabhängig von den Plattformen operiert, bestätigt werden kann.
Sollte dies und die Regelkonformität technisch und organisatorisch machbar sein, könnten mit der Transparenz die Datenverwendung, die Datenherkunft und die mit ihrem
Einsatz verbundenen Risiken ermittelt werden. Ebenso könnten die Inferenzen und

Schlussfolgerungen durch eine Informationsflusskontrolle bei den verwendeten Algorithmen kontrolliert werden. Die Grenze eines passiven Datenschutzes zu einer aktiven Protektion wäre überschritten und die Transparenz wäre eine Alternative zum Geheimhaltungsprinzip der DSGVO.

Die aktuellen Mechanismen der DSGVO beruhen auf der wissenden Einwilligung (Informed Consent) und der festgelegten Zweckbegrenzung (European Commission 2012). Dabei haben sich sowohl für die Transparenz als auch die Geheimhaltung zwei Klassen von Schutzmechanismen herausgebildet. Die PET (Privacy Enhancing Technologies) beruhen auf einer Zugangskontrolle und einer wissenden Zustimmung. Bei den TET *(Transparency-Enhancing Technologies)* handelt es sich um Mechanismen zum Nachweis der Vollständigkeit und Korrektheit in den Zeitabschnitten „vor" „während" oder „nach" einer Transaktion. Vor einer Transaktion könnte man z. B. mit einer Auskunfts-TET die Einhaltung von Sicherheitsvereinbarungen prüfen, während einer Transaktion sorgt eine Monitor-TET dafür, dass z. B. Grenzwerte eingehalten werden und nach der Transaktion ist eine Überprüfung der Veränderungen durch eine Revisions-TET möglich, die ein Rückgängigmachen oder eine Modifikation der Ergebnisse zulässt (Zimmermann et al. 2014). Ein kommerzielles Beispiel für TET ist Googles Privatheits-Dashboard „MyAccount" (Google 2015). Mit einem solchen Dashboard sind die gespeicherten Daten eines Nutzers präsentierbar (Sackmann et al. 2008).

Eine Variante von TET ist UCON (User Control), worunter man sich eine Verallgemeinerung der Zugangsbeschränkung vorzustellen hat (Park und Sandhu 2004). Mit UCON wird zusätzlich zum Zugang geregelt, wie die Daten verwendet und an wen sie verteilt werden (Pretschner et al. 2008). In Abb. 2.5 sind die drei Klassen der gegenwärtigen Datenschutzmechanismen mit Ihren Fähigkeiten dargestellt. Die Praxis ist jedoch so, dass die Verarbeitung von Daten meist so vorgenommen wird, als ob Transparenz vereinbart worden wäre, ohne dass dies dem Nutzer bewusst ist.

Die PET-Technologien sind ein Sammelbegriff für zahlreiche Vorschläge für Schutzmechanismen, die den Vorgaben der DSGVO genügen. Nach Abb. 2.5 sind folgende Schutzziele zu unterscheiden (Heurix et al. 2015):

Technologie	PET	TET	UCON
Ziele	Einheitlichkeit Ablehnbarkeit Vertraulichkeit Unverbindlichkeit	Offenheit Sicherheitsregeln	Erweiterung Zugangskontrolle Digitale Rechte Vertrauensinfrastruktur
Methode Datenschutz	Datensparsamkeit	Transparenz	Nutzungskontrolle

Abb. 2.5 Technologiekonzepte für den Datenschutz

1. **Unterscheidbarkeit:** Solche Mechanismen identifizieren eine Person durch eine Kennung, die aber verhindert, dass eine Person oder Institution von anderen unterschieden, damit erkannt und zugeordnet werden kann.
2. **Ablehnbarkeit:** Sie bezeichnet die Fähigkeit ein Faktum oder die Durchführung einer Transaktion plausibel abzulehnen.
3. **Verbindbarkeit:** Sie bezeichnet die Fähigkeit, eine Person oder ein Datum mit anderen davon verschiedenen Daten oder Personen in Beziehung zu setzen. Anonymität und Pseudonymität sind Eigenschaften von PET, die Verbindungen verhindern oder erschweren sollen.
4. **Vertraulichkeit:** Sie bezeichnet die Fähigkeit, ein Datum von einer zufälligen Preisgabe oder der Lesbarkeit durch Dritte zu schützen.

PET-Technologien sind umso wirksamer, je stärker sie von Vertrauensinfrastrukturen unterstützt werden. So wurden Ende der 90er Jahre die öffentlichen Vertrauensinfrastrukturen eingerichtet, um sicherzustellen, dass Rechtssicherheit auch digital durchsetzbar ist. Private Unternehmen betreiben vielfach eine kommerziell ausgerichtete PKI, die Protokolle wie SSL (Secure Socket Layer) und TSL (Transport Layer Security) einsetzen, um über unsichere Kanäle sicher zu kommunizieren (Eckert 2018). Die PET-Dienste können in vier Gruppen unterteilt werden:

A) **Benutzeranonymität** wird vornehmlich durch die Verschleierung der Internetadressen erreicht. Ein Werkzeug dazu ist z. B. ein Anonymisierungs-Proxy (Anonymisierungs Proxy Server 2008), das die Benutzeradresse durch eine eigene ersetzt. So werden bei Mix-Netzen (Chaum 1981) die Benutzeranfragen zunächst durch mehrere solcher Proxy-Knoten geleitet, ehe sie beim Ziel eingehen. Die Rückverfolgung ist schwer. Vertreter solcher Mix-Netze sind das „Crowd" (Reiter und Rubin 1998) oder „JonDo", sowie das TOR (Softonic 2013), das derzeit der populärste Zugang zum Darknet ist. Im Darknet stellen die Teilnehmer ihre Verbindungen der Knoten manuell nur auf Einladung her, wodurch ein hohes Maß an Anonymität existiert. Der als „Darknet" bezeichnet Teil ist von kriminellen Handlungen beherrscht, im Gegensatz zum „Deepnet", das mit identischen Mechanismen operiert und mehrheitlich zu einem anonymen Marktplatz geworden ist (Brauer 2018).
B) **Benutzerseitige Datenverarbeitung** dient der Datensparsamkeit (Ceri et al. 2004). Die Anbieter von Web-Seiten erhalten zu keinem Zeitpunkt Zugriff auf persönliche Daten. Die Begrenzung in der wirtschaftlichen Nutzung haben der benutzerseitigen Datenverarbeitung bislang nicht zu einem tragfähigen Geschäftsmodell verholfen. Das Filtern von Daten durch Nutzer setzt fundierte Kenntnisse von Algorithmen und Geschäftsregeln der Dienstanbieter voraus (Kobsa 2007). Das MIT versucht mit SOLID einen neuen Ansatz zum Entwurf wirksamer Schutzmechanismen in dieser Kategorie zu entwickeln (Berners-Lee 2018).

C) **Das Identitätsmanagement** ist die verbreitetste und wichtigste Form der PET. Zur Minimierung der Profilbildung werden eindeutige, ansonsten aber nicht mit den Benutzern verbundene Pseudonyme und Attributszertifikate anstelle persönlicher Daten verwendet. Das fortschrittlichste, weil funktional vollständigste System ist Idemix von IBM (Camenisch und Herreweghen 2002). Dadurch werden Nutzer bei ihrer Authentifizierung ausschließlich durch die Pseudonyme und durch die Zertifikate bekannt. Nutzen die Kunden für ihre Transaktionen unterschiedliche Pseudonyme, lassen sich diese von ihren Kommunikationspartnern nicht miteinander verketten und erscheinen daher als voneinander unabhängig.

D) **Nutzungskontrolle** (UCON) macht sowohl die Speicherung und die nachfolgende Datenverwendung transparent (Park und Sandhu 2004). Die Begründung liegt in dem bis heute vielfach erfahrenen Zwang, dass Nutzer ex-ante Daten nicht in einen Kontext stellen können und die Allgemeinen Geschäftsbedingungen dazu führen, die Einwilligung und damit den Datenschutz auf ein „Ja" oder „Nein" zu begrenzen. Die Nutzungskontrolle vereinigt Elemente von PET- und TET-Mechanismen und ist in Abb. 2.5 im Vergleich dargestellt (Pretschner et al. 2008).

In einer Studie an der Universität Freiburg wurde schon vor 15 Jahren untersucht, warum Internet-Nutzer Sicherheitsmechanismen nicht oder nur eingeschränkt nutzen (Kaiser und Reichenbach 2002; Kaiser 2003). Alle nachfolgenden Untersuchungen sind zu quantitativ vergleichbaren Klassifikationen des Nutzerverhaltens gekommen, nach denen ca. 25 % den Datenschutz als primäre Voraussetzung für ihrer Teilnahme an der digitalen Welt empfinden. Alle Befragten wurden nach Nutzungshäufigkeit, Interesse am Kaufabschluss, Einschätzung des Datenschutzes, Datensparsamkeit und Lernbereitschaft klassifiziert. Die Referenz zur Beurteilung war das BDSG. Danach existieren drei Nutzerklassen, die sich durch folgende Merkmale unterscheiden:

a)   Unkenntnis: „Die gefährdeten Gutgläubigen"
b)   Lernwilligkeit: „Die lernunwilligen Wissenden"
c)   Kompetenz: „Die selbstbewussten Könner".

Die Hoffnung, dass Schulung die Einstellung zum Datenschutz verbessert, erwies sich als unberechtigt. Mit 65 % sind die Gutgläubigen am stärksten vertreten. Sie zeichnen sich durch äußerst geringe Lernwilligkeit und wenig Gefährdungswahrnehmung aus. 20 % gehören zu den Wissenden, sind jedoch nur dann bereit zusätzlichen Lernaufwand zu betreiben, wenn dies ohne zeitlichen Aufwand möglich ist. Eine Investition in den Datenschutz oder Beachtung der Datensparsamkeit lehnen sie ab, wenn dadurch die Befriedigung ihrer Wünsche verzögert wird. Häufige Internetnutzung, intensiver Einsatz von Sicherheitsmechanismen zeichnet die dritte nur 15 % ausmachende Gruppe mit hoher Kompetenz zur Sicherheit aus, die die angebotenen Mechanismen auch einsetzen.

Die geringe Akzeptanz der PET Schutzmechanismen liegt daher vor allem in der Beschwerlichkeit bei ihrer Anwendung. Es gibt jedoch auch weitere objektive und technische Gründe:

1. Die Suchanfragen oder andere Informationsbereitstellung werden von Dienstleistern eingeschränkt. Wer auf den Schutzzielen besteht, erhält evtl. nicht alle Daten.
2. PETs werden durch Zustimmung des Nutzers außer Kraft gesetzt, was sehr häufig auf Verlangen des Dienstleisters geschieht.
3. Die Datensparsamkeit und die PETs geben keine Hinweise oder Signale zu den Hintergründen des Schutzes und welche Bedingungen und Gefahren vermieden werden, wenn PETs verwendet werden.
4. Verschlüsselung wird sehr leicht zur Datenpreisgabe durch die Hintertüre. Meist gilt die Verschlüsselung vom Nutzer zum Server und von dort zum Zielrechner und ist damit zwar vor Einsichten durch Dritte gesichert, aber eben nicht vor einer Auswertung durch die Dienstleister.

Der Datenschutz ist ein Technikfolger und die Anforderungen an die Verfahren wachsen mit dem technischen Fortschritt. Das *Pisa Consortium* hat noch 2003 das Funktionsspektrum der damals existierenden Datenschutzmechanismen mit der Vertraulichkeit und der Datensparsamkeit, sowie der Obfuskation bzw. Spurenverwischung als ausreichend empfunden, um Datenschutz so zu garantieren, dass die Mechanismen allen Anforderungen der Gesellschaft und Wirtschaft gerecht werden (Blarkom et al. 2003). Die Anforderungen haben sich inzwischen dramatisch gesteigert und sind ein Indiz dafür, dass die Mechanismen nicht aus sich selbst heraus funktional begründet werden können (Müller 2008; Weitzner 2007).

Es stellt sich daher die Frage, ob es nicht von Anfang an besser gewesen wäre, wenn anstatt der extrem aufwendigen Geheimhaltung bei der DSGVO auf Transparenz gesetzt worden wäre? Hansen sieht in TET die Werkzeuge zum Datenschutz, die auf individuelle Prioritäten eingehen (Hansen 2008). Während die Datensparsamkeit auf eine Minimierung des Datenflusses vom Nutzer zum Dienstleister ausgerichtet ist, sind TET auf ein Maximum des Datenflusses vom Datensammler zum Nutzer und umgekehrt eingestellt. Der informationellen Selbstbestimmung wird sowohl mit TET als auch mit PET durch Sicherheitsvereinbarungen Genüge getan. Die älteste Form zur Formulierung von Sicherheitsvereinbarungen nutzte das Werkzeug P3P (Wenning und Schunter 2006). Neuere Varianten sind z. B. das Freiburger ExPDT (Extended Privacy Definition Tools), das zur Formalisierung von Gesetzestexten eingesetzt wurde, z. B. der Spezifikation des BDSG, um in elektronisch unterstützen Supermärkten den Datenschutz zu garantieren. Zum Vergleich der realen Verarbeitung mit den gesetzlichen Vorgaben wird ein Differenzoperator verwendet, der Auskunft über die „Gesetzestreue", verstanden als die vereinbarte Sicherheitsregel, gibt (Sackmann et al. 2008). „Sticky Policies" der IBM heften an jedes Datum eine Gebrauchsanweisung (Karjoth et al. 2003), die mit dem Datum verbunden bleibt und die gleichbleibende Verwendung sicherstellt. Diese von Karjoth eingeführte Verbindung von Datum und Verwendungsnachweis wurde von Accorsi um eine sichere Aufzeichnung erweitert, damit man jederzeit auf einen Nachweis des Ausgangskonsenses zurückgreifen kann. Es entstand ein kryptografisch gesichertes Hauptbuch, das in dieser Beziehung mit den heutigen Blockchains vergleichbar ist (Accorsi 2012).

Eine Erweiterung der „Sticky Policies" ist auch die Dokumentation der „Datenherkunft" (data provenance), die bei medizinischen Anwendungen unter Verwendung von sicheren Aufzeichnungen entwickelt wurde (Haas et al. 2011). Eine flexible Variante zu den festen Verwendungsnachweisen der „Sticky Policies" ist die Delegation von Rechten, die zu jedem Datum transaktionsbezogen die Zugriffsrechte an Dritte vergeben kann (Wohlgemuth und Müller 2006). Neuere Methoden zur Erweiterung transparenter Sicherheitsmechanismen sind „DataTrack" (Fischer-Hübner et al. 2011) oder Google's „MyAccount" (Google 2015) bzw. die „Mozilla Privatheits-Icons" (Raskin 2015).

Die Privatheitsmechanismen nach TET sind schwer vergleichbar, da es zum einen keine geeignete Klassifikation der TET Verfahren gibt und zum anderen das Verständnis, was Transparenz bedeutet, sich von Nutzern und Plattformen sehr unterscheidet. Beim Google Dashboard ist z. B. Vertrauen nötig, dass die ausgewiesenen Daten wirklich vollständig sind. Während alle PET Mechanismen gleichermaßen die Zugangskontrolle nach AAA entscheiden und dabei einen sogenannten Pfad erzeugen, der bei jeder Kontrolle einzelner Prüfpunkte entweder akzeptiert oder abgelehnt werden kann, ist bei TET über Vollständigkeit und Korrektheit nicht in dieser einfachen Weise zu befinden. TET-Mechanismen sind im Gegensatz zu PET „Multipfad-Technologien", da deren Ergebnisse unterschiedlich bewertet werden können und damit jeweils bei jedem Kontrollpunkt ein neuer individueller Pfad eröffnet wird. Eine Auskunfts-TET kann z. B. das Vorliegen der DSGVO bescheinigen oder aber deren Vernachlässigung. Ungeachtet vom Ergebnis, kann mit der Transaktion fortgefahren werden, eine Monitor-TET zur laufenden Beobachtung eingeschalten werden, bzw. die Transaktion abgebrochen werden. Dies wären schon drei Pfade, wobei es mit den TET-Mechanismen alleine unentscheidbar ist, welcher Pfad genommen werden soll und was mit den anderen Pfadoptionen geschieht. Hierzu ist eine menschliche Entscheidung notwendig.

2.4.3 Schlagseite des Privatheitsparadox

Die Debatten zum Datenschutz sind eine Geschichte von eingebildeten und wirklichen Gefahren. Der Datenschutz ist mit einem Paradox konfrontiert, indem alle Nutzer zwar die Idee unterstützen, aber im konkreten Fall tagtäglich millionenfach ignorieren. Für viele Ökonomen lässt die Preisgabe persönlicher Daten auf ein „paradoxes" Verständnis des eigenen Kosten-Nutzen-Verhältnisses schließen (Posner 1981), da man zwar ein Gut erwirbt und den Nutzen einschätzen kann, während die Kosten aber erst zu einem späteren Zeitpunkt meist ohne Wissen des Erwerbers in einem unbekannten Kontext und unbekannter Höhe eingefordert werden. Ein solches Verhalten entspricht ohne nähere Prüfung nicht der ökonomischen Vorstellung von Rationalität. Ist das Ziel des Datenschutzes die Bewahrung der Autonomie von Datensubjekten gegen informationell überlegene Angreifer, ist die freiwillige Preisgabe von Daten tatsächlich rational nicht nachvollziehbar. Steht dahinter jedoch ein kalkulierter Zweck, wandelt sich die Paradoxie in eine sinnvolle risikobewertete Handlung. Die Preisgabe von Daten ist dann nicht mehr irrational oder paradox, sondern dem Vorhaben liegt eine Risikoeinschätzung und damit eine Vorstellung zu den Kosten der Datenpreisgabe zugrunde. Diese Werte müssen nicht der späteren Realität entsprechen und können dennoch ökonomisch vernünftiges Verhalten ausdrücken. Das seit mehr als 20 Jahren genutzte Bild eines Privatheitsparadox für das Phänomen, dass 75 % aller Nutzer an den Missbrauch der Daten zwar glauben, aber dennoch ihre Einwilligung zur Sammlung und Verarbeitung persönlicher Daten bereitwillig geben, während nur 25 % der Nutzer die Datenpreisgabe auch bei Verzicht auf den Dienst und die Vorteile strikt ablehnen (Berendt et al. 2005), wird in Wirklichkeit durch die kalkulierte und bedingte Offenheit als ein Vorwurf mit einer moralischen Schlagseite deutlich, was eher auf ein Problem der ökonomischen und sozialen Modelle als auf die Irrationalität der Handlungen der Nutzer hindeutet.

Es gibt zur normativen Seite des Privatheitsparadox eine längere Tradition. Angefangen hat es 1998 als die Privatheit durch die Presse bedroht schien, da die Druckmedien auf das Private keine Rücksicht nahmen. Der Konflikt zwischen Pressefreiheit und Privatheit war das damalige Privatheitsparadox, weil man wegen einer öffentlichen Sensation bereit sei, die Privatsphäre von Personen zu verletzen. Angeregt durch die Fortschritte der Digitalisierung und veranlasst durch die die bis dahin herrschende Überzeugung in der Wissenschaft und Regulierung von der Existenz des Privatheitsparadox als Erklärung für irrationales Nutzerverhalten drehte Barnes die Beurteilung zulasten der Privatheit um. Sie sprach von einer paradoxen Welt der Privatheit, die sich trotz aller freimütigen Offenlegungen der persönlichsten Daten in sozialen Netzen gegen die Sammlung und Nutzung dieser Daten mit wirtschaftlichen oder politischen Absichten wende (Barnes 2006). Damit war erstmals die normative Schlagseite des Privatheitsparadox offenbar geworden und Young verstärkte diesen Vorwurf der ideologischen Voreingenommenheit noch, indem er die Widersprüche in den Geheimhaltungspraktiken innerhalb von Facebook und von Facebook für seine Nutzer verglich. Was Facebook für sich und seine kommerziell verbundenen Institutionen in Anspruch nehme, verwehrt man den Nutzern (Young und Quan-Haase 2013). Gemeinsam sind allen diesen Beobachtungen, dass es sich um unterschiedliche Prioritäten bei der Auswahl von Kriterien zu kontrovers beurteilten sozialen und kulturellen Werten handelt.

Zwar haben die meisten Nutzer keine konkreten Vorstellungen über die Schäden und Risiken, die von ihren persönlichen Daten für sie selbst und für andere ausgehen (Baek 2014), sie sind dennoch bereit, eine Strategie mit einer bedingten Preisgabe von persönlichen Daten für sich als „rational" zu bezeichnen, wenn damit Chancen und Gelegenheiten zur Erzielung von Vorteilen steigen. Die Vielseitigkeit und die Optimierung synchroner Ziele ist darin eine bewusste und subjektiv sinnvolle Entscheidung (Nissenbaum 2009). Das Privatheitsparadox wird dadurch nur eine Metapher für einen Irrweg zahlreicher Wertebelasteter Annahmen zu Verhaltensweisen von Nutzern, die ihre Rationalität bei der Preisgabe von persönlichen Daten aufgeben. Dies geschieht jedoch meist nicht bedingungslos, sondern im Rahmen eines expliziten oder impliziten Vertrages für bestimmte Zwecke und nur in bekannten Kontexten. Damit entfällt die Basis für das Privatheitsparadox.

Varian merkte bereits 1996 an, dass Akteure einerseits dem Schutz der Privatheit eine hohe Wertschätzung zuerkennen, jedoch andererseits oft sehr freigiebig persönliche

Daten anbieten (Varian 2009). Die Verhaltensökonomie sieht die Gründe in der Existenz von inkonsistenten Präferenzen, gegenläufigen Bedürfnissen und unvollständigen Informationen, wobei kurzfristige Bedürfnisse zulasten der möglicherweise nicht eintretenden Schäden in der Zukunft bevorzugt befriedigt werden (Acquisti 2009).

Whitten und Tygar untersuchen die Nutzbarkeit der Sicherheitsmechanismen und zeigen für das Sicherheitswerkzeug PGP 5.0 (Open Pretty Good Privacy 2018), dass dieses durch Normalbenutzer nicht bzw. nur unzureichend bedienbar sei und durch Nutzerunfreundlichkeit zur Steigerung der Unsicherheit beiträgt, weil es zu viel Aufmerksamkeit für zu wenig Nutzen fordert (Whitten und Tygar 1999). Berendt, Günther und Spiekermann untersuchen die Folgen von inkonsistenten Präferenzen beim Online-Shopping und deren Einfluss auf die Preisgabe von persönlichen Daten. Es konnten drei Verhaltenstypen unterschieden werden (Berendt et al. 2005):

1. Die Risikobereiten („marginally concerned") umfassen 24 % der Probanden und zeichnen sich durch Gleichgültigkeit gegenüber den Risiken für die Privatheit aus. Sie waren bereit gegen kleine Vorteile persönliche Daten zu „verkaufen".
2. Die Fundamentalisten („Privacy-Fundamentalists") bringen es auf 30 % und legen sehr hohen Wert auf den Datenschutz, dem sie ihre sonstigen Präferenzen und Bedürfnisse unterordnen.
3. Die pragmatische Mehrheit („pragmatic majority") umfasst knapp die Hälfte der Teilnehmer. Diese Nutzer wissen sehr wohl, dass sie über unvollständige Informationen verfügen und entscheiden daher im Zweifel für die Befriedigung ihres primären Nutzens, der mit der Zeit veränderlich ist. Diese Mehrheit zerfällt weiter in Nutzer, die sich zu 20 % um den Schutz spezieller Daten, wie z. B. Einkommen, große Sorgen machen, während sie andere Daten weitgehend vernachlässigen. Etwa 26 % legen Wert auf den Schutz ihrer Identität, von Profilen und Auswertungen persönlicher, psychischer Merkmale, wie z. B. Familienstatus und Ausbildung, sind jedoch freigiebig mit ihren körperlichen Daten und ihrem Freizeitverhalten.

Grossklags und Acquisti beschäftigen sich mit der Bereitwilligkeit, für den Schutz von persönlichen Daten Kosten in Kauf zu nehmen, sowie mit der Bereitschaft persönliche Daten zu verkaufen. Unabhängig von der Sensitivität der Information ist die Bereitschaft, Daten gegen Vergütung preiszugeben wesentlich ausgeprägter, als für den Schutz der Daten selbst zu bezahlen. Bezüglich der Sensitivität kommt es zu sehr unterschiedlichem Verhalten; z. B. wird der Wert von Daten zum Sexualverhalten oder Körpergewicht mit einem sechsmal höheren Preis angesetzt als die Offenbarung der Urlaubspräferenzen (Acquisti und Grossklags 2007). Beresford, Kübler und Preibusch zeigen, dass beim Online-Shopping der Preis die wesentliche Größe für eine Entscheidung ist. Nahezu 90 % aller Teilnehmer entschieden sich beim Kauf für einen billigeren Händler, der aber deutlich mehr persönliche Daten einforderte (Beresford et al. 2010). Acquisti und Grossklags bezeichnen diese Verhaltensweise als hyperbolische Diskontierung, da zukünftige Nutzen mit einem exponentiell ansteigenden Diskontsatz auf das Jetzt diskontiert werde und so die Kosten klein gehalten werden. Man könnte mit diesem Argument das Lernen in der Schule ablehnen, da ja eine spätere Vermehrung des Einkommens damit nicht eindeutig verbunden ist (Acquisti und Grossklags 2003).

Empfehlungssysteme und Suchmaschinen bzw. Vorlieben der „Freunde" in sozialen Netzen beeinflussen das Verhalten im Hinblick auf die Datenpreisgabe. 90 % finden es dann als völlig natürlich, dass Daten aufgezeichnet werden, wenn eine Gruppe von Gleichgesinnten dies ebenso macht und zusätzlich das Sachargument verwendet, dass damit das Anrecht auf günstigere Preise steigt (Hinz und Eckert 2010).

Die Gründe warum Facebook trotz fehlenden Vertrauens seiner Nutzer nicht boykottiert wird, liegt nach Acquisti in der Pflege von bereits bestehenden Kontakten bzw. Freundschaften sowie den Kontakten zu möglichen Arbeit- oder Auftragsgebern. Man sieht einen Nutzen in dem Datenzugang, der den Schaden eines Vertrauensmissbrauchs durch Facebook übertrifft. Der Tausch von Privatheit gegen andere Daten setzt darüber hinaus eine bedingte digitale Öffentlichkeit voraus (Acquisti 2017).

Man würde erwarten, dass Wahrnehmungen von Skandalen in Verbindung mit dem Datenschutz zu einer Einschränkung der digitalen Öffentlichkeit führen. Beispiele für die Folgenlosigkeit sind die heimlichen Aufzeichnungen von Ortungsdaten durch Apple, der Facebook Cambridge-Analytica Skandal, die Snowden Affäre, der Verlust von Nutzerdaten von Sony Playstations oder Datendiebstähle bei Kreditkartenfirmen. Diese und andere wurden von Chapin, Santell und Greenstadt untersucht, die dazu vier Verhaltensunterschiede entdeckten: 1) die totale zukünftige Verweigerung, 2) eine sinkende Tendenz zur Datenpreisgabe oder Nutzung, 3) eine von den Vorfällen unbeeinflusste Haltung zur Datenpreisgabe, und 4) eine steigende Tendenz, den Dienst trotz des Vorfalls zu nutzen. Als Resultat zeigt sich, dass die Mehrheit der Facebook-Nutzer (56 %) keinerlei Veranlassung sehen, die Verwendung des Dienstes aufgrund von Privatheitsvorfällen zu ändern. 42 % der Sony-PSN Mitglieder gaben an, ihre Nutzung künftig nicht zu verändern, während 31 % doch eine sinkende Tendenz in Betracht zogen. Eine gleichbleibende Nutzungstendenz zeigten 35 % der Nutzer bei Apple, während immerhin 36 % einen ernsthaften Vertrauensverlust zu Apple konstatierten (Chapin et al. 2017).

2.4.4 Fallstudie: Das Darknet – Refugium der Privatheit?

Die sicherste Protektion ist die, wenn man im Netz zwar agieren kann, aber nicht identifiziert wird, also ohne Datenspuren die Vorteile nutzt und somit zur Informationsmacht der Netzwerktore nicht beiträgt. Diese Möglichkeit ist unter dem Namen „Darknet" bekannt und auch berüchtigt geworden. Es hat seinen Namen vor allem der Tatsache zu verdanken, dass die Seiten des Darknets von herkömmlichen Suchmaschinen wie Google nicht erfasst werden. Das Darknet ist jedoch nur ein kleiner Teil des sehr viel umfangreicheren „Deepnet". Dieses basiert auf den gleichen technologischen Prinzipien wie das WWW. Allerdings werden u. a. Zugriffskontrollmechanismen verwendet, um die Inhalte der Webseiten zu verstecken, die so gewissermaßen in der Tiefe des digitalen

Raumes verschwinden. Darunter sind alle herkömmlichen Arten von Inhalten denkbar, weil sie z. B. einem besonderen Dateiformat unterliegen, z. B. dem Format „raw". Solche Seiten sind nicht immer mit „dunklen" Absichten verborgen und sind meist Teil eines Intranets, von u. a. auch Regierungsbehörden oder Unternehmen oder einfach nur die Angebote von kostenpflichtigen Diensten, wie z. B. Netflix oder Springerlink.

Das Darknet ist so alt, wie das Internet. Es tauchte als Begriff erstmals in den 1970er Jahren auf. Es bezog sich auf Netzwerke, die nicht direkt Teil des ARPANET waren. Diese Netzwerke waren zwar in der Lage, Daten von ARPANET zu empfangen, aber sie wurden nicht indiziert und reagierten nicht auf Prüfungen, ob ein Rechner in einem IP-Netzwerk erreichbar ist. Das heutige Darknet ist eine Sammlung von Netzwerken und Technologien, die einen anonymen Datenaustausch ermöglichen. Die wichtigste Eigenschaft des Darknets ist die Nutzung in Peer-to-Peer Form, da so kein separates physisches Netzwerk vorhanden sein muss. Abhören oder Datenanalysen sind dann nur erschwert möglich (Dingledine et al. 2004).

Jedoch nicht so sehr die bekannte Struktur des Netzes, als die anonyme Nutzung, die durch ein spezielles Verfahren zum Finden von Wegen unterstützt wird und als Zwiebel-Routing (onion-layer) bezeichnet wird, ist zum Symbol für das Darknet geworden. TOR (The Onion Routing) ist von der US Marine in den 90er Jahren entwickelt worden und hat sich zur bekanntesten und weitverbreitetsten Form des Zugangs zum Darknet entwickelt. Wie bei Zwiebelschalen kennt jeder Knoten nur seine beiden Nachbarn auf dem Weg zum Ziel. Jeder Pfadknoten des Netzwerkes, der selbst Zwiebelrouter genannt wird, kennt nur seinen Vorgänger und Nachfolger, die dann jeweils die Schale mit ihrer Adresse aus der Nachricht entfernen – sollten sie nicht selbst der Zielknoten sein – danach muss nach dem „Schälen" die Weiterleitung an den nächsten Knoten fortgesetzt werden. Täglich nutzen etwa 2 Mio. Individuen TOR, um eine Anonymisierung von Verbindungsdaten zu erreichen. Aus einer Liste von verfügbaren TOR-Knoten wird zufällig ein Eintrittsknoten bestimmt, um einen anonymen Pfad aufzubauen. Dabei wird eine Nachricht mit drei Schlüsseln kodiert, wobei der erste Knoten nur den äußeren Schlüssel kennt, und die Router zwei und drei die in der Zwiebelschale weiter innen liegenden Schlüssel. Nach der letzten Dechiffrierung, also der dritten Verschlüsselungsschicht, ist das Ziel erreicht und die Anfrage kann ausgeliefert werden. Der Server antwortet nun auf den ihm bekannten Knoten des Pfades, der den umgekehrten Prozess einleitet, wobei jeder der drei Router eine Ebene der Verschlüsselung hinzufügt, die nur TOR-Nutzer wieder entschlüsseln können, da sie ja die drei notwendigen Schlüssel besitzen. Die Zahl drei ist ein Kompromiss zwischen einer akzeptablen Anonymität und der raschen Antwortzeit. Vertrauenswürdig ist das Verfahren jedoch nur, wenn mindestens ein Knoten vertrauenswürdig ist. Wenn ein Angreifer versucht, an Informationen heranzukommen kann er den TOR-Nutzer nicht identifizieren, da die Nachricht verschlüsselt ist und der Angreifer die Schlüssel nicht kennt. Das bedeutet, dass der Angreifer nur weiß, dass zwei Router TOR verwenden. Nur über eine Entschlüsselung der dritten Verschlüsselungsschicht wäre es möglich, den Server herauszufinden, wobei auch der dritte Knoten im Pfad die Nachrichten mitlesen kann, wenn der TOR-Nutzer nicht schon eine

Ende-zu-Ende-Verschlüsselung vorgesehen hat. Die wichtigste Form der Überwachung des Darknets beruht auf der Analyse der Muster des Internetverkehrs. Dazu untersuchen die Analysten den Datenverkehr oder den Datenfluss sowohl von der Sender- als auch Empfängerseite aus, indem sie für beide Seiten passende Verkehrsmuster identifizieren (Owen 2014).

Das britische Parlament sieht in der Anonymität den Hauptgrund für die Existenz und Popularität von TOR. Diese Eigenschaft hat Darknet und TOR zu einem nachgesuchten Instrument zur Gewährleistung der Privatsphäre gemacht (Thomson 2017), weshalb es 2014 Unterstützung und Finanzierung von verschiedenen Organisationen wie dem Bureau of Democracy, Human Rights and Labour, des US State Departments und anderen öffentlichen und privaten Spendern erhielt (Tor Project Inc 2014), die sich für die Stärkung der Zivilgesellschaft einsetzen. Daraus könnte man ableiten, dass das TOR-Netzwerk eine geeignete und vielleicht sogar die beste Wahl für den Datenschutz im Internet wäre? Eine Studie aus dem Jahr 2013 über TORs versteckte Dienste THS (Hidden Service) hat 38.824 Zwiebeladressen im Tor-Netzwerk identifiziert, von denen nur 1813 analysiert werden konnten. 44 % dieser 1813 THS standen im Zusammenhang mit illegalen Aktivitäten, wobei Pornografie die populärste war, gefolgt von Schwarzmärkten für Medikamente, Waffen, Cyberwaffen, Falschgeld. Die restlichen 56 % enthalten Daten vor allem von oppositionellen politischen Gruppierungen (Kurz 2016).

2.4.5 Einschränkung der Informationsmacht durch Kartellrecht

Die bislang erfolgreichste Institution zur Begrenzung von den Wettbewerb schädigender Marktmacht ist das Wettbewerbs- oder Kartellrecht. Damit konnten in den letzten 40 Jahren erfolgreich Monopole verhindert und der Wettbewerb gestärkt werden. Die Voraussetzung für die Kontrolle von Netzwerktoren ist jedoch Neuland für das Kartellrecht. Es ist nicht so sehr die Marktmacht als vielmehr die Informationsmacht, die marktlich nicht gerechtfertigte Vorteile für die Plattformen bedingt. Tatsächlich hat nur Facebook, zählt man die Teilnehmer in sozialen Netzen mit über 70 %, und Google, bei den Gewinnen mit mehr als 30 %, einen dominanten Marktanteil (Nolte 2018). Der Nachweis einer übergroßen Marktmacht kann nach Abb. 2.6 für Google wegen der Vielfalt diverser Geschäftsfelder nicht behauptet werden (Economist 2019a). Es stellt sich die Frage, wie man dem übergroßen Einfluss der Netzwerktore in dieser Phase der Digitalisierung begegnet, um zum einen die Fortentwicklung der Technik zu fördern und zum anderen einen zu großen Anteil an den Erlösen der Wertschöpfung bei den Hegemonen zu verhindern? Noch beim Kartellverfahren gegen IBM und Microsoft ist eine dominante Marktmacht nachgewiesen worden und so konnte mit dem „Teilen" von technischen Vorsprüngen zusätzlicher Wettbewerb geschaffen werden, wodurch sich die Angebote für die Nutzer sowohl in der Qualität als auch im Preis verbesserten. Verfahren der EU gegen Google führten zu Strafen, hatten aber wettbewerblich keinen Effekt. Ein Kartellverfahren müsste daher nach der Digitalisierung angepassten Kriterien suchen, um Wettbewerbsverzerrungen nachzuweisen und zu verhindern. Man könnte sich vorstellen, dass Marktmacht durch Informationsmacht ersetzt und diese wiederum durch Netzeffekte konkretisiert wird. Dabei wäre zu zeigen,

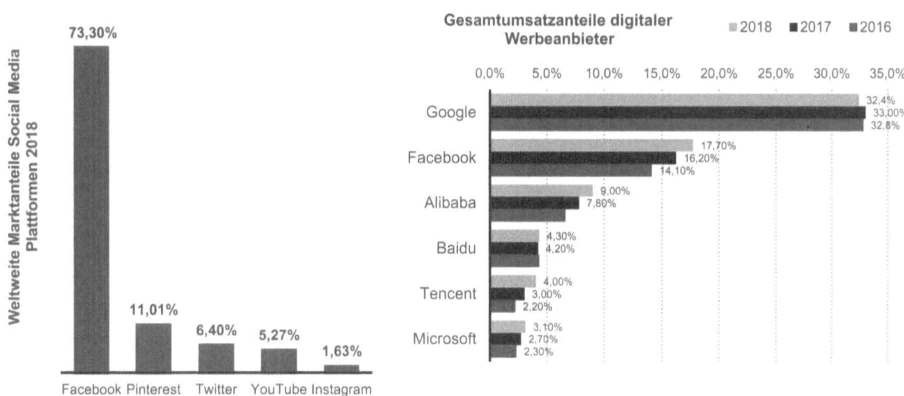

Abb. 2.6 Monopoltendenzen von Google und Facebook

dass mit Netzeffekten ein stabiler Überschussgewinn bezogen wird. Netzeffekte sind dann vorhanden, wenn von einem Marktteilnehmer ein dominanter Einfluss zur Strategiebildung und der Verteilung der Erträge ausgeht, da sich dieser im Besitz der netzbildenden Daten befindet. Wer also z. B. in einem Ökosystem diese Netzeffekte zu monopolartigen Überschussgewinnen nutzt, übt Netzmacht aus. Dieser Nachweis ist schwierig, da die Dienste in einer zweiwertigen Transaktion von den Plattformen kostenlos angeboten werden. Aus diesem Grund sind in den USA Verfahren, die den EU-Klagen gleichen, nicht angestrengt worden. Allerdings ändert sich die Haltung der USA gerade. Zur Begrenzung der Informationsmacht stehen die folgenden fünf Optionen zur Verfügung:

1. **Zerschlagung:** Dazu ist ein Nachweis der Netzmacht aggregiert über die Gesamtheit der angebotenen Dienste zu erbringen. Bislang ist es nur bei einzelnen Diensten, meist der Suchmaschine bei Preisvergleichen, zu einer Verurteilung wegen „Wenn-dann-Geschäften" gekommen.
2. **Duplizierung oder Kontrolle:** Eine dritte Partei bietet eine Alternative zu den Netzwerktoren an, um die Interessen der Nutzer ohne kommerzielle Absicht und Werbefinanzierung zu repräsentieren. Eine Alternative dazu ist die Ausweitung der Kontrolle durch eine Rechtfertigungspflicht.
3. **Datenverfügbarkeit:** Ein Zusammenhang zwischen der Datenverfügbarkeit und den Netzeffekten existiert intuitiv, ist aber schwer nachweisbar. Der Verzicht auf Bezahlung von Diensten lässt keine Überschussgewinne entstehen. Die steigende Aufmerksamkeit könnte als Netzeffekt gesehen werden, wird aber als persönliche Lebensentscheidung der Nutzer behandelt.
4. **Alternatives Modell zum Datenschutz:** Mit den aktiven Rechten der Datenportabilität und dem Recht auf Löschen sind in der ansonsten eher passiv ausgerichteten DSGVO wichtige perspektivisch relevante Vorschläge enthalten. Aktive Rechte setzen jedoch die Transparenz voraus, die die Geheimhaltung nach der DSGVO ablösen müsste und die Netzwerktore durch eine Rechtfertigungspflicht zur Auskunft zwingt.

5. **Vergesellschaftung:** Die Netzwerktore werden als natürliche Monopole behandelt, deren Aufgabe es ist, eine Infrastruktur bereitzustellen, die Privatheit und Sicherheit und zugleich Innovationen garantiert.

Den Netzwerktoren wird vorgeworfen, ihre Marktmacht zu nutzen, um unverhältnismäßig hohe Anteile an der Wertschöpfung abzuschöpfen. Außerdem seien sie im Begriff Monopole zu bilden, die den Wettbewerb behindern bzw. ausschalten. Die Begründung der Kartellverfahren gegen Google und Facebook beruhen zwar noch auf der Marktmacht, adressieren aber das Ausnutzung von Netzeffekten, die nachteilhaft auf die Nachfragebedingungen der Werbeträger wirken. Bislang ist es nicht gelungen, Facebook und Google das Ausnutzen von Netzeffekten nachzuweisen. Dem steht in Europa, wie in den USA die Mehrheit der Nutzer gegenüber, die diese Informationsmacht spüren und überwiegend die Einschränkung befürworten. Nach der Studie von Microsoft hegen 90 % der wirtschaftlich aktiven Bevölkerung in Europa die Erwartungen, dass die Sicherung von Einkommen, Beschäftigung und Wohlfahrt von den Netzwerktoren abhängig ist, und zugleich irritiert sie der oft als „rücksichtslos" empfundene Weg dorthin, der vor allem mit der Nutzung der persönlichen Daten zur Manipulation gekennzeichnet sei. Sie befürworten daher eine Regulierung durch eine Aufteilung der Daten (Economist 2018a).

Mag der Anteil des Gewinnes am Bruttoinlandsprodukt heute noch nicht besorgniserregend hoch sein, so sind die prognostizierten 0,60 % der Gewinne am Inlandsprodukt der USA beim weniger auf Gewinn als auf Wertzuwachs ausgerichteten Verhalten der Netzwerktore ein Anlass zur Wachsamkeit. Ökonomisch sind die gefürchteten digitalen Hegemonien so bedrohlich zurzeit noch nicht. Sie tragen noch überdurchschnittlich zu den Innovationen bei, und fördern einen kooperativen Lebensstil, der die Optionen der Menschen erhöht, sie also auch in einem nicht-materiellen Sinne bereichert. Zieht man die hypothetische Marktkapitalisierung heran, belegen Amazon, Apple, Google und Microsoft jedoch Spitzenplätze (Economist 2018b). Dies macht eher die zukünftige Entwicklung besorgniserregend als es der Zustand heute ist. Betriebswirtschaftliche Kalkulationen für Amazon weisen z. B. Verluste aus, obwohl Amazon in seiner Bilanz Gewinne erzielt. Diese habe ihre Ursache darin, dass das Wachstum der Digitalisierung überwiegend mit Eigenkapital statt mit Krediten finanziert wird. Wären Kreditkosten die Basis der Kalkulation, wäre jedes der ca. 240 Mio. Konten von Amazon im Jahre 2018 mit 50 US$ subventioniert worden. Will z. B. Amazon die gegenwärtige Subventionierung seiner Kunden überwinden, was eine nachvollziehbare Erwartung der Investoren bei einer Marktkapitalisierung von 820 Mrd. US$ ist, dann muss das Unternehmen seinen Marktanteil global um wenigstens 12 % jährlich steigern (Wessel 2017). Dies kann in einem als gesättigt empfundenen Markt mit geringen Margen nur mit Verdrängung Anderer geschehen.

Anstelle bewertbarer und messbarer ökonomischer Faktoren könnten „weiche" Faktoren wie der zeitliche Anteil, den Individuen „online" bei einem Anbieter verbringen, zur Messgröße für Netzeffekte werden. Tatsächlich bringt die überwiegende Anzahl der Bewohner der industrialisierten Länder keinen wesentlich gewachsenen Anteil zum bisherigen Medienkonsum im Internet zu. Von den seit 20 Jahren konstanten drei bis vier Stunden durchschnittlicher Nutzung von elektronischen Medien pro Tag ist nur der Anteil des Internet zulasten von z. B. Fernsehen oder Kino gestiegen (Castells 2017).

Der Einsatz des härteren Kartellrechts kommt infrage, wenn sich der Wettbewerb nicht so ausbildet, dass gleiche Verhältnisse für die marktlichen Interaktionen entstehen (Kamann 2016). Das Wettbewerbsrecht ist dabei deutlich flexibler als der Datenschutz, was die Definition neuer Kriterien angeht. So wurde bei IBM und Microsoft erstmals das „Teilen" von „Know-How" als Mittel zur Stärkung des Wettbewerbs etabliert. Die DSGVO mit den aktiven Rechten auf Vergessen und Datenportabilität können als Platzhalter zukünftig zur Durchsetzung eines Prinzips „Teilen der Datenverwendung" interpretiert werden. Sie geben einen Anstoß, den Datenschutz von der Geheimhaltung zu befreien und als aktiv zu exekutierendes Recht zu etablieren. Allerdings ist auch dazu ein existierender Wettbewerb nötig, der bei den Netzwerktoren nicht vorhanden ist.

Für ausgeglichene Märkte des Industriezeitalters verhindert die „unsichtbare Hand" einer Konkurrenz über Preise das Auftreten von Monopolen und damit einhergehende hohe Monopolgewinne (Knieps 2015). Ein solcher Markt ist bei der digitalen Wirtschaft nur schwer zu etablieren, da die Daten kostenfrei erworben werden und so ein Preis als Steuergröße nicht ausgewiesen wird. Dadurch können den Werbeträgern Dienste angeboten werden, die anderweitig so nicht zu beziehen sind. Die Innovationskraft der digitalen Transformation hat bislang zu raschen Änderungen der Träger von Informationsmacht geführt, sodass die Sorge besteht, die industriell orientierte Wettbewerbsbegrenzung schade der digitalen Innovation, welche heutige Missstände schneller korrigiere als es die Regulierung kann (Lanier 2014).

Acquisti ist der Überzeugung, dass der Datenschutz auf die gewohnten ökonomischen Anreizfaktoren einen eher negativen Einfluss habe und daher als Werkzeug zur Begrenzung der Informationsmacht ausfalle. Über Kostenweitergabe werde Nachfrage beeinflusst, die Innovationen würden teurerer und damit werde die Wohlfahrtsentwicklung abgeschwächt (Acquisti 2017). Andere stimmen dieser Meinung zu, indem sie auf die starke Ablehnung verweisen, für Datenschutz zu bezahlen (Beresford et al. 2010). Die Warnung vor abstrakten Gefahren in der Zukunft haben einen ebenso geringen Einfluss, wie dies negative Privatheitsvorfälle haben. So verlieren die Aktienkurse nach datenschutzrelevanten Vorkommnissen nur kurzfristig an Wert, wie dies ja auch bei Facebook zu beobachten war. Zu anderen Ansichten kommt jedoch Tsai, die für den alltäglichen Konsum feststellt, dass beim Online-Shopping Konsumenten vermehrt bei solchen Anbietern kaufen, die strengere Datenschutzrichtlinien glaubhaft kenntlich machen (Tsai et al. 2011). Auch Behrendt zeigt, dass es Kunden gibt, die für die Einhaltung von Datenschutz einen höheren Preis in Kauf nehmen (Berendt et al. 2005). Generell komme es bei der Bewertung des Datenschutzes im digitalen Bereich weniger auf die einzelnen Produkte oder Dienste an, als vielmehr auf die Reputation, die sich eine Plattform erworben habe (Nolte 2018).

Ein völlig neuer Ansatz zur Erklärung des Nutzerverhaltens und damit ein Ausgangspunkt für Strategien zur Regulierung ist das „Nudging", für das Thaler 2017 den Nobelpreis erhielt (Thaler 2015). Unter Nudging werden alle die Methoden zusammengefasst, die das Verhalten von Menschen ändern, ohne dabei auf Verbote und Gebote zurückzugreifen oder ökonomische Anreize verändern zu müssen. Zu den Vorschlägen zum Nudging gehören die Einrichtung einer öffentlichen Infrastruktur für „Interoperationen" oder von „Vertrauensbanken" bzw. das hier propagierte Einrichten von Kontrollinfrastrukturen. So ist eine vielversprechende Option des Nudging, den Datenschutz durch Teilhabe an den Erträgen von Daten zu stärken und damit die Informationsmacht zu schwächen.

2.4.5.1 Fallstudien: EU Kartellverfahren für mehr Wettbewerb

Sogenannte Marktzutrittsschranken, z. B. Größenvorteile, Produktdifferenzierung oder hohe Kapitalerfordernisse, sind Mittel zur Begrenzung des Wettbewerbs. Monopolverfahren wenden sich gegen diese Marktverschließungen. In der EU sind im digitalen Bereich in den letzten Jahren vor allem gegen Google und Facebook Kartellverfahren geführt worden, bzw. sie sind noch im Gange.

Die Ausgangsbegründungen der bisherigen Verfahren beruhen auf den Größenvorteilen von Facebook und Google. Diese Kriterien erwiesen sich durchgängig als ungeeignet, da sie aus einer industriellen Welt stammen und diese nicht mit der Digitalisierung kompatibel sind. Dennoch, wie in Abb. 2.6 dargestellt, dominiert Google mit 32 % der gesamten Wertschöpfung alle vergleichbaren Portale, während Facebook über 73 % der Nutzer für sich gewonnen hat. Die Ursache des weniger großen Marktanteiles von Google liegt in der Heterogenität des Dienstangebotes begründet. Selbst die zentralen Dienste, wie die Suchmaschine oder Android, haben Wettbewerber, die allerdings nur eine geringer werdende Nachfrage bedienen. So ist nur noch iOS von Apple für das Betriebssystem Android ein ernster Wettbewerber.

Google und Facebook üben eine kaum quantifizierbare Marktmacht aus und erzielen zwar Überschüsse aus der Werbefinanzierung, die jedoch auch auf der Verfügbarkeit von vielfach öffentlichen Daten beruhen. Ihre Informationsmacht beruht auf der Suchmaschine und den attraktiven Diensten. Nach den Vorstellungen des Bundeskartellamtes muss für die Feststellung einer datenbasierten Netzmacht ein Zusammenhang von Datenerhebung und Netzeffekten nachgewiesen werden (Bundeskartellamt 2016). Dies erweist sich bislang als nicht möglich, da sowohl Google als auch Facebook bei ihren in diversen Ökosystemen eingebundenen Unternehmen im Einzelnen keine Netzmacht ausüben. Dies, obwohl nach Abb. 2.6 für alle Teile zusammengenommen und nur monetär gemessen auch bei Alphabet, der Muttergesellschaft von Google, eine marktbeherrschende Größe unübersehbar ist. Eine Zerschlagung, z. B. durch eine Abspaltung der eingebundenen Unternehmen im jeweiligen Ökosystem, verändert an der Wettbewerbslage jedoch wenig und hätte für Kunden kaum Vorteile. Im Gegenteil, es würde zu Erschwernissen bei der Nutzung kommen. Auch die Werbekunden, die ja auf das einzigartige Angebot an Daten zur Treffsicherheit der Werbung als Nachfrager auftreten, leiden nicht unter einem mangelnden Wettbewerb, da es keine Alternative zum jeweils speziellen Angebot der Netzwerktore gibt. Dies könnte sich nur ändern, wenn die Kosten für den Markteintritt von neuen Plattformen geringer werden würden.

Dazu haben die Verfahren gegen Google und Facebook bei der EU ergeben, dass es sich meist um eine indirekte und fraktale Netzmacht handelt. Über eine Vorinstallation z. B. der Google Suchmaschine bei allen Android Smartphones entsteht für Google ein

Vorteil, der durch die Marktmacht, aber eben auch durch die Qualität der Suchmaschine begründet ist. Man kann dies als „Wenn-dann- Geschäft" bezeichnen. Die Bußgelder sind ein Ausdruck solcher hegemonialen Praktiken (Schmalensee 1989). Sie verändern jedoch nicht die Informationsmacht, da die Suchmaschine alleine die Markteintrittsschranken kaum überwindbar hoch ansetzt. Bislang war jeder Innovator frei, die Suchmaschine von Google zu imitieren.

Ein neues auf die Digitalisierung geschnittenes Konzept ist der „monopolistische Engpass" des deutschen Kartellamtes (Bundeskartellamt 2016), der dann gegeben sei, wenn bei einer Kombination von Bündelungsvorteilen, die ja Google mit Android und der Suchmaschine hat, irreversible Kosten entstehen. Irreversible Kosten sind verlorene Aufwendungen (Sunk Costs), z. B. durch den Aufbau einer Konkurrenz mit Suchmaschinen oder Betriebssystemen für Smartphones, die nicht durch einen späteren Verkauf der Firma wiedergewonnen werden können. Dazu muss gezeigt werden, dass die Bündelung der Nachfragebedingungen marktbeherrschende Überschussgewinne erlauben. Davon kann bei Vorliegen folgender Bedingungen ausgegangen werden:

1. Genau eine Plattform existiert und es gibt keine zweite oder dritte, um Kunden zu erreichen; d. h. es ist kein aktives Substitut verfügbar. Dies wäre dann der Fall, wenn aufgrund von Bündelungsvorteilen ein Anbieter diese Leistung kostengünstiger bereitstellen kann als mehrere Anbieter.
2. Die Plattform kann mit angemessenem Aufwand marktlich oder öffentlich organisiert nicht dupliziert werden, um das beherrschende Netzwerk zu „disziplinieren"; d. h. kein potenzielles Substitut kann geschaffen werden. Dies ist dann der Fall, wenn die Kosten irreversibel sind, sodass kein funktionsfähiger Konkurrenzmarkt aufgebaut werden kann.

Ein z. B. nur von Deutschland getragenes Äquivalent zu Facebook, müsste sich an dem Original messen lassen, soll es nicht als verlustträchtige Subvention zulasten der Allgemeinheit betrieben werden. Irreversible Kosten sind für ein etabliertes Unternehmen nicht mehr entscheidungsrelevant, wohl dagegen für die potenziellen Wettbewerber, da diese vor der Entscheidung stehen, ob sie in diesem Markt mitkonkurrieren können, bei dem sie gegenwärtig wohl ihren Einsatz verlieren. Für die EU war zu beurteilen, ob der monopolistische Engpass auch dann gegeben ist, wenn die Begründung der Abwesenheit von aktivem und potenziellem Wettbewerb an diesen irreversiblen Kosten festzumachen ist.

Fall 1: EU gegen Google in Sachen Kopplung von Android und Suchmaschine

Die EU-Kommission verhängt im Juli 2018 ihre bisher höchste Kartellstrafe von 4,43 Mrd. € gegen Google. Das Verfahren betrifft die Bündelung von Googles Handy-Betriebssystem Android, eine große Einnahmequelle für den US-Konzern, mit dem konzerneigenen Suchsystem. Google hat Android dazu verwendet, die Dominanz seiner Suchmaschine zu zementieren. Dieses Vorgehen hat Rivalen die Chance verwehrt, Innovationen anzubieten und aus eigenen Kräften in Wettbewerb zu treten.

Es ging um die Umstände der Lizenzierung von Android, die – so die Ursache der Anklage – eine Marktbeeinflussung mit sich bringe, da Android für viele Nachfrager ohne Alternative sei. Die Zwangslage nutze Google aus, um sein eigenes Suchsystem vorzuinstallieren. Dies erschwerte für andere den Zugang zum Markt für mobile Anwendungen. Ein ähnlich gelagerter Fall wurde 2009 gegen Microsoft verhandelt, das eine Bündelung von Windows und dem Microsoft Browser „Internet Explorer" von Kunden verlangte. Das Urteil zur Entkopplung stürzte Microsoft für einige Jahre in wirtschaftliche Schwierigkeiten. Der Unterschied zu den Fällen gegen Google und Facebook ist, dass es zum Internetexplorer zahlreiche Alternativen im kommerziellen Angebot, vor allem auch als Open-Source, gibt.

Ergebnis des Verfahrens: Vermeidung von potenzieller Marktmacht durch „Wenn-dann-Geschäfte".

Begründung: Es wird eine Tendenz zur Marktmacht darin gesehen, dass zwar alle das Open-Source Betriebssystem Android installieren und eigene Programme aufspielen können, jedoch die Nutzung der Google Variante spezielle Bedingungen enthält. Wer z. B. Googles „Play Store" installieren will, muss auch andere Google-Apps übernehmen, darunter das Google Navigationsprogramm Maps, den Internetbrowser Chrome und die Google-Suchmaschine. Solche Vorinstallationen werden ferner durch die sonstige Verweigerung der sehr populären YouTube-App erzwungen. So wurde auch den Betreibern von Mobilfunknetzen finanzielle Anreize dafür geboten, falls diese ausschließlich die Google-Suche verwenden. Da Googles Android aktuell in der EU auf einen Marktanteil von mehr als 80 % kommt, wird damit eine dominante Stellung bei den Betriebssystemen ausgenutzt, um eine andere Marktposition nicht nur abzusichern, sondern auszubauen. Die EU Kommission erreichte, dass die von Google vorgegebene Bündelung von Apps für Europa unterlassen werden muss.

Fall 2: EU gegen Google: Google-Suche und Preisvergleiche
Es sollte der Nachweis der Nutzung einer marktbeherrschenden Stellung bei der Google-Suche für Preisvergleiche und Ausnutzung des Suchverhaltens beim Google-Shopping erbracht werden.

Unternehmen, die mit bestimmten Google-Produkten konkurrieren, werden seit Jahren bei der Anzeige von Suchergebnissen benachteiligt. Da die Algorithmen der Google-Suchmaschine nicht öffentlich sind, ist ein schlagender Beweis dafür nicht zu erbringen. Die EU-Kommission und die US-Kartellbehörden entschieden sich unterschiedlich. Die USA sprachen Google von dem Vorwurf frei, die eigenen Werbekunden und Angebote zu bevorzugen. Google akzeptierte eine Wettbewerbsstrafe der EU in Höhe von 2,42 Mrd. €.

Ergebnis des Verfahrens: Nutzung einer Netzmacht bei Preisvergleichen.

Begründung: Bei der Suche durch Kunden mit der Google-Suchmaschine werden die von Händlern platzierten Anzeigen mit Fotos, Preisen und Links präsentiert. Diese Anzeigen könnten gleichberechtigt mit den restlichen Treffern gereiht und eingeblendet sein. Google jedoch habe seine Kunden in den Suchlisten ganz oben platziert und Vergleichsleistungen der Konkurrenz herabgestuft, lautete der Befund der EU-Kommission. Die Google-Suchmaschine hat in der EU einen Marktanteil von mehr als 90 % und Google nutze die marktbeherrschende Stellung zur Bevorzugung der eigenen Preisvergleiche, z. B. wenn es sich um Google-Werbekunden handelt. Die Reihung der Google-Suche sei nicht allein von der unbeeinflussten Selektion der Suchmaschine bestimmt, was für die Nutzer nicht erkennbar sei.

Fall 3: CNIL (Frankreich) gegen Google, Facebook, WhatsApp und Instagram: Missachtung der DSGVO

Die NGO „La Quadrature du Net“ aus Frankreich sowie der österreichische Datenschutzaktivist Max Schrems haben gegen Google und Facebook Klage eingereicht, dass sowohl Facebook, Google, Instagram und WhatsApp gegen die Datenschutzbestimmungen der DSGVO verstoßen. Es handelt sich um mangelnde Informationen zur Zustimmung der Nutzung von persönlichen Daten. Die Informationen seien zwar vorhanden, aber für die Nutzer in nicht zumutbarer Weise über verschiedene Dokumente verteilt.

Ergebnis des Verfahrens: Im Mai 2018 ist Google zu 50 Mio. € Bußgeld verurteilt worden. Ferner ist nun die Datenschutzbehörde des Landes der EU, in dem sich die Hauptverwaltung des angeklagten Unternehmens befindet, für alle grenzüberschreitenden Fälle in Europa zuständig.

Begründung: Es sei nicht nachvollziehbar, welche Dienste jeweils für die Sammlung der persönlichen Daten herangezogen werden. Es ist nicht ersichtlich, wie bei der Vielfalt der beteiligten Dienste, eine Genehmigung zur Speicherung und Verarbeitung nach der DSGVO hätte erfolgen können. Man nahm an, dass eine bewusste Verschleierung der Rechte durch Konfusion der Nutzer beabsichtigt war. Bis auf die letzte Antwort an der direkten Schnittstelle zum Nutzer sei eine Vorauswahl an Zustimmungen bereits getroffen, die vom Nutzer so nicht wahrgenommen wurden. Besonders gravierend wird vermerkt, dass ein grundsätzlicher Widerspruch zu der Datensammlung nicht möglich sei.

2.4.5.2 Fallstudie: Bundeskartellamt zu Facebook und DSGVO

Der Bundesgerichtshof hat den Begriff der Unangemessenheit eingeführt, wonach die Bedingungen für den Datenschutz in einer ungleichgewichtigen Vertragsposition überprüft werden können. Im konkreten Fall hat das Bundeskartellamt die Auslegungen der DSGVO durch Facebook an Hand der Zielvorgabe bewertet, ob ein Nutzer selbstbestimmt und freiwillig über den Umgang mit seinen personenbezogenen Daten entscheiden kann.

Die Konformität mit der DSGVO wurde an zahlreichen Fällen überprüft und hat fast immer zu positiven Entscheidungen geführt, wobei die aufgeführten Urteile Präzedenzcharakter haben:

1. Alle zu Facebook gehörenden Dienste wie WhatsApp und Instagram können Daten weiter sammeln, dürfen sie jedoch nur mit expliziter Einwilligung einem Nutzerkonto zuordnen.
2. Die Sammlung und Zuordnung von Daten von Drittwebseiten zum Facebook-Nutzerkonto ist nur noch dann möglich, wenn der Nutzer in die Zuordnung einwilligt.
3. Facebook muss für die Zuordnung und Auswertung von Daten bei fehlenden Lösungsvorschlägen dem Amt vorlegen, wie die Vorwürfe beseitigt werden. Dazu wird Facebook eine zwölfmonatige Umsetzungsfrist auferlegt, um die Nutzungsbedingungen und ihre Durchführung und die Daten- sowie Cookie-Richtlinie anzupassen.

Die Überprüfung der Verarbeitungskonditionen anhand datenschutzrechtlicher Wertungen, insbesondere nach der DSGVO, hat ergeben, dass Facebook keine überzeugende Rechtfertigung für die Erhebung von Daten aus anderen Diensten sowie aus Facebook „Business Tools" und zur Verknüpfung der Daten mit anderen Facebook-Konten hat. Nach den Geschäftsbedingungen von Facebook können Nutzer das soziale Netzwerk bislang nur unter der Voraussetzung nutzen, dass Facebook auch außerhalb der Facebook-Seite Daten über den Nutzer im Internet oder auf Smartphone-Apps sammelt und dem Facebook-Nutzerkonto zuordnet (Bundeskartellamt 2016).

2.5 Protektion durch Innovationen der DSGVO

Die gegenwärtigen passiven Prinzipien der DSGVO stehen vor fünf Herausforderungen, sollte die Informationsmacht der Datensammler durch eine Stärkung der aktiven Rechte der Datensubjekte begrenzt werden können: 1) Die Fortschritte der Datenanalyse ermöglichen, dass anonyme Daten re-identifiziert oder de-anonymisiert werden. 2) Das Dienstportfolio der Netzwerktore lässt keinen Ansatzpunkt erkennen, der als Sollbruchstelle für eine Zerschlagung nach dem geltenden Kartellrecht zur Erhöhung des Wettbewerbs infrage käme. 3) Die doppelte Geheimhaltung muss sich angesichts des realen Verhaltens der Nutzer rechtfertigen, was denn wirklich die nachhaltigen Ziele sind, ebenso ist die Geheimhaltung der Netzwerktore nur möglich, da bislang eine Normierung der Rechtfertigungspflicht aussteht. 4) Der Datenschutz wird als Hindernis für die Innovation gesehen. 5) Die DSGVO ist weder ein wirklicher Schutz für Daten noch eine ausreichende Protektion von Personen.

Ein Paradigmenwechsel des Datenschutzes wäre die Aufhebung des doppelten Geheimhaltungsprinzips durch Transparenz der Datenpräsentation als Regeldienst der Netzwerktore. Dadurch könnten Daten „geteilt" genutzt werden, ohne sie real aufzuteilen. Die Voraussetzung dazu ist nicht, wie früher bei IBM und Microsoft, das Kartellrecht, sondern die Aufnahme der Rechtfertigungspflicht für Netzwerktore in eine zukünftige Regulierung. Es ist nicht zu erwarten, dass dieser Paradigmenwechsel des Datenschutzes sehr rasch eintritt. Da, nach einer Denkschrift des MIT, allerdings die Geheimhaltung nicht für die Schaffung einer nachhaltigen digitalen Ordnung als geeignet angesehen wird, ist die Transparenz die wirkliche Alternative, will man auf Datenschutz nicht verzichten und einer Dominanz der Netzwerktore entgegenwirken, die sich inzwischen auf die Normenebene ausweitet (Negroponte und Palmisano 2017). Dies entspricht durchaus auch europäischem Gedankengut, da bereits bei der DSGVO den Nutzern über die Entscheidung „Ja" oder „Nein" hinaus aktive Instrumente an die Hand gegeben werden, um auf die Big Data Einfluss auszuüben. Zu den Werkzeugen gehören, das im Art. 17 der DSGVO genannte Recht auf Vergessen und das im Art. 20 spezifizierte Recht auf Datenportabilität sowie das im Artikel 21 genannte „Recht auf Widerspruch gegen automatisierte Entscheidungsfindung" einschließlich der Profilerstellung. Nicht oder noch nicht zu einer zukünftigen Regulierung zur Protektion gehören die Vorschläge zur Interoperabilität, die vor allem von NGOs (Non-Government Organization) und von der IETF (Internet Engineering Task Force) zur Stärkung der Nutzerseite gefordert werden und die Vertrauensdatenbanken.

In Abb. 2.7 ist unter Nutzung der Struktur einer datengetriebenen Transaktion beispielhaft für die aktiven Dienste von Google und Facebook dargestellt, welche Auswirkungen

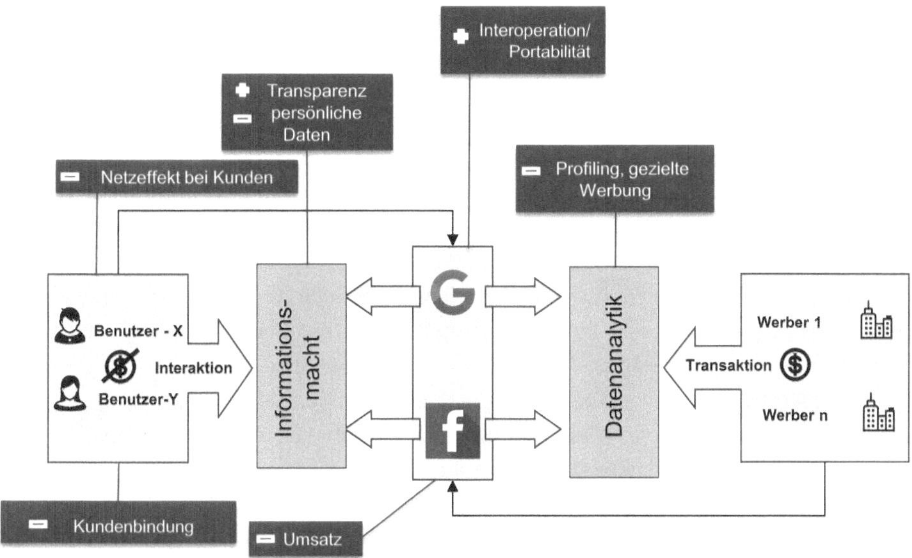

Abb. 2.7 Wettbewerbseffekte der modernen Datenschutzrechte. (Nach Nolte 2018)

mit den Innovationen der DSGVO, einer gemeinsamen Interoperation und mit Vertrauensdatenbanken für die Stärkung des Wettbewerbs erreicht werden können.

Der Anreiz persönliche Daten zu sammeln bleibt für Netzwerktore unverändert hoch, womit die Wettbewerbsfähigkeit zwar auf der Werbeseite erhöht wird, die hegemoniale Stellung der Netzwerktore aber ebenfalls. So darf die Aufsichtsbehörde zwar „öffentliches Bewusstsein" fördern, soll aber nach Art. 57, Absatz 1 die Nutzer bei der Datenpreisgabe nicht beeinflussen. Die DSGVO verteuert aktuell die Datenhaltung nur marginal. Man kann die Absicht zur Stärkung der Nutzer anerkennen, aber auch als „Schaufensterteil" einer nicht wirklich auf Begrenzung der Informationsmacht ausgerichteten Regulierung bezeichnen.

2.5.1 Recht auf Vergessen der DSGVO

Das Recht auf Vergessenwerden wurde innerhalb der DSGVO in das „Recht auf Löschung" umgewandelt. Zusätzlich existiert eine lange Liste von Ausnahmeregelungen, was die Wirksamkeit und Schärfe beeinträchtigt (Mantelero 2013). Das Recht steht für das Privileg von natürlichen Personen über alle Typen von Daten zu verfügen, unabhängig vom technischen oder finanziellen Aufwand. Das richtungsgebende französischen Gesetz mit dem „Recht auf Vergessenwerden" sieht vor, einen verurteilten Straftäter vor der Veröffentlichung des Sachverhalts seiner Verurteilung zu schützen, wenn nach der Bestrafung eine Rehabilitierung stattgefunden hat. Da die Löschung wirtschaftliche Nachteile für die Plattformen bedeuten kann, ist das Recht auf Vergessen als Zahlungsausgleich für die Vorteile der Speicherung und Verwendung der Daten anzusehen. Für das Verhalten der Datensammler gibt es zwei rationale Wege zum Umgang mit dem Recht auf Vergessen: Zum einen kann das Bewusstsein für potenzielle Datenschutzprobleme verringert werden, da man ja jederzeit löschen kann. In diesem Fall würde eine Plattform das Ausmaß der offenbarten, gesammelten, verteilten und analysierten persönlichen Daten verschleiern. Solche Verhaltensmuster sind keineswegs selten und können für Facebook in zahlreichen Fällen nachgewiesen werden (Economist 2019a). Nach Artikel 12–14 der DSGVO sind Irreführung oder Verschleierung jedoch keine legalen Optionen und führen zu Sanktionen. Zum anderen können die Plattformen das Vertrauen der Nutzer stärken, sodass weniger Anreize gegeben sind, um das Recht auf Löschen geltend zu machen. Eine Möglichkeit dazu besteht in einer vollständigen Transparenz der Daten gegenüber dem Nutzer. Sehr häufig wollen Nutzer Daten auch mit anderen teilen oder auf eine Zielgruppe und ein vorgegebenes Projekt begrenzen. Google bietet solche Dienste bereits an. Die Einschränkung der Datenbeständigkeit schränkt das Verfallsdatum ein, denn nach Ablauf dieser Frist wird das Datum entweder gelöscht oder unentdeckbar gemacht. Diese Funktion ist durch die Smartphone-Anwendung „Snapchat" populär geworden, wobei Nachrichten und Geschichten nur 24 h lang verfügbar bleiben und danach vor den Benutzern verborgen werden. Facebook experimentierte mit einer ähnlichen Funktion namens „slingshot" („Schleuder"). Der positive Nebeneffekt für die Datensammler und Werbetreibenden ist, dass die Daten in ihren Datenbanken bleiben und weiterhin für Werbung verwendet werden können.

Bislang erhöht das Recht auf Löschen nur die Privatsphäre der Nutzer gegenüber anderen Nutzern und Dritten in Bezug auf „Zielgruppentrennung" (audience segregation) und „Datenbeständigkeit" (data durability). Das Recht auf Vergessenwerden hat damit keine Auswirkungen auf direkte und indirekte Netzeffekte und dient nicht der Stärkung des Wettbewerbs oder erhöht gar die Wertigkeit des Datenschutzes nach Abb. 2.7. Die Nutzer sind weiterhin Lock-in-Effekten sowie Wechselkosten unterworfen und werden sich daher unabhängig von den Datenschutzvorkehrungen für oder gegen eine Plattform entscheiden, soweit dies mangels Wettbewerbes möglich ist.

2.5.2 Recht auf Datenportabilität der DSGVO

Das „Recht auf Datenportabilität" steht für den Anspruch der Nutzer, alle sie betreffenden persönlichen Daten in einem „allgemein gebräuchlichen und maschinenlesbaren Format" bereitgestellt und übergeben zu bekommen. Dies schließt das Recht ein, sie an einen Dritten zu übermitteln. Technisch ist dies jedoch mit erheblichen Problemen verbunden, da ein einfaches und zuverlässiges Herunterladen von einer Plattform, und das Hochladen zu einer neuen, nicht gewährleistet ist. Dies liegt auch daran, dass die Netzwerktore eine gemeinsame Plattform zur Interoperation bislang vermieden haben. Man könnte nun annehmen, dass sich z. B. das Datenformat des Marktführers Facebook durchsetzen wird. Dies aber ist möglicherweise von Facebook so nicht gewollt, da damit die eigene Informationsmacht geschwächt werden würde.

Mit der Datenportabilität ist nach Abb. 2.7 eine deutliche Senkung der Wechselkosten und eine Abschwächung des Lock-in-Effekts verbunden. Dies verringert den Aufwand von Marktneulingen, neue Nutzer zu gewinnen, da die Daten nicht mehr ausschließlich von den führenden Dienstleistern „ummauert" werden können, wie dies heute zwischen Facebook und Google geschieht. Dennoch ist gegenwärtig ein freier Datenfluss zwischen den wichtigsten Netzwerktoren nicht möglich, solange deren Geheimhaltung nicht durch eine Rechtfertigungspflicht beendet wird (Berners-Lee 2010; Negroponte und Palmisano 2017). Das „Recht auf Datenportabilität" ist wegen der erheblichen Aufwendungen, die übertragenen Daten in ein gleichwertiges Geflecht an Diensten und informationellen Beziehungen einzuordnen, durchaus auch eine Markteintrittsbarriere und gefährdet bei einem Ausscheiden einer Plattform die Daten und den Datenschutz für die Nutzer. Der geringe Erfolg von Google+ und das Zurückhalten von Google bei der auf den ersten Blick sie bevorzugenden Datenportabilität, ist ein Hinweis auf die technischen und finanziellen Herausforderungen, die mit diesem Recht verbunden sind. Auch für die Nutzer gibt es negative Seiten. Während Daten übertragbar werden, verbleibt der „Freundeskreis" möglicherweise auf der alten Plattform, wodurch viele persönliche Daten ihren Kontext verlieren und wertlos werden können.

Im gegenwärtigen Zustand hat die Datenportabilität aus Benutzerperspektive nach Abb. 2.7 keinen Einfluss auf die direkten Netzeffekte. Es ist jedoch zu erwarten, dass der Wettbewerb um die Zeit und Aufmerksamkeit der Nutzer zunehmen wird. Als Fazit bleibt festzustellen, dass das „Recht auf Datenportabilität" den Wettbewerb um Nutzer, nicht jedoch um deren Privatsphäre erhöhen wird. Im aktuellen Zustand ist eher von einem negativen als einem positiven Nudging für den Datenschutz durch die Datenübertragbarkeit auszugehen.

2.5.3 Stärkung durch Interoperabilität?

Eine abgeschlossene und nur für die eigene Plattform und seine Nutzer zuständige Interoperabilität steigert gegenwärtig die Informationsmacht aller Netzwerktore und reduziert die Wirksamkeit der aktiven Rechte der DSGVO. Dies muss nicht so sein. Im Gegenteil, da die Interoperation mit einer Infrastruktur auf dem Internet durchgeführt werden könnte, würde ein „Herausbrechen" dieser Funktion aus den Netzwerktoren deren Informationsmacht einschränken.

Interoperabel zu sein bedeutet, dass die Systeme, Verfahren und der Austausch von Daten zwischen den Akteuren so verwaltet werden, dass die Möglichkeit einer nahtlosen Interaktion inklusive der Weiter- und Wiederverwendung von Daten auch zwischen den Plattformen stattfinden kann (Grasser 2015). Erst dann begünstigt eine Plattform niemanden und steht allen Teilnehmern gleichermaßen zugänglich und nutzbar zur Verfügung (EC 2017). Eine Alternative wäre es, die Infrastruktur der Interoperation zur öffentlichen Einrichtung zu machen und die Plattformen zu deren Nutzung zu verpflichten.

Gegenwärtig handelt es sich bei den Plattformen um vollständig geschlossene Systeme, die Daten voneinander und von Nutzern abschirmen. Wirtschaftlich gesehen würde eine offene Interoperation die Informationsmacht der Netzwerktore reduzieren, die Landnahme einschränken und alle ihre Geschäftsmodelle ändern, wenn die Voraussetzung auf Wettbewerb erfüllt wäre. Es ist kein Wunder, dass die Netzwerktore eine offene Interoperation klein zu halten versuchen. Bislang kommt allerdings eine solche Forderung weder von den Datensubjekten, der Wirtschaft oder der Regulierung. Nur die IETF und wenige NGOs versuchen, eine gemeinsame Infrastruktur für Interoperationen zu fördern und zu fordern.

Eine offene Interoperation wird nach Abb. 2.7 die direkten Netzeffekte zwischen Teilnehmern des gleichen Netzwerks mildern oder sogar ganz beseitigen. Die Notwendigkeit, dass alle Interaktionspartner Mitglieder desselben sozialen Netzes sein müssten, entfällt und lockert daher den Bindungseffekt (Lock-in-Effekt), sobald die Interoperabilität mit der Datenportabilität kombiniert werden würde.

Mit dem Wegfall der direkten Netzeffekte gewinnt die Nutzerfreundlichkeit (usability) und das Vertrauen in die Infrastruktur an Bedeutung. Die Größe der Netzwerktore könnte allerdings durch ein attraktives Angebot verbunden mit Transparenz den Wunsch nach einer Unterscheidung von „innen" und „außen" austrocknen.

Die Vergrößerung der Teilnehmerzahlen ist bei einer funktionierenden Interoperation nicht mehr das einzige Kriterium für Informationsmacht, sondern dazu kommen technische und soziale Faktoren, wie z. B. Vertrauen und Aufmerksamkeit für die Dienste einer Plattform. Entfallen die indirekten Netzeffekte zwischen den Nutzern und den Werbetreibenden und verlieren auf Nutzerseite die Bindungseffekte (Lock-In-Effekte) an Bedeutung, bilden die Interoperationen ein Netzwerk auf dem Netzwerk, das dafür sorgt, dass ein Ausgleich der Informationsmacht stattfinden kann. Damit deutet eine offene Interoperation auf eine Zukunft nach der Hegemonie der heutigen Netzwerktoren hin. Da schon heute überall neue Plattformen und Ökosysteme für spezielle Interoperationen entstehen, ist deren Verbund zu „Hyperökosystemen" zu erwarten. Richtungsweisend bleibt das System „OpenSocial", das derzeit von MySpace, StudiVZ und Xing unterstützt und eingesetzt wird (Jacobs 2014). Facebook z. B. kann dadurch zwar aktuell nicht gefährdet werden, aber Respekt vor der Perspektive dieser Vorhaben ist eventuell dadurch ausgedrückt, dass Facebook OpenSocial nicht anbietet. Man verzichtet lieber auf Nutzer, die nicht kontrollierbar sind. Es ist zu erwarten, dass die Interoperabilität einen anstoßenden Nudging-Effekt auf den Datenschutz haben kann, sollte OpenSocial oder ein Standard mit ähnlichen Zielen die Interoperation zu einem öffentlichen Gut machen.

2.5.4   Die zwei Gesichter von Vertrauensbanken?

Eine „Privacy Trust Bank" (PTB) oder eine Vertrauensdatenbank ist ein digitaler Dienstleister, der als Vermittler der Transaktionen zwischen den Nutzern und den Plattformen für den Datenschutz sorgt (Nolte 2018). Das Konzept geht auf Clarkes Vorstellung einer „digitalen Persona" aus den 90er Jahren zurück, die er 2014 überarbeitet hat (Clarke 2014). Persönliche Daten werden bei einem vertrauenswürdigen Dritten – eben der Vertrauensdatenbank – gespeichert und von dieser für konkrete Zwecke, die von den Nutzern gewollt sind, bei Dienstleistern zur Steigerung der Verhandlungsmacht eingesetzt. Ein Nutzer hat den gewohnten Zugang zu den favorisierten Dienstleistern und gewährt diesen als Bezahlung für die erlaubte Nutzung einen kontrollierten Zugang zu seinen persönlichen Daten, die bei der Vertrauensdatenbank deponiert sind (Nilakanta und Scheibe 2005). Das dezentrale Authentifizierungsprotokoll OpenID, mit dem sich Benutzer mit ihren Yahoo-, Microsoft- oder Google-Konten bei Drittdiensten anmelden und den Zugang zu Daten dieser Dienstleister selbst verwalten, umfasst den wichtigsten Teil der Funktionen einer Vertrauensdatenbank (Arrington 2008). Einen dazu verwandten Dienst bietet auch Facebook, der es Benutzern gestattet, von ihren Facebook-Konten sich bei externen Anwendungen anzumelden.

Trotz der technischen Machbarkeit durch wichtige Plattformen und der Nützlichkeit für den Datenschutz existiert bis heute keine erfolgreiche PTB. Die Ursache ist, dass für die Nutzer keine Vorteile entstehen, ja sogar ihr Aufwand sich vergrößert. Die anreizrelevanten Auswirkungen liegen vielmehr bei der Datenportabilität, da dabei die Kosten für einen Datentransfer sinken. Sollte die Interoperabilität der PTB sehr groß sein, steigt die Nutzerfreundlichkeit, während gleichzeitig der Aufwand sinkt, da über diese PTB die Nutzer mit allen erreichbaren Plattformen verbunden werden können. Bis auf Open-Social sind gemeinsame Systeme zur Interoperabilität nicht vorhanden. Wäre dies der Fall, dann wird der Unterschied von PTB und Netzwerktor sehr gering. Der Einfluss einer PTB wächst ähnlich den Netzwerktoren mit der Nutzerzahl und stärkt dadurch ihre Verhandlungsmacht. Im Gegensatz zu einem einzelnen Nutzer kann eine PTB den Datenzugriff auf die Big Data und die Bezahlung durch persönliche Daten jedoch aktiv beeinflussen.

Bislang ist OpenID das einzige Werkzeug, das von Vertrauensdatenbanken wegen seiner dezentralen Architektur angewandt werden könnte. Daraus entsteht jedoch ein Vertrauensrisiko oder das zweite Gesicht der PTB, sollte sie sich im Laufe der Zeit – Erfolg und Akzeptanz vorausgesetzt – zu einem Spiegel aller Plattformen entwickeln. Zum Ersten einen befähigt die Identität nach einer einmaligen dezentralen Registrierung zum Betrieb eines persönlichen OpenID-Servers, womit die Vertrauenswürdigkeit der Identität eingeschränkt wird. Zum Zweiten könnten die Vertrauensdatenbanken leicht die Seiten wechseln und die Rolle der Netzwerktore einnehmen. Sie sind nach Berners-Lee geschlossene Silos, die von anderen Silos umgeben sind und keinen Einblick in das Innere freigeben (Berners-Lee 2010). Die „ummauerten" Daten und das Recht, diese für kommerzielle Zwecke zu verwenden sind die Grundlage aller Plattformen inkl. einer PTB. Zum Dritten führen alle Angriffe auf eine Vertrauensdatenbank zu Abhängigkeiten, die die Existenz aller Dienstplattformen gefährden. Ein erfolgsversprechendes Geschäftsmodell für Vertrauensdatenbanken ist daher nur unter dem Mantel des Verbraucherschutzes vorstellbar. Entweder stellen die PTBs ihre Leistungen zum Datenschutz in Rechnung oder sie übernehmen das Geschäftsmodell der Plattformen und nutzen die anvertrauten persönlichen Daten kommerziell, um profitabel zu werden. Die erste Option würde ihren möglichen Kundenstamm verringern, da die Zahlungsbereitschaft für Datenschutz gering ist (Acquisti et al. 2013). Die zweite Option ist mit einem unlösbaren Interessenkonflikt verbunden. Was zählt mehr, die Gewinne oder der Datenschutz?

Nutzer sind nach Abb. 2.7 weiterhin Bindungseffekten und entsprechenden Wechselkostenbarrieren, ebenso wie Netzwerkeffekten ausgesetzt. Die Monopoltendenzen sind nicht ausgeschlossen, da eine PTB erst mit einer großen Teilnehmerzahl eine starke Marktmacht darstellt: Die Reaktion der Netzwerktore auf die Existenz von Vertrauensdatenbanken wäre die von Konkurrenten. Eine PTB zwingt die Plattformen in einen Wettbewerb um Datenminimierung und Datenschutz, aber auch um Benutzerzeit und Aufmerksamkeit. Zwar erhöht sich die Transparenz, die Datenkontrolle und die Privatsphäre der Benutzer und es sinken die Wechselkosten, aber gleichzeitig bleibt wegen der großen Vertrauenslücken die Gefahr der Überwachung.

Literatur

Accorsi R (2012) A secure log architecture to support remote auditing. Math Comput Model 57(7–8):1578–1591

Accorsi R, Müller G (2013) Preventive inference control in data centric business. 2nd IEEE security and privacy. San Francisco, S 28–33

Accorsi R, Zimmermann C, Müller G (2012) On taming the inference threat in social networks. In: Privacy and data protection technology (PDPT). Amsterdam. https://staff.fnwi.uva.nl/g.j.vantnoordende/pdpt/2012/accorsi.pdf. S 1–5 Zugegriffen: 15. Mai 2016

Acquisti A (2009) Nudging privacy: the behavioral economics of personal information. IEEE Security & Priv 7(6):72–75

Acquisti A (2017) The economics of personal data and the economics of privacy. Carnegie Mellon University. http://repository.cmu.edu/heinzworks/332/. Zugegriffen: 10. Mai 2016

Acquisti A, Grossklags J (2003) Losses, gains and hyperbolic discounting: an experimental approach to information security attitudes and behaviour. 2nd annual workshop on economics and information security. http://www.infosecon.net/workshop/downloads/2003/pdf/Final_session6_acquisti.pdf. S 1–34 Zugegriffen: 27. Juli 2019

Acquisti A, Grossklags J (2007) When 25 cent is too much: an experiment on willingness-to-sell and willingness-to-protect personal information. Proceedings on the 6th Workshop on the Economics of Information Security (WEIS) https://www.econinfosec.org/archive/weis2007/papers/66.pdf. Zugegriffen: 27. Juli 2019

Acquisti A, John LK, Loewenstein G (2013) What is privacy worth? J Leg Stud 42(2):249–274

Adomavicius G (2008) Making sense of technology trends in the information technology landscape. MIS Q 32(4):779–809

Anonymizer Proxy Server (2008). http://www.anonymizer.com/Anonymizer. Zugegriffen: 15. Nov. 2018

Arrington M (2008) OpenID Welcomes Microsoft, Google, Verisign and IBM. https://goo.gl/eRHe1Z. Zugegriffen: 18. Nov. 2018

Arthur D. Little (2011) Study future of advertising. denkwerk Medien. NRW. September 2011. S 21

Axon L (2017) Privacy-awareness in blockchain-based PKI. https://ora.ox.ac.uk/objects/uuid:8bd33c4f-5614-400e-b958-48e53fe1b342/download_file?safe_filename=SECRYPT_2017.pdf. Zugegriffen: 15. Nov. 2018

Baek YM (2014) Solving the privacy paradox: a counter-argument experimental approach. Computers Hum Behav 38:33–42

Bapna R, Jank W, Shmueli G (2008) Consumer surplus in online auctions. Inf Syst Res 19(4). http://papers.ssrn.com/sol3/papers.cfm?abstract_id=840264. Zugegriffen: 15. Nov. 2018

Barnes S (2006) A privacy paradox: social networking in the united states. First Monday. 11(9):139

Beliger A, Krieger D (2018) You have zero privacy anyway – get over it. Inform Spektrum 41(5):328–348

Berendt B, Günther O, Spiekermann S (2005) Privacy in E-Commerce: stated preferences vs. actual behaviour. Communications of the ACM 48(4):101–106

Beresford A, Kübler D, Preibusch S (2010) Unwillingness to pay for privacy: a field experiment. IZA Discussion Paper No. 5017

Bergelson V (2003) It's personal but is it mine? Toward property rights in personal information. U.C. Davis Law Rev 37:379–452

Berners-Lee T (2010) Long live the web. Sci Am 303(6):80–85

Berners-Lee T (2018) One small Step for the Web. https://medium.com/@timberners_lee/one-small-step-for-the-web-87f92217d085. Zugegriffen: 7. Apr. 2019

Blarkom G, Borking J, Olk J (2003) Handbook of privacy and privacy-enhancing technologies. Pisa Consortium. The Hague, Netherlands

Boyd D, Crawford K (2012) Critical questions for big data. Inf, Commun Soc 15(5):662–679

Brauer M (2018) Das Darknet – Schutzraum für politisch Verfolgte oder Tummelplatz für Kriminelle? Uni Greifswald. https://www.darknet-anwalt.de/wp-content/uploads/2018/Das_Darknet.pdf. Zugegriffen: 15. Juni 2019

Brynjolfsson E (2003) Consumer surplus in the digital economy: estimating the value of increased product variety at online booksellers. Manage sci 49(11):1580–1596

Bundesamt für Sicherheit in der Informationstechnik (2018) eIDAS. https://www.bsi.bund.de/DE/Themen/DigitaleGesellschaft/eIDAS/eIDAS. Zugegriffen: 18. Mai 2019

Bundeskartellamt (2016) Think tank internet. Arbeitspapier – Marktmacht von Plattformen und Netzwerken. Az. B6-113/15. Bonn

Camenisch J, Herreweghen EV (2002) Design and implementation of the idemix anonymous credential system. In: Proceedings of the 9th ACM conference on Computer and Communications Security. S 21–30

Castells M (2017) Der Aufstieg der Netzwerkgesellschaft. Das Informationszeitalter, 2. Aufl. Springer, Wiesbaden

CCIB (2006) Common criteria for information technology security evaluation. Part 1: Introduction and general model. September 2006

Ceri S, Dolog P, Matera M, Nejdl W (2004) Model-driven design of web applications with client-side adaptation. In: ICWE 2004. LNCS. Bd 3140. S 201–214

Chance C (2017) Smart contracts. www.cliffordchance.com/briefings/2017/06/smart_contracts. Zugegriffen: 15. Nov. 2018

Chapin A, Greenstadt R, Santell J (2017) How privacy flaws affect consumer perception. Unpublished manuscript

Chaum D (1981) Untraceable electronic mail, return addresses, and digital pseudonyms. Communications of the ACM. S 84–90

Christensen CM, Raynor M, Mc Donald R (2015) What is disruptive innovation? https://hbr.org/2015/12/What-is-disruptive-innovation. Zugegriffen: 15. Nov. 2018

Clarke R (2014) Persona missing, feared drowned. The digital persona concept, two decades later. Inf Technol People 27(2):182–207

Couldry N (2019) Datenkolonialismus. https://www.hiig.de/events/nick-couldry-datenkolonialismus-digitale-gesellschaft/. Zugegriffen: 30. Apr. 2019

Dhar V (2013) Data science and prediction. Communications of the ACM 56(12):64–78

Dingledine R, Mathewson N, Syverson, P (2004) Tor: The second-generation onion router. Naval Research Lab Washington DC. Tech. Rep.

EC (2017) European committee for interoperable systems: interoperability & intraoperability. https://goo.gl/Wr5vGJ. Zugegriffen: 15. Nov. 2018

Eckert C (2018) IT-Sicherheit, Konzepte – Verfahren – Protokolle. De Gruyter, Berlin

Economist (2018a) Intelligent economies: AI's transformation of industries and society, intelligent economies: AI's transformation of Industries and Society. https://eiuperspectives.economist.com/sites/default/files/EIU_Microsoft-20–Intelligent-Economies_AI's-transformation-of-industries-and-society.pdf. Zugegriffen: 15. Nov. 2018

Economist (2018b) Technology firms are both the friend and the foe of competition. In: Economist Special Report: The Tech Antitrust Paradox https://www.economist.com/special-report/2018/11/15/technology-firms-are-both-the-friend-and-the-foe-of-competition. Zugegriffen: 27. Juli 2019

Economist (2019a) The European Union struggles to extract more from tech firms, Dezember 2018 https://www.economist.com/business/2018/12/08/the-european-union-struggles-to-extract-more-from-tech-firms. Zugegriffen: 27. Juli 2019

European Commission (2012) Proposal for a regulation of the European parliament and of the council on the protection of individuals with regard to the processing of personal data and on the free movement of such data (General Data Protection Regulation). Procedure 2012/0010/COD

Fichman RG, Santos BL, Zheng ZE (2014) Digital innovation. MIS Q 38(2):329–343

Fischer-Hübner S, Hedbom H, Wästlund E (2011) Trust and assurance HCI. In: Camenisch J, Fischer-Hübner S, Rannenberg K (Hrsg) Privacy and identity management for life. Springer, Berlin, S 245–260

Fischer-Hübner S, Angulo J, Karegar F, Pulls T (2016) Transparency, privacy and trust – technology for tracking and controlling my data disclosures: does this work? IFIPTM 2016. S 3–14

Flament P C A (2016) Blockchain technology: a general purpose technology for the decentralization of governance. Universite Libre de Bruxelles. Masterthesis. Ing. Solvay Brussels School

Gillespie T (2018) Custodians of the Internet Platforms, Content Moderation and the hidden Decisions that shape Social Media. Yale University Press, New Haven

Google (2015) My account. https://myaccount.google.com. Zugegriffen: 15. Juni 2019

Grafenstein M (2018) The principle of purpose limitation. In: Data Protection Laws. Nomos. https://www.hiig.de/publication/the-principle-of-purpose-limitation-in-data-protection-laws-the-risk-based-approach-principles-and-private-standards-as-elements-for-regulating-innovation/. Zugegriffen: 15. Nov. 2018

Grasser U (2015) Interoperability in digital ecosystems. Berkman Klein Center for Internet and Society. Publication No. 2015–13. http://nrs.harvard.edu/urn-3:HUL.InstRepos:28552584 Cambridge. Zugegriffen: 15. Nov. 2018

Haas S, Wohlgemuth S, Echizen I, Sonehara N, Müller G (2011) Aspects of privacy for electronic health records. Int J Med Inform 80(2):26–31 (Special Issue: Security in Health Information Systems)

Hansen M (2008) Marrying transparency tools with user-controlled identity management. In: The Future of Identity in the Information Society. IFIP, Bd 262. Springer, Boston, S 199–220

Heiden I, Wersig M (2018) Preisdifferenzierung nach Geschlecht in Deutschland. Nomos, Baden-Baden

Heurix JP, Zimmermann T, Neubauer S, Fenz S (2015) A taxonomy for privacy enhancing technologies. Computers & Security 53:1–17

Hinz O, Eckert J (2010) Der Einfluss von Such- und Empfehlungssystemen auf den Absatz im Electronic Commerce. Wirtschaftsinformatik 52(2):65–77

Hoffmann-Riem W, Fritzsche S (2009) Innovationsverantwortung. In: Eifert M, Hoffmann-Riem W (Hrsg) Innovation und Recht. Duncker & Humblot, Berlin, S 11–41

Iansiti M, Lakhani R (2014) Digital ubiquity: how connections, sensors, and data are revolutionizing business. https://hbr.org/2014/11/digital-ubiquity-how-connections-sensors-and-data-are-revolutionizing-business. Zugegriffen: 15. Nov. 2018

Iansiti M, Lakhani K (2018) Die neuen Monopole. Harvard Business Manager. Edition 3. S 24–31

Jacobs I (2014) Open social foundation moves standards work to W3C social web activity. https://goo.gl/2GTUCa. Zugegriffen: 15. Nov. 2018

Kaiser J (2003) Besteht eine Beziehung zwischen Nutzbarkeit und Sicherheit? Praxis der Informationsverarbeitung und Kommunikation 26(1):48–51

Kaiser J, Reichenbach M (2002) Evaluating security tools towards usable security. Proceedings of the IFIP 17th world computer congress – TC13 stream on usability: gaining a competitive edge. S 125–131

Kamann H-G (2016) Kartellrecht und Datenschutzrecht. Verhältnis einer „Hass-Liebe "? In: Immenga U, Körber T (Hrsg) Daten und Wettbewerb in der digitalen Ökonomie. Nomos, S 59–80

Karjoth G, Schunter M, Waidner M (2003) Plattform for enterprise privacy practices: privacy-enabled management of customer data. 2nd workshop on privacy enhancing technologies. LNCS 2482. S 69–84

Knieps G (2015) Network economics: principles – strategies – competition policy. Springer Texts in Business and Economics. Springer

Kobsa A (2007) The adaptive web. In: Privacy-Enhanced Web Personalization. Springer, S 628–670

Kosinski M, Stilwell D, Graepel T (2013) Private traits and attributes are predictable from digital records and human behaviour. PNAS 4:5802–5805

Kurz C (2016) Kriecht aus dem fiesen Darknet das Unheil der Welt? https://netzpolitik.org/2016/kommentar-kriecht-aus-dem-fiesen-darknet-das-unheil-der-welt. Zugegriffen: 15. Nov. 2018

Lanier J (2014) Who owns the future? Simon & Schuster, New York

Lanier J (2018) Zehn Gründe, warum Du Deine Social Media Accounts sofort löschen musst. Hoffmann und Campe, Hamburg

Lobe A (2017) Gebt die Algorithmen frei! Strategien der Digitalkonzerne. http://www.faz.net/-gqz-8z26h. Zugegriffen: 15. Nov. 2018

Mantelero A (2013) The EU proposal for a general data protection regulation and the roots of the ‚Right to be Forgotten'. Computer Law & Security Rev 29(3):229–235

Mayer-Schönberger V, Cukier K (2012) Big data: a revolution that transforms how we work, live, and think. Houghton Mifflin Harcourt

McKinsey (2018) Blockchain beyond the hype: what is the strategic business value? https://www.mckinsey.com/business-functions/digital-mckinsey/our-insights/blockchain-beyond-the-hype-what-is-the-strategic-business-value. Zugegriffen: 15. Nov. 2018

Metz R (2018) Raus aus der Echokammer. In Technology Review. https://www.heise.de/tr/artikel/Raus-aus-der-Echokammer-3965673.html. Zugegriffen: 15. Nov. 2018

Müller G (2003) Telematik und Kommunikationssysteme in der vernetzten Wirtschaft. Oldenbourg, München

Müller G (2008) Information security: 50 years behind, 50 years beyond. Wirtschaftsinformatik 50(4):322–323

Müller G, Rannenberg K (1999b) Multilateral security. In: Müller G, Rannenberg K (Hrsg) Multilateral security in communications technology, empowering users, enabling applications. Addison-Wesley, Bonn S 562–570

Müller G, Wahlster W (2013) Placing humans in the feedback loop of social infrastructures. Inform Spektrum. 36(6):520–529

Müller G, Sackmann S, Prokein O (2008) IT security: new requirements, regulations and approaches. In: Schlottmann F (Hrsg) Handbook on information technology in finance. Springer, Berlin, S 711–730

Nambisan S (2018) Architecture vs. ecosystems perspective: reflections on digital innovation management. Inf Organ 28(2):104–106

Negroponte J, Palmisano S (2017) Defending an open, global, secure, and resilient internet. In: Council on foreign relations. Independent task force MIT Report No. 70. Cambridge, USA

Nguyen HH, Tieu T, Nguyen-Son HQ, Nozick V, Yamagishi J, Echizen I (2018) Modular convolutional neural network for discriminating between computer-generated images and photographic images. In: Proceedings of the 13th international conference on availability, reliability and security. S 1–21

Nilakanta S, Scheibe K (2005) The digital persona and trust bank. A privacy management framework. J Inf Priv Secur 1(4):3–21

Nissenbaum H (2009) Privacy in context: technology, policy, and the integrity of social life. Stanford University Press, Stanford

Nolte C-G (2018) Privacy in social networks. Dissertation Freiburg

Ogane T, Echizen I (2018) Biometric jammer: use of pseudo fingerprint to prevent fingerprint extraction from camera images without inconveniencing users, IEEE international conference on Systems, Man, and Cybernetics (SMC2018). S 253–260

Open Pretty Good Privacy (2018) https://lists.gnupg.org/pipermail/gnupg-devel/2014-January/028141. Zugegriffen: 15. Nov. 2018

Owen G (2014) Tor: hidden services and deanonymisation. https://media.ccc.de/v/31c3 – 6112. Zugegriffen: 15. Nov. 2018

Pang B, Lee L (2008) Opinion mining and sentiment. Found Trends Inf Retrieval 2(1–2):1–135

Park J, Sandhu R (2004) The UCONABC usage control model. ACM Trans Inform Syst Secur (TISSEC). 7(1):128–174

Pohle J (2016) Datenschutz und Technikgestaltung Geschichte und Theorie des Datenschutzes aus informatischer Sicht und Folgerungen für die Technikgestaltung. Dissertation TU Berlin

Porter ME, Heppelmann JE (2018) Wie smarte Produkte Unternehmen verändern? In: Harvard Business Manager. Edition 3. S 5–23

Posner RA (1981) The economics of privacy. Am Econ Rev 71(2):405–409

Posner RA (2008) Privacy, surveillance and law. Univ Chicago Law Rev 75(1):245–260

Pretschner A, Hilty M, Basin D (2006) Distributed usage control. CACM 49(9):39–44

Pretschner A, Hilty M, Schaefer C (2008) Usage control enforcement: present and future. IEEE Secur Priv 6(4):44–53

Purtova N (2010) Private law solutions in European data protection: relationship to privacy, and waiver of data protection rights. Neth Q Hum Rights 28:179–198

Raskin A (2015) Mozilla privacy icons. https://wiki.mozilla.org. Zugegriffen: 15. Nov. 2018

Reichl H, Roßnagel A, Müller G (2005) Digitaler Personalausweis. DuV, Wiesbaden

Reiter MK, Rubin AD (1998) Crowds: anonymity for web transactions. ACM Trans Inf Syst Secur 1(1):66–92

Sackmann S, Kähmer M (2006) ExPDT: a policy-based approach for automating compliance. Wirtschaftsinformatik 50(5):366–374

Schermer BW (2011) The limits of privacy in automated profiling and data mining. Computer Law Secur Rev 27(1):45–52

Schmalensee R (1989) Inter-industry studies of structure and performance. In: Schmalensee R, Willig R (Hrsg) Handbook of industrial organization. North-Holland, Amsterdam, S 951–1009

Schmitt C (1950) Der Nomos der Erde im Völkerrecht des Jus Publicum Europaeum. Duncker & Humblot, Berlin

Schwartz PM (2004) Property, privacy, and personal. Data. Harv Law Rev 117(7):2056–2128

Skog AD, Wimelius H, Sandbeg J (2018) Digital disruption. BISE 60(5):431–437

Softonic (2013) Anonym-surfen-tor-jondo-vpn-und-web-proxies-im-vergleich. https://de.softonic.com/artikel/anonym-surfen-tor-jondo-vpn-und-web-proxies-im-vergleich. Zugegriffen: 26. Apr. 2016

Spiekermann S, Novotny A (2015) A vision for global privacy bridges. Technical and legal measures for international data markets. Computer Law & Secur Rev 31(2):181–200

Szabo N (2006) Smart contracts. http://www.fon.hum.uva.nl/szabo.best.vwh.net/smart.contracts.html. Zugegriffen: 3. Apr. 2016

Thaler R (2015) The power of nudges, for good and bad. In: The New York Times. 31. Oktober 2015. S 46

Thomson L (2017) Dark web doesn't exist, says Tor's dingledine and folks use network for privacy, not crime the register. https://www.theregister.co.uk/2017/07/29/tordarkweb/. Zugegriffen: 15. Nov. 2018

Tor Project Inc (2014) Tor: sponsors. https://www.torproject.org/about/sponsors. Zugegriffen: 5. Apr. 2019

Tsai J, Egelman S, Cranor L, Acquisti SA (2011) The effect of online privacy information on purchasing behavior: an experimental study. Information Systems Research Vol 22. No. https://www.econinfosec.org/archive/weis2007/papers/57.pdf. Zugegriffen: 27. Juli 2019

Varian HR (2009) Economic aspects of personal privacy. In: Internet policy and economics. Springer, Berlin S 101–109

Warren SD, Brandeis LD (1990) The right to privacy. Harv Law Rev 4(5):193–220

Weitzner DJ (2007) Google, profiling, and privacy. IEEE Internet Computing 11(6):95

Wenning R, Schunter M (2006) The platform for privacy preferences 1.1 (S 3S. 1.1) Specification. W3C Note 13. http://www.w3.org/TR/P3S. 11. Zugegriffen: 24. September 2015

Wessel M (2016) How big data is changing disruptive innovation. https://hbr.org/2016/01/how-big-data-is-changing-disruptive-innovation? Zugegriffen: 15. Nov. 2018

Wessel M (2017) Why preventing disruption in 2017 is harder than it was when christensen coined the term. https://hbr.org/2017/09/why-preventing-disruption-in-2017-is-harder-than-it-was-when-christensen-coined-the-term? Zugegriffen: 15. Juni 2019

Westin AF (1968) Privacy and freedom. Wash Law Rev 25(1):166–170

Whitten A, Tygar J (1999) Why Johnny can't encrypt: a usability evaluation of PGP 5.0. Proceedings of the 8th USENIX security symposium, S 169–184

Wired (1999) You have zero privacy. https://www.wired.com/1999/01/sun-on-privacy-get-over-it/. Zugegriffen: 15. Juli 2017

Wohlgemuth S, Müller G (2006) Privacy with delegation of rights by identity management. In: Müller G (Hrsg) Emerging Trends in Information and Communication Security. ETRICS 2006, Bd. 3995. Lecture Notes in Computer Science, Berlin, S 175–190

Yamada T, Gohshi S, Echizen I (2013) Privacy visor: method based on light absorbing and reflecting properties for preventing face image detection. Proc. of the 2013. IEEE international conference on Systems, Man, and Cybernetics. S 152–161

Young AL, Quan-Haase A (2013) Privacy protection strategies on facebook: the internet privacy paradox revisited. Inf Commun Soc 16(4):479–500

Zimmermann C, Accorsi R, Müller G (2014) Privacy dashboards. Reconciling data-driven business models and privacy. In: 9th international conference on availability, reliability and security. IEEE, S 152–157

Zuboff S (2014) Lasst euch nicht enteignen! Unsere Zukunft mit "Big Data". http://www.faz.net/-gsf-7twrt. Zugegriffen: 15. Nov. 2018

Zuboff S (2019) The age of surveillance Capitalism: the fight for a human future at the new frontier of power. Public Affairs, New York

Weiterführende Literatur

Brenig C, Accorsi R, Müller G (2015) Economic analysis of cryptocurrency backed money laundering. 23rd ECIS Münster. Germany, S 1–18 https://aisel.aisnet.org/cgi/viewcontent.cgi?article=1019&context=ecis2015. Zugegriffen: 19. Juli 2019

Cabinakowa J, Zimmermann C, Müller G (2016) An empirical analysis of privacy dashboard acceptance. The Google case. ECIS 2016 Research paper. https://aisel.aisnet.org/ecis2016_rp/114/. Zugegriffen: 27. Juli 2019

Echizen I, Müller G, Sasaki R, Tjoa A (2013) Privacy by transparency for data-centric services. http://shonan.nii.ac.jp/shonan/wp content/No.2013-51.pdf. Zugegriffen: 12. Okt. 2017

Economist (2019b) Facebook comes under fresh attack for its data privacy practices. https://www.economist.com/business/2019/01/31/facebook-comes-under-fresh-attack-for-its-data-privacy-practices. Zugegriffen: 27. Juli 2019

European Digital Rights (2015) Data protection broken badly. https://edri.org/files/DP_BrokenBadly.pdf. Zugegriffen: 15. Nov. 2018

Müller G (1996) Secure communication: trust in technology or trust with technology? Interdisc Sci Rev 21(4):336–347

Müller G (2009) War Internet die einzige Option. Wirtschaftsinformatik 51(1):53–60

Müller G (2010) Weiß Google mehr als ein "Geheimdienst"? Special Workshop LAW. 7. Internationales Menschenrechtsforum Luzern (IHRF) 18(19):17

Müller G (2011) Die Mythen von Transparenz und Sicherheit im Internet. Ansprache zur Verleihung der Ehrendoktorwürde der TU Darmstadt. http://www.telematik.uni-freiburg.de/system/files/Ansprache.pdf. Zugegriffen: 15. Nov. 2018

Müller G (2013a) Informationsdefizite und Privatheit. In: Buchmann J (Hrsg) Privatheit im Internet. https://www.acatech.de/Projekt/internet-privacy-eine-kultur-der-privatsphaere-und-des-vertrauens-im-internet/Acatech Berlin. Zugegriffen: 15. Nov. 2018

Müller G (2013b) Characterization of E-Commerce. In: Buchmann J (Hrsg) Internet privacy – options for adequate realization. Acatech study, Munich, S 43–59

Müller G (2014) Datenschutz bei datenzentrischen Diensten: Auslaufmodell oder nur 30 Jahre zurück? FIFF. 1(2014): 21–34

Müller, G (2018) DSGVO und Landnahme. https://PrivacyRewritten.Wordpress.com/verhindert-die-dsgvo-eine-landnahme-durch-netzwerktore/Zugegriffen: 12. Juli 2019

Müller G (2019) Verhindert die DSGVO eine Landnahme durch die Digitalisierung? ZFW 29(1):7–8

Müller G, Accorsi R (2013) Why are business processes not secure? In: Fischlin M, Katzenbeisser S (Hrsg) Number theory and cryptography, Bd. 8260. Lecture Notes in Computer Science, Springer, Berlin, S 240–254

Müller G, Blanc RP (1987) Networking in open systems. Springer, Berlin

Müller G, Pfitzmann A (Hrsg) (1997) Mehrseitige Sicherheit in der Kommunikationstechnik, Verfahren, Komponenten, Integration. Addison-Wesley, Bonn

Müller G, Rannenberg K (Hrsg) (1999a) Multilateral security in communications technology. empowering users, enabling applications. Addison-Wesley, Bonn

Müller G, Stapf K (Hrsg) (1999) Mehrseitige Sicherheit in der Kommunikationstechnik, Erwartung, Akzeptanz, Nutzung. Addison-Wesley, Bonn

Müller G, Zimmermann C (2017) Accountability as a privacy option – privacy dashboards. Research Report Hitachi Ltd 20170330

Müller G, Accorsi R, Höhn S, Sackmann S (2010) Sichere Nutzungskontrolle für mehr Transparenz in Finanzmärkten. Inform Spektrum 33(1):3–13
Nolte C-G, Zimmermann C, Müller G (2015) Social network services' market structure and its influence on privacy. In: Amsterdam Privacy Conference. S 269–271
Sackmann S, Eymann T, Müller G (2002) EMIKA: real-time controlled mobile information systems in health care. In: GI Proceedings. Lecture Notes. Springer, S 151–158
Venturebeat (2018) The 8 why chatbots surveys are taking over. VentureBeat. https://venturebeat.com/2018/11/21/why-chatbot-surveys-are-taking-over/. Zugegriffen: 15. Nov. 2018

Zusammenfassung

Die Innovationsverantwortung ist bislang nicht mehr als eine Utopie. Sie verlangt einen Ausgleich der Konflikte von Datenschutz und Innovationen. Bislang legt die täglich erfahrbare digitale Transformation vor allem Wert auf die Innovation, während die Regulierung des Datenschutzes durchaus als zweitrangig betrachtet werden kann. Sowohl für die Daten für Innovationen als auch für den Schutz der Datensubjekte sind bisher vor allem Verfahren gefunden worden, die dem Verbergen zuzurechnen sind. Wegen dieser doppelten Geheimhaltung haben vor allem die Plattformen eine dominierende Position zur Auslegung der Innovationsverantwortung erhalten. Eine Stärkung der Datensubjekte verlangt die Rechtfertigungspflicht der Plattformen zu Auskünften über die Datenherkunft, Datenverarbeitung und Datenweitergabe. Zum Ausgleich der Interessen sollten die Datensubjekte z. B. im Kontext einer technisch-sozialen Ko-Evolution in die Festlegung der Regeln zum „Zeigen und Verbergen" von Daten einbezogen werden. Die zweite Voraussetzung für eine Innovationsverantwortung ist die Transparenz der Daten, da sonst eine Kontrolle unmöglich wäre. Rechtfertigungspflicht und Transparenz käme einem Strategiewechsel beim Datenschutz gleich, da bei den vorgeschlagenen Kontrollzentren alle Daten, inklusive der anonymen Daten einbezogen werden und die Protektion nicht nur die Datenpreisgabe, sondern auch den Datenempfang einschließen muss. Die technische Herausforderung ist das Verbergen der Daten vor unberechtigtem Zugriff. Europa hat durch eIDAS einen Vorsprung beim Aufbau von Vertrauenszentren, die allerdings sich auf den Schutz von Dokumenten konzentrieren und sowohl Daten als auch Prozesse unbeachtet lassen. Ausgehend von den Schutzzielen der mehrseitigen Sicherheit können diese Erfahrungen für zukünftige Kontrollzentren genutzt werden. Allerdings wäre es notwendig eine Rechtfertigungspflicht zu normieren, um korrekte

© Springer-Verlag GmbH Deutschland, ein Teil von Springer Nature 2020

G. Müller, *Protektion 4.0: Das Digitalisierungsdilemma,* Die blaue Stunde der Informatik, https://doi.org/10.1007/978-3-662-56262-8_3

Zurechenbarkeit von Daten zu erreichen. In Fallstudien werden unter Verwendung der Blockchain erweiterte Zertifikate entworfen, die beispielhaft Kontrollmöglichkeiten auch für Prozesse z. B. mit Hilfe der Informationsflussanalyse zulassen und so zum Vertrauensinstrument zur Realisierung der Innovationsverantwortung durch Kontrollzentren werden.

Die Innovationsverantwortung ist wegen der doppelten Geheimhaltung sowohl des Datenschutzes nach der DSGVO als auch wegen des verwehrten Zugangs zu Big Data noch eine Utopie, deren Veränderung mit der Rechtfertigungspflicht auf der Normenebene, der Transparenz als Regeldienst der Plattformen und einem Paradigmenwechsel des Datenschutzes sowie der Etablierung von Kontrollzentren vier Baustellen aufweist, die durchaus mit vorhandener Technologie geschlossen werden könnten (Hoffmann-Riem und Fritzsche 2009), läge die Regulierung nicht hinter dem technischen Fortschritt zurück. Normativ sind dazu erhebliche Anstrengungen notwendig, da eine Rechtfertigungspflicht der Plattformen die Voraussetzung zu Auskünften über die Datenherkunft, Datenverarbeitung und Datenweitergabe ist. Eine solche Transparenz wird passiv genannt, solange sie nur auf Anfrage und nicht als Regeldienst für alle angeboten wird.

Die Transparenz darf nicht mit einer Einsicht für alle in die Daten von allen verwechselt werden. Um die Transparenz als alternatives oder komplementäres Prinzip zum aktuellen Datenschutz mit seiner Geheimhaltung und informierter Zustimmung zu etablieren, sind zwei Voraussetzungen zu erfüllen:

a) **Transparenz:** Die Stärkung der Protektion durch Transparenz verlangt die Ergänzung der informationellen Selbstbestimmung durch eine Rechtfertigungspflicht der Plattformen. Die Protektion verlangt die Einsicht und Schutz der Daten nach der DSGVO, ergänzt um den Datenempfang, die Datenherkunft, Verbreitung und Datenverwendung. Ferner muss zwischen authentischen, abgeleiteten und erhobenen Daten differenziert werden, um Vollständigkeit und Korrektheit attestieren zu können. Für diese Entwicklung von aktuellen Vertrauenszentren zu zukünftigen Kontrollzentren bietet sich ein zweistufiger Entwicklungsschritt an, der zwischen aktiver und passiver Transparenz unterscheidet:

   1. Eine passive Transparenz liegt vor, wenn die Plattformen im Rahmen einer Transaktion auf Anfrage und nach Prüfung der Berechtigung im Rahmen der zukünftigen Rechtfertigungspflicht eine jeweils auf die Transaktion bezogene Auskunft zur Datenentstehung erteilen.

   2. Eine aktive Transparenz liegt vor, wenn die Plattformen als ihren Regeldienst für alle Nutzer eine vollständige und korrekte Präsentation der Daten anbieten, über die Nutzer transparent verfügen können.

b) **Kontrolle:** Das Leitbild der Innovationsverantwortung verlangt eine unabhängige, vertrauenswürdige Kontrollinfrastruktur. Technisch ist eine Kontrolle dann gegeben, wenn die Auskünfte zu Daten und Algorithmen bzgl. Herkunft, Verarbeitung und Verwendung vollständig und korrekt unter Gewährleistung des Schutzes anderer stattfinden, nachdem die Identität der Anfragenden zweifelsfrei geprüft wurde.

Es geht bei der Innovationsverantwortung nicht um weniger oder mehr Datenschutz, sondern sie repräsentiert eine Optimierung von Akteursinteressen. Erst wenn die Datensubjekte in Fortsetzung der aktiven Rechte der DSGVO – „Vergessen" und „Portabilität" – auch über die Datenverwendung und Auswahl sowie über den Informationsfluss der bearbeiteten Daten durch Algorithmen informiert werden, ist die Grenze von einem passiven Datenschutz für persönliche Daten zu einer aktiven Protektion der Datensubjekte überschritten.

Die Geheimhaltung beim Datenschutz wird durch die Transparenz nicht überflüssig. Identitätsbestimmende Daten sind Teil der Menschenrechte und sollten von niemand ohne Erlaubnis verwendet werden. Die kontrollierende Institution braucht dann in ihren technischen Fähigkeiten die Plattformen nicht zu übertreffen und kann sich auf die Garantie des Schutzzieles der Zurechenbarkeit beschränken. Ein Kontrollzentrum muss in der Lage sein, den Weg der Datennutzung unter der Wahrung der Interessen der Netzwerktore und der Datensubjekte nachzuverfolgen. Die Protektion 4.0 als Werkzeug zur Innovationsverantwortung wird technisch als realisiert angesehen, wenn die Datensubjekte sowohl bei der Datenpreisgabe als auch beim Empfang und der Datenverwendung mit Hilfe von Kontrollinfrastrukturen die in der aktuellen DSGVO erst die angenommene Informiertheit ermöglichen.

Die Fortführung der Landnahme wird durch die aktuelle DSGVO eher gefördert als eingeschränkt. Die Vernachlässigung der Empfangsseite bei Daten hat die Verantwortung für Innovationen und deren Folgen unkontrolliert an die Plattformen delegiert. Da die Nutzung der Daten sich an den kommerziellen Interessen der Plattformen ausrichtet, bleiben trotz des verfügbaren Wissens die Beiträge zur Bewältigung der großen Menschheitsprobleme wie Gesundheit, Ernährung und Klima sowie eine Beteiligung an sozialen Kosten der Digitalisierung hinter dem vorhandenen Potenzial der Informationstechnik zurück. Der hohe Anteil an der Wertschöpfung und die Vernachlässigung sozialer Verantwortung sowie die Big Data als undurchschaubare „Blackbox" lässt es unsicher erscheinen, ob die digitale Transformation eher zu einem Zustand mit mehr Autonomie und Freiheit für Individuen oder eher zu einer wachsenden Ungleichheit und einer Beeinträchtigung des Gemeinwohls führt (Leopoldina 2018). Trotz der technisch leicht realisierbaren Möglichkeit, in Handlungs- und Informationsräumen aktiv zu werden, die ja Zugang zu Wissens- und Ideenaustausch bedeuten (Doerre 2013), ist eine technisch-soziale Kooperation bislang nicht zustande gekommen. Dies hat seine Ursache auch in der Abstinenz der Normierungsebene, die gewissermaßen den Plattformen einen Freischein für eine algorithmische Einbindung von Regeln und Normen ausstellt. Lessig's Schlagwort dazu ist „Code is Law". Es ist nur dann fürchtenswert, wenn die Normierungsebene sich aus der Angst, den Fortschritt zu verpassen, freiwillig einer algorithmischen Ordnung unterwirft. Jeder Algorithmus ist durch einen Bauplan gekennzeichnet, dessen Freiheitsgrade gestaltbar sind. Algorithmen können danach zwar formal korrekt sein und dennoch „individuelle" Züge haben. Dijkstra hat bei seinem Vortrag anlässlich der Verleihung des Turing-Awards 1972 die Metapher einer „Mauer" verwendet, die durch die Differenz des mathematischen und menschlichen Verständnisses von Korrektheit errichtet werde, und damit die analoge von der digitalen Welt trenne (Dijkstra 1972). Während die Plattformen die digitale Welt regulieren, bleiben die dazu legitimierten Institutionen durch ihre Technikferne ohne wesentlichen Einfluss für die Folgen im analogen Bereich.

Gegen eine einseitige algorithmisch begründete Informationsmacht wirken die bisherigen gesellschaftlichen „Waffen" nur unvollkommen, wie die Ergebnisse der Kartellverfahren der EU gegen Google und Facebook zeigen. Das gilt auch für die technischen Schutzmechanismen zur Privatheit und Identifikation. Es reichen schon sehr wenige Verhaltensmerkmale, um eine sehr gute und treffende Identifikation zu erreichen (Swenney 2000). Ferner ist die DSGVO eine nur passive Regulierung, deren Einhaltung bei den Plattformen nicht kontrolliert werden kann. Meint man es ernst, müsste für jede Transaktion die Möglichkeit bestehen, den Informationsfluss der Daten transparent zu machen und nachzuvollziehen. Durch solche Kontrollen kann die Mauer nach Dijkstra zwar nicht überwunden, aber durchsichtiger gemacht werden.

Die industrielle Revolution hat gute Erfahrungen bei der Durchsetzung ihrer Regulierungen mit unabhängigen Kontrolleinrichtungen gemacht. Gewerkschaften vertreten die Interessen der Arbeitenden, Verbände die des Kapitals. Auch werden Banken bis heute von organisatorisch unabhängigen, meist öffentlichen Institutionen, wie der Bankenaufsicht kontrolliert. Die Einrichtung von organisatorisch und fachlich unabhängigen Kontrollzentren ist ein Weg, die Hürden der Digitalisierung, die zu Vertrauenskrisen führen, vertrauenswürdig zu überwinden. Bereits eine Protektion mit einer passiven Transparenz kann praktische Hilfe leisten, wie die Wochenzeitung „Die Zeit" berichtete. Danach hat eine Firma aus dem Lebensmittelbereich, die wegen großer Nachfrage ihre Exporte nach Asien erweitern wollte, aus Sorge um die mangelnde Transparenz, diese Chance nicht wahrnehmen wollen:

Ein mittelständischer Anbieter von Lebensmitteln erzielte in Asien für seine Waren Höchstpreise. Eine Erweiterung des Engagements wäre auf die entsprechende Nachfrage gestoßen. Allerdings sollte dazu ein lokales Partnerunternehmen involviert werden, was von der Forderung begleitet war, dass die Führung bei der Auswahl des nichtdeutschen Warenangebotes und die Preisgestaltung beim lokalen Unternehmen angesiedelt wird. Das Risiko des Vorhabens sollte geteilt werden. Da zu einem solchem Engagement aber eine Geschäftserweiterung notwendig schien, die den Umsatz des Lebensmittelanbieters verdreifacht hätte, haben die für die deutsche Seite undurchschaubaren Prozessen und Regeln bei der Einbindung von lokalen Unternehmen Sorgen um die Eigenständigkeit ausgelöst, da bei einem Fehlschlag die Risiken wegen der neuen Größe und der Reorganisation der Verantwortlichkeiten nicht zu tragen gewesen wären.

Die ehemals klaren Grenzen zwischen einer vertrauenswürdigen „inneren Welt" und einer potenziell feindlichen „äußeren Welt" verschwimmen. Die Rechtfertigungspflicht, verbunden mit einer Kontrolle der Zurechenbarkeit, schafft erst die Voraussetzung für die Innovationsverantwortung.

China sieht in der Duplizierung der wichtigsten Plattformen ein wirksames, wenn auch extrem teures und sozial riskantes Instrument zur Vermeidung von ausländischer Informationsmacht. Dies ist ein teurer Weg und eine Innovationsverantwortung unter politischen Vorzeichen. Mit einer automatisierten institutionellen Kontrolle unter Einschluss von Prozessen und Daten könnte ein demokratischer und individuell ausgelegter Weg zu schaffen sein, um beides, Schutz und Innovationen, ohne Überwachung zu ermöglichen. Eine institutionelle vertrauenswürdige Kontrollinfrastruktur kann mit Innovationen der Plattformen Schritt halten, da die digitalen Innovationen kontrolliert, aber nicht kopiert werden müssen.

Die digitale Kontrolle ist nicht neu. Es gibt sie bereits – wenn auch limitiert für Dokumente – als Dienstangebot einer nach der eIDAS-Verordnung regulierten Vertrauensinfrastruktur (Korte et al. 2018). In solchen Vertrauenszentren wird die Beweisbarkeit und der Kontext der Entstehung und Veränderung von Dokumenten registriert und auf autorisierte Nachfrage hin präsentiert. Damit wäre in Europa schon jetzt technisch und administrativ eine passive Transparenz durch Institutionen realisiert, wenn auch auf Dokumente limitiert und ohne Rechtfertigungspflicht der Netzwerktore. Die erweiterte Sicherheitsanforderung eines Kontrollzentrums lautet, dass jede berechtigte Person ausschließlich Zugriff auf Daten und Algorithmen erhält, die sie für die Ausführung der Transaktion in Anspruch nimmt. Dies geschieht z. B. über eine Informationsflussanalyse, wozu die Isolation der Daten in Prozessen notwendig ist, da nur so ein korrekter Nachweis über deren unbeeinflusste Verarbeitungsschritte erbracht werden kann. Dabei sind die beiden Fälle zu unterscheiden, dass z. B. ein Prozess auf Daten Dritter zugreift oder an Dritte Daten verteilt und der Situation, dass ein Prozess von vielen zur gleichen Zeit benutzt wird. Diese „Multimandantensituation" ist bei Netzwerktoren die Regel, weshalb verbesserte Algorithmen entwickelt werden müssen, um eine Isolation zu erreichen. Die Forderung nach einer Datenisolierung und einer Informationsflusskontrolle findet sich in den Empfehlungen des deutschen Bundesamtes für Sicherheit in der Informationstechnik (BSI), der Europäischen Agentur für Netz- und Informationssicherheit (ENISA) und des amerikanischen National Institutes of Standards and Technology (NIST) (Wonnemann 2011).

Da alle Kontrollsysteme die Gefahr in sich bergen, die anhaltende Zentralisierung des Internet zu vertiefen und zu einem Überwachungssystem zu mutieren, wie es gegenwärtig in China entsteht oder wie es Zuboff mit dem Überwachungskapitalismus als Megatrend der Digitalisierung zu erkennen glaubt (Zuboff 2019),sollten die Kontrollinfrastrukturen durch die Allgemeinheit betrieben werden müssen und von den Netzwerktoren organisatorisch getrennt sein.

3.1 Innovation und Kontrolle

Die Konkretisierung der Innovationsverantwortung ist weniger in einer gesetzlichen Vorgabe als durch eine „schlagkräftige" Kontrollstruktur zu erreichen. Kontrollinfrastrukturen stellen darüber hinaus eine Kontinuität des Datenschutzes und der aktuellen Vertrauenszentren nach eIDAS dar, ergänzt um die Analyse von Algorithmen zur Einordbarkeit und Interpretierbarkeit der empfangenen Daten. Das Vertrauensmaß hängt von der Vertrauenswürdigkeit der Kontrolldienste und der Organisation der Kontrollzentren ab. Die Einhaltung der Regelkonformität für die Vertrauensinfrastrukturen wird über Zertifikate garantiert. Wie Vertrauenszentren sollten auch ihre Nachfolger, die Kontrollzentren, akkreditiert und ihre Dienste zertifiziert sein. Ist die Institution zur Durchführung der Kontrollen vertrauenswürdig, gewinnt das Zertifikat an Wert und eignet sich als kommerzielle Dienstleistung zur Steigerung der Informiertheit und damit auch zur Steigerung von Rechtssicherheit für Dritte. Die Zertifizierung ist ein gängiges Instrument, das in Vertrauensinfrastrukturen nach eIDAS angeboten wird. Neuland bedeutet die Erweiterung der Kontrolldienste um Prozesse. Diese Erweiterung ist technisch bereits Realität, wie „Smart Contracts" mit ihrer zertifizierten Einhaltung von vereinbarten Ausführungen als kommerzielle Dienstleistung beweisen (Ethereum Plattform 2019) bzw. wie zur Einhaltung der Regelkonformität mit „Process-Mining" gezeigt wurde (Accorsi und Müller 2013; Müller und Accorsi 2013). Die Informationsflussanalyse wurde beim „Process Mining" in Feldstudien mit der Wirtschaft erfolgreich eingesetzt, wobei unter Nutzung von Sicherheitsmustern Abweichungen von der Regelkonformität nahezu vollständig erkannt wurden (Müller und Accorsi 2013; Wonnemann 2011). Langfristig sind sowohl die Smart Contracts, das Prozess-Mining und die Entwicklungen von SOLID (Berners-Lee 2018) zusammen mit der Informationsflussanalyse geeignete Werkzeuge zur Verwirklichung der Innovationsverantwortung.

Da Vertrauen ein subjektiver Begriff ist, müssen objektive Methoden und Verfahren zur Garantie eines akzeptierten Kontrollniveaus vorhanden sein. Hierzu existieren grundsätzlich drei Optionen:

1. **Regulierung:** Die wichtigste Voraussetzung der Innovationsverantwortung ist die Regulierung der Rechtfertigungspflicht im Kontext einer Zurechenbarkeit für Daten und Prozesse. Um das Vertrauensniveau in die aktuellen Vertrauensinfrastrukturen zu erhöhen, ist die EU-Verordnung eIDAS (electronic Identifikation, Authentication and Trust Services) entstanden. Ihre technische Erweiterung zu Kontrollzentren – unter Beibehaltung ihres Rechtsstatus – nutzt die Rechtfertigungspflicht zu einer transaktionsbezogenen Zurechenbarkeit zur aktiven Stärkung der Nutzer.

2. **Selbstregulierung:** Die Vereinbarung der Datennutzung und der Datenentstehung kann auch in einer selbstregulierten Form stattfinden, wobei Sicherheitsvereinbarungen mit dem Charakter von Verträgen erforderlich sind. Dazu eignen sich die „Smart Contracts", nachfolgend damit austauschbar als „autonome Verträge" bezeichnet.

3. **Informationsflussanalyse:** Daten können transparent, z. B. über *Google MyAccount,* präsentiert werden, wobei eine Interpretation und Einordbarkeit in einen Kontext die meisten Nutzer überfordern würde. Dies kann jedoch durch vertrauenswürdige Kontrollzentren geschehen. Informationsflüsse sind unabhängig zu kontrollieren. Die Begrenzung auf eine Blackbox-Sicht, bei der nur In- und Output verglichen werden, stellt einen Schutz der oft algorithmischen Firmengeheimnisse der Plattformen dar, da ein Rückschluss auf den Algorithmus überwiegend nicht möglich ist. Beispiele dafür

sind das IFnet (Wonnemann 2011), die „Taint-Analyse" für Java-Quellcode (Livshits 2006) und die Programmabhängigkeitsgraphen von Hammer (Hammer und Snelting 2009) zur Informationsflusskontrolle für Java-Bytecode oder die Prozessanalyse nach Abb. 4.6 von Accorsi und Müller (Müller und Accorsi 2013).

Die Innovationsverantwortung – gefördert und unterstützt durch Kontrollzentren – verspricht auch den Auftragsverantwortlichen, nicht nur den Datensubjekten, Vorteile. Zum einen könnten die Datenschutzvorschriften gelockert werden. Zum anderen lässt die Rechtfertigungspflicht für Plattformen deren Datenbestand und damit ihre Einkommensquellen unberührt. Die Vorteile liegen im gestiegenen Vertrauen der Datensubjekte, da deren Bereitschaft zur Datenpreisgabe steigt, was wieder zu Innovationen führt und die Reputation der Netzwerktore nachhaltig verbessert. Die DSGVO verlangte in einem konkreten Fall für die Verbesserung von Verfahren zur Diagnostik in der Medizin die Zustimmung all der Personen, deren Daten zum Training der Algorithmen verwendet werden sollten. Dies wurde in Deutschland wegen in der DSGVO verlangten Zustimmung wirtschaftliche undurchführbar. In anderen Teilen der Welt standen diese Daten zustimmungsfrei und legal zur Verfügung. Im konkreten Fall sind die Verfahren außerhalb Europas trainiert worden und die nun mit Daten angereicherten Algorithmen fanden dann ihren Weg nach Europa zurück.

3.1.1 Datenschutz und Innovationsverantwortung

Während vom Datenschutz die Vorkehrung auf ein schädigendes Ereignis und die Garantie des Status Quo erwartet wird, verkörpern die Innovationen das Neue und Unerwartete mit dem Versprechen auf eine Verbesserung durch Veränderungen (Schumpeter 2003). Digitale Innovationen revolutionieren u. a. die Informations- und Bildungsangebote, die Gestaltung von Lebensentwürfen, erlauben mehr soziale Beteiligung und tragen zur Informiertheit der Nutzer bei. Die wirtschaftliche Entwicklung und der Wohlstand der Allgemeinheit hat in den letzten 20 Jahren, getrieben durch die Digitalisierung, durchgängig zugenommen. Hassbeiträge, Betrug und Lügen, sowie Verschwörungstheorien sind ein Zeichen der Regellosigkeit durch Filterblasen und Echokammern, die sich fortsetzt, wenn die Regulierung die Innovationsverantwortung den Netzwerktoren überlässt.

Die DSGVO beruht auf Annahmen, die sich aus althergebrachten – meist europäischen – Traditionen, sozialen Normen und Gesetzgebung speisen. Das Erreichen von Informationsmacht ist schon aus der Weihnachtsgeschichte in der Bibel bekannt, als eine Volkszählung angesagt war. Die ärztliche Schweigepflicht, das Beichtgeheimnis, das Bankgeheimnis ebenso wie die fast 300 Jahre alte preußische Postordnung oder das noch ältere Steuergeheimnis sind Regelungen, die das in der DSGVO vorherrschende Prinzip der Geheimhaltung beeinflusst haben. Dazu trat in den 20er Jahren des letzten Jahrhunderts das Recht auf Straftilgung (Lewinski 2009), dass sich nun in der DSGVO als Recht auf Löschung wiederfindet. Die technisch und inzwischen auch sozial veralteten Annahmen der DSGVO sind:

a) Die Geheimhaltung der DSGVO beruht auf der nicht mehr haltbaren Annahme, dass Anonymität vor Personalisierung schützt.

b) Das Grundmodell des Datenschutzes basiert auf der Vorstellung, dass die passive Ausrichtung der DSGVO die Datensubjekte ausreichend schützt.

c) Das Aufenthaltortsprinzip „entgrenzt" die Gültigkeit der DSGVO für EU Bürger auf alle Orte, an denen Daten über sie verarbeitet werden. Sammelt ein Bürger der EU Daten außerhalb des Gültigkeitsbereiches der EU über EU Bürger gilt die DSGVO unabhängig vom Ort der Datensammlung.

d) Die DSGVO verlässt mit den aktiven Rechten auf Löschung und Portabilität erstmals das passive Geheimhaltungs- zugunsten eines aktiven Handlungsprinzips.

e) Mit der Datenschutzfolgenabschätzung findet der Begriff des Risikos Eingang in das Recht. Die Begrenzung dabei liegt auf der Einhaltung der Normen der DSGVO, nicht beim Risiko, das ein Datensubjekt mit der Datenfreigabe eingeht.

Die Innovationen – die Rechte auf Portabilität und Vergessen, sowie das Aufenthaltsortprinzip und die Datenschutzfolgenabschätzung – stärken wegen ihres aktiven Charakters die Einflussnahme der Datensubjekte auf die Plattformen, obwohl sie aktuell kaum geltend gemacht werden können. Sie zeigen eine positive Richtung und deuten an, dass zur Ausübung von Kontrolle vor allem Kenntnisse über die Dateninhalte gehören. Aktiver Datenschutz ohne Stärkung der Nutzer scheint nicht möglich. So war z. B. Google zur Durchsetzung des Rechts auf Vergessen beauftragt unliebsame Daten zu löschen, da nur sie die Inhalte kannten. „Vergessen" ist im Internet im eigentlichen Sinne des Wortes nicht möglich. Das Recht auf Vergessenwerden bedeutet nur, dass die Daten z. B. bei einer Google Suche nicht angezeigt werden. Es gibt weitere Hindernisse, da die Portabilität der Daten wegen des Mangels an Wettbewerb zwischen den Netzwerktoren für den Nutzer im Praktischen kaum hilfreich ist.

Nicht unter die Risiken, die durch die Datenschutzfolgenabschätzung identifiziert werden, fallen z. B. die Sanktionen, die für eine Missachtung von Sicherheitsvereinbarungen bei der Speicherung, Verarbeitung und Verteilung von Daten in beachtlicher Höhe von bis zu 4 % des Jahresumsatzes fällig werden. Allerdings werden die Risiken auch nicht im betriebswirtschaftlichen Sinne als potenzielle Kosten für Nachteile aus der Datenpreisgabe behandelt, sondern es sind die Risiken, die erst durch eine Regelverletzung der Prozeduren der DSGVO beim Verarbeiter entstehen. Die in der DSGVO genannten Risiken sind qualitative Beschreibungen, die nur die Unterscheidung in niedrig, mittel und hoch anbieten. So können z. B. bei einer niedrigen Klassifizierung die Maßnahmen für den Datenschutz entfallen, obwohl die ökonomischen Kosten unkalkulierbar bleiben und extrem hoch sein können. Allerdings deutet die DSGVO die zukünftige Richtung der Risiken im Verhältnis zur Kontrolle und der Protektion an. Im Artikel 29 der DSGVO wird nicht nur auf den persönlichen Schaden eingegangen, sondern es werden sehr abstrakt auch die gesellschaftlichen Folgen erwähnt. Deren Einschätzung erfordert allerdings den Umgang mit der Gleichwertigkeit von Handlung und Unterlassung und damit die Beachtung einer gesellschaftlich ausgerichteten Risikobasierung, welche von Luhmann bei der DSGVO als zu eng eingeschätzt worden wäre. Danach führen u. U. sowohl aktive Handlungen als auch deren Unterlassung zu Risiken (Luhmann 1968). Die regulierte Geheimhaltung von Daten erzeugt demnach ebenso Risiken, wie es die passive Transparenz und die damit verbundene Kontrolle tut. Die Abschätzung der Datenschutzfolgen, die gesellschaftlichen und privaten Risiken der Verfügbarkeit bzw. der Nichtverfügbarkeit von Daten und die Handlung oder Unterlassung erfordert eine individuelle Entscheidungsfindung, deren Verfahren nicht Teil einer Regulierung sein kann. „Verbergen" und „Zeigen" kann vollständig sein; z. B., wenn anonym kommuniziert wird oder wenn Daten völlig transparent sind. Danach gibt es für die Innovationsverantwortung drei Risiken, die von der DSGVO nicht erfasst werden:

1. **De-Kontextualisierung:** Persönliche Daten werden in Kontexten verwendet, die Nutzer nie intendiert haben und die zu „potenziell falschen" Schlussfolgerungen und Einschätzungen führen, die für die Datensubjekte schädlich sind.
2. **Persistenz:** Daten werden lediglich anonymisiert statt gelöscht, wobei jederzeit ein „Hervorholen" möglich ist.
3. **Re-Identifikation:** Mithilfe von Ableitungen und der Datenanalysen aus Verhaltensdaten und Datenspuren können anonyme Datensätze Personen zugeordnet werden.

Der DSGVO ermangelt es für die Transformation des Datenschutzes zu einer Innovationsverantwortung, wie schon bei ihrem Vorgänger, dem BDSG, an einem eindeutigen Rechtsgut. Das Bundesverfassungsgericht substituierte dieses Defizit durch die informationelle Selbstbestimmung, das den Grundrechten gleichgestellt wurde. Die EU mit ihrer Datenschutzdirektive rückte gegen Mitte der 90er Jahre die Freiheit und die Bewahrung der Menschenwürde in den Vordergrund. Obwohl es viele Datenschutzmodelle mit sehr diversen Zielvorstellungen gibt, die Pohle ausführlich zusammengestellt hat (Pohle 2016), ist es für die Protektion zielführend, wenn man Nissenbaum folgt und zwei Gruppen von Zielen unterscheidet, die mit den Rechtfertigungen für den Datenschutz verbunden werden. Da gibt es zum einen die Betonung der moralischen und menschenrechtlichen Aspekte. Solche Vorschläge finden sich eher in Europa, während die Reduktion der Privatheit auf einen kontrollierbaren privaten Raum primär durch Beiträge aus dem angelsächsischen Raum repräsentiert wird (Nissenbaum 2009):

A) **Datenschutz als Menschenrecht:** Wenn es den Datenschutz nicht gäbe, entwickelten sich die freie Selbstbestimmung, gesellschaftliche Partizipation und ökonomisches Wohlergehen nicht demokratisch. So lautet das Grundmotiv der Mehrheit der auf ethischen und moralischen Prinzipien basierenden Datenschutzkonzepte. Menschen, deren persönliche Daten und Informationen umfassend bekannt sind, können eigene Positionen nicht frei und selbstbestimmt formulieren und nehmen daher nur eingeschränkt am öffentlichen Diskurs teil. Nur der Datenschutz schaffe den Freiraum, um diese Freiheiten zu entwickeln. Bewiesen ist keine dieser Thesen; es handelt sich um Überzeugungen, die sich teilweise auf historische Erfahrungen und sehr stark auf die Literatur wie z. B. Orwells 1984 stützen. Zentral kontrollierte Gesellschaften greifen zur Überwachungen, während die Freiheit zur eigenen und respektierten Willensbildung den Demokratien zugeordnet ist. Als Gefahren werden vielfach die Verluste an Freiheit infolge einer automatisierten Beobachtung, die Vernetzung durch eine globale Infrastruktur und die Abhängigkeit von den Diensten der Netzwerktore gesehen. Das Dasein ohne Datenschutz ist bei allen diesen Ansätzen der Existenz in einem Panoptikum vergleichbar. Darunter versteht man eine gefängnisartige Anstalt, die transparente Räume anbietet, in die zwar hinein- aber nicht hinausgesehen werden kann. Der Insasse weiß, dass er beobachtet wird, weiß aber nicht von wem. Die Förderung von Innovationen als Teil der Innovations- verantwortung mit dem Ziel einer gesellschaftlichen Verbesserung ist bislang nicht als eine Aufgabe des Datenschutzes angesehen worden. Der Ruf nach schützenden Institutionen gleicht daher dem Ruf nach dem großen Bruder, obwohl im gleichen Atemzug die Stärkung der individuellen Autonomie gefordert wird. Viele Modelle des Datenschutzes sind ein Abbild der Übertragung der individuellen Werte und Erfahrungen der persönlichen analogen Erfahrungen auf die digitale Welt, wobei Daten als privates Gut betrachtet werden, deren Gebrauch durch Dritte verhindert werden muss, da es sich wohl nur um einen Missbrauch handeln kann. Die Wieder- herstellung des Umgangs mit Daten aus Zeiten vor der Digitalisierung ist oft der ver- borgene Wunsch hinter vielen Vorschlägen. Beim rechtlichen Datenschutz hat man sich auf den Schutz persönlicher Daten geeinigt, was bis heute das Verständnis von Datenschutz prägt.

B) **Datenschutz im privaten Raum:** Privatheit ist bei diesen Modellen die Kontrolle über eine legitimierte Privatheitszone, z. B. dem eigenen Haus. Dabei wird zwischen privat und öffentlich Handelnden, privaten und öffentlichen Räumen, sowie zwi- schen privaten und öffentlichen Daten unterschieden. Ein Recht auf Privatheit macht dabei nur für den privaten Teil von Handlungen, Räumen und Daten Sinn, da im öffentlichen Bereich kein Anrecht auf Privatheit besteht. Überwachung des öffentli- chen Raumes ist also zulässig. Das europäische Konzept der Privatsphäre basiert auf einer Vorstellung, dass diese – wie die Intimsphäre – ein in konzentrischen Kreisen um eine Person angeordneter und durch den Abstand von der Körperlichkeit defi- nierter Raum sei, der auch in der Öffentlichkeit nicht abgelegt werden kann. Die DSGVO überträgt vielfach das Recht der Privatsphäre auf den Datenschutz, obwohl die beiden Rechtsgebiete nicht gleich sind. Der Datenschutz soll vor allem das Ver- halten beeinflussen, während das Privatrecht erst „respektiert" werden braucht, wenn es zu einem Verstoß kommt, wohingegen der Datenschutz in der bloßen Dokumenta- tion von persönlichen Daten schon den Tatbestand eines Verstoßes erfüllt sieht.

Durch den technischen Fortschritt der Digitalisierung haben sich die Grenzen von „privat" und „öffentlich" verwischt und so sind die Konzepte des Datenschutzes immer häufiger mit digitalen Innovationen konfrontiert, welche seine Grundprinzipien herausfordern. Ob eine Innovation zustande kommt, hängt auch von den Kosten und Hürden ab, die mit dem Datenschutz verbunden sind. Bei der DSGVO wird die Zweckbestimmung zum Erhebungszeitpunkt festgelegt. Die Verwendung der Daten durch die Datensammler ist dem Datensubjekt meist unbekannt und erzeugt daher Risiken, da die eigenen Daten auf zukünftige Entscheidungen anderer Auswirkungen haben könnten. Ein Algorithmus z. B. lehnt einen Kreditantrag aufgrund einer früheren Anfrage zum Einkommen ab, da z. B. der damalige negative Bescheid den Ausschlag für die Verweigerung des Kreditantrages gegeben haben könnte. Der Wert von Daten wird überwiegend durch Angebot und Nachfrage zum Nutzungszeitpunkt bestimmt, während die Zweckbestimmung in der DSGVO zum wirtschaftlich irrelevanten Datenerhebungszeitpunkt festgelegt werden muss.

Nissenbaum versteht unter Datenschutz die Garantie der kontextuellen Integrität, wobei weniger die Daten selbst, als der Fluss oder Weg der Daten die Bewertung der Risiken und der daraus folgenden Schäden zulässt. Die Kontexte bestimmen den Wert von Daten und ihr Fluss macht die Quantifizierung von Risiken zu einer Aufgabe, die durch moderne IT mit der Informationsflussanalyse möglich wäre, wenn auch von der DSGVO so nicht vorgesehen. Die Gefahr mit dem wandelnden Kontext ist ohne Bewertung und Abgleich mit einer gewünschten Referenz jedoch mit dem Abrutschen auf einer schiefen Ebene vergleichbar. So ist in der vernetzten Welt ein Senken der Standards des Datenschutzes als Wettlauf um die geringsten Kosten zu erwarten, und das Einpendeln auf niedrigem Niveau zu befürchten.

Eine aus dem Datenschutz heraus getragene Vorgehensweise zur schrittweisen Annäherung an die Innovationsverantwortung schlägt Solove vor, der 16 Risiken identifiziert, die jeweils den Phasen der Informationssammlung, der -verarbeitung, der -verteilung und dem Eindringen in die Privatsphäre zuordenbar sind (Solove 2008). Die Phase „Eindringen in die Privatheit" umfasst dabei den in der DSGVO vernachlässigten anonymen Bereich zu Schlussfolgerungen und Inferenzen, ist aber auch ein Hinweis, dass Privatheit und Datenschutz in den USA oft als identisch angesehen werden (Solove 2011). Die OECD (Organisation für wirtschaftliche Zusammenarbeit und Entwicklung) definiert Datenschutzrisiken als Gefahren zur Verletzung von Privatheit und Freiheit (OECD 2015), was sich so bereits in der ehemaligen Datenschutzdirektive 96/46/EG der EU wiederfindet, in der zwischen den Risiken bei der Verarbeitung und den speziellen Risiken unterschieden wurde (Zilkens 2007). Diese sind in der DSGVO noch einmal verstärkt worden, wobei die speziellen Risiken des Verlustes an Rechten und Freiheiten mit Wahrscheinlichkeiten gewichtet werden, um zwischen hoher, mittlerer und niedriger Gefährdung zu unterscheiden. Hohe Risiken erfordern besondere Vorkehrungen zum Datenschutz, die bei niedrigen Risiken wegfallen (Veil 2015). Der fiktive Schaden muss nicht quantifiziert werden und kann qualitative Kriterien wie persönliche oder gesellschaftliche Nachteile, z. B. Reputationsverluste, umfassen. Die DSGVO hört bewusst einen Schritt vor der Zuordnung zu Gefahren auf. Der Fokus liegt ausschließlich auf der Minimierung der Risiken bei der Datensammlung. Der Fall Facebook Cambridge-Analytica hat nach den Kriterien von Solove eindeutig Bezug zum Datenschutz, ist aber nach der DSGVO kein Fall bei dem man sich auf die DSGVO berufen könnte (HIIG 2018). Keines der genannten Risiken hat seinen Ausgangspunkt in der Fehlerhaftigkeit der Algorithmen oder der Technik, sondern bezieht sich ausschließlich auf die Folgen in einem sozialen Kontext, die als Mängel einer algorithmischen Technik und der normativen Leere empfunden werden.

Die zweite Säule des Digitalisierungsdilemmas nach dem Schutz ist die Innovation. Die Innovationsverantwortung setzt eine dem Schutz und der Innovation übergeordnete Optimierung der Verantwortung voraus. Sie ist in Abb. 3.1 als zweidimensionale Matrix zur Beziehung von Innovation und Datenschutz in Anlehnung an Alvarez und Barney (Alvarez und Barney 2007) dargestellt. Einerseits repräsentieren Selbstschutz oder Governance, Regulierung und Institutionen die Dimensionen des Schutzgedankens, anderseits sind die Dimensionen Sicherheit, Risiko, Ambiguität und Unsicherheit die Einschätzungen der Erfolgsaussichten von Innovationen. Die Schnittmengen sind die Verfahren und Regulierungen und Institutionen mit denen die Innovationsverantwortung zur Strategie der Digitalisierung werden soll. Die Selbstregulierung ist dabei ein Vorläufer der gesellschaftlichen Regulierungen und der Institutionen. Die mehrseitige Sicherheit und die Transparenz haben die Vorläufer der Innovationsverantwortung in selbstregulierter Form zum Inhalt (Müller und Pfitzmann 1997) und bilden daher die Werkstatt und den Ausgang zur Fortentwicklung der aktuellen Protektion 2.0 zur zukünftigen Protektion 4.0. Diese ist durch die heutige DSGVO und die Forderung nach einer zukünftigen Regulierung zur Rechtfertigungspflicht bestimmt, wobei die gegenwärtigen eIDAS Vertrauenszentren in erweiterte Kontrollzentren überführt werden müssen. Mit ihnen entsteht die technische Fähigkeit, die Regulierung auch dann durchzusetzen, wenn Ambiguität und Unsicherheit die Innovationserwartungen

Innovation / Regulierung	Selbstregulierung oder Governance	Regulierung	Institutionen
Sicherheit	Mehrseitige Sicherheit	Geeignet: Protektion 1.0 BDSG	Datenschutzbeauftragte
Risiko	Mehrseitige Sicherheit + Schutzziele + Informationsflussanalyse	Geeignet: Protektion 2.0 DSGVO	eIDAS Vertrauenszentren
Ambiguität	Passive Transparenz und Kontrolle + Sicherheitsvereinbarungen	Protektion 3.0 + Rechtfertigungspflicht	Kontrollinfrastrukturen
Unsicherheit	Aktive Transparenz und Kontrolle + Smart Contracts	Protektion 4.0 + Rechtfertigungspflicht + Rechtssicherheit	Erweiterte Kontrollinfrastrukturen

Abb. 3.1 Dimensionen der Innovationsverantwortung

charakterisieren. Sie kennzeichnen zusammen mit der Sicherheit und dem Risiko das Eintreten eines erhofften Erfolges einer Innovation, wenn auch im Falle des Risikos mit einer Wahrscheinlichkeit versehen. Bei einer Einschätzung als Ambiguität oder Unsicherheit ist die Erfolgsaussicht der Innovation überhaupt infrage gestellt. Ist z. B. eine Innovation mit den Eigenschaften Sicherheit oder Risiko beschrieben, so sind Regulierungen eher ein Schutz, da eine Störung der Ziele unwahrscheinlicher wird. Anders verhält es sich bei Ambiguität und Unsicherheit. Sie verlangen flexible und kontextabhängige Entscheidungen. Da die Gefahr eines Scheiterns sehr hoch ist, ist zu erwarten, dass Regulierungen für solche Innovationen eher als hinderlich angesehen werden. Die Innovationsverantwortung verlangt nach einer Festlegung der Erfolgserwartung von Innovationen und einem davon abhängigen passenden Schutz. Dieser wird umfangreicher bei Ambiguität und Unsicherheit. Unsicherheit und Ambiguität sind die Bedingungen von Innovationen mit disruptivem Potenzial, wobei der Datenschutz evtl. durch den Erfolg der Innovation gegenstandslos wird.

3.1.2 Protektion und Vertrauensstrukturen

Die Schutzgüter für den Datenschutz reichen von individuellen Bedürfnissen oder Interessen, über Menschenwürde, Autonomie oder Kommunikationsschutz bis hin zur Schaffung von neuen Freiheitsräumen oder utopischen Informationsordnungen (Pohle 2016). Die DSGVO ist nach der Vorstellung entwickelt worden, dass bereits der Besitz von persönlichen Daten zu Missbrauch anregt und daher rigorose Annahmen zur vorauseilenden Beeinflussung des Nutzerverhaltens rechtfertigt. Für die Innovationsverantwortung ist es hilfreicher, wenn man den Datenschutz als Technikfolger betrachtet, der sich ständig auf neue Techniken einstellen muss, soll er die Schutzziele bei wechselndem Umfeld und oft noch unbekannter Technik verteidigen. Die größte Gefahr für den Datenschutz ist, wenn seine Normen eine soziale Schlagseite erhalten. Dies hat dazu geführt, dass die DSGVO vielfach einer Sammlung von Verhaltensregeln und Verfahren gleicht, deren Durchsetzung von einer Infrastruktur abhängig ist, der viele Nutzer dadurch vertrauen, dass sie technisch ausgerichtet ist und gesetzlich legitimiert geführt wird, obwohl sie auf einer nicht generell geteilten Auswahl von Normen aufbaut. Will man nun Daten nutzen, um vereinbarte Interaktionen nach den Prinzipien der informierten Zustimmung durchzuführen, ist diese Einwilligung nur beweisbar, wenn die Dienste von Vertrauenszentren in Anspruch genommen werden. Diese garantieren zwar den Datenschutz nicht, stellen aber vertrauenswürdige Methoden und Verfahren zur Verfügung, um Rechtskonformität nachzuweisen. Allerdings ist die Mehrheit der PKI nicht von einer eIDAS-Qualität. Dennoch erfahren diese privaten Vertrauenszentren wegen ihrer geringeren bürokratischen Hürden eine hohe Nachfrage nach ihren Diensten.

Mit der mehrseitigen Sicherheit ist zum Zeitpunkt der Entstehung des deutschen Signaturgesetzes ein zum Ende der 90er Jahre von der damals und bis heute üblichen zentralisierten Sichtweise abweichender Vorstoß zur Stärkung der individuellen Protektion entstanden. Anstatt „eine Datenschutzregelung gleich für alle und alle Probleme", wurde ein Kanon von Schutzzielen und Mechanismen vorgeschlagen, der individuelle Regeln in freier Vertragsgestaltung nach dem „Selbstregulierungs-Prinzipien" ermöglicht, um den Datenschutz zu stärken. Damit will die mehrseitige Sicherheit nicht nur Daten schützen (Müller und Pfitzmann 1997), sondern vor allem den Datensubjekten ein Gerüst für einen Selbstschutz an die Hand geben, um ihre Interessen in der Interaktion mit anderen zu formulieren (Müller und Rannenberg 1999a). Die Schutzziele der mehrseitigen Sicherheit bedeuten eine Flexibilisierung anstelle eines für alle Fälle gleichermaßen geltenden Gesetzes. Diese Möglichkeit zu personalisierten Vereinbarungen konnte durch die „Common Criteria" weltweiten Einfluss gewinnen und wurde die funktionale Grundlage einer selbstregulierten Protektion (CCIB 2006). Die mehrseitige Sicherheit ist durch die nachfolgenden vier Entwurfsziele gekennzeichnet:

A) **Sicherheit ist verschieden:** Sicherheit ist nicht im Vorhinein oder durch eine für alle Anwendungen oder Nutzer geltende Regulierung garantiert, sondern ist kontextabhängig und muss daher individuell aushandel- und vertrauenswürdig kontrollierbar sein.

B) **Sicherheit muss leicht formulierbar sein:** Laien sollen ohne großen Lernaufwand die Schutzmechanismen einsetzen können und ihre Wirkung verstehen.

C) **Konflikte müssen lösbar sein:** Wenn gegen Sicherheitsvereinbarungen verstoßen wird, muss dies entdeckt und gelöst werden können.

D) **Sicherheit muss durchsetzbar sein:** Kontrollzentren garantieren die Durchsetzung einer zukünftigen Rechenschaftspflicht durch die sich ergebende Zurechenbarkeit von Sicherheitsvereinbarungen.

Um solche Sicherheitsvereinbarungen spezifizieren und digital kontrolliert durchsetzen zu können, haben Vertrauensinfrastrukturen inzwischen in der Praxis erprobte Techniken und Verfahren entwickelt, die als Ausgangspunkt der zukünftigen Kontrollinfrastrukturen dienen können:

A) **Organisationen des Vertrauens:** In Europa sind die Anforderungen an Vertrauenszentren durch eIDAS vor allem für Rechtsgeschäfte vorgegeben. Andere Regelungen sind ebenso gültig, erfolgen aber in Form von Selbstregulierungen. Vertrauenszentren innerhalb einer nach eIDAS regulierten Vertrauensinfrastruktur bieten identische Dienste an. Durch eine Akkreditierung wird die Fähigkeit festgestellt, ob die technischen und rechtlichen Voraussetzungen vorhanden sind, um die eIDAS-Direktive einzuhalten. Solche Zentren stehen im Wettbewerb untereinander, aber vor allem mit nicht-regulierten Zentren, die im technischen Sinne dieselben Dienste, wie Vertrauenszentren anbieten können. Nicht-regulierte Zentren dienen jedoch meist einem einzigen Zweck, z. B. der Identitätsfeststellung für Zahlungen oder Bestellungen. Hier ist Rechtssicherheit nicht unbedingt notwendig und die Risiken von Schäden durch mangelnde Nachweisbarkeit sind begrenzt. Solche PKI haben deutlich geringere Ansprüche an die Korrektheit. Sie sind aber wirtschaftlich oft erfolgreicher als regulierte Vertrauenszentren, wie der Erfolg von Verisign zeigt, welches nach Standard & Poors zu den 500 größten Unternehmen der USA gehört und sowohl eine Zwei-Faktor Authentifizierung also auch Identitätsmanagement im Internet anbietet. Trotz der hohen Qualität der Dienste von Verisign, handelt es sich im Sinne von eIDAS nicht um qualifizierte Dienste.

B) **Die vertrauenslosen oder algorithmischen PKI:** Die Schwäche von zentralen Vertrauenszentren liegt darin, dass sie ein singulärer Angriffspunkt sind. Man könnte auf Vertrauen vollständig verzichten, wenn dieses durch Technik und Algorithmen ersetzt werden würde. So wird die Blockchain eine „vertrauenslose" Technik genannt, die zu einer „vertrauenslosen" PKI werden kann. Die Blockchain vermeidet die Schwachstellen einer zentralen PKI und erzielt so erhebliche Kosten- und Zeitvorteile. Der Verzicht auf Vertrauen ist jedoch mit hohen Computerleistungen erkauft, da bei jeder Änderung eine vollständige Neuberechnung und Synchronisierung aller bisherigen Einträge der davon betroffenen Transaktionen notwendig wird. Dazu fallen zum einen erhebliche Energiekosten an und zum anderen ist es notwendig, Anreize zur Aufrechterhaltung der Integrität des Systems anzubieten (Waldo 2019).

C) **Vertrauenswürdige Dienste:** Der zu PKI oder Vertrauensinfrastruktur alternative Name Zertifizierungsinstanz (Certification-Authority(CA)) ergibt sich aus der Datenstruktur, die die Vertrauenswürdigkeit erst dokumentiert. Ein solches Zertifikat macht ein Dokument wertvoller und vertrauenswürdiger, da es die Geschichte seiner Verwendung für alle einsichtig offenlegt. Diese Metadaten beschreiben, die Identifizierungs- und Registrierungsverfahren des Antragstellers, die Bereitstellung und Verwaltung von öffentlichem und privatem Schlüssel, sowie die Kopplung des öffentlichen Schlüssels an eine reale Identität garantiert durch die Signatur einer Zertifizierungsinstanz. Die Beurteilung der Qualifizierung von Diensten nach eIDAS besteht in der Sorgfalt und Kontrolle bei der Registrierung der Nutzer, der Erstellung und dem Verwalten von Zertifikaten, der Schlüsselverwaltung und der Modifikation evtl. korrumpierter oder veralteter Schlüssel und der Kontrolle der Gültigkeit bzw. Sperrung ehemals gültiger Zertifikate.

D) **Selbstregulierung oder Governance:** Governance ist nach der Weltbank der Prozess, der Autorität auf nachgeordnete Akteure überträgt, die dann die Regeln der Interoperationen definieren, die jedoch kontrolliert werden müssen (The World Bank 2016). In einem rechtlichen Sinne sind Vertrauenszentren aus Gesetzen abgeleitete Autoritäten, die Rechtssicherheit garantieren, während z. B. Verisign eine Organisation darstellt, die einen Dokumentationsdienst anbietet, der durch Angebot und Nachfrage bestimmt ist.

E) **Bedrohungs- und Angreifermodelle:** Bedrohungen sind die Antizipation zukünftiger Risiken. Wie bei einer Versicherung handelt es sich dabei um Beträge, welche die Werte gewichtet mit der Wahrscheinlichkeit des Eintreffens von Schaden ermitteln sollen. Seit den Vereinbarungen von Basel II für den Finanzsektor sind die Erstellung der operativen Risiken von Organisationen nach Bedrohungsmodellen eine Voraussetzung für die Kreditbedingungen (Müller et al. 2010). Dabei wird von einer Dreiteilung der Bedrohungen ausgegangen (Bundesamt für Sicherheit in der Informationstechnik 1989), die jeweils in Bezug auf die Institutionen oder Personen detailliert quantifiziert werden müssen:

1. Unbefugter Zugriff: Verlust der Vertraulichkeit
2. Unbefugte und einseitige Fälschungen und Veränderungen: Verlust der Integrität
3. Unbefugte Beeinträchtigung des Zuganges zu Daten: Verlust der Verfügbarkeit

Im Gegensatz zu den Bedrohungen, sind die Angreifer entweder Personen oder Institutionen. Eine Sicherheitsvorkehrung umfasst die Angreifer, Bedrohungen, Einschätzung und die Gegenmaßnahmen:

1. **Angreifer:** Ein omnipräsenter oder allmächtiger Angreifer hat die Möglichkeit, alle Daten und Sicherheitsmaßnahmen einzusehen. Gegen solche Angreifer gibt es keinen Schutz. Der Normalfall ist jedoch ein teilpräsenter Angreifer, der nicht die vollständige Übersicht hat.
2. **Prognosehorizont:** Die unvermeidbare Schwäche aller Sicherheitsvorkehrungen ist es, dass sie von den Erfahrungen aus der Vergangenheit beeinflusst sind und die Einschätzungen der Gefahren in der Zukunft auf Spekulationen basieren. Das *„Privacy by Design"* der DSGVO geht auf Vorstellungen aus den 1970er Jahren zurück, als die Änderungen noch weniger häufig und die Speicherung und Verarbeitung in abgeschlossenen und nicht vernetzten Rechenzentren vorgenommen wurden. In der DSGVO wird vorgeschlagen, dass bereits zum Zeitpunkt der Planung eines Programmes zur Verarbeitung persönlicher Daten technische und organisatorische Maßnahmen ergriffen werden, um die Sicherheit der Daten zu gewährleisten. Es ist bis heute umstritten, ob z. B. Privacy by Design eine Technikempfehlung mit einer konkreten Methodik ist oder nur eine abstrakte Forderung, um den Datenschutz in die Technikgestaltung zu integrieren (Cavoukian 2011). Unbestritten ist, dass ein solcher Datenschutz durch Technikgestaltung rasch veraltet und daher wie die Algorithmen immer neu angepasst werden muss.

Cambridge-Analytica hat erstmals die Existenz und Wirksamkeit kognitiver Einschätzungen offenbart. Obwohl es sich dabei nicht um einen Angriff gehandelt hat, ist dies als solcher bezeichnet worden. Die Daten wurden von Cambridge-Analytica mit der Absicht ausgewertet, das Wahlverhalten der noch Unentschlossenen zu beeinflussen. Eine weitere Verwendung war nicht vorgesehen. Da eine Zustimmung zur Datenverwendung, wenn auch aufgrund einer Täuschung, vorhanden war, waren die Kriterien der

DSGVO erfüllt. Wäre nicht nur die Datenpreisgabe, sondern auch der Datenempfang geregelt und kontrolliert worden, wäre wohl das als Tabubruch empfundene Gebaren von Cambridge-Analytica rasch entdeckt worden.

3.1.3 Mehrseitige Sicherheit

Die Defizite von Sicherheitsvorkehrungen werden nahezu täglich durch Pressemeldungen über Einbrüche zu Datenbeständen offensichtlich. Es ist nicht zu erwarten, dass in naher Zukunft eine „wasserdichte" Lösung existieren wird, um die Schwachstellen von Algorithmen und den TOM (Technisch-Operative-Methoden) zu schließen. Die Transparenz statt der Geheimhaltung scheint die Vorstellung der Nutzer nach einem Datenschutz der Zukunft zu sein (Beliger und Krieger 2018). Das Verhältnis zwischen Datensubjekt und Plattform sollte danach statt den Zugangssperren nach AAA, die Datensammlung völlig freigeben und über individuelle Sicherheitsvereinbarungen, welche von Kontrollinfrastrukturen überwacht und durchgesetzt werden, die Einsicht zu den Daten durch die Betroffenen zulassen (Cabinakowa et al. 2016). Wird der Einsatz solcher Sicherheitsvereinbarungen durch Normen gestützt z. B. durch die Rechtfertigungspflicht und die Zurechenbarkeit sind Kontrollinfrastrukturen notwendig, die den Datenschutz und die Protektion gewährleisten.

Die mehrseitige Sicherheit unterstützt die Protektion. Die Erfolge der Sicherung von täglichen wechselnden digitalen Transaktionen und der Daten durch kommerzielle Dienste zeigen, dass schnelle und flexible Lösungen sich in der Wirtschaft von den gesellschaftlichen Anforderungen unterscheiden, welche für alle gelten müssen. Datenschutz bedeutet daher für die Wirtschaft bis heute nur Zusatzaufwand, ohne damit Vorteile zu erzielen oder Schaden zu vermeiden. Dies bedeutet nicht, dass Daten nicht geschützt werden sollen. Nur die DSGVO ist in ihrer allgemeinen Ausrichtung oft nicht einer speziellen Problemstellung angepasst. Die Freiheit, die Inhalte von Sicherheitsvereinbarungen eigenständig und ohne Eingreifen von Behörden oder Gesetzen zwischen den Akteuren zu definieren und deren Ausführung und Einhaltung sicherzustellen, ist der Kern der mehrseitigen Sicherheit.

Die Schutzziele sind die Repräsentationen für Werkzeuge, um die Anforderungen wechselnder Kontexte individuell zu befriedigen. Daher sind die Schutzziele nicht für alle Sektoren gleich (Müller und Rannenberg 1999b). Üblicherweise und als Stand gegenwärtiger Vertrauensinfrastrukturen und der Sicherheitsverfahren der Wirtschaft zur Bestimmung des Vertrauensniveaus unterscheidet man vier Schutzziele:

C. Schutzziel Vertraulichkeit (c = Confidentiality)
- c1) Daten sollen gegenüber allen Instanzen außer dem Berechtigten vertraulich bleiben.
- c2) Sender und/oder Empfänger von Daten sollen voreinander anonym bleiben können und Unbeteiligte sollen nicht in der Lage sein, den Vorgang zu beobachten.
- c3) Niemand soll ohne Einwilligung den momentanen Ort einer mobilen Teilnehmerstation ermitteln können.

I. Schutzziel Integrität (i = Integrity)

   i1) Fälschungen von Daten sollen erkannt werden.

   i2) Zugriffe von Unberechtigten sollen erkannt und abgewehrt werden.

A. Schutzziel Verfügbarkeit (a = Availability)

   a1) Berechtigte sollen jederzeit und unbehindert Zugang zu Daten erhalten.

Z. Schutzziel Zurechenbarkeit (z = Accountability)

   z1) Gegenüber einem Dritten soll der Datensammler nachweisen können, dass die Daten nicht verändert wurden.

   z2) Der Datenverarbeiter soll dem Datensubjekt die Urheberschaft der Daten garantieren.

   z3) Der Datenverarbeiter muss über den Informationsfluss und die Kontexte der Datennutzung Auskunft geben können.

Die wirtschaftlich ausgerichtete Teilliste – Vertraulichkeit, Integrität, Zurechenbarkeit und Verfügbarkeit – repräsentiert den Praxisstand der Schutzziele bei Sicherheitsvorkehrungen. Sie ist wesentlich kürzer als die Liste der in den Common Criteria normierten Schutzzielen. Diese haben die Funktion, die zivile Sicherheit als Ganzes in all ihren digitalen Facetten zu ermöglichen. In Studien zur Einführung des elektronischen Personalausweises (Reichl et al. 2005) sowie für eine Vielzahl anderer Anwendungen haben sich die nachfolgenden Schutzziele als hilfreich erwiesen (Müller und Rannenberg 1999a), die sich auch bei den Common Criteria (CCIB 2006) wiederfinden und Eingang in den DIN Standard (DIN ISO/IEC 15408) gefunden haben (Rannenberg 1998):

1. **Vertraulichkeit:** Subjekte, Objekte oder Funktionen weisen diese Eigenschaft auf, wenn sie nur berechtigten Subjekten, Objekten oder Funktionen zur Kenntnis gelangen können.

2. **Anonymität:** Ein Subjekt, ein Objekt oder eine Funktion verzichtet auf die Authentifizierung gegenüber anderen Subjekten, Objekten und Funktionen.

3. **Unbeobachtbarkeit:** Ein Subjekt, Objekt oder eine Funktion führt eine kommunikative Handlung durch, ohne dass ein anderes Subjekt, Objekt oder eine andere Funktion davon erfahren.

4. **Pseudonymität:** Ein Subjekt, Objekt oder eine Funktion verwendet stets oder auch transaktionsbezogen eine andere Benennung bei Handlungen mit anderen Subjekten, Objekten oder Funktionen.

5. **Unabstreitbarkeit:** Ein Subjekt, Objekt oder eine Funktion kann eine Handlung auf ein genau identifiziertes Subjekt, Objekt oder eine Funktion zurückführen.

6. **Unverkettbarkeit:** Ein Subjekt, Objekt oder eine Funktion kann Handlungen so durchführen, dass ein anderes Subjekt, Objekt oder eine andere Funktion zwischen diesen Handlungen keinen Zusammenhang herstellen kann.

7. **Integrität:** Ist ein Subjekt, Objekt oder eine Funktion als korrekt bezeichnet, so darf es keine anderen Subjekte, Objekte oder Funktionen geben, die das Subjekt, das Objekt oder die Funktion unerkannt verändern können.

Eine Sonderrolle unter den Schutzzielen nehmen sowohl die Anonymität als auch die Pseudonymität ein. Sie sind ambivalent, da sie in Konflikt mit anderen Schutzzielen stehen. Sie kommen in zwei Varianten vor. Zum einen bezeichnen sie den überwiegenden Teil der Daten in Big Data, die nicht einer Identität zugeordnet sind, die aber personalisiert werden könnten. Zum anderen ist es die Freiheit von Individuen, ihre Identität zu verschleiern. Für diesen Fall schließen sich die Zurechenbarkeit und die Anonymität aus, da die Integrität von Daten nicht bestimmt werden kann, wenn Absender oder Empfänger nicht zu identifizieren sind. Ist ein Teilnehmer vollständig anonym, hinterlässt er keinerlei Informationen über sich selbst und seine Handlungen sind nicht rückverfolgbar. Für den Schutz der Privatheit ist die Anonymität ein Idealzustand, der jedoch Interoperationen in der Gesellschaft erschwert. Bei der Pseudonymität wählt man statt einer realen Identität einen Aliasnamen. Es kann, nicht ohne Aufwand, von einem Pseudonym auf die reale Identität geschlossen werden.

3.1.4 Exkurs: Informationsflussanalysen

Die Informationsflussanalyse ist eine generelle Technik, die sowohl in autonomen Verträgen als auch in Geschäftsprozessen und Programmen und Algorithmen eingesetzt werden kann. Es geht um die Erfassung der Zugänge und Abgänge von Daten, deren interne Verarbeitungsschritte und Abhängigkeiten voneinander. Damit kann die Verarbeitung von Daten durch ihre Veränderung nachvollzogen werden. Die Informationsanalyse ist für das Schutzziel der Zurechenbarkeit unverzichtbar.

Die für die Protektion genutzten Mechanismen zur Informationsflussanalyse sind ein Teil der Sicherheitsvereinbarungen, um die erlaubten Informationsflüsse von den Abweichungen unterscheiden zu können und so die unerlaubten bspw. über verdeckte Kanäle zu erkennen. Dabei werden den kontrollierten Prozessen Sicherheitsstufen zugeordnet und den Daten und Prozessen Freigaben erteilt, um festzulegen, welche Informationen welcher Sicherheitsstufe ein Subjekt erhalten darf und welche Abweichungen von den Regeln ein Risiko für die Korrektheit der Kontrolle bedeuten. Ein Beispiel aus dem Gesundheitswesen zur Untersuchung von Datensätzen, wer häusliche Patienten behandelt hat und ob im Falle von Pflegepersonal eine ärztliche Anordnung zur Behandlung vorliegt, ohne dabei den Datenschutz zu verletzen, wurde erfolgreich durchgeführt, wobei 100 % aller Regelverletzungen entdeckt wurden (Haas et al. 2011).

Die Aufgabe von Informationsflussmechanismen ist es ferner zu prüfen, ob eine Isolationsvereinbarung erfüllt wird, d. h. ob es eine unerlaubte Datenübertragung geben kann und gegeben hat. Die Kontrolle besteht aus einer Prüfung, ob sich Informationen unerkannt verbreiten können, welche Informationen genutzt werden und zu welchem Umfang diese den Vereinbarungen entsprechend isoliert sind. Verglichen mit traditionellen Zugriffskontrollen können Informationsflussmechanismen nutzeraffine Sicherheitsgarantien geben, wie das nachfolgende Beispiel zeigt:

Die in dieser Email enthaltenen Informationen dürfen nur Kunden A oder B erreichen.

Die gleichwertige Zugriffskontrollregel lautet:

Nur Prozesse, die für A oder B autorisiert sind, dürfen die Datei öffnen, die diese Email enthält.

Die Informationsfluss-Vereinbarung ist vollständiger, da sie sich nur auf die Daten bezieht, ohne die Autorisierungs-Mechanismen zu beschreiben. Außerdem umfasst die Informationsfluss-Vereinbarung im Gegensatz zur Zugriffsregel auch die Informationsübertragung. Damit sind die verdeckten Kanäle gemeint, über die Daten unbemerkt an dazu unberechtigte Dritte gehen können. Der Grund für die Einschränkung von Zugriffskontrollen beruht auf den Schutzzielen – hier Vertraulichkeit – die nicht direkt formuliert werden können, sondern mithilfe eines Zugriffskontrollmonitors umschrieben werden müssen. Eine solche zugriffsbestimmte Form von Sicherheitsvereinbarung ist oft unvollständig, da jede mögliche Verletzung im Voraus berücksichtigt und entsprechende Regeln aufgestellt werden müssen. Informationsfluss-Vereinbarungen beschreiben nur das Ziel und können so als Kontrollvereinbarungen in Kontrollzentren erstellt und bei Transaktionen mit Plattformen Nutzern als Dienst angeboten werden. Verstöße können gesammelt und eine Evaluierung der Datenfreigabe oder der Nutzung von Algorithmen entsprechend der Risikoeinteilung nach der DSGVO mit einem niedrigen, mittleren oder hohen Risiko klassifiziert werden.

3.2 Vertrauensstrukturen und Vertrauenstechniken

Der Einbruch in das niederländische Vertrauenszentrum DigiNotar im Jahre 2011 hat auf die Gefährdung der Sicherheit von Vertrauensinfrastrukturen hingewiesen. DigiNotar ist ein Vertrauenszentrum, das zwar vom holländischen Staat getragen war, jedoch bis zur Insolvenz ohne Aufsicht und Akkreditierung betrieben wurde. Tatsächlich sind sogenannte „Wartungszertifikate" zur Vortäuschung von Identitäten von Dritten identifiziert und missbraucht worden. Solche Zertifikate sind durchaus üblich und helfen zur Sicherung von Websites, die über „HTTPS" gesichert sind. Sie werden bei der Zertifizierung temporär verwendet. Sie müssen aber wieder entfernt werden, da sie sonst missbraucht werden können. Dies ist mit einem verlorenen Ausweis oder einer Kreditkarte vergleichbar, die trotz Verlust nicht gesperrt werden. Die Grundlage des Vertrauens ist die Korrektheit des Zertifikates. Dazu ist eine Wurzelinstanz notwendig. Dieses wäre bei eIDAS das Vertrauenszentrum, ansonsten die Einrichtung, die nachgeordnete Zertifikate ausstellt, die durch das Zertifikat der Wurzelinstanz als echt gelten. Damit können z. B. Dokumente, die über viele Stufen weitergereicht werden als vertrauenswürdig bezeichnet werden, da ihre Zertifikate mit Referenz zur Wurzelinstanz als korrekt gelten. Gibt es eine Kette von Dokumenten, die aufeinander aufbauen, führt bereits ein Fehler in der Kette von Zertifikaten zum Scheitern des Vertrauens in die Nachweisbarkeit. Regulierte Vertrauenszentren reduzieren diese

Fehleranfälligkeit, aber auch den Rechenaufwand und die Kosten, indem sie über einen Vertrauensdienst akkreditiert werden. Als Folge des Einbruches bei DigiNotar bietet nun Google mit „Certificate Transparency" ein Werkzeug an, das „wilde", d. h. nicht mehr genutzte, aber noch gültige Zertifikate entdecken kann (Google 2015).

Die Pressemeldungen sind voll von solchen Berichten zu Daten- oder Identitätsdiebstählen (Beliger und Krieger 2018). Der „Albtraum", dass eine allgemeingültige Vorstellung von Regeln und Wahrheiten durch das Internet gefährdet würde, drückt einen Aspekt der aktuellen Digitalisierung aus, der Bedenken daran äußert, ob die zunehmende Kriminalisierung in den Griff zu bekommen ist. Das Standhalten der bisher als zivilisatorischen Fortschritt empfundenen Gesellschaftsordnungen braucht den Schutz, damit die digitale Transformation nicht zu einer Gefährdung wird. Kontrollzentren können einen solchen Schutz leisten, aber, wie in China mit dem dortigen Punktesystem, auch zu einer allgemeinen Überwachung missbraucht werden.

Um diesem Pessimismus um den bevorstehenden Verlust an verifizierter Wahrheit zu widerstehen, bedarf es Institutionen, deren Aufgabe es ist, an einem durch Gesetze bestimmten nachvollziehbaren Regelapparat festzuhalten und die Regeleinhaltung durch „Vertrauensinfrastrukturen" auch beweisbar zu machen. Die Geheimhaltung nach der DSGVO ist oft der erste intuitive Gedanke gegen solche Gefahren, ist sie doch das gegenwärtig beherrschende Prinzip des Datenschutzes und erweist sich dennoch als nicht ausreichend. Die Transparenz scheint ebenfalls für den Schutz wenig geeignet zu sein, da die Daten für alle zugänglich wären und so die Türe für eine willkürliche und fremdbestimmte Nutzung geradezu geöffnet werden würde. Das Mittel dagegen ist die Protektion, die durch Erweiterung der Kompetenzen und Analysefähigkeiten von Kontrollzentren die Zurechenbarkeit ermöglicht und so die Ursachen für Missbrauch identifizieren kann. Kontrollzentren haben mit den Vertrauenszentren erprobte Vorläufer, deren TOM und rechtlicher Status als Vorbild dienen kann. Die nachfolgende Behandlung der Kontrollzentren ist durch die eIDAS Verordnung geprägt.

Mit der zunehmenden Digitalisierung wird es wirtschaftlich und gesellschaftlich wichtig, die Kommunikation über ein unsicheres Medium, wie es das Internet ist, nicht nur technisch sicher, sondern nachweisbar und „objektiv" korrekt durchführen und die Ergebnisse sicher hinterlegen zu können. Dazu gibt es die Vertrauensdienste, die den Unterschied zwischen regulierten Vertrauensinfrastrukturen und einer privaten PKI ausmachen. Hinter der Bezeichnung „PKI" steckt der Gedanke, dass ein Benutzer sich über ein kryptografisches Verfahren authentifiziert, um danach in der Infrastruktur und damit in einer Welt, die durch Gesetze kontrolliert wird, eine anerkannte digitale Identität einzunehmen. Vertrauensdienste beruhen nicht nur auf Algorithmen, sondern bestehen aus der Vielzahl von TOM, die sicherstellen, dass die regulativ verlangten Regeln nach Korrektheit, Gleichbehandlung und Rechtssicherheit durch administrative und technische Maßnahmen eingehalten werden.

Die regulierten Vertrauensinfrastrukturen haben jedoch auch Schwachstellen: Ein mithörendes trojanisches Pferd, ein Virus im Browser, unsichere Protokolle und fehlerhafte Algorithmen erfassen Daten, die eben dann ohne Zertifikat direkt kopiert werden. Dies gilt auch, wenn z. B. die Echtheit eines Zertifikats fälschlicherweise bestätigt wird. Insgesamt gibt es für zentrale Vertrauensinfrastrukturen die folgenden Risiken (Ellision und Schneier 2000):

a) Die Produktion und Ausgabe von falschen Zertifikaten.
b) Der Transfer des privaten Schlüssels ohne Kopie.
c) Die Algorithmen und Verfahrensregel veralten mit dem technischen Fortschritt und werden für Angriffe verwundbar.
d) Nicht identifizierte „wilde" Zertifikate.

Eine Lösung scheint die Blockchain zu sein, wobei auch da Schwachstellen auftreten. Blockchains sind bezogen auf die Aufgaben von PKI vor allem den „sibyllinischen" Gefahren ausgesetzt. Dies ist eine Anspielung auf das Verhalten von byzantinischen Generälen, die ihre Macht auf Kosten der anderen Generale vergrößern wollten. Waren sie als Einzelne zu schwach für eine siegreiche Schlacht, konnten aber zusammen mit verbündeten Generälen gewinnen, war es eine Erfolgsstrategie, zuerst die Schlacht gemeinsam gegen den Feind zu schlagen und danach über die Verbündeten „herzufallen". Das byzantinische Mittel zur Koordination des Angriffes waren Boten. Ebenso ist es bei der Blockchain. Über ein Konsensverfahren wird entschieden, ob eine Transaktion akzeptiert wird. Wenn mehr als 50 % dagegen sind, könnte dies auch die Ablehnung von wichtigen Transaktionen bedeuten, die für die Kontrolle der Plattformen und der Transparenz unerlässlich sind. Da Transaktionen von der Mehrheit für gültig erklärt werden müssen, können die „stärksten Generale" die Akzeptanz verweigern. Ferner muss die Transaktion korrekt sein. So muss z. B. sichergestellt sein, dass eine Überweisung nur einmal ausgeführt und genehmigt wird. Dabei darf es keine Rolle spielen, ob alle Computer zu jedem Zeitpunkt korrekt funktionieren. Am Ende der Verarbeitung müssen alle Inkonsistenzen während der Verarbeitung beseitigt und korrigiert sein. Dies ist bei Blockchains der Fall, erfordert aber u. U. erhebliche Rechenleistung.

Vertrauensinfrastrukturen sind die kostengünstigste, aber bislang auf Dokumente limitierte Institution zur Protektion. Mit der Blockchain und dem von Berners-Lee am MIT entwickelten SOLID werden eigenständige dezentrale Alternativen zu den Netzwerktoren erprobt (Berners-Lee 2018). Die Absicht der Entwickler bei SOLID ist es, die Daten wieder in die Verfügbarkeit der Datensubjekte zurückzugeben. Die Blockchain ist eine Technologie, die das Potenzial hat, dezentrale Kontrollzentren zu schaffen, die nicht nur territorial, sondern auch durch ihre Architektur eine Alternative zu den Plattformen darstellen. Die gegenwärtigen Effizienzdefizite bei Blockchains sind ein ernsthaftes Problem (Higginson et al. 2019). Dennoch, die Originalität in der Architektur der Blockchain rechtfertigt eine weitere Beschäftigung mit dieser Technologie (Berners-Lee 2010). Existierende Vertrauensinfrastrukturen nach eIDAS sind eine konventionelle und jetzt verfügbare Option zum Aufbau und zur technischen Untermauerung einer automatisierten zentralen Kontrollinfrastruktur, die auf den Erfahrungen der Vertrauenszentren nach eIDAS aufbauen kann.

3.2.1   Vertrauensgeflecht

Die Rechtssicherung verlangt nach Diensten zur Minimierung des Aufwandes zur objektiven Klärung von gesellschaftlichen, politischen, persönlichen und wirtschaftlichen Konflikten. Die vertrauenswürdige langfristige Dokumentation der Zugriffe und Veränderungen von Dokumenten stellen die inhaltlichen und eIDAS die formalen Anforderungen an die Vertrauensdienste dar, die eine Beweisgarantie gewährleisten müssen. Dazu ist der Nachweis der Einhaltung der Schutzziele, wie z. B. Authentizität, Integrität und Nachvollziehbarkeit sowie Vertraulichkeit und Verfügbarkeit zu erbringen.

Die klassische Anwendung der Vertrauensdienste ist die Portabilität, wobei die Daten jederzeit präsentiert werden können und dabei der Nachweis aller Veränderungen gegenüber vertrauenswürdigen Dritten, bspw. Gerichten oder Prüfbehörden, unabhängig von der verwendeten Technologie erbracht werden muss. Neben den Dokumenten und Daten selbst sind damit alle legalen Veränderungen zu präsentieren, die zum Nachvollziehen der Historie erforderlich sind. Dazu sind die Vertrauenszentren der zentralisierten regulierten PKI Bestandteile eines in Abb. 3.2 skizzierten Vertrauensgeflechtes.

Dieses Vertrauensgeflecht besteht nach eIDAS aus allen Einrichtungen oder Institutionen, die zum einen die Identifizierung, Zertifizierung, Akkreditierung und zum anderen die Überwachung und die Wartung der Technik, insbesondere der Algorithmen übernehmen. Die Eigenschaft „qualifizierte Dienste" zu ermöglichen und über lange Zeit zu garantieren, beruht auf dem Zusammenspiel der in Abb. 3.2 dargestellten Institutionen.

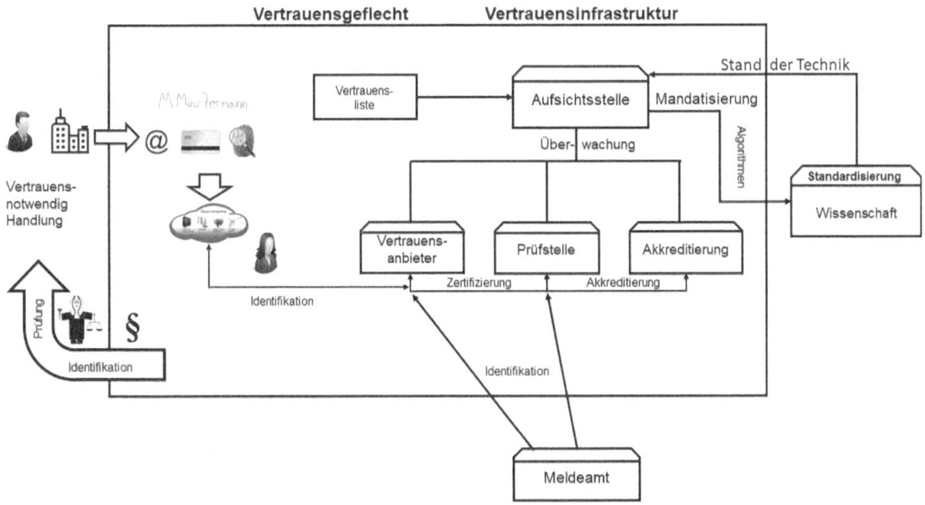

Abb. 3.2 Vertrauensgeflecht für PKI nach eIDAS. (Nach Kusber et al. 2018)

Die Vertrauensdienste, wie Signaturen, Siegel und Zeitstempel bilden zusammen mit den digitalen Identitäten die Dienste eines Vertrauenszentrums. Jede Interaktion und jeder Zugriff oder jede Veränderung wird dokumentiert. Erst das Geflecht mit den anderen Institutionen der Vertrauensinfrastruktur kann die Kosten für die Koordination z. B. einer europaweiten Gültigkeit reduzieren und ist auch Vorbild für andere nicht nach eIDAS regulierte Sicherheitszentren. Die Zertifizierung von selbstregulierten Sicherheitsvereinbarungen ist bislang nicht Teil der Mission von eIDAS Vertrauenszentren. Dazu wäre die Erweiterung der Datentypen von Dokumenten zu Prozessen notwendig, wie dies für Kontrollzentren vorgesehen wird.

3.2.2 Techniken einer Vertrauensstruktur

Technisch ist es durch die Zunahme der Computerleistung inzwischen auf jedem PC möglich, eine digitale Signatur zu erzeugen und damit Dokumente zu signieren. Schwer hingegen ist es, eine überprüfbare oder validierte Verbindung der elektronischen Signatur zu einer realen Person zu garantieren und aufrecht zu erhalten. Vertrauensdienste umfassen die Verfahren zur Benennung von Verantwortlichkeiten, den verwendeten Prozessen, der Identifikationen von Personen, der langfristigen Archivierung, sowie dem Verwalten von Zertifikaten. In der nachfolgenden Aufzählung sind die wichtigsten technischen Verfahren eines Vertrauenszentrums skizziert, da diese die Grundlage und den Ausgangspunkt für die Erweiterung zu einer Kontrollinfrastruktur nach Abb. 4.5 bilden.

Die konkrete Auswahl der Algorithmen und Verfahren wird dabei von Aufsichtsstellen akkreditiert und erst bei Unbedenklichkeit „mandatiert". Dieses Mandat wird durch eine Aufsichtsbehörde und die Absolvierung einer Qualifizierungsprozedur erreicht:

1. **Algorithmenprüfung:** Grundsätzlich sind die Algorithmen ein Element der Vertrauensgarantie und sollten für den gesamten Lebenszyklus von Dokumenten gelten. Dennoch „altern" auch mathematische Verfahren und müssen in Abständen von zurzeit ca. 3–5 Jahren an die fortgeschrittene Informationstechnik angepasst werden. Die Algorithmen haben sowohl die Aufgabe durch Verschlüsselung die Vertraulichkeit zu garantieren als auch die Zuordnung von Personen zu Daten oder Dokumenten zu ermöglichen. Moderne Algorithmen gelten erst als sicher, wenn sie veröffentlicht sind und mehrere Jahre der Analyse überstanden haben.
2. **Asymmetrische Verschlüsselung:** Dies ist das wichtigste Verfahren einer PKI und damit jeder Vertrauensinfrastruktur. Mit solchen Verfahren wird bei Registratur eines neuen Nutzers sowohl ein privater als auch ein öffentlicher Schlüssel erzeugt. Der öffentliche Schlüssel ist allgemein zugänglich in einer Datenbank hinterlegt und dient zur Verschlüsselung von Dokumenten, die mithilfe des zugehörigen privaten Schlüssels entschlüsselt werden können. Die Verbindung des öffentlichen mit dem privaten Schlüssel beruht auf einem mathematischen Prinzip, den sogenannten Einwegfunktionen.

Diese können in einer Richtung sehr leicht berechnet werden, wie eine Vase auch sehr leicht zerschlagen, aber nur schwer wieder zusammengesetzt werden kann. Wenn also x gegeben ist, z. B. 2, dann ist die Funktion $y = x^2$ einfach zu berechnen. Hat man jedoch das Ergebnis y=4, ist unbestimmbar, ob es sich bei x um eine negative oder positive 2 gehandelt hat.

3. **Digitale Signatur**: Der private Schlüssel wird zur Entschlüsselung und zur Erstellung einer digitalen Signatur benutzt. Dies erfolgt in zwei Schritten: Zuerst wird mit einer sogenannten Hashfunktion eine Repräsentation eines Dokumentes erstellt. Ein sehr einfaches Beispiel wird nachfolgend genutzt, um den Charakter von Hashfunktionen zu zeigen. Man könnte z. B. die Hauptwörter dieses Abschnittes zählen und die erhaltene Zahl als Hashwert und damit als Repräsentanz des Textes nehmen. Dies sei die Zahl 29. Wenn nun 29 mit dem privaten Schlüssel chiffriert wird, erhält man einen Wert, der nur durch den Besitzer des privaten Schlüssels und nur für diesen Text erzeugt werden konnte. Ändert sich die Zahl der Hauptwörter z. B. auf 30, verändert sich auch die digitale Unterschrift. Man erkennt leicht, dass es zu diesem Beispiel viele Texte geben wird, die exakt diese Zahl an Substantiven besitzen. Es kommt dann zu Kollisionen. Nutzbare Hashverfahren müssen solche Kollisionen vermeiden. Mit dem öffentlichen Schlüssel kann die Signatur nicht entschlüsselt oder verändert werden.

4. **Zertifikate**: Sie sind einem Ausweispapier vergleichbar. Mit einem Zertifikat wird garantiert, dass die enthaltenen Daten nur den angegebenen Personen zugeordnet sind. Die Signatur des Vertrauenszentrums garantiert diese Verbindung. Im einfachsten Fall steht neben dem öffentlichen Schlüssel der Name des Besitzers. Das vom Vertrauenszentrum signierte Zertifikat ist das Pendant zu einer garantierten persönlichen Identifikationskarte, wie etwa ein Personalausweis, allerdings ohne aus Gründen des Datenschutzes unbedingt den Namen zu nennen. Der leichteren Lesbarkeit willen enthält das Zertifikat eine eindeutig zuordenbare Seriennummer und den Namen des Inhabers, sowie dessen öffentlichen Schlüssel, beglaubigt durch die digitale Unterschrift eines als vertrauenswürdig anerkannten Dritten. Der private digitale Schlüssel muss unbedingt vor Dritten inklusive dem Vertrauenszentrum geheim gehalten und sicher verwahrt werden. Dies wird bei nicht regulierten PKI aus Bequemlichkeitsgründen oft nicht gemacht, wodurch es zu Missbräuchen wie bei DigiNotar kommen kann.

5. **Erweiterte Zertifikate:** Solche Zertifikate sind in eIDAS vorgesehen und sie enthalten spezielle Bereiche, die mit Daten gefüllt werden, die als Attribute bezeichnet werden. Sie sind aktuell nicht wirklich wichtig, aber sie haben im Zuge des evtl. anstehenden Paradigmenwechsels beim Datenschutz von der Geheimhaltung zur passiven Transparenz aber eine für die zukünftigen Kontrollzentren richtungsweisende Funktion. Sie können als Verweise zu Prozessen und Funktionen, sowie z. B. Sicherheitsvereinbarungen dienen. Diese Funktionen sollen die Kontrollstrukturen übernehmen. Nimmt man gleichzeitig die Blockchain als Basistechnik der PKI an, dann werden die Attribute als Speicherplatz für die Hashwerte von Merkle-Bäumen

verwendet. Merkle-Bäume sind kein Bestandteil einer eIDAS Vertrauensinfrastruktur. Sie sind jedoch eine geeignete Technik, um bei einer Blockchain Prozesse oder Transaktionen in Zertifikate zu integrieren und wirksam werden zu lassen und dabei ein hohes Maß an Sicherheit zu garantieren. Sie sind nachfolgend kurz skizziert:

a) Merkle-Bäume sind Datenstrukturen, die binär und hierarchisch angeordnet sind und deren Knoten als Behälter für beliebige Eintragungen, u. a. auch von Funktionen dienen können. Sie sind vor allem bei nicht-regulierten PKI im Einsatz und bieten sich für Blockchains an, um z. B. den Einsatz von „Smart Contracts" oder Informationsflussanalysen zu ermöglichen. Über Hash-Repräsentationen werden sie Teil einer Zertifikatkette, deren Echtheit und Unversehrtheit immer durch den Wurzelknoten garantiert wird. Merkle-Bäume ermöglichen einen effizienten und sicheren Verweis auf die Inhalte und sind bislang die sicherste Methode, um Veränderungen oder Fälschungen bei den Zertifikaten festzustellen.

b) Bei Merkle-Bäumen hat jeder Knoten zwei „Kinder" oder Blätter und der Ausgangspunkt der ersten Verzweigung ist der Wurzelknoten. Die Knoten des Merkle-Baumes enthalten nicht die Daten, sondern sie sind ein Wegweiser zu den eigentlichen Daten, z. B. zu autonomen Verträgen. Hashwerte werden durch geeignete kryptografische Algorithmen erzeugt. Jeder Hash eines Knoten hat als Input die „Hashes" seiner Kinderknoten. Zur Verbesserung der Vertrauenswürdigkeit wird der Wurzel-Hash von einer als vertrauenswürdig geltenden Quelle erworben. Damit kann geprüft werden, ob Hash-Ketten in jedem Glied auf einen vertrauenswürdigen Wurzel-Hash verweisen. Ein großer Vorteil ist, dass bereits ein einzelner Zweig des Baumes genügt, um zu erkennen, ob Beschädigungen oder Fälschung vorliegen.

Diese Techniken bedürfen der Ergänzung durch erprobte und anerkannte Verfahrensregeln und TOM. Eine wichtige Entscheidung, welche die Qualität eines Vertrauenszentrums beeinflusst, sind die Validierungsmodelle mit denen die Verfahren zur Zertifizierung nachgeprüft werden. Dazu kann entweder das Endkundenzertifikat oder das Ausstellerzertifikat der Ausgangspunkt sein. Im ersten Fall ist es schwer festzulegen, ob das Vertrauenszentrum korrumpiert ist. Im zweiten Fall kann der Zeitraum sehr lange sein, während welchem die Gültigkeit eines Zertifikates unbestätigt bleibt. In Deutschland wird das Endkundenzertifikat genutzt.

3.3　Zentrale vertrauenswürdige Vertrauensinfrastrukturen

Eine PKI (Public Key Infrastructure) erzeugt digitale Objekte, die zur Identifikation von Personen geeignet sind. Vertrauenszentren als Elemente einer zentralen, regulierten, vertrauenswürdigen Vertrauensinfrastruktur offerieren zusätzlich zum Identifikationsdienst sogenannte Vertrauensdienste, worunter man vor allem die Beweissicherung bei

Dokumenten versteht, deren Historie, Zugriffe und Veränderungen langfristig aufbewahrt und ihre Portabilität und Lesbarkeit nachweisbar gesichert abgelegt werden. Aber auch für die Identifikation wird eine höhere Qualität als bei einer privaten PKI verlangt. Schon bei der Registratur muss ein amtlicher Dritter, z. B. das Meldeamt, die Identität bestätigen. Damit ferner eine Kopplung zwischen dem öffentlichen Schlüssel und einer Person hergestellt werden kann, müssen die Anforderungen von eIDAS erfüllt werden, die das deutsche Signaturgesetz abgelöst hat. Das Vertrauenszentrum signiert das Zertifikat. Die eIDAS schafft eine grenzüberschreitende Anerkennung der nationalen Identifizierungssysteme (eID) für Europa, z. B. gilt der elektronische deutsche Personalausweis auch in Frankreich. Vertrauenszentren überwachen die Qualität elektronischer Signaturen, mit denen eine Willenserklärung als rechtlich gültig bestätigt wird, während ein Zeitstempel als Existenzbeweis dient, dass es das Dokument in dieser Form gibt.

Eine regelmäßige Anpassung der Algorithmen zur Durchführung der Dienste garantiert ein gleichbleibendes Sicherheitsniveau bei der Identifizierung, der Ausstellung von Zertifikaten und der Langzeitspeicherung oder Fernsignierung, unabhängig von den technischen Fortschritten. Ähnliche Absichten sind mit der Aufsicht und Qualifizierung verbunden, die das Vertrauenszentrum gegenüber der Akkreditierungsagentur nachweisen muss. Vertrauenszentren sind meist privatwirtschaftlich organisiert und werden für ihre Dienste entlohnt. Zur Erlangung des Status „qualifizierter" Anbieter bewerben sich die Vertrauenszentren bei der Aufsichtsbehörde und erhalten bei positiver sachlicher und inhaltlicher Prüfung einen herausgehobenen Status, der sie zur Zertifizierung nach qualifizierten Diensten befähigt. Die Vernetzung der Vertrauenszentren geschieht über Vertrauenslisten, deren Zertifikate als gleichwertig anerkannt werden. In Abb. 3.3 sind die Kernaufgaben eines Vertrauenszentrums nach eIDAS zusammengestellt.

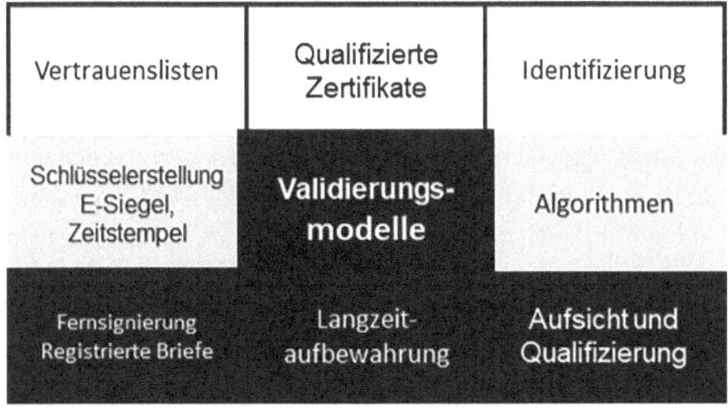

Abb. 3.3   Dienste einer Vertrauensinfrastruktur nach eIDAS

3.3.1 Qualifizierte Dienste

Qualifizierung ist zum einen die Gewährleistung einer professionellen Durchführung der Kontrolle von regulierten Verordnungen oder Gesetzen. Zum anderen ist sie auch die ausstattungsgemäße und prozedurale Kompetenz der Vertrauenszentren, um die technischen Instrumente den Vorgaben gemäß korrekt einzusetzen. Die Gesamtheit aller administrativen und technischen Qualifikationen wird als TOM bezeichnet. Das Zertifikat ist der Beleg, mit dem dieses Vertrauen dokumentiert wird, während die Ansprüche zur Garantie der Zertifikate den Qualifizierungsgrad ausdrücken. Ein Zertifikat eines regulierten Vertrauenszentrums enthält eine eindeutig zuordenbare Seriennummer und den amtlich beglaubigten Namen der Inhaber des öffentlichen Schlüssels, diesen selbst sowie die digitale Unterschrift eines vertrauenswürdigen akkreditierten Vertrauenszentrums. Das signierte Zertifikat, bestätigt die Kopplung der Identität des Nutzers mit dem öffentlichen Schlüssel, womit dann zugleich die Korrektheit des privaten Schlüssels bei der Erstellung und Aushändigung verifiziert wird. Diese Garantie wird in einem Verzeichnis veröffentlicht, das alle öffentlichen Schlüssel und deren Zertifikate enthält. Die TOM eines Vertrauenszentrums umfassen die Registrierung, aber auch die Anpassung und Sperrung von Zertifikaten:

a) **Registrierung**: Die identifizierenden Merkmale der Nutzer werden durch eine Registrierungsstelle erhoben und anhand geeigneter amtlicher Unterlagen auf ihre Richtigkeit überprüft. Die Zertifizierungsstelle erhebt Daten wie Name, Anschrift, Unternehmensbezeichnung oder E-Mail-Adresse. Der Umfang der erhobenen Daten sowie die Sorgfalt der Überprüfung sind gesetzlich vorgegeben.

b) **Anpassung und Sperrung:** Zertifikate können ausgegeben, angepasst oder gesperrt werden. Als Ergebnis einer Anfrage zur Identität an den Verzeichnisdienst erhält der Anfragende Auskünfte über den Status eines Zertifikates. Dieses kann „gültig" sein oder „ungültig", wenn z. B. das angefragte Zertifikat zeitlich abgelaufen ist oder vorzeitig gesperrt werden musste. Eine Sperrung kann aber auch vorzeitig auf Antrag des Zertifizierten erfolgen, wenn z. B. der geheime Schlüssel korrumpiert wurde oder abhandengekommen ist. Gesperrte Zertifikate werden in sogenannten Sperrlisten (Certificate-Revocation-Lists) aufgenommen. Vor der Änderung und Sperrung von Zertifikaten gelten die Dokumente als rechtlich sicher, danach nicht mehr. Bei einer Änderung oder Sperrung muss daher die alte Identität in den Sperrlisten weitergeführt werden, um die Beweisbarkeit des Dokumentes sicherzustellen.

c) **Qualifizierung:** Die beiden wichtigsten qualifizierten Dienste sind die digitalen Signaturen und die Zeitstempel, da damit erweiterte Identitätsdienste angeboten werden können. So ist z. B. die Fernsignierung oder der eingeschriebene E-Mail-Dienst eine Erweiterung der Signatur nicht nur für reale, sondern auch für juristische Personen. Der Zeitstempel hat die Voraussetzung zur Langzeitspeicherung geschaffen, da damit ein Dokument mit einer zeitlichen Schranke versehen wird und so ein Existenznachweis für die Art und Weise der Nutzung beweissicher dokumentiert wird. Nur durch eine zeitliche Einordnung der Vorgänge Signieren und Sperren kann eine zutreffende Aussage zur zeitlichen Gültigkeit einer Signatur erfolgen.

Die möglichen Formen der elektronischen Signatur sind in Abb. 3.4 dargestellt (Blossey und Weber 2005):

a) Einfache elektronische Signaturen beruhen nur auf den Angaben des Unterzeichnenden zur Identität. Man könnte also bereits Informationen zum Namen und der Firmenzugehörigkeit des Absenders im Anhang einer E-Mail als einfache Form der digitalen Signatur bezeichnen.
b) Eine qualifizierte Signatur ist dann gegeben, wenn die Angaben zur Identität vom Vertrauenszentrum geprüft sind, z. B. durch den Nachweis eines Identitätsdokuments, das von einer amtlichen Stelle ausgefertigt wurde. Auf jeden Fall muss das verwendete kryptografische Verfahren als sicher gelten und dem gegenwärtigen Stand der Technik entsprechen, was durch eine Vertrauensliste nach Abb. 3.3 bestätigt werden kann.
c) Eine akkreditierte, qualifizierte digitale Signatur kann nur von einem Vertrauenszentrum geleistet werden, das von einer Zertifizierungsstelle im Vertrauensgeflecht nach Abb. 3.2 auf seine Eignung und Ausstattung geprüft und bestätigt ist.

Eine akkreditiert qualifizierte Signatur nach Abb. 3.4 ist wegen ihres hohen Sicherheitsniveaus universell einsetzbar, da sie von den europäischen Gerichten im Vergleich zu einer händischen Signatur als gleichwertig anerkannt wird. Dieser Anspruch bedeutet hohe Rechtssicherheit, jedoch auch höhere Kosten und geringere Flexibilität. Sie wird nicht sehr häufig verwendet.

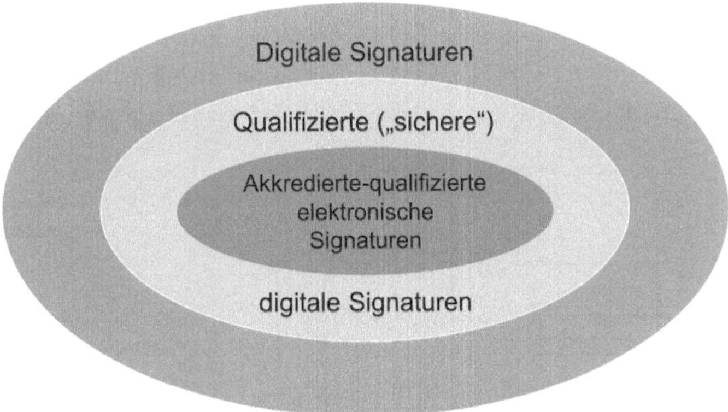

Abb. 3.4 Qualifizierungsstufen digitaler Signaturen

Das Vertrauen in die qualifizierten Dienste der zentralen, regulierten Vertrauensinfrastrukturen beruht auf:

1. den verwendeten kryptografischen Verfahren zur Garantie der Einmaligkeit der Signaturschlüsselpaare,
2. der zuverlässigen Bindung des öffentlichen und privaten Signaturschlüssels an eine Person,
3. dem unmittelbaren Ausschluss geänderter oder korrumpierter Schlüssel,
4. der zuverlässigen Garantie der Korrektheit und Gültigkeit des Zertifikats durch Verfahren zum Ausschluss von Falschangaben, Korrumpierung, Beschädigung oder Alterung der Algorithmen.

Um das hohe Sicherheitsniveau von qualifizierten und akkreditierten Signaturen zu erfüllen, wird meist geschützte Hardware und evaluierte Software verwendet, um eine Korrumpierung durch Schadsoftware oder Hardware auszuschließen.

Zwar sind Vertrauenszentren aus Sicht der DSGVO nicht die Garanten des Datenschutzes, aber sie agieren als rechtsgebundene Kontrolldienste, sodass die Identifizierung und die rechtliche Nachweispflicht als operative Voraussetzung der DSGVO erfüllt sind. In Abb. 3.5 ist das Zusammenwirken eines Vertrauenszentrums mit der DSGVO skizziert (Korte et al. 2018). Alle anderen Regeln, z. B. Sicherheitsvereinbarungen oder Informationsanalysen, können ebenso geprüft werden, sollte das Vertrauenszentrum und die dazu nötigen Verfahren zur Kontrolle von Algorithmen zum Dienstspektrum des Kontrollzentrums gehören.

Die Anforderungen der DSGVO 1) Übertragbarkeit, 2) Auskunft, 3) Korrektur und 4) Löschung erhalten ihre Kontrolle nach den Schutzzielen der mehrseitigen Sicherheit, hier (in Abb. 3.5) der Integrität, dem Vertrauen, der Verfügbarkeit und der Nachvollziehbarkeit, die durch die Informationspflicht und dem Nachweis der Einwilligung zu Anforderungskriterien, z. B. an die Ordnungsmäßigkeit der Durchführung des Datenschutzes, werden. Ein Vertrauenszentrum kontrolliert, dass z. B. ein Nachweis der Einwilligung zur Nutzung der Daten beweiskräftig vorliegt, während die Informationspflichten gewährleisten, dass gewünschte Modifikationen, wie z. B. eine Löschung und Korrektur, erbracht wurden.

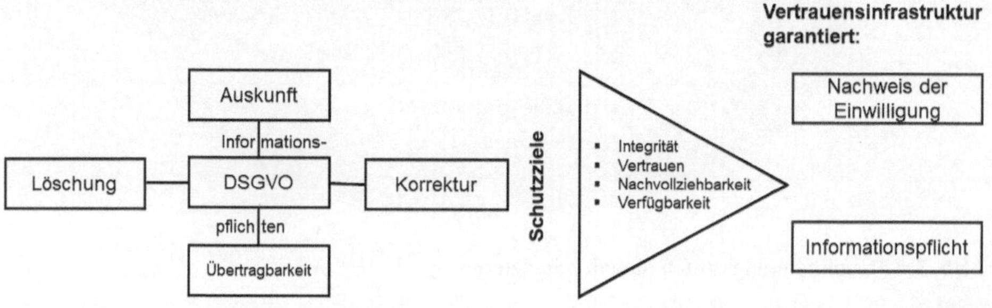

Abb. 3.5 Dienste von Vertrauenszentren für die DSGVO

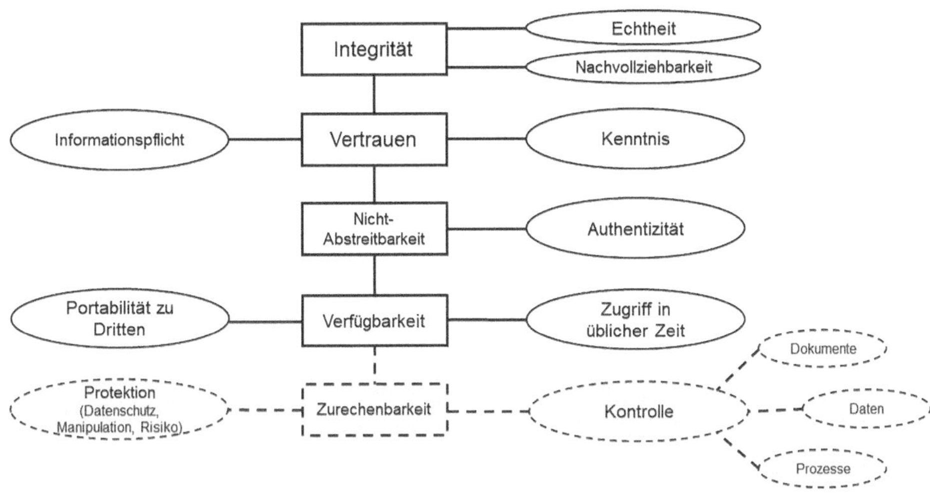

Abb. 3.6 Funktionen von Vertrauenszentren und Ergänzungen zu Kontrollzentren

In Abb. 3.6 ist im Kontext und als Erweiterung der Dienste von gegenwärtigen Vertrauensinfrastrukturen die Kontrolle und Zurechenbarkeit angefügt. Bei der Protektion sind z. B. die Risikodienste nicht Teil der Aufgaben eines regulierten Vertrauenszentrums. Kontrollzentren nach Abb. 4.5 können die dazu notwendigen Daten liefern und damit auch Beratungsdienste bzgl. der Risiken für Nutzer übernehmen.

3.3.2   Normen für regulierte Vertrauenszentren

Die bei weitem fortschrittlichste Architektur und ein vielfach imitiertes Vorbild sind die regulierten europäischen Vertrauensinfrastrukturen (Bearing Point. Fraunhofer Fokus 2018). Sie sind der entscheidende Schritt bisher und damit der Ausgangspunkt auf dem Weg zur Vollendung der Protektion und den dazu notwendigen Kontrollinfrastrukturen. Mit ihnen wird die Protektion nach Abb. 2.4 in ihren verbleibenden Stufen aufbauend auf den Vertrauensinfrastrukturen vervollständigt.

Die eIDAS-Verordnung ist ein wichtiger Schritt zur Aufhebung des Dilemmas von Schutz und Innovation, zu dem die „Europäische Normungsorganisationen", insbesondere das Europäischen Komitee für Normung (CEN), das Europäischen Institut für Telekommunikationsnormen (ETSI) sowie die Internationalen Normungsorganisation (ISO) und die Internationale Fernmeldeunion (ITU) beigetragen haben. Häufig werden die Standards als eine Repräsentation aus der Zeit vor dem Internet betrachtet und als aus der Zeit gefallen beurteilt. Tatsache ist jedoch, dass diese Standards durch das verlorene Vertrauen in die Netzwerktore eine Renaissance erfahren und weltweit angewandt werden, um Regelkonformität zu garantieren.

In Deutschland wird eIDAS durch das Vertrauensdienstegesetz (VDG) ergänzt. Das VDG regelt die Beweiswerterhaltung qualifiziert signierter, gesiegelter oder zeitgestempelter Dokumente. Mit der eIDAS-Verordnung ist der erste Schritt zum Aufbau eines europäischen Vertrauensraums für Dokumente getan. Der zweite Schritt wäre die automatisierte Kontrollierbarkeit von Daten und Prozessen in der Interaktion von Nutzern und Netzwerktoren. Die Innovationen des Datenschutzes nach der DSGVO liefern zusammen mit der Datennutzung die Grundlagen für eine Regulierung der Protektion nach Abb. 2.4. In Abb. 3.6 sind mit durchgezogenen Linien die Zurechenbarkeit und die Kontrolle verstanden als Ausführung der Rechtfertigungspflicht zum Wandel des „Schutzes von Daten" zur „Protektion von Personen" skizziert.

Das Geschäftsmodell der gegenwärtigen Vertrauensinfrastrukturen beruht auf der Beweissicherung von Dokumenten und der Qualifizierung von Diensten. Die Dokumente erfahren durch die Authentifizierung eine Aufwertung, die zum Bestandteil des Dokumentes und der Daten selbst wird. Solche „werttragenden" Daten werden aus sich heraus nicht wahrgenommen und sind nur im Zusammenhang mit dem Dokument und mit dem Vertrauen in die erfassende und garantierende Stelle bedeutsam. Zusätzlich zu den Schutzzielen der mehrseitigen Sicherheit sind in der Abb. 3.6 für spätere Kontrolldienste die Zurechenbarkeit aufbauend auf einer regulierten Rechtfertigungspflicht dargestellt (Kopell 2005).

3.3.3 Selbstregulierte PKI: Vertrauen durch „Web of Trust"

Nachdem Prinzip „deine Freunde sind auch meine Freunde" wird eine Vertrauenskette zwischen Personen aufgebaut, wobei jeder die ihm bekannten Personen zertifiziert, die wiederum den ihnen bekannten Personen ihr Vertrauen ausdrücken. Der Ersatz von Vertrauenszentren durch ein „Web of Trust" oder ein Netzwerk des Vertrauens ist das bestimmende Merkmal von PGP (Pretty Good Privacy). Nicht definierte Prozeduren zur Qualifizierung der Dienste, sondern das Vertrauen der Teilnehmer untereinander hat PGP zu hohem Ansehen bei der „Internet Community" verholfen, da es die erste Vertrauensinfrastruktur überhaupt war. Noch nicht einmal 25 Jahre ist es her, dass Phil Zimmermann, das Monopol des Staates zur verschlüsselten Kommunikation mit PGP brach und jedermann die Verschlüsselung der Kommunikation ohne staatliche Genehmigung auf dem eigenen PC ermöglichte (Open Pretty Good Privacy 2018). Die Stärkung dieser individuellen Autonomie verlangte höchsten Mut. Es war ein Akt von „digitaler" Zivilcourage. Zimmermann wurde von amerikanischen Stellen verfolgt und musste fluchtartig das Land verlassen. Da er der elektronischen Kommunikation mit dem Internet nicht traute, hat er den Code zu PGP per Hand auf Papier geschrieben, der erst nach Überwindung der Grenze in den Computer übertragen wurden. Er hat zum Verständnis und zur Akzeptanz von heutigen Vertrauensinfrastrukturen in überragender Weise beigetragen (Zimmermann 2000).

Bei PGP erzeugen Nutzer während eines realen Zusammentreffens (key signing parties), heute durchaus unter Nutzung der Internetkonferenzen mit VoiceOverIP, ein selbst erzeugtes Schlüsselpaar und lassen dieses von Personen zertifizieren, denen sie oder die ihnen vertrauen. Werden öffentliche Schlüssel von vielen Personen zertifiziert, steigt für einen Empfänger einer digital signierten Nachricht die Wahrscheinlichkeit, dass mit diesem Zertifikat alles seine Richtigkeit hat und der Schlüssel von einem oder mehreren als vertrauenswürdig eingeschätzten Nutzern zertifiziert wurde.

PGP stammt aus dem letzten Jahrhundert und hat sich weiterentwickelt, ohne seinen informalen Charakter aufzugeben. Es nutzt in der heutigen OpenSource Variante (Open Pretty Good Privacy 2018) nicht nur ein Netzwerk des Vertrauens, sondern rät zu einer mindestens zweistufigen Prüfung bei der Registratur. Mit einem kryptografischen Verfahren kann eine digitale Repräsentation – ein Hash – des Zertifikates des Senders erzeugt werden, wobei dann der Empfänger diesen Hash mit dem ihm übermittelten Zertifikat vergleicht. Durch eventuelle Unterschiede können Manipulationen entdeckt werden. Zum anderen können öffentlichen Schlüsseln unterschiedlich hohe Vertrauensniveaus zugewiesen werden. Vertraut ein „trusted introducer" einer anderen Person nicht vollständig, kann er die Person mit einem geringen Vertrauensniveau zertifizieren. Von vielleicht entscheidender Bedeutung für die Zukunft von PGP ist es jedoch, dass in einer wirtschaftlich relevanten Infrastruktur Rechts- und Beweissicherheit sowie Langzeitspeicherung mit Existenzsicherung herrschen muss. Für eine PKI nach dem Prinzip „Netzwerk des Vertrauens" gilt, dass jeder „Neuling" vom Wohlwollen der bereits Registrierten abhängt.

3.4 Dezentrale „vertrauenslose" Kontrollinfrastrukturen

Dezentrale Vertrauensinfrastrukturen haben weniger Schwachstellen als zentrale PKI. Die Blockchain ist eine dezentrale, vertrauenslose Technologie, mit der Kontrollinfrastrukturen zu relativ geringen Kosten aufgebaut werden könnten und dann unmittelbar global verfügbar wären. Die originelle Architektur der Blockchain hat das Potenzial die Informationsmacht der Plattformen mit technischen Mitteln herauszufordern. Um dieses Ziel zu erreichen, ist zu klären, ob die Dienste einer zentralen Vertrauensinfrastruktur auf die Blockchain übertragbar sind und ob die Irreversibilität und die „Vertrauenslosigkeit" nicht doch durch die sibyllinischen Gefahren infrage gestellt werden. Zum anderen müsste ein solches – dann reguliertes Kontrollzentrum – allen Individuen offenstehen, da vor dem Gesetz nicht diskriminiert werden kann. Die Transparenz der Blockchain könnte den persönlichen Diensten entgegenstehen und so eine Herausforderung für den Datenschutz darstellen. Mit Ethereum ist allerdings ein kommerzieller Anbieter vorhanden, der die technischen Voraussetzungen zur Kontrolle von Algorithmen anbietet. Damit könnte technisch auch die Kontrolle von Netzwerktoren, z. B. mit Smart Contracts, durchgeführt werden (Ethereum 2019).

Die Ursache für die explosionsartige Zunahme des Interesses gefolgt von großen Investitionen in die Blockchain hat seine Ursache in der Dezentralisierung des Betriebes der Blockchain, die zudem eine transparente Registratur aller Transaktionen anbietet. Die Blockchain organisiert sich selbst, Vertrauen wird technisch und ohne Intermediäre geschaffen, wobei keine Einbuße an Sicherheit abzusehen ist. Die Blockchain ist befähigt, Transaktionen zu überwachen und mit Informationsflussanalysen zu überprüfen. Die Blockchain überwindet durch ein Hauptbuch oder Register für alle Transaktionen die Beschränkungen der Lokalität aktueller Vertrauenszentren und hat damit die Voraussetzung für eine institutionelle Unabhängigkeit eines Kontrollzentrums.

Voraussetzung einer „vertrauenslosen" PKI ist die Fähigkeit, in den Blöcken der Blockchain auch Daten zu speichern, die unveränderbar und transparent sind und doch den Datenschutz stärken müssen. Da die in Bitcoin genutzte Blockchain keine Daten speichern kann, ist sie für die Kontrolle im Sinne von Kontrollinfrastrukturen und für die Kopplung zum Nutzer nicht geeignet. Dies ist jedoch kein grundsätzliches Problem, wie kommerziell verfügbare Varianten der Blockchain zeigen. Ethereum (Lewison und Corella 2016) aber auch die weniger bekannte Kryptowährung Namecoin nutzen Blockchains mit Datenspeicherung, wobei Identitätsdienste mit einer guten Qualität angeboten werden (Axon 2017).

Die Blockchain schafft eine digitale Infrastruktur, die eben nicht nur Vertrauensdienste für eine aus ihrer Sicht „außenstehende" Allgemeinheit leistet. Nach dem Internet der Daten und dem Internet der Dinge ermöglicht sie das Internet der Werte. Bei der Erzeugung und Verwaltung von Werten ist der Nachweis notwendig, wie und wo diese Werte entstanden sind und wie die Werte erhalten, eingesetzt und wiedergewonnen werden können. Mit den Smart Contracts oder autonomen Verträgen ist eine innovative Technologie aus dem Jahre 1994 wiederentdeckt worden, die zur Blockchain passt, sodass bereits vermutet wird, der Erfinder der Smart Contracts Szabo (Szabo 2006) sei identisch mit dem Erfinder von Bitcoin, dem noch nie öffentlich in Erscheinung getretenen Nakamoto (Nakamoto 2012). Tatsächlich werden mit der Blockchain und den autonomen Verträgen zwei, von der Architektur her gesehen, revolutionäre Systeme zusammen von Ethereum angeboten (Ethereum Plattform 2019). Allerdings ist zu beachten, dass weder die autonomen Verträge noch die Blockchains gegenwärtig in Bezug auf die technische Wirksamkeit skalieren. Das heißt die Blockchain und die autonomen Verträge werden mit großen Lasten bzw. mit großer Komplexität in ihrer Wirksamkeit schlechter (McKinsey 2018). Die Ursache liegt in ihrem eigentlichen Vorteil – der Vertrauenslosigkeit – begründet, die mit der wachsenden Größe eines Netzwerkes proportional mehr Aufwand pro Kontroll- oder Synchronisationsschritt zur Herstellung eines korrekten Zustandes der Blockchain notwendig macht.

3.4.1 Vertrauenspotenziale durch Blockchains

Eine Blockchain ist eine verteilte Datenstruktur, die aus einer Kette verbundener Blöcke besteht, die von allen Nutzern des Netzwerkes geteilt werden. Die Innovation der Blockchain gebührt Bitcoin, womit die Doppelausgabe von Kryptomünzen verhindert wurde (Nakamoto 2012). Ein Block kann nur einmal erzeugt werden und ist der Behälter aller Transaktionen, die diesem Block zugeteilt werden. Diese Eigenschaften der Blockchain sind zusammen mit ihrer Anpassbarkeit so universell, dass sie auch zur vertrauenswürdigen Kontrolle von anderen Objekten als Bitcoins genutzt werden können. Die Vorgehensweise zum Aufbau eines neuen Blockes und zur Prüfung der Gültigkeit einer Transaktion wird als Konsensverfahren bezeichnet. Ist die Transaktion nach den Konsensregeln der konkreten Blockchain nicht gültig, wird sie verworfen (Waldo 2019).

In Abb. 3.7 ist das Grundmodell einer Blockchain dargestellt, wobei bereits eine Erweiterung zu einer PKI bei den Transaktionen mit Identität und privatem Schlüssel angedeutet ist (Axon 2017). Die existierenden Blöcke werden durch kryptografische Verfahren so aufbereitet, dass eine eindeutige Benennung möglich ist. Dies wird ein „Hash" genannt, der im jeweilig nachfolgenden Block enthalten ist, womit dann zum einen die Kette entsteht, die der Blockchain den Namen gegeben hat, und zum anderen eine zuverlässige Liste aller Transaktionen erzeugt wird, die in der Blockchain registriert sind. Diese können direkt im Block einer modifizierten Blockchain gespeichert werden oder eben ausgelagert sein, wozu dann ein Verweis auf den Ort ihrer Speicherung notwendig ist. Ob eine Akzeptanz einer Transaktion erfolgt, ist abhängig von der Zustimmung durch das Konsensverfahren. Als Verweis zu internen, aber extern gespeicherten Transaktionen eignet sich ein Merkle-Baum, dessen Wurzel im Block gespeichert wird, um als Index auf die zugehörigen Transaktionen zu wirken.

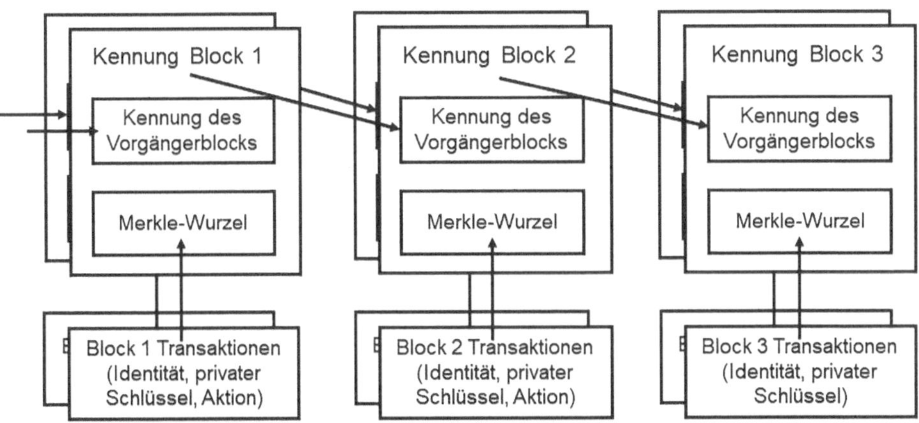

Abb. 3.7 Architektur einer Blockchain basierten PKI

Das üblichste Verfahren für eine Entscheidung über die Zulässigkeit einer Transaktion ist die Mehrheit der „Miningpower". Darunter versteht man die nötige Computerleistung, um einen neuen Block zu etablieren oder um die Änderungen nachzuvollziehen. Um einen Block in die bestehende Verkettung als neues Element aufzunehmen, ist bei Blockchains mit freiem Zugang eine schwierige und extrem computerintensive – also teure – mathematische Aufgabe zu lösen, bei deren erfolgreichem Bestehen nicht nur die Blockchain um einen Block erweitert wird, sondern es können auch Synchronisierungen und Anpassungen von Änderungen erfolgen. Dieser Einsatz von Arbeit (Proof-of-Work) bedeutet bei Bitcoin, dass ein neuer Block nur eingerichtet wird, wenn eine Adresse oder der Hashwert berechnet wird, der kleiner sein muss, als der bislang kleinste Hash im Netzwerk. Zu seiner Berechnung wird eine sogenannte Streuwertfunktion genutzt, die als Input die Daten des vorigen Blocks zu einem Hashwert verdichtet, der zusätzlich noch eine Anzahl von führenden Nullen haben muss. Bildlich ist dieser Hash der Fingerabdruck des Blocks. Die gesamte so entstandene Kette wird auf jeden Knoten in einem Peer-to-Peer Netz verteilt, wodurch erreicht wird, dass alle Knoten die gleichen Informationen haben. Diese Tätigkeit wird als „Mining" bezeichnet. Sie ist in Wirklichkeit die automatisierte Wartung einer vertrauenslosen Technik durch die Bereitstellung von Computerleistung der Aktiven. Der Anreiz dazu ist bei Bitcoin eine Belohnung in Geld.

Die Konsensverfahren haben jedoch einen gewichtigen Nachteil, da oft nicht bekannt ist, wie viele Knoten im Peer-to-Peer-Netz vorhanden sind und auf die Blockchain Einfluss nehmen. Konsensverfahren nutzen die Mehrheitsentscheidungen, wobei 51 % die Entscheidungsgewalt über die Gültigkeit einer Transaktion und die Akzeptanz eines neuen Blockes haben. Wer mehr als 50 % der Miningpower für sich mobilisieren kann, entscheidet also über die Zusammensetzung und die Gültigkeit der Transaktionen in der Blockchain. Ein solcher Vorgang wird dann als „sibyllinisch" bezeichnet, weil man die wirkliche Identität der Entscheider und die Verbindungen zu anderen verheimlicht. Eine andere Gefahr der Manipulation ist die Bifurkation. Es kann vorkommen, dass eine Kennung zur gleichen Zeit zweimal vergeben wird und wegen einer geringen, aber vorhandenen Zeitverzögerung zur Verzweigung der Kette führt. Da nun mehr als ein Vorgängerblock existiert, gibt es keine einheitliche Sicht der Wirklichkeit mehr. Eine solche Bifurkation muss korrigiert werden, was üblicherweise dadurch geschieht, dass die kürzeste Abzweigung für ungültig erklärt wird, da sie bislang die Wirklichkeit aller Wahrscheinlichkeit nach am wenigsten beeinflusst hat. Im Jahre 2015 hat allerdings bei Bitcoin die kürzeste Kette nach einer Bifurkation entgegen den ursprünglichen Vereinbarungen überlebt, da sich mehr als 70 % der verfügbaren Rechenleistung auf die Weiterführung dieser Kette in der Blockchain geeinigt haben. Sie war zwar kürzer, hatte aber wahrscheinlich in Summe die größeren Beträge bewegt. Alle Transaktionen der „regelkonformen" längeren Kette von Blocks und Transaktionen waren ungültig und sind ohne Kompensation der Geschädigten gelöscht worden. Dies war ein schwerer Rückschlag für das Vertrauen in die Technik der Blockchain, da offenbar wurde, dass die Annahme der Vertrauenslosigkeit nicht immer gelten muss, wenn Interessenkonflikte auftreten.

In Abb. 3.7 ist die Grundlage der Nutzung von Blockchains für eine PKI, oder trotz der hohen Abstraktion vor allem für eine Kontrollinfrastruktur, dargestellt. Dabei besteht ein Block einer von Bitcoin unterschiedlichen Blockchain aus drei Hasheintragungen. Die Kennung ist der Hashwert des jeweiligen Blocks, während der zweite Hash den „Fingerabdruck" des in der Ordnung vorauslaufenden Blockes markiert. Dies sind die Bestandteile jeder Blockchain. Der dritte Hash –die Merkle-Wurzel – ist ein Verweis auf die dem Block zugeteilten Transaktionen. Diese Fähigkeit ist für Kontrollinfrastrukturen mit der Integration von Prozessen besonders relevant. Über die von einer Merkle-Wurzel indizierten und als Baum organisierten Hashwerte können die Transaktionen selektiv angezeigt werden. Dies erhöht die technische Wirksamkeit, da nicht alle Transaktionen einem Knoten des Peer-to-Peer Netzes verfügbar gemacht werden müssen. Wichtig für den Aufbau einer Kontrollstruktur ist die Eigenschaft zur selektiven Adressierung der Transaktionen, die ausführbare Programme sein können. Sie können mit einem öffentlichen Schlüssel inklusive eines weiteren Hash des privaten Schlüssels unverwechselbar markiert werden. Die Kennzeichnung von Transaktionen als Elemente der Blockchain, welche die Ressourcen der Blockchain nutzen können, ermöglicht es, Prozesse auszuführen und sie als Teil der zukünftigen Kontrolldienste einzusetzen. Den Anforderungen der Protektion nach z. B. der Analyse der Informationsflüsse, der Herkunft von Schlussfolgerungen oder Inferenzen kommen diesen Eigenschaften sehr entgegen.

Eine Blockchain ist nicht auf die Existenz von Bitcoin angewiesen. Bitcoin ist nur eine Anwendung der Blockchain. Die Verfahren zur Protektion sind als neue Anwendungen aufzufassen, die, z. B. aufbauend auf den Daten des Hauptbuches der Blockchain, Sicherheitsvereinbarungen zulassen. Dies kann am besten durch die Art und Weise verdeutlicht werden, wie eine PKI-Blockchain im Netzwerk betrieben werden kann:

a) Jeder Knoten im Netzwerk hält eine Kopie der gesamten Kette.
b) Jeder Nutzer interagiert mit der Blockchain über einen öffentlichen und privaten Schlüssel. Der private Schlüssel wird verwendet, um eigene Transaktionen oder Aktionen zu initiieren. Der öffentliche Schlüssel dient als Adresse für andere Nutzer, um zu den interessierenden Transaktionen zu gelangen. Jede signierte Transaktion garantiert die Authentifikation, Integrität und die Zurechenbarkeit.
c) Alle Nachbarknoten prüfen gemeinsam die Gültigkeit der Transaktion. Bei Verletzung von vereinbarten Regeln wird die Transaktion mit der Mehrheit z. B. der Miningpower gelöscht. Die Konsensverfahren stellen sicher, dass ein Block nur gültige Transaktionen enthält und mit den anderen Knoten verbunden ist. Dies ist für ein Kontrollzentrum eine fast schon ausschließende Eigenschaft.
d) Alle Transaktionen, die eine Zustimmung erreicht haben, werden in einem mit einem Zeitstempel versehenen Block gespeichert und über die Merkle-Wurzel indiziert.

Vielfach wird ignoriert oder nicht genügend beachtet, dass es eine der bestimmenden Eigenschaften der Blockchain ist, dass sich ihre Teilnehmer nicht vertrauen müssen. Für PKI mit Blockchains ist die Verfügbarkeit eines öffentlichen und privaten Schlüssels daher eine notwendige Modifikation einer Bitcoin-Blockchain, damit die erwünschte Transparenz nicht mit dem Vorliegen von Informationen im Klartext verwechselt wird. Mit dieser selektiven Transparenz der Dateninhalte durch die Merkle-Bäume und dem Identitätsdienst kann eine Signaturfähigkeit abgebildet werden. Damit eine gemeinsame Sicht der Wirklichkeit erreicht wird, sind nachgeordnete Modifikationen von bestehenden Konsensverfahren nötig, die z. B. für eine PKI lauten könnten, dass jede Zeile des verteilten Hauptbuchs durch einen öffentlichen Schlüssel gekennzeichnet ist, dessen Modifikation nur durch eine vorbestimmte Signaturfähigkeit und in einer vorgegebenen Form durchgeführt werden kann. Eine gültige Transaktion wäre danach dann gegeben, wenn die Änderung der Einträge im Block durch eine passende Signatur gedeckt ist.

Der problematischste Aspekt ist die mangelnde Skalierung und der enorme Energieverbrauch der Blockchain, aber auch der Smart Contracts. Die Wartung der aktuellen Blockchain für Bitcoin soll Strom konsumieren, der dem Jahresverbrauch von Dänemark entspricht. Verglichen mit der Überprüfung von Kreditkarten, die mehr als 400.000 Transaktionen in der Minute bearbeiten können, erreicht eine Blockchain nur eine Rate von ca. 300.000 pro Tag (Higginson et al. 2019). Die „Vertrauenslosigkeit" ist die Ursache der sehr moderaten Wirksamkeit, aber auch der hohen Energiekosten (Waldo 2019). Da der Zugang bei Bitcoin frei ist, steigt die Anforderungen an Rechenkapazitäten mit jedem neuen Teilnehmer drastisch an, da auch die Komplexität exponentiell zunimmt. Der Betrieb der scheinbar völlig objektiv auf Algorithmen operierenden vertrauenslosen Blockchain kann schnell zu einem Wettlauf um die Ansammlung der stärksten Computer werden, was wiederum Interessenseinflüsse bei der Prüfung der Gültigkeit von Transaktionen wahrscheinlich macht. Verzichtet man auf die Anforderung „vertrauenslos" verliert die Blockchain viel von ihrem Reiz, da sie sich außer der Verkettung von sonstigen Dateisystemen nicht mehr unterscheidet.

3.4.1.1 Öffentliche oder private Blockchain?

Vertraut man darauf, dass der Energieverbrauch gesenkt werden kann und die nächste Phase des Moore'schen Gesetzes die bislang bescheidene Effizienz verbessert, dann hat die innovative und originelle Architektur der Blockchain eine Zukunft. Eine auf Blockchain basierte Vertrauensinfrastruktur hat außer dem sibyllinischen Problem gegenüber einer zentralen PKI folgende Vorteile:

1. Ein Blockchain-Zertifikat ist einfacher als ein eIDAS Zertifikat, da es nicht signiert werden muss.
2. Die Validierung eines Zertifikates ist trivial, da jeder Knoten der Peer-to-Peer Kette die gesamte Blockchain speichert und das Zertifikat lokal geprüft werden kann.
3. Die Sperrung von Zertifikaten benötigt keinen eigenen Dienst, der Sperrlisten anfertigt und wartet. Die Abwesenheit „wilder" Zertifikate durch Prüfung von Logs und die Kontrolle der Transaktionen ist ausreichend, um solche Zertifikate auszuschließen.

Es bleibt die Frage, ob nur eine zugangsfreie Blockchain, wie bei Bitcoin, eine wirksame Kontrolle der Plattformen ausüben könnte? Aktuell bleibt zur Verbesserung der technischen Wirksamkeit und damit der Skalierung nur die Zugangsbegrenzung. Dazu haben sich zwei Varianten entwickelt. Einerseits kann ein erlaubnisfreier Zugang (permissionless) für alle eingerichtet werden, andererseits kann man den Zugang auf eine vorher bestimmte Anzahl beschränken (permissioned). Die Unterschiede zeigen sich bereits an der Qualität des Identitätsdienstes:

A) Ein zugangsfreies Hauptbuch (Permissionless Ledger) setzt voraus:
   1. freier Zugang zum peer-to-peer Netz
   2. völlige Transparenz zu allen Seiten des Hauptbuches
   3. Verfügbarkeit von „Fluten", um eine Nachricht zu propagieren
   4. Ein qualifizierter Identitätsdienst ist nicht möglich

B) Ein zugangsbeschränktes Hauptbuch (Permissioned Distributed Ledger) besitzt drei Eigenschaften:
   1. Knoten werden als dediziert ausgewiesen, um Neuanlegen von Blocks und Modifikationen von Schlüsseln und Zertifikaten zu erleichtern
   2. Knoten übernehmen die technisch-organisatorischen Maßnahmen, z. B. bei Identitätsdiensten.
   3. Auf die Konsensverfahren kann verzichtet werden, wenn die Wartung durch zentrale Funktionen durchgeführt wird.

Die Optionen eine Blockchain zu organisieren sind in Abb. 3.8 dargestellt. Die Quadranten sind durch die Benennungen „zugangsbegrenzt" und „unbegrenzt" sowie „privat" und „öffentlich" voneinander unterschieden. Der durch „öffentlich" und „unbegrenzt"

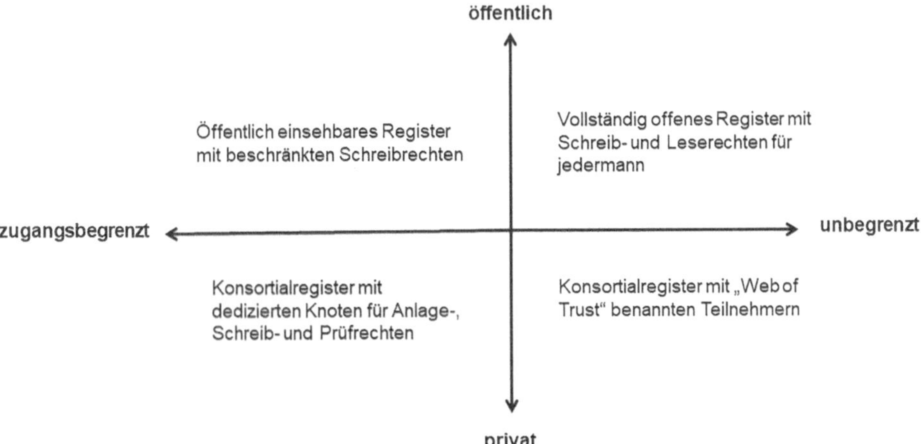

Abb. 3.8 Nutzen der Blockchain für Kontrollzentren. (Nach Welzel et al. 2017)

bezeichnete Sektor hat unbegrenzte Lese- und Schreibrechte und kommt dadurch für PKI wegen der sibyllinischen Eigenschaften der Blockchain nicht infrage. Geeignet für PKI hingegen ist der Sektor „privat" und „zugangsbegrenzt", da in den dedizierten Blöcken administrative Dienste durchgeführt werden können, die auf zusätzliche Schreib- und Prüfrechte angewiesen sind. Die Bezeichnung Konsortialregister verweist auf einen hohen Grad an notwendigem Vertrauen des betreibenden „Konsortiums" hin, sodass auch hier die sibyllinische Gefahr nicht wahrscheinlich ist. Soll die entstehende PKI den Funktionsumfang einer regulierten PKI haben und einen vergleichbaren Vertrauensstatus genießen, ist die Konsortiallösung in der Schnittmenge von „privat" und „zugangsbeschränkt" geeignet.

Das Widmen oder Dedizieren von Blöcken gestattet die Unterscheidung in solche Transaktionen, die die Administration einer Kontrollinfrastruktur inklusive des Nachweises und der Identität und Privatheit sicherstellen und dokumentieren. Mit autonomen Verträgen sind zusätzliche Kontrolldienste für die Kunden verfügbar, deren aggregierte Statistiken zu einem besseren Verständnis der Risiken und der Datenherkunft beitragen können (Ethereum Plattform 2019). Kusber und Schwalm haben gezeigt, dass vertrauenswürdige und qualifizierte Dienste auf einer Blockchain implementierbar sind. Der wichtigste Mangel sei zurzeit, dass eine PKI im Prinzip offen für alle sein muss, um die Kontrolldienste, die eine Erfüllung von regulierten Vorgaben sind, nicht auf Wenige zu beschränken, sondern allen anzubieten (Kusber et al. 2018).

3.4.1.2 Experimentelle Anwendungen zu Kontrollstrukturen

Die Hoffnungen in die Originalität der Blockchain haben zu bislang ca. 100 Experimenten geführt, für die allein im Jahre 2017 Aufwendungen im zweistelligen Milliardenbereich aufgewendet wurden. Ein überzeugender Durchbruch ist bislang nicht gelungen.

Der Anreiz zur Nutzung der Technik einer Blockchain für eine Vertrauensstruktur ist konzeptionell und technisch sehr herausfordernd. Bislang werden nur wenige Anwendungen oder Anwendungsfelder durch die Blockchain unterstützt, die eine Beziehung zu einer Kontrollinfrastruktur haben. Durch das Hauptbuch oder die Möglichkeit zur Datenspeicherung können die klassischen Aufgaben einer Vertrauensinfrastruktur nach eIDAS in einer Blockchain abgebildet werden. In Abb. 3.9 sind aus den bekannt gewordenen Experimenten diejenigen ausgewählt, die zwar nicht die Nutzung in einer PKI zum Ziel haben, die jedoch ihrer Struktur und Aufgabenstellung nach geeignet erscheinen, eine Kontrollinfrastruktur auszurüsten. Erweiterte Kontrollen, wie Risikoeinschätzungen und die Datenherkunft und -entstehung sind kommerziell anbietbare Dienste. Kontrolldienste, wie Risikoprognosen und Datenherkunft, gehören bislang nicht zu den Anwendungen.

Abb. 3.9 unterscheidet in der vertikalen Dimension die drei wichtigsten Innovationen der Blockchain: Mit der Führung eines globalen oder auch zugangsbeschränkten Konsortialregisters oder Hauptbuches entstehen Kontrollinstitutionen, die Prozesse und die Informationsflüsse sowie die Datenherkunft garantieren können. Man könnte von „Big Data" zur Kontrolle der „Big Data" reden, da ihre Anwendung eine Analyse

PKI-Funktion / Blockchain	Vertrauensdienste	Identitätsdienste	Prozesse	Erweiterte PKI
Führung Hauptbuch	Verteilte Datenbank mit Referenzdaten	Einfache Prüfung von Zertifikaten		
Registratur von Werten			Risiken Datenentstehung Auktionen	Autonome Verträge
Anwendungen	IBM: Food trust		Kryptowährungen Wertetransfer	

Abb. 3.9 Erweiterung von PKI Optionen mit Anwendungen der Blockchain

der Interaktionsmuster von Datensammlern und Datensubjekten vornehmen kann. Bei der zweiten Innovation der Blockchain, dem Internet der Werte, geht es vor allem um die Feststellung und den Nachweis der Herkunft und Verarbeitung der Werte. Dies ist vergleichbar zu den Aufgaben der Informationsflussanalyse. Die Erfahrungen dazu basieren auf Bitcoin. Die horizontale Dimension umfasst den Schutzkatalog der Protektion nach Abb. 2.4.

Eine der Ursachen für die geringe Nutzung neben der ungenügenden Skalierung ist die Unklarheit zum Begriff „Internet der Werte". Das Mining bei Bitcoin erzeugt einen handelbaren Wert. Diese Technik wurde modifiziert beim IBM Vorhaben „Food Trust" eingesetzt. Dabei handelt es sich um die Kontrolle für eine nachhaltige und faire Nahrungsmittelproduktion, der Vermeidung von Vergeudung und die Entdeckung von Betrug mit Nahrungsmitteln. Für die Allgemeinheit entsteht ein großer Nutzen, aber die beteiligten Firmen gehen ein Risiko ein, dass ihre Produkte einen Popularitätsverlust erleiden könnten. Andererseits könnte – wie bei den Anreizen von Bitcoin – eine Belohnung für Verbesserungen (Proof-of-Work) ausgelobt werden, womit dann Werte erzeugt werden würden. Ferner sind die Vertrauensketten nach „Food Trust" allgemein einsetzbar und könnten z. B. die Datenherkunft und Bearbeitung durch Transaktionen in Kontrollzentren nachverfolgen.

3.4.1.3 Dienste einer Blockchain-PKI

Die Erweiterung einer gegenwärtigen Vertrauens- zu einer zukünftigen Kontrollinfrastruktur hat bei der Verwendung von Blockchains zum einen den Vorteil, dass wesentliche Teile der Überwachung der Vertrauens- und Kontrolldienste auf die Technik delegiert werden können. Zum anderen ist die Originalität der Architektur besonders geeignet, um Algorithmen, z. B. zu Sicherheitsvereinbarungen, zu beschreiben und als Ressourcen einer Blockchain automatisiert zu verwalten. Obwohl die technische Wirksamkeit ungeklärt ist (McKinsey 2018), wird mit dem Entwurf von erweiterten Zertifikaten gezeigt, dass die Blockchain auf der konzeptionellen Ebene einen wirklichen Fortschritt bei Nutzung der passiven, aber in der Folgezeit auch der aktiven

Transparenz leisten kann. Damit gewinnt auch die Normenebene eine neue technisch gestützte Perspektive. Die Rechtfertigungspflicht, die durch das Schutzziel der Zurechenbarkeit unterstützt wird, kann damit durch Kontrollzentren durchgesetzt werden. Zur Überwindung der informationellen Überlegenheit der Netzwerktore und der anhaltenden Zentralisierung des Internet spielt die Blockchain bei der Spezifizierung und Fassung der anstehenden Aufgaben eine strukturierende Vorreiterrolle (Kusber et al. 2018).

Erweitert man die Blockchain bei Bitcoin um Prozesse, entstehen Kontrollstrukturen. Sie werden so genannt, da mit Kontrollzentren auch ein physischer Raum verstanden werden könnte und eine Blockchain-PKI nicht nur vertrauenslos, sondern auch „raumlos" ist. Mit den Merkle-Bäumen steht ein Index zur Verfügung, der zum einen auf die Ressourcen der Blockchain, u. a. autonome Verträge und Informationsflussanalysen zur Datenherkunft und Verwendung, zugreifen lässt. Zum anderen entstehen durch die neuen Kontrolldienste Statistiken z. B. zu den Risiken, die denen der Big Data der Netzwerktore bei genügender Frequenz nicht nachstehen müssen. Es steht zurzeit nicht in Aussicht, dass die Normenebene zu einer Regulierung der Rechtfertigungspflicht der Plattformen die Kraft findet, dennoch lässt gerade die Einbindung von Algorithmen und Verfahren sowie von autonomen Verträgen in die Kontrollzentren die Realisierung der Zurechenbarkeit von Daten als ein mit der Blockchain formulier- und lösbares Problem erscheinen. Auf der anderen Seite könnten die Netzwerktore und alle Datensammler durch die passive Transparenz die Erlaubnis erhalten, Daten frei und ohne Einschränkung durch die DSGVO zu erheben und auszuwerten. Die Kontrollzentren ersetzen den passiven Charakter der DSGVO mit ihrem Schutz „Wovor" durch eine aktive Protektion mit einem Schutz „Wozu", der allerdings nicht in der Technik zu suchen ist, sondern den Nutzern Freiheit zur Gestaltung gibt.

Die Funktionen einer Kontrollinfrastruktur dürfen nicht von der Technik, die sie zu einem Zeitpunkt trägt, abhängig sein. Die Technik bildet die Dienste nur ab und wird nach der Effizienz und Eignung beurteilt mit der dies möglich ist. Wie bei den zentralen Vertrauenszentren wird die Kopplung eines öffentlichen Schlüssels zu einer realen Identität mit Hilfe von Zertifikaten (Axon 2017; Fromknecht et al. 2014) gewährleistet. Im Gegensatz zu eIDAS-Vertrauenszentren geschieht dies ohne menschliche Intervention. Die Identifikation erfolgt durch eine Hash-Zeichenfolge, deren Wert aus dem öffentlichen und privaten Schlüssel, ergänzt um sogenannte „Saltwerte", errechnet wird. Darunter versteht man eine zufällige Ziffernfolge zur Vermeidung von Doppelwerten. Damit werden die Signierfähigkeit und die Identität einer Person repräsentiert. Die Verifikation der Identität ergibt die Ergebnisse „0" oder „1", also Ablehnung oder Zustimmung. Die Schlüsselerzeugung erfolgt durch ein kryptografisches Signaturverfahren. Da Hashwerte immer aus einem evtl. kurzen Klartext erstellt werden, dient die Kombination des Klartextes mit einer zufälligen Zeichenfolge – dem Saltwert – der Sicherheit, da aus dem Hashwert nicht mehr auf die Identität geschlossen werden kann. Die PKI Funktionen – Registratur, Änderungen und Sperrung –setzen die Speicherung eines öffentlichen Schlüssels zusammen mit der Identität in der Blockchain voraus.

A) **Die Registratur** ermöglicht die Herstellung einer Beziehung des öffentlichen Schlüssels mit einer realen Identität. Im Gegensatz zur zentralen PKI kann der private Schlüssel in einer Blockchain PKI nicht persönlich an den Teilnehmer gegeben werden. Eine machbare Variante dazu ist es, eine Online- und eine Offline-Version des privaten Schlüssels zu führen. So kann bei Anfragen auf die durch den öffentlichen Schlüssel identifizierten Daten, ein Zugriff erst bei Gleichheit der Online-Identität mit der Offline-Identität autorisiert werden. Dazu wird die Identität, der öffentliche Schlüssel, ergänzt um den Hash aus privatem Schlüssel, evtl. erweitert um eine zufällige Zeichenfolge, in einen dedizierten Block eingefügt. Im privaten Bereich genügen der Hashwert und der private Schlüssel. Schon bei der Registratur kann der Schutz der analogen Identität noch weiter verbessert werden, indem man z. B. bei Eintragung des öffentlichen Schlüssels weitere Ergänzungen vornimmt. So könnte der Schlüssel selbst um einen Hash aus dem privaten Schlüssel und der Identität, z. B. Namen, erweitert werden. Dies geschieht, um die Entropie zu erhöhen und zu vermeiden, dass ein doppelter Schlüssel erzeugt wird. Die Verifikation ist die Überprüfung, ob der Schlüssel schon existiert.

B) **Die Änderung** ist notwendig, wenn entweder die Online- oder die Offline-Schlüssel verändert werden sollen. Die Änderungen können nach dem identischen Prinzip, wie die Registratur vorgenommen werden, wobei dabei Sorge getragen werden muss, dass die ehemaligen Schlüssel ihre Gültigkeit verlieren. Dies geschieht durch die Verifikation, dass der neue Schlüssel zur alten Identität zuordenbar ist. Dazu muss die Identität ein neues Paar aus privatem und öffentlichem Schlüssel, ergänzt um die Sicherheitswerte, erstellen. Die Veränderungen am öffentlichen Schlüssel werden durch den alten privaten Schlüssel signiert an die Blockchain gemeldet. Die Identität wird durch den neuen privaten Schlüssel signiert und ebenfalls gemeldet. Dadurch wird ein Zusammenhang von alten und neuen Schlüsseln konstruiert, der nur durch die Gleichheit der realen Identität möglich wird. Die Verifikation ergibt im positiven Fall, dass sowohl bei dem neuen öffentlichen Schlüssel und dem alten öffentlichen Schlüssel sowie dem Hash eine Übereinstimmung mit der unveränderten Identität nachgewiesen werden kann. Im negativen Fall wird die Änderung abgelehnt. Je qualifizierter dieser Identitätsdienst ist, je stärker muss das Prinzip der „Vertrauenslosigkeit" eingeschränkt werden, da ja die gesamte Prozedur dezentral erfolgt und eine Verifikation, z. B. durch ein Meldeamt, nicht möglich ist. Private und zugangsbegrenzte Blockchains sehen dafür eine Spezialisierung der Aufgaben von Blöcken vor.

C) **Die Sperrung** wird bei zentralisierten PKI mit geschützten Sperrlisten überwacht, während das bei Blockchains mit verteilten Hashtabellen nach Abb. 3.7 geschehen könnte. Die Merkle-Wurzel verweist auf die Transaktionen, die mit einem bis zur Sperrung gültigen Zertifikat angelegt wurden. Sollte es vorkommen, dass ein Blockchain-Zertifikat zwar gesperrt, aber immer noch im Netzwerk, wie bei Digi-Notar, verfügbar ist, ist dies grundsätzlich nicht wirksam, da ja die nötige Signatur zu einem Zugriff fehlt. Zusätzlich können mit der „Certificate Transparency" von Google „wilde" Zertifikate, d. h. solche Zertifikate, die nicht in der Hashtabelle eingetragen sind, aber noch in Log-Transaktionen vermerkt sind, in einem ersten Schritt zurückgewiesen werden, um danach in einem zweiten Schritt, sollte es sich um einen Fehler gehandelt haben, neu bestätigt zu werden (Google 2015). Auch hier hilft wieder die Irreversibilität von Blockchain-Einträgen, da die Log-Daten auf Blöcken gespeichert sind und diese nur durch die Mehrheit der „Miningpower" verändert werden können.

D) **Die Wiederherstellung** von Schlüsseln kann notwendig werden, wenn z. B. die privaten Schlüssel korrumpiert oder entfernt wurden. Die Reaktion hängt davon ab, ob es sich um den Offline- oder den Online-Schlüssel handelt. Ist der Online-Schlüssel korrumpiert, kann über den Offline-Schlüssel immer die wahre Zuordnung über den privaten Offline-Schlüssel nachgewiesen werden. Ist der Online-Schlüssel ausgelesen worden, kann nur noch in Kombination beider Schlüssel zwischen dem Eindringling und dem wahren Besitzer unterschieden werden. Über Änderungsfunktionen können nun die alten Schlüssel zurückgezogen werden. Sind beide privaten Schlüssel korrumpiert, geht allerdings die Verfügungsgewalt an den Eindringling über.

Die Vorkehrungen zu den Funktionen Registratur, Änderungen und Sperrlisten sind administrativ, technisch und mathematisch in ihrem Ergebnis, bis auf die gleichzeitige Korrumpierung der Schlüssel, mit den Funktionen einer zentralisierten regulierten PKI auch von der Prozedur her vergleichbar.

3.4.2 Kontrollpotenziale durch erweiterte Kontrollstrukturen

Erweiterte dezentrale Vertrauenszentren unterscheiden sich von den „einfachen" PKI, dass sie nicht nur Vertrauens- und Identitätsdienstleistungen für Dokumente erbringen, sondern auch für den Abbau der Informationsmacht die notwendigen Kontrolldienste leisten, die mittels Analysen von Prozessen und Informationsflüssen Auskünfte zur Datenherkunft, Verarbeitung und Verwendung geben. Solche Kontrollfunktionen sind in anderen wirtschaftlichen Bereichen durchaus Stand der Technik und werden bei „Compliance-Analysen" zur Aufdeckung von internem Betrug eingesetzt. Für den Datenschutz wird damit eine substanzbasierte informierte Zustimmung ermöglicht, da nicht nur die Datenpreisgabe, sondern auch der Datenempfang in die Beurteilung einfließt. Danach kann über die Herkunft und die Verwendung von Daten fundiert durch ein Kontrollzentrum Auskunft erteilt werden. Da bislang die Plattformen keine aktive Transparenz als Dienstleistung anbieten, sind alle bisherigen Kontrollpotenziale auf eine passive Transparenz ausgelegt, wobei die Funktionalität von GoogleMyAccount (GMA) als Vorbild für die Ausgestaltung und Nutzung dient (Google 2015).

Um Prozesse zu integrieren, ist ein erweitertes Zertifikat notwendig. Damit wird vor allem die Integration von Sicherheitsvereinbarungen in die modifizierten Zertifikate verstanden, wobei „Smart Contracts" oder Informationsflussanalysen Beispiele für die zukünftig genutzte Technik sein könnten. Lewison und Corella haben mit „angereicherten Zertifikaten" (Rich Credentials) für Ethereum die Bedingungen zur Nutzung von autonomen Verträgen beschrieben (Lewison und Corella 2016). Solche autonomen Verträge müssen nicht immer neu erstellt, sondern können von den Kontrollzentren in einer Bibliothek bereitgestellt werden, um nutzerfreundlich und standardisiert die Anforderungen auf Auskunft und Kontrolle an die Big Data zu erstellen.

In einer regulierten PKI besteht das öffentliche Zertifikat aus einem Hash des öffentlichen Schlüssels, den Metadaten und den Attributen. Es wird durch eine Signatur der PKI bestätigt. Der Datentyp „Attribute" in den Zertifikaten kann statt der vorgesehenen Nutzung auch als Platzhalter für den Hash einer Merkle-Wurzel dienen, die auf Smart Contracts oder andere Prozesse und Programme verweist, die zu den Ressourcen eines Kontrollzentrums gehören könnten. Die Signatur der PKI wird unter Verwendung des Hash, bestehend aus dem öffentlichen Schlüssel, den Metadaten und dem Hash der Merkle-Wurzel, zugefügt. Ethereum hat für autonome Verträge mit Solidity eine Sprache entwickelt, die als Turing-vollständig bezeichnet wird, worunter man versteht, dass alle Schutzziele und Sicherheitsvereinbarungen formuliert werden können und dadurch jede vorausgeahnte Manipulation erkannt wird (Ethereum 2019). Die Verwaltung des Zertifikats in einer Blockchain ist einfacher als in einer PKI, da eine Signatur eines Blocks nicht notwendig ist, um eine eindeutige Zurechnung zu garantieren. Um ein Ende-zu-Ende Zertifikat zu verifizieren, muss der Hash eines Wurzelzertifikates im Zertifikatsregister des Nutzers vorhanden sein und darf nicht als gesperrtes Zertifikat geführt werden. Bei einer Vielzahl von Nutzern dient das Blockchain-Zertifikat durch jeweils einzelne Transaktions-Zertifikate zur Garantie für Echtheit aller Transaktionen. Das Konzept zur Verifikation von Zertifikaten ist in einer regulierten und einer Blockchain-PKI identisch. In einem Fall muss der Hash übereinstimmen, im anderen Fall der öffentliche Schlüssel.

3.4.2.1 Fallstudie: Erweiterte Kontrollzertifikate bei passiver Transparenz

In einer regulierten Vertrauensinfrastruktur ist die Beweiswerterhaltung eine notwendige Voraussetzung, die durch die Erneuerung der Signaturen und Siegel durch einen Zeitstempel sowie durch eine „Neuverhashung" der zu schützenden Daten realisiert wird. Dies gilt in modifizierter Form auch bei einer erweiterten Kontrollstruktur mit Blockchains. Die Verwendung von Merkle-Bäumen sind nur wirksam, wenn mit der Erneuerung der Algorithmen die aktuellen Verifikationsdaten, wie Zertifikate, Status- und Sperrinformationen, und die vorausgegangene Signatur und damit die Merkle-Bäume auf vertrauenswürdige Daten verweisen.

Autonome Verträge wurden in einer Art Pilotprojekt von der EU zur Kompensation von Passagieren durch Fluggesellschaften eingesetzt. Dabei handelte es sich zwar um eine große Nachfragezahl bei relativ kleinen Schadensummen (European Union 2004). Allerdings hat die Entwicklung gezeigt, dass auch die kleinsten Schadensummen nach Rechtssicherheit verlangen, was die automatisierte Abwicklung mit „Smart Contracts" nach der EC Verordnung 261/2004 verhinderte. Ein kommerzieller Weg zur Nutzung von autonomen Verträgen ist bei Ethereum verfügbar. Rechtssicherheit ist damit allerdings nicht garantiert. Ehe dort ein solcher Vertrag auf einer Ethereum-Blockchain ausgeführt wird, muss eine Gebühr in einer Kryptowährung namens „Gas" entrichtet werden. Der Betrag an „Gas" hängt von der Komplexität der autonomen Verträge ab. Je komplexer desto mehr „Gas" wird für einen Vertrag berechnet (Levi 2018).

Beim Zertifikat nach Abb. 3.10 handelt es sich um eine Detaillierung eines der in Abb. 3.7 skizzierten PKI-Blockchain-Zertifikate, dabei sind Prozesse über Merkle-Bäume indiziert. Kusber und Schwalm haben zur langfristigen Beweissicherung eine Erweiterung der Zertifikate mit Blockchains für eIDAS Vertrauenszentren entworfen (Kusber et al. 2018), die als Vorbild für die Zertifikate der Abb. 3.10 dienen. Der dedizierte Block B1 besteht danach aus einem Hash der Kopfkennung B1H und einem Hash einer Merkle-Wurzel, in dem über die Knoten des Merkle-Baumes auf die Transaktionen T1 bis T4 verwiesen wird. Es wird der Hashalgorithmus H verwendet. Eine Besonderheit gibt es für die Transaktionen 4 und 5. In ihrem Pfad gibt es einen Hinweis auf autonome Verträge, die wie die Metadaten signiert sind. Analog ist der nachfolgende Block B2 mit Transaktionen T5 bis T8 aufgebaut. In diesem Falle wird aber der Hashalgorithmus H' verwendet. Sollte die Sicherheitseignung von H ablaufen und es wird kein Ersatz vorgesehen, werden alle Daten des Merkle-Baumes die Möglichkeit zur Kontrolle verlieren. Während jedoch die Daten unverändert bleiben, können die Sicherheitsvereinbarungen nicht erhalten und damit dauerhaft garantiert werden. Sie müssen durch das Kontrollzentrum immer erneut angepasst werden. Die durch die Blockchain geschützten Daten, d. h. die Block-Headers inkl. der Merkle-Wurzel, sind unveränderbar.

Die Durchsetzung der Rechtfertigungspflicht gegenüber den Betroffenen sowie die Zurechenbarkeit kann vergleichsweise einfach durch autonome Verträge erfüllt werden. Mechanismen und Prozeduren zur Erfüllung der Datenschutzkriterien nach Abb. 3.6 wie Berichtigung, Löschung, Portabilität ja sogar der Einwilligung bleiben in ihrem algorithmischen Teil unverändert.

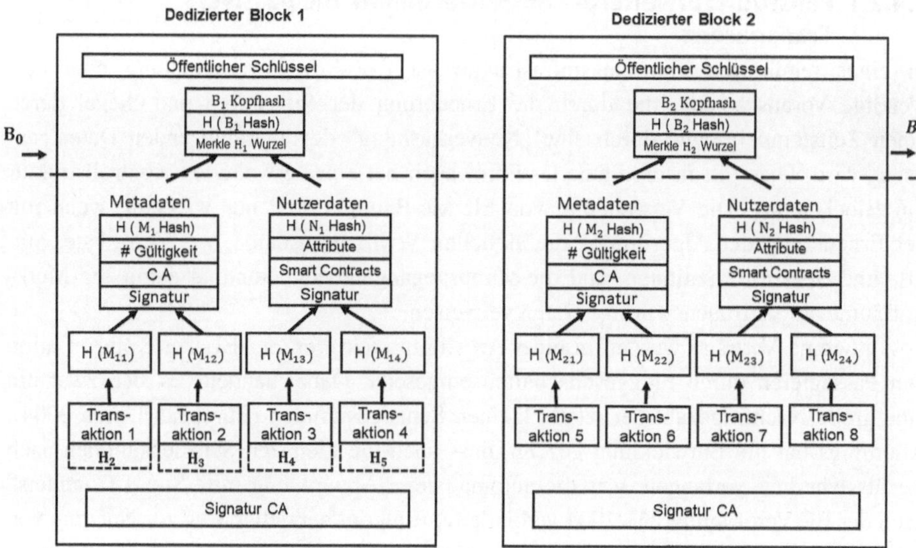

Abb. 3.10 Erweiterte Zertifikatsblöcke einer PKI mit Blockchain

3.4.2.2 Kontrollpotenziale der Blockchain durch autonome Verträge

Szabo führte schon 1994 die Idee der Smart Contracts ein, worunter er ein computergestütztes Transaktionsprotokoll verstand, das die Bedingungen eines Vertrages allerdings ohne rechtliche Bindung erfüllt (Szabo 2006). Dabei werden die Vertragsbedingungen – also die Vereinbarungen und Verpflichtungen – in Programmcode formuliert und dann in Hard- oder Software eingebunden, die eine von den autonomen Verträgen selbst ausgelöste Überwachung der Einsatzbedingungen garantiert und bei Eintreten von dafür vorgesehenen Ereignissen die autonomen Verträge ausführt. Im Kontext von Blockchains handelt es sich um Skripts oder Prozeduren, die auf der Blockchain lokalisiert sind und eine eindeutige Adresse haben. Ein autonomer Vertrag wird ausgelöst, weil eine Transaktion der Blockchain zu ihm in Beziehung gesetzt wird. Danach erfolgt die Ausführung eigenständig auf all den Knoten des Netzwerkes, an welche Daten der Transaktion weitergegeben wurden. Szabo verweist als Beispiel auf einen Automaten, der nach Bezahlung selbstständig die angekündigte Leistung ausliefert. Natürlich gibt es autonome Verträge ohne Blockchains. Es ist jedoch unzweifelhaft, dass die Blockchains für die Wiederentdeckung der Smart Contracts verantwortlich sind. Erste Untersuchungen zeigen, dass sie besonders wirksam bei datengetriebenen Transaktionen sind (Christidis und Devetikiotis 2016). Als Beispiel könnte vereinbart sein, dass Daten zur Gesundheit nur an Berechtigte weitergeleitet werden dürfen. Dies könnte nun damit realisiert werden, dass zwar Transaktionen mit Gesundheitsdaten verarbeitet werden, bei Weiterleitung an Dritte ein Smart Contract aber untersucht, ob eine Personalisierung der Daten möglich ist.

Ein autonomer Vertrag eignet sich durch folgende Eigenschaften als Kontrollwerkzeug:

1. Jeder autonome Vertrag existiert aus sich heraus. Er ist selbst eine Ressource und kann andere Ressourcen der Blockchain in Anspruch nehmen.
2. Informationsflussanalysen können der Gegenstand der autonomen Verträge sein, die sich mit maschinellem Lernen selbst auf die zu prüfenden Algorithmen einstellen. Sie unterstützen Sicherheitsvereinbarungen.
3. Ein autonomer Vertrag kann von einem Nutzer selbst eingerichtet werden, von der Kontrollstruktur oder der Plattform oder jedem anderen Anbieter bezogen werden, bzw. Hilfe bei der Anpassung an die Anfrage in Anspruch nehmen.
4. Ein autonomer Vertrag ist prinzipiell nicht deterministisch, d. h. es werden alle Knoten im Netzwerk untersucht und das Resultat kann jedes Mal verschieden ausfallen.
5. Der autonome Vertrag ist in der Blockchain verfügbar und kann daher von jedem autorisierten Teilnehmer inspiziert werden.
6. Da die Interaktionen mithilfe signierter Nachrichten ausgeführt werden, können alle berechtigten Teilnehmer einer Blockchain die Operationen eines autonomen Vertrages unter individuellen Bedingungen und unbeobachtet nachvollziehen.

Eine herkömmliche Blockchain nach Bitcoin gestattet den Transfer von Werten zwischen Partnern, die sich untereinander nicht trauen. Eine Blockchain, die wie Ethereum autonome Verträge unterstützt, erhöht die Vertrauensstufe und wird durch drei Eigenschaften begründet:

a) Der Programmcode ist ebenso einsehbar, wie die möglichen Ergebnisse. Dadurch kann individuell entschieden werden, ob die Bedingungen angenommen werden.
b) Der autonome Vertrag wird vollständig ausgeführt, da kein Interaktionsteilnehmer eine vollständige Kontrolle über den Grad oder Inhalt der Ausführung hat.
c) Die Verifikation ist wegen der digitalen Signatur jederzeit möglich.

Smart Contracts bilden möglicherweise die Bausteine aus denen „dezentralisierte autonome Organisationen" als Perspektive und Elemente einer zukünftigen Struktur mit algorithmischer Ordnung entstehen können. Der einfachste Fall tritt dann ein, wenn ein autonomer Vertrag eine Aufgabe an einen anderen autonomen Vertrag delegiert. Über die Ergebnisse muss dann ein Konsens erzielt werden, wenn nicht alle Teilnehmer mit dem ersten Ergebnis zufrieden sind. Diese Konsensbildung setzt einen allgemein adressierbaren Bereich voraus, der z. B. eine Datenbank aller Teilnehmer führt, die über das Ergebnis eine Einschätzung abgeben sollen. Würde demnach z. B. die Auskunft zu einer Datenherkunft oder Entstehung durch Schlussfolgerungen nicht den Vorstellungen der dezentralen autonomen Organisation entsprechen, könnte das Ergebnis zu einer Modifikation des Verhaltens eines autonomen Vertrages führen, z. B. einen alternativen Dienst aufrufen. Bei den Verfahren der aktiven Transparenz ist die Organisation und Kontrolle einer solchen durch ein Abstimmungsverfahren erzeugten Flexibilität oder Multipfadadaption die technische Herausforderung, die bereits in „autonomen Verträgen" ihren Vorläufer hat.

3.5   Mehr Gleichheit durch Kontrollstrukturen?

Die Blockchain ist eine technologische Innovation, die vor allem bei denjenigen Begeisterungen ausgelöst hat, die in der transparenten und irreversiblen Registrierung von Transaktionen im Hauptbuch einen dezentralen Gegenvorschlag zu den dominanten Zentralisierungsstrategien der Netzwerktore in der jetzigen Phase der Digitalisierung sehen (Economist 2018a, b, c). Die Blockchain wird von ihren Enthusiasten als zukünftiges „Tagebuch" der digitalen Transformation bezeichnet. Der Datenschutz ist jedoch für die Blockchain neben der mangelnden Wirksamkeit ein offenes Problem.

Mit McKinsey könnten sich die bislang stärksten Befürworter zu den „Totengräbern" der Blockchain entwickeln (McKinsey 2018). Die Ursache ihres Pessimismus ist das Ausbleiben von neuen Geschäftsmodellen, trotz einer Technologie, die als revolutionärer Paradigmenwechsel des Computing bezeichnet wird. Unbestritten sind die günstigen Kostenprognosen, wie dem Verzicht auf vertrauenswürdige Intermediäre, die Automatisierung von Konsens nach individuellen und flexiblen Governance-Regeln, die hohe Sicherheit und die kontinuierliche Verfügbarkeit rund um die Uhr sowie die

Verringerung von Schwachpunkten bei der Sicherheit. Übrig bleibt die mangelnde technische Effizienz und die bisherige Vergeblichkeit, durch höhere Flexibilität bei algorithmischen Entscheidungen ein neues Geschäftsmodell identifizieren zu können (Higginson et al. 2019). Nach dem in Phasen eingeteilten Lebenszyklusmodell zum Markteintritt neuer Technologien hat die Blockchain die erste Phase, also das Experimentieren und Suchen, noch nicht verlassen. Die Grenze zur zweiten Phase, der Identifikation eines neuen Geschäftsmodells, hat keine der bekannt gewordenen Entwicklungen zur Nutzung der Blockchain überwunden. Ein Hinweis auf die Zukunft der Blockchain könnten die Entscheidungen der neuen Zahlungssysteme von Apple und Google sein, die auf die Blockchain verzichteten, sie allerdings von Anfang an auch nie ernsthaft in Betracht zogen. Warum sollten z. B. die Betreiber von Zahlungssystemen auf die Blockchain umsteigen und ihre hochwirksamen Systeme, wie Kreditkartenprüfungen oder Flugbuchungen, durch eine Technik ersetzen, die nur einen Bruchteil der gewohnten Wirksamkeit erreicht? Die Blockchain läuft stattdessen Gefahr – wie das Darknet – zum Instrument von Geldwäschern zu werden (Brenig 2017), obwohl die Anonymität der Blockchain in Wirklichkeit doch nur eine Pseudonymität ist und die Gefahr der Identifizierung sehr hoch ist. Die Blockchains sind aber auch ein Beweis, dass zur Begrenzung der Informationsmacht nach dezentralen Alternativen zum gegenwärtig vorherrschenden Trend der Zentralisierung gesucht wird. In der übergroßen Informationsmacht der Plattformen sieht man keine nachhaltige Infrastruktur für eine stabile Ordnung von Wirtschaft und Gesellschaft (Negroponte und Palmisano 2017). Die Blockchain scheint gegenwärtig bezogen auf die Architektur die einzige Technologie zu sein, die trotz der technischen Probleme einen neuen Innovationsschub einleiten könnte, der die aktuelle Dominanz der Netzwerktore einschränken könnte.

Der Weg vom Datenschutz zur Protektion erfordert eine vom kommerziellen Bereich unabhängige Kontrollinfrastruktur, allein schon, um die Risiken bei der Datenpreisgabe einschätzen und klassifizieren und den Nachweis der Entstehung und Herkunft von Daten beweissicher leisten zu können. Die Nutzung der Transparenz verlangt nach einer unabhängigen Institution, die eine zukünftige Rechtfertigungspflicht der Netzwerktore auch nutzen kann:

a) **Rechtssicherheit:** Die Auswirkung des Fehlens von Rechtssicherheit hat bei einem der ersten Einsätze von Smart Contracts in der EU vor 15 Jahren zum Scheitern geführt.

b) **Kontrolle von öffentlich oder privat:** Die Innovationsverantwortung erfordert Werkzeuge, die es gestatten, die Sicherheitsvorkehrungen zu individualisieren. Dies kann trotz des privaten Charakters im Sinne der Freiheit von Verträgen nach den Regeln öffentlicher Normen erfolgen.

c) **Überwachung:** Die Normenebene muss für die Definition eines globalen Verständnisses zur Kontrolle und der Einhaltung von Transparenz sorgen, wodurch Überwachungen, die z. B. gegen die Menschenrechte verstoßen, rechtzeitig identifiziert werden.

d) **Passive Transparenz**: Die Durchsetzung der Transparenz kann weitgehend auf den existierenden Technologien aufbauen. Die Definition der Rechtfertigungspflicht ist hingegen einer zukünftigen Normierung überlassen.

Alle Technologien, um Sicherheitsvereinbarungen als Bestandteil der Protektion nach dem Sicherheitskatalog in Abb. 2.4 zu etablieren, sind verfügbar. Ein technischer Durchbruch ist in der Computerleistung notwendig, damit die Wirksamkeit der Kontrollstrukturen mit ihren zusätzlichen und intensiven Untersuchungen akzeptabel wird. Gefordert ist jedoch die Regulierung, um mit der Rechtfertigungspflicht die Transparenz überhaupt zu begründen und trotzdem die Daten zu schützen. Erst damit wird ein Wechsel im aktuell innovationshemmenden Paradigma des Datenschutzes eingeleitet. Unabhängig von den konkreten Schutzzielen des Datenschutzes wird dieser oft mit dem Umweltschutzrecht verglichen. Das Gemeinsame ist, dass, so wie die Erschöpfung der Ressourcen der Erde den Umweltschutz rechtfertigt, so stelle die informationelle Überlegenheit und die damit verbundene Überwachung der Menschen eine Begrenzung der Freiheit und Kreativität dar, die bei Überschreiten einer Grenze der Akzeptanz nicht rückgängig gemacht werden könne (Rhoen 2017; Pfanner 2013).

Literatur

Accorsi R, Müller G (2013) Preventive inference control in data centric business. 2nd IEEE security and privacy, San Francisco, S 28–33

Alvarez S, Barney JB (2007) Discovery and creation: alternative theories of entrepreneurial action. Strateg Entrep J 1(1–2):11–26

Axon L (2017) Privacy-awareness in blockchain-based PKI. https://ora.ox.ac.uk/objects/uuid:8bd33c4f-5614-400e-b958-48e53fe1b342/download_file?safe_filename=SECRYPT_2017.pdf. Zugegriffen: 15. Nov. 2018

Bearing Point. Fraunhofer Fokus (2018) eIDAS Ready? Status Quo und Roadmap zur Umsetzung elektronischer Vertrauensdienste in Behörden und Unternehmen. Berlin

Beliger A, Krieger D (2018) You have zero privacy anyway – get over it. Inform Spektrum 41(5):328–348

Berners-Lee T (2010) Long live the web. Sci Am 303(6):80–85

Berners-Lee T (2018) One small step for the web. https://medium.com/@timberners_lee/one-small-step-for-the-web-87f92217d085. Zugegriffen: 7. Apr. 2019

Blossey K, Weber C (2005) PKI in der Datenschutzpraxis. In: Horster P (Hrsg) DACH security. http://www.ksb4.net/pki_im_datenschutz_verimax2005.pdf. Zugegriffen: 15. Nov. 2018

Brenig C (2017) Distributed ledger technology between expectations and reality. Dissertation, Uni Freiburg

Bundesamt für Sicherheit in der Informationstechnik (1989) Kriterien für die Bewertung der Sicherheit von Systemen der Informationstechnik (IT). 11.1.1989, Köln, Bundesanzeiger

Cabinakowa J, Zimmermann C, Müller G (2016) An empirical analysis of privacy dashboard acceptance. The google case. ECIS 2016 research paper. https://aisel.aisnet.org/ecis2016_rp/114/. Zugegriffen: 27. Juli 2019

Cavoukian A (2011) Privacy by design – the 7 foundational principles. Information and Privacy Commissioner of Ontario. http://www.ipc.on.ca• www.privacybydesign.ca. Zugegriffen: 15. Nov. 2018

CCIB (2006) Common criteria for information technology security evaluation. Part 1: Introduction and general model. September 2006

Christidis K, Devetikiotis M (2016) Blockchains and smart contracts for the internet of things. IEEE Access 4:2292–2303

Dijkstra E (1972) Turing award speech. https://www.youtube.com/watch?v=6sIlKP2LzbA. Zugegriffen: 2. März 2016

Doerre K (2013) Landnahme und die Grenzen sozialer Reproduktion. In: Schmidt I (Hrsg) Akkumulation des Kapitals. VSA, Hamburg, S 82–116

Economist (2018a) How to fix what has gone wrong with the Internet. https://www.economist.com/specialreport/2018/06/28. Zugegriffen: 15. Nov. 2018

Economist (2018b) Blockchain technology may offer a way to re-decentralize the internet. https://www.economist.com/specialreport/2018/06/30. Zugegriffen: 15. Nov. 2018

Economist (2018c) China has the worlds most centralised internet system. https://www.economist.com/specialreport/2018/06/30. Zugegriffen: 15. Nov. 2018

Ellision C, Schneier B (2000) Ten risks of PKI. What you are not told about public key infrastructures. Comp Secur J 16(1):1–7

Ethereum (2019) Solidity. https://solidity.readthedocs.io/en/develop. Zugegriffen: 30. Apr. 2019

Ethereum Plattform (2019) https://www.ethereum.org/. Zugegriffen: 30. Apr. 2019

European Union (2004) No 261/2004 of the European Parliament and of the Council of 11 February 2004

Fromknecht C, Velicanu D, Yakoubov S (2014) Certcoin: a namecoin based decentralized authentication system 6.857 class project. S 1–18. https://courses.csail.mit.edu/6.857/2014/files/19-fromknecht-velicann-yakoubov-certcoin.pdf. Zugegriffen: 27. Juli 2019

Google (2015) Google certificate transparency project. http://certificate-transparency.org. Zugegriffen: 12. Juni 2019

Haas S, Wohlgemuth S, Echizen I, Sonehara N, Müller G (2011) Aspects of privacy for electronic health records. Int J Med Inform 80(2):26–31. Special issue: security in health information systems

Hammer C, Snelting G (2009) Flow-sensitive, context-sensitive, and object-sensitive information flow control based on program dependence graphs. Int J Inf Secur 8(6):399–422

Higginson M, Nadeau M-C, Rajgopal K (2019) Blockchain's occam problem. https://www.mckinsey.com/industries/financial-services/our-insights/blockchains-occam-problem. Zugegriffen: 30. Apr. 2019

HIIG (2018) Datenethik: Facebook und Cambridge Analytika. https://www.hiig.de/datenethik-facebook-und-Cambridge-analytica. Zugegriffen: 15. Nov. 2018, 24. Apr. 2018

Hoffmann-Riem W, Fritzsche S (2009) Innovationsverantwortung. In: Hoffmann-Riem W (Hrsg) Eifert M Innovation und Recht. Duncker & Humblo, Berlin, S 11–41

Koppell JGS (2005) Pathologies of accountability: ICANN and the challenge of multiple accountabilities disorder. Public Adm Rev 65(1):94–108

Korte U, Kusber S, Schwalm S (2018) Vertrauenswürdiges E-Government – Anforderungen und Lösungen zur beweiserhaltenden Langzeitspeicherung. 23. Archivwissenschaftliches Kolloquium. Marburg 2018 https://www.archivschule.de/DE/forschung/archivwissenschaftliche-kolloquien/2018-kolloquium/23-archivwissenschaftliches-kolloquium.html. Zugegriffen: 27. Juli 2019

Kusber T, Schwalm S, Berghoff C, Korte U (2018) Langfristige Beweiserhaltung und Datenschutz in der Blockchain. Dach-security 2018. S 177–189

Leopoldina (2018) Privatheit in Zeiten der Digitalisierung. Stellungnahme, Halle, ISBN: 978–3-8047-3642-9

Levi S D (2018) An introduction to smart contracts and their potential and inherent limitations. https://corpgov.law.harvard.edu/2018/05/26/an-introduction-to-smart-contracts-and-their-potential-and-inherent-limitations/. Zugegriffen: 15. Nov. 2018

Lewinski K (2009) Geschichte des Datenschutzrechts von 1600 bis 1977. In: Fv Arrndt et al (Hrsg) Freiheit – Sicherheit – Öffentlichkeit. Nomos, Heidelberg, S 196–220

Lewison K, Corella F (2016) Backing rich credentials with a blockchain PKI. https://pomcor.com/techreports/BlockchainPKI. Zugegriffen: 15. Aug. 2017

Livshits B (2006) Improving software security with precise static and runtime analysis. Dissertation, Stanford University. https://suif.stanford.edu/~livshits/papers/pdf/thesis.pdf. Zugegriffen: 27. Juli 2019

Luhmann N (1968) Zweckbegriff und Systemrationalität. Tübingen, Mohr Siebeck

McKinsey (2018) Blockchain beyond the hype: what is the strategic business value? https://www.mckinsey.com/business-functions/digital-mckinsey/our-insights/blockchain-beyond-the-hype-what-is-the-strategic-business-value. Zugegriffen: 15. Nov. 2018

Müller G, Accorsi R (2013) Why are business processes not secure? In: Fischlin M, Katzenbeisser S (Hrsg) Number theory and cryptography. Lecture notes in computer science, Bd 8260. Springer, Berlin, S 240–254

Müller G, Accorsi R, Höhn S, Sackmann S (2010) Sichere Nutzungskontrolle für mehr Transparenz in Finanzmärkten. Inform Spektrum 33(1):3–13

Müller G, Pfitzmann A (Hrsg) (1997) Mehrseitige Sicherheit in der Kommunikationstechnik, Verfahren, Komponenten, Integration. Boston, Addison-Wesley

Müller G, Rannenberg K (1999a) Multilateral Security. In: Müller G, Rannenberg K (Hrsg) Multilateral security in communications technology, empowering users, enabling applications. Addison-Wesley, Boston, S 562–570

Müller G, Rannenberg K (Hrsg) (1999b) Multilateral security in communications technology, empowering users, enabling applications. Addison-Wesley, Boston

Nakamoto S (2012) Bitcoin: a peer-to-peer electronic cash system. https://bitcoin.org/bitcoin.pdf. S 1–9

Negroponte J, Palmisano S (2017) Defending an open, global, secure, and resilient internet. In: Council on foreign relations, independent task force MIT Report No. 70. Cambridge

Nissenbaum H (2009) Privacy in context: technology, policy, and the integrity of social life. Stanford University Press, Stanford

OECD (2015) Data-driven innovation for growth and well-being. http://www.oecd.org/sti/ieconomy/PolicyNote-DDI.pdf. Zugegriffen: 15. Nov. 2018

Open Pretty Good Privacy (2018) https://lists.gnupg.org/pipermail/gnupg-devel/2014-January/028141. Zugegriffen: 15. Nov. 2018

Pfanner E (2013) French tax proposal zeroes in on web giants data harvest. https://nyti.ms/2iRAfVS. Zugegriffen: 15. Nov. 2018

Pohle J (2016) Datenschutz und Technikgestaltung Geschichte und Theorie des Datenschutzes aus informatischer Sicht und Folgerungen für die Technikgestaltung. Dissertation, TU Berlin

Rannenberg K (1998) Zertifizierung mehrseitiger IT-Sicherheit. Vieweg, Braunschweig

Reichl H, Roßnagel A, Müller G (2005) Digitaler Personalausweis. DuV, Wiesbaden

Rhoen M (2017) Rear view mirror, crystal ball. Predictions for the future of data protection law based on the history of environmental protection law. Comput Law Secur Rev 33(5):603–617

Schumpeter J (2003) Capitalism, socialism & democracy, 5. Aufl. Harper Collins, London

Solove DJ (2008) Understanding privacy. Harvard University Press, Cambridge

Solove D (2011) Nothing to hide: the false tradeoff between privacy and security. Yale University Press, New Haven

Swenney L (2000) Simple demographics often identify people uniquely. Data privacy working paper 3. Pittsburgh, Carnegie Mellon University

Szabo N (2006) Smart contracts. http://www.fon.hum.uva.nl/szabo.best.vwh.net/smart.contracts.html. Zugegriffen: 3. Apr. 2016

The World Bank (2016) What is governance? http://go.worldbank.org. Zugegriffen: 10. Aug. 2017

Veil W (2015) DSGVO: Risikobasierter Ansatz statt rigides Verbotsprinzip. Z Datenschutz 5(8):347–353

Waldo J (2019) A Hitchhiker's guide to the blockchain universe. ACMqueue 16(6):1–13

Welzel C, Eckert KP, Jacumeit V (2017) Mythos Blockchain: Herausforderung für den öffentlichen Sektor. Kompetenzzentrum Öffentliche IT. Fraunhofer-Institut für Offene Kommunikationssysteme FOKUS, Berlin

Wonnemann C (2011) Mechanismen zur Sicherheitszertifizierung formalisierter Geschäftsprozesse. Dissertation, Freiburg

Zilkens M (2007) Europäisches Datenschutzrecht – Ein Überblick. Recht Datenverarb 23(5):196–201

Zimmermann PR (2000) The official PGP user's guide. MIT Press, Cambridge

Zuboff S (2019) The age of surveillance capitalism: the fight for a human future at the new frontier of power. Public Affairs, New York

Weiterführende Literatur

Accorsi R, Zimmermann C, Müller G (2012) On taming the inference threat in social networks. In: Privacy and Data Protection Technology (PDPT). Amsterdam, S 1–5. https://staff.fnwi.uva.nl/g.j.vantnoordende/pdpt/2012/accorsi.pdf. Zugegriffen: 15. Mai 2016

Berendt B, Günther O, Spiekermann S (2005) Privacy in E-Commerce: stated preferences vs. actual behaviour. Commun ACM 48(4):101–106

Brenig C, Accorsi R, Müller G (2015) Economic analysis of cryptocurrency backed money laundering. 23rd ECIS Münster, Germany (S 1–18). https://aisel.aisnet.org/cgi/viewcontent.cgi?article=1019&context=ecis2015. Zugegriffen: 19. Juli 2019

Echizen I, Müller G, Sasaki R, Tjoa A (2013) Privacy by transparency for data-centric services. http://shonan.nii.ac.jp/shonan/wpcontent/No.2013-51.pdf. Zugegriffen: 12. Okt. 2017

Müller G (1996) Secure communication: trust in technology or trust with technology? Interdisc Sci Rev 21(4):336–347

Müller G (2003) Telematik und Kommunikationssysteme in der vernetzten Wirtschaft. Oldenbourg, München

Müller G (2008) Information security: 50 years behind, 50 years beyond. Wirtschaftsinformatik 50(4):322–323

Müller G (2009) War Internet die einzige Option. Wirtschaftsinformatik 51(1):53–60

Müller G (2010) Weiß Google mehr als ein „Geheimdienst"? Special Workshop LAW 7. Internationales Menschenrechtsforum Luzern (IHRF) 18(19):17 f

Müller G (2011) Die Mythen von Transparenz und Sicherheit im Internet. Ansprache zur Verleihung der Ehrendoktorwürde der TU Darmstadt. http://www.telematik.uni-freiburg.de/system/files/Ansprache.pdf. Zugegriffen: 15. Nov. 2018

Müller G (2013a) Characterization of e-commerce. In: Buchmann J (Hrsg) Internet privacy – options for adequate realization. Acatech study, Munich, S 43–59

Müller G (2013b) Informationsdefizite und Privatheit. In: Buchmann J (Hrsg) Privatheit im Internet. Berlin. https://www.acatech.de/Projekt/internet-privacy-eine-kultur-der-privatsphaere-und-des-vertrauens-im-internet/Acatech. Zugegriffen: 15. Nov. 2018

Müller G (2014) Datenschutz bei datenzentrischen Diensten: Auslaufmodell oder nur 30 Jahre zurück? FIFF 1(2014):21–34

Müller G (2018) DSGVO und landnahme. https://PrivacyRewritten.Wordpress.com/verhindert-die-dsgvo-eine-landnahme-durch-netzwerktore/. Zugegriffen: 12. Juli 2019

Müller G (2019) Verhindert die DSGVO eine Landnahme durch die Digitalisierung? ZFW 29(1):7–8

Müller G, Blanc RP (1987) Networking in open systems. Springer, Berlin

Müller G, Sackmann S, Prokein O (2008) IT security: new requirements, regulations and approaches. In: Schlottmann F (Hrsg) Handbook on information technology in finance. Springer, Berlin, S 711–730

Müller G, Stapf K (Hrsg) (1999) Mehrseitige Sicherheit in der Kommunikationstechnik, Erwartung, Akzeptanz, Nutzung. Addison-Wesley, Boston

Müller G, Wahlster W (2013) Placing humans in the feedback loop of social infrastructures. Inform Spektrum. 36(6):520–529

Müller G, Zimmermann Ch (2017) Accountability as a privacy option – privacy dashboards. Research report Hitachi Ltd 20170330

Nolte C-G, Zimmermann C, Müller G (2015) Social network services' market structure and its influence on privacy. In: Amsterdam privacy conference, S 269–271

Pretschner A, Hilty M, Basin D (2006) Distributed usage control. CACM 49(9):39–44

Sackmann S, Eymann T, Müller G (2002) EMIKA: Real-time controlled mobile information systems in health care. In: GI Proceedings. Lecture Notes, Springer, S 151–158

Wohlgemuth S, Müller G (2006) Privacy with delegation of rights by identity management. In: Müller G (Hrsg) Emerging trends in information and communication security. ETRICS 2006. Lecture Notes in Computer Science. Bd 3995. S 175–190

Zimmermann C, Accorsi R, Müller G (2014) Privacy dashboards. Reconciling data-driven Business Models and Privacy. In: 9th international conference on availability, reliability and security, IEEE. S 152–157

Dateneigentum oder aktive Transparenz?

Zusammenfassung

Der wirtschaftliche Wert der Daten lässt die Frage aufkommen, wem die Daten gehören und ob nicht das Eigentum an Daten der Königsweg zum Datenschutz sein könnte? Das Marktprinzip sorgt dabei für die effiziente Nutzung der Daten und zwingt zur Einschätzung der Risiken bei jeder Transaktion. Die Voraussetzungen für die Protektion wären damit gelegt. Das Dilemma von Schutz und Innovation wird jedoch auf anderem Feld vergrößert, da die Zustimmung zur Datennutzung nun durch kommerzielle Interessen geleitet wird. Um das Eigentum zu schützen, genügt das Geheimhaltungsmodell der DSGVO nicht, da damit die „Eigentümer" die Verwendung ihrer Daten nicht nachvollziehen können und in Folge dessen zwar Innovationen behindern, aber Kompensationen nicht begründet einfordern können. Das Alternativmodell zur DSGVO, die Transparenz der Daten, ist daher sowohl die Vorraussetzung der Kontrolle des Eigentums als auch zur Überwachung der Datenverwendung. Die Transparenz setzt im Eigentumsfalle und bei der Datenverwendung voraus, dass Daten korrekt, vollständig und zeitgerecht präsentiert werden können. Eine solche Garantie ist für TET-Mechanismen nicht erfüllbar, da sie im Gegensatz zu PET-Mechanismen „Multipfad-Technologien" sind. Die Vollständigkeit kann nur dann bestimmt werden, wenn die Nachfragen nach Daten nachvollzogen werden können und eine sichere Kenntnis des Umfangs der Daten und der angewendeten TET-Mechanismen existiert, damit Nutzer eine informierte Entscheidung zur Akzeptanz des Ergebnisses treffen können. Hierzu wird ein abstrakter Vorschlag vorgestellt. In der Studie zu „GoogleMyAccount (GMA)" wird eine erhöhte Akzeptanz des Datenschutzes und des Vertrauens in Google durch die Transparenz von GMA festgestellt. Obwohl GMA selbst keinen Beitrag zum Datenschutz leistet, wird sie als glaubwürdiges Instrument für die Protektion der Nutzer und weniger der Daten

© Springer-Verlag GmbH Deutschland, ein Teil von Springer Nature 2020
G. Müller, *Protektion 4.0: Das Digitalisierungsdilemma,* Die blaue Stunde der Informatik, https://doi.org/10.1007/978-3-662-56262-8_4

gesehen. Eine Fallstudie zur Analyse von Bestellprozessen eines mittelständischen Betriebes verdeutlicht zusätzlich die objektiven Wirkungen der Transparenz, wenn Informationsflussanalysen zur Kontrolle von Daten und Prozessen eingesetzt werden.

Daten sind in der gegenwärtigen digitalen Gesellschaft schon lange kein Nebenprodukt wirtschaftlichen Handelns oder persönlicher Aktivitäten mehr, sondern sind zu einer Ware mit eigenem Wert geworden. Ihre zentrale Rolle für die zukünftige Entwicklung der digitalen Transformation lässt zunehmend die Frage aufkommen, wem die Daten eigentlich gehören (Scassa 2018). Das Eigentum an Daten ist der Ausdruck für die Hoffnung, die informationelle Selbstbestimmung mit dem Eigentumsrecht besser als mit der DSGVO durchsetzen zu können. Dabei besteht oft die Ansicht, dass die bisherige Praxis der doppelten Geheimhaltung, die sowohl bei Big Data als auch beim Datenschutz zu Ungleichheit führt, durch Eigentumstitel nivelliert werden könnte. Da Daten über Jeden gesammelt werden, entstünde bei jeder Nutzung von Diensten nach dem Marktprinzip ein Wert für die Daten, der an die Datenquelle zu entrichten wäre. Piketty identifiziert die Ungleichheit nicht bei den Daten, sondern in der Verfügung über Daten. Er sieht in der zunehmenden informationellen Ungleichheit in der Verfügbarkeit von Daten auch eine Ursache für die wachsenden Ungleichgewichte bei Einkommen und Wohlstand (Piketty 2014). Konsequenterweise ist es dann nicht notwendig einen Markt für Daten zu etablieren, sondern es müssten Regeln gefunden werden, wie die transparente Benutzung von Daten kompensiert werden kann. Dies muss nicht unbedingt monetär sein, sondern könnte durch die Erhöhung der Informiertheit durch eine Transparenz geschehen. Die technische Herausforderung für den Datenschutz ist dann die Überwindung der bisherigen doppelten Geheimhaltung (Müller 2014).

Das Eigentum an Daten hat zur Folge, dass digitale Innovationen auf eine Kompensation zur Zustimmung der Datennutzung angewiesen sind und damit erschwert werden, da jeder Eigentumstitel auf Daten nicht nur die Zustimmung, wie nach der DSGVO, sondern auch einen monetären Ausgleich und die Regelung der Grenzen der Nutzung erfordert. Die wirtschaftlichen Interessen Einzelner dominieren dann die Innovationsentscheidungen. Das gravierendste praktische Hindernis wäre, darüber zu entscheiden, welche Daten, wem gehören und vor allem zu welchem Anteil, da theoretisch dazu die Kette der Herkunft von Daten und Informationen zurückverfolgt werden müsste. In der Konsequenz kaum anders läge der Fall, wenn die persönlichen Daten in aller Offenheit jederzeit zugänglich wären.

Eine aktive Transparenz hat jedoch weitere und von den wirtschaftlichen Motiven Einzelner unabhängige Wirkungen. Sie stärkt zum einen die Informiertheit der Datensubjekte und ist zum anderen eine Herausforderung für die Informationsmacht der Netzwerktore, da mit den nun transparenten Daten eine Kontrolle der Verwendung nicht mehr durch Datensammlung alleine, sondern durch alle, die Zugang zu den Daten haben und über Kompetenzen zur Datenanalyse verfügen, möglich werden (Zimmermann et al. 2014). Es ist anzunehmen, dass die Markteintrittshürden für Wettbewerber durch Transparenz geringer werden.

Zur aktiven Transparenz fehlt vor allem eine Konzeption, wie die Mechanismen zur Transparenz klassifiziert werden können und vor allem welche Eigenschaften die Werkzeuge und Mechanismen haben müssen, sodass sie trotz ihrer Kontrolleigenschaften als Schutzmechanismen auch im Sinne des Datenschutzes wirken können. Die Transparenz ist erst gegeben, wenn die Daten korrekt, vollständig und zeitgerecht präsentiert werden. Nur Mechanismen, die nachprüfbar richtig und vollständig alle Daten darstellen, werden zu akzeptierbaren Mechanismen für die Innovationsverantwortung. Diese Forderung ist algorithmisch jedoch wegen einer besonderen Eigenschaft alles Kontrollmechanismen nur mit weiteren Vorkehrungen zu erfüllen. TET-Mechanismen (Transparency Enhancing Technology) sind im Gegensatz zu PET-Mechanismen (Privacy Enhancing Technology) „Multipfad-Technologien", deren Ergebnisse bei der Ausführung desselben Verfahrens sehr wahrscheinlich nicht von allen Nutzern einheitlich interpretiert werden. Eine „Audit-TET" nach Abb. 4.2 z. B. kann für den einen Nachfrager erwartete oder für andere unerwartete Ergebnisse haben und in Folge zu verschiedenen Aktionen führen. Eine korrekte Durchführung eines TET-Mechanismus hat grundsätzlich keine unmittelbare Beziehung zu den Folgerungen, sondern hängt von den subjektiven Vorstellungen und Zielen der Datensubjekte ab. Eine Monitor-TET kann z. B. ein Ergebnis aufweisen, das angezweifelt wird und daher von einer „Revisions-TET" überprüft wird. Man könnte auch zur Entscheidung kommen, durch eine „Interventions-TET" einzugreifen und den Prozess abzubrechen, oder unabhängig von den Ergebnissen weitermachen. Es werden folglich immer neue Pfade erzeugt, wobei keiner im mathematischen Sinne unzulässig sein muss. Vielmehr ist die Beurteilung der Ergebnisse subjektiv. Ein PET-Mechanismus hingegen ist eine Einpfad-Technologie, die bei Zutreffen der Bedingungen den Zugang gestattet, wie es ebenso korrekt ist, wenn der Schutzmechanismus bei Nichtzutreffen den Zugang ablehnt.

Offenheit und Einsicht darf nicht mit Transparenz aller Daten für alle verwechselt werden. Diese findet ihre Grenzen, wenn die Schutzinteressen der Datensubjekte, aber auch der Netzwerktore verletzt werden. Andererseits erfordert die Protektion nicht unbedingt ein Eigentum an den Daten, da es genügt, wenn vollständig und korrekt und zeitgemäß in nutzbarer Form die Daten präsentiert und über sie verfügt werden kann. Dieses „Quasi-Eigentum" kann das Eigentum völlig ersetzen, wenn die Nachteile eines Eigentumstitels in Bezug auf die Innovationen vermieden werden sollen. Trotz des fehlenden Eigentums sind Daten dennoch zur Handelsware geworden, obwohl sie ihrem rechtlichen Status nach frei verfügbar wären. Neben dem Aufwand für die Sammlung ist dies mit der Eigenschaft eines öffentlichen Gutes zahlreicher Daten zu erklären, die im Interesse des Gemeinwohls frei zugänglich bleiben sollten, da ansonsten Probleme wie z. B. Klimaschutz, Gesundheit und Ernährung ausschließlich kommerziellen Kalkülen unterworfen wären. Ebenso sind Daten zur Identität einer Person ein Teil der Menschenrechte. Sie sollten zwar sammelbar, aber nicht veräußerbar sein. Andere – auch persönliche – Daten könnten dagegen transparent sein. Sie könnten darüber hinaus als Angebot der Netzwerktore zum Einkommenserwerb für Nachfrager honoriert werden.

Obwohl es rechtlich keinen Anspruch auf Zahlung für Daten gibt, bietet Crossmedia eine Plattform zum An- und Verkauf persönlicher Daten für jedermann (Google 2018). Das Geschäftsmodell von Crossmedia besteht nicht im Eigentumserwerb, sondern im Kauf von Verwendungsrechten, um damit gegen potentielle Reputationsansprüche folgend aus Unklarheiten zur Zustimmung nach der DSGVO gewappnet zu sein.

Unabhängig davon, ob Daten nun persönlichen, öffentlichen oder kommerziellen Interessen dienen, ist die Forderung nach Eigentum an Daten vor allem ein möglicher Hebel zur Begrenzung der Informationsmacht der Netzwerktore. Denselben Effekt hat aber auch die aktive Transparenz. Für deren Wirkung ist es nur notwendig, eine Rechtfertigungspflicht für Plattformen zu normieren und man könnte – wie bei heutigem Recht nach einer Zustimmung – auf Daten zugreifen, für die man Zugriffsrechte besitzt und die Datensammler eine Zurechenbarkeit der Datenverwendung garantieren. Fake News könnten erkannt werden. Die Rechtfertigungspflicht limitiert den Zugriff zu nicht-autorisierten Daten. Sicher genügt nicht die Neugierde von an sich fremden Nutzern für einen Zugang zu Daten. Die Regulierung steht demnach vor der Hürde, die Grenzen und den Umfang der Transparenz festzulegen. Aus der Rechtfertigungspflicht könnten ökonomische Ansprüche abgeleitet werden:

1. Eigentum an Daten ermöglicht Datenhandel.
2. Die Transparenz der Daten ist die Voraussetzung zur Ermittlung des sozialen Beitrages der Netzwerktore. Die Wertermittlung von Daten könnte aus der Differenz des Bilanzwertes zum Marktwert aller Netzwerktore ermittelt werden.
3. Die Einkommen der Plattformen könnten mit den Datensubjekten geteilt werden. Die Informationsmacht würde dadurch jedoch kaum reduziert, da Plattformen weiterhin eine Makrosicht auf die Daten aller Nutzer hätten, die selbst nur über eine Einzelsicht verfügen. Das Geschäftsmodell der Netzwerktore und die Werbefinanzierung ändern sich daher nicht.

Die Forderung nach Eigentum an Daten scheint daher nur auf den ersten Blick die Lösung für eine bessere Protektion. Zahlreiche Daten erfüllen ein berechtigtes Interesse der Öffentlichkeit und sollten daher nicht durch Eigentumstitel in ihrer Nutzung begrenzt werden. Die einzige Problemstellung, die durch Dateneigentum leichter zu lösen wäre, ist die Beteiligung der Datensubjekte an den Gewinnen der Netzwerktore.

Bislang stehen Daten als freie Güter allen kostenfrei zur Verfügung, während andere Sammlungen von Daten, z. B. literarische Werke vom Urheberrecht geschützt sind, das für erzeugte Daten oder Werke eine Entlohnung vorsieht, da ihnen ein erkennbares Maß an Originalität zugeordnet wird. Dieser Schutz schließt nicht die im Werk verwendeten freien Daten ein, sondern nur die Arrangements und Inventionen, auch wenn sie aufbauend auf den freien Daten entstanden sein sollten. Das Eigentum an Daten mit einem Gewinnversprechen ist nur durch eine Verbesserung der Daten durch Originalität gerechtfertigt, wobei der Gewinn an die Schöpfer der Originalität zu entrichten wäre. Kitchin sieht in der Zusammenstellung der Big Data bereits eine originelle Leistung, die der von künstlerischen Sammlungen entspräche. So stellen Big Data bereits eine spezielle Ordnung von Daten dar, die mit dem Inhaltsverzeichnis, Aufbau und dem Konzept eines Buches vergleichbar sei (Kitchin 2014). Sie seien das Ergebnis einer Auswahl und damit eine intellektuelle Leistung. Wären Big Data urheberrechtlich geschützte Werke, dann blieben die Fakten, also die Einträge, dennoch nicht das Eigentum der Netzwerktore, sondern nur die von ihnen verantworteten Indizes und die aus den Fakten abgeleiteten Daten. Dies ist, wenn auch nicht mit einem Eigentumstitel versehen, mit der freien Verwendung der Daten durch Plattformen bereits heute der Fall.

In Wirklichkeit geht es bei der Innovationsverantwortung nicht um das Eigentum an Daten, sondern um ihre Verwendung, denn erst dadurch kann eine originelle Leistung entstehen, die vom Markt bewertet wird und dann auch eine Entlohnung rechtfertigt. Der Prozess, der aus den kostenfrei erworbenen Daten einen ökonomischen Wert durch die Datenanalytik ermittelt, nutzt dazu bekannte statistische Verfahren. Der wirtschaftliche Wert ist umso höher, je mehr Daten für diese Mehrwerterzeugung zur Verfügung stehen und vor allem je relevanter die Fragestellung und Auswertung für die Werbekunden sind. Nicht die Nutzung des Werkzeuges erzeugt Mehrwert, sondern die Fragestellung und die treffsichere Lösung. Die Algorithmen zur Datenanalytik sind überwiegend frei verfügbar. Einen ökonomischen Wert erzeugen die Originalität der Fragestellung und der Ergebnisse.

Nach Kitchin sollte zur effizienten Steuerung und Kontrolle der digitalen Transformation auf der Normenebene zwischen Fakten, Daten und Informationen unterschieden werden (Kitchin 2014). Fakten können gemessen werden wie z. B. das Alter, während Daten mit Hilfe von Verfahren, z. B. der künstlichen Intelligenz, des maschinellen Lernens oder des Data-Mining entweder als Schlussfolgerungen oder als Inferenzen entstehen. So hat Cambridge-Analytica aus den „Likes" bei Facebook und den Persönlichkeitstests Schlussfolgerungen zu Wahlpräferenzen gezogen. Fakten sind wie die Zutaten zu einem Menü, das allerdings erst durch die Zubereitung und Zusammenstellung einen Mehrwert gewinnt. Schlussfolgerungen oder Inferenzen sind jedoch nicht neutral, sondern hängen von dem Kontext ab, in dem sie genutzt werden, z. B. räumlich oder zeitlich oder von den Zielen ihrer Verwendung oder von den Umständen ihres Entstehens. Nur die Fakten haben eine eigene Existenz, die daher für Innovationen und ihrer allgemeinen Gültigkeit wegen als öffentliches Gut behandelt werden müssen. Ein Eigentum an Fakten verhindert danach Innovationen und die nachgelagerte Erzeugung von Mehrwert zu Daten und Informationen. Ähnlich vermindert z. B. auch die Geheimhaltung von Forschungsergebnissen den Transfer von Fortschritt an die Allgemeinheit. Eine konträre Haltung dazu nimmt der Datenschutz ein. Persönliche Daten oder, nach Kitchin, Fakten werden geschützt, aber ihre Weitergabe und Veredelung in der Regel wird nicht entlohnt. Diese Teilhabe an Gewinnen ist der wirtschaftliche Zweck der Rechtfertigungspflicht. Erst die Verarbeitung oder die Überlassung von Daten für einen nachfragenden Zweck in einem spezifizierbaren Kontext, z. B. der Werbung, führt zu Einnahmen. Informationen sind abgeleitete Daten und stehen in einem Zweckzusammenhang, der nur für den Nutzer relevant ist. Eine differenzierte Sichtweise in die Klassen Fakten, Daten und Informationen ermöglicht erst eine gesellschaftlich lenkende Entlohnung der Datenverwendung. Ein genereller Schutz nach der DSGVO erzeugt hingegen keine wirtschaftlichen Werte.

Die Diskussion um das Eigentum an Daten ist daher auch eine Frage nach der Verteilung der Gewinne, die mit der Verarbeitung von Fakten oder Daten erzielt werden. Während nach dem Urheberrecht frei verfügbare Fakten erst in einen z. B. fiktiven Kontext eines Romans eingebunden werden müssen, um bei der Leserschaft über Assoziationen zu subjektiven Informationen zu werden, genügt beim Datenschutz der persönliche Bezug der Daten, um geheim gehalten und damit ökonomisch eingeschränkt zu werden. Gleichzeitig verlieren diese Daten ihren Schutz, wenn sie bearbeitet, also scheinbar entpersönlicht werden. Das Datensubjekt hätte danach nur Eigentumsansprüche auf Fakten, die es ohne seine Existenz nicht gäbe. Die Netzwerktore sammeln Daten auf Vorrat, wobei der Kontext und der Beitrag zum Wandel von Daten und Fakten zu Informationen bislang dem Auftrag von Werbekunden entspricht und von diesen auch entlohnt wird. Die persönlichen Daten werden genutzt, um einerseits die Geschäftsmodelle auf Ertragsfähigkeit zu überprüfen und anderseits über Daten zu Mustern zu kommen, die Kundenpräferenzen aufdecken. Der Datenschutz hat daher die Aufgabe, Menschen zu befähigen, den fremden durch Werbekunden gesetzten Kontext zu erkennen und zu den eigenen Kontexten in Beziehung zu setzen. Dazu ist die Geheimhaltung beim heutigen Stand der Datenanalytik nicht mehr ausreichend.

Die Nutzung z. B. von literarischen Werken durch die künstliche Intelligenz oder dem maschinellen Lernen z. B. zur Verbesserung einer Übersetzungssoftware betrachtet nicht die originelle Leistung des Autors, sondern studiert die Sprache, um die Übersetzungsfähigkeiten des Algorithmus zu verbessern. Die Sprache ist ein Fakt und daher ein freies oder öffentliches Gut. Google hat die Verfasser der Texte, die *Google Translate* ausgebildet haben, nicht entlohnt, was Zuboff zur Aufforderung veranlasst hat, dass Übersetzer sich nicht enteignen lassen sollen (Zuboff 2014). Tatsächlich kommt es durch die Anwendungen der Wissensebene zunehmend zu einem unentgeltlichen Transfer von Kompetenzen. Die Forderung nach Eigentum an Daten ist daher aus dieser Sicht als Mittel zu verstehen, weniger die Daten als die Folgen der Datennutzung zu kommerzialisieren, während die Fakten ohne kommerziellen Wertansatz bleiben. Ein Anspruch auf Honorar begründet sich nach Zuboff (2014) aus der reduzierten Vermarktungsfähigkeit von erlernten Kompetenzen, die durch Wissenstransfer nach Art einer Landnahme enteignet werden. Die DSGVO will den Individuen die Autonomie ihrer Entscheidungen bewahren, um sie nach Zuboff vor Schaden zu schützen. Der Datenschutz nach der DSGVO ist demnach mit einer Zwangsversicherung zu vergleichen, gleichgültig ob man einen Schaden für realistisch hält oder ein Risiko eingehen möchte, um mehr Gewinn zu erzielen

Fallstudie: Upload-Filter

Die digitale Verbreitung von urheberrechtlich geschützten Werken ist mit den Forderungen nach „Dateneigentum" vergleichbar. Dafür sind Rechtskonstrukte und spezielle Systeme (Digital Rights Management) geschaffen worden, welche die Rechte der Autoren an ihren Werken garantieren. Der Streit um die Verantwortung bei hochgeladenen Texten und die Nutzung von Filtern zum Erkennen solcher Rechte wird von der einen Seite als Zensur und von der anderen Seite als Enteignung empfunden. Beide Seiten beziehen sich auf den Erhalt der kulturellen Vielfalt und der Belohnung der Kreativität. Die datenschutzbezogene Ursache des Konfliktes ist es, dass zwischen einem legitimen Nutzer und einem Urheberrechtspiraten ohne zusätzliche Information nicht unterschieden werden kann.

Die Verweigerung des Eigentumsschutzes bei Fakten und Daten ist bisher vor allem mit dem Verneinen von Originalität begründet worden. Erst die Ableitungen und die Verarbeitung von Fakten führen zu Ergebnissen mit ökonomischem Wert. Diese informationelle Asymmetrie bei der Verwertung von Daten schlägt sich in einer Ungleichheit der Einkommen nieder (Müller 2019). Obwohl das Dateneigentum die digitale Innovation behindert, ist die anteilsmäßige Kompensation der Datensubjekte an der Datennutzung nicht mit dem Dateneigentum zu verwechseln. Die aktive Transparenz gibt den Datensubjekten erst die Chance durch Datenanalytik an den Marktentwicklungen teilzuhaben und mit ihren Daten ein Einkommen zu erzielen, sollten Verfahren entwickelt werden können, die die Ansprüche eindeutig klären können. Mit einem Nachweis des Informations- und Datenflusses wird die Offenlegung der Daten, z. B. deren Anteil an den Schlussfolgerungen und Inferenzen, die Grundlage für eine faire Honorierung. Die Gepflogenheiten im Gesundheitswesen sind dazu ein mögliches Modell zur Entlohnung. Einem Patienten wird Einsicht und Erklärung der Akten gewährt, obwohl der Besitz der Akten bei der Klinik oder dem Arzt verbleibt, während das Eigentum an den Akten rechtlich jedoch beim Patienten liegt. Die Dienstleistung des Gesundheitswesens ist eine Interpretation der Daten. Damit wird die aktive Transparenz zur Alternative und Ergänzung des Geheimhaltungsmodelles der DSGVO, da die Daten zwar geschützt, aber eben auch interpretierbar sein müssen, um einen Wert zu erhalten.

Bereits mit dem Entstehen des WWW haben Davies (1997) sowie Campbell und Carlson (2002) vorhergesagt, dass die digitale Transformation Daten zu einer handelbaren Ware verwandeln werde und dass Kontrollen unausweichlich seien, um gleiche Verhältnisse für alle nicht von vornherein zur Illusion werden zu lassen. Selbst personenbezogene Daten, die als Repräsentanz der Identität angesehen werden, sollten nach Westin als Eigentum gelten, das dann allerdings handelbar wäre (Westin 1968). Westin ging vor 50 Jahren noch davon aus, dass die digitale und die analoge Identität identisch sind. Tatsächlich haben die meisten Datensubjekte oder „Netizens" eine oder mehrere dem Zweck und Kontext angepasste digitale Identitäten, die in der virtuellen Welt unabhängige Existenzen führen und dabei mehr oder weniger unabhängige Datenspuren hinterlassen, die zwar alle zusammen ein Bild der analogen Identität entstehen lassen könnten, das aber schon heute wegen der potentiellen Unterschiedlichkeit kaum wirtschaftliches Interesse auslöst. Das Bild wird komplizierter, wenn man bedenkt, dass nicht nur reale Personen digitale Identitäten haben und Daten erzeugen. Es ist die Aufgabe von Chatbots, wie z. B. Siri und Alexa, persönliche Daten im häuslichen Kontext zu klassifizieren und an die Netzwerktore zur weiteren Verbesserung ihrer Fähigkeit weiterzuleiten. Die Vielfalt an digitalen Identitäten hat erst den Markt zum Erwerb und Verkauf von Daten entstehen lassen. Purtova hat lange vor Inkrafttreten der DSGVO behauptet, dass auch in Europa eine undifferenzierte Gleichbehandlung von analogen und digitalen Identitäten nur schwer durchgehalten werden kann (Purtova 2010).

Boston Consulting schätzte schon 2012 die Auswirkungen der Daten, die über E-Mail, die sozialen Medien und Twitter und auf persönlichen Webseiten gesammelt und getauscht werden, mit ca. 1 Billion US $/Jahr auf die Gewinne der globalen Wirtschaft ein (Boston Consulting Group 2012). Laudon fordert einen marktlichen Ansatz für den Datenschutz, um die Invasion in die Privatsphäre zu verteuern (Laudon 1996). Aus dem Datenhandel sind Firmen entstanden, wie BluKai, Avarto, Rapleaf, Accurit und Merlin, die Daten sammeln, analysieren und verkaufen und Kunden identifizieren, die solche Daten erwerben (Spiekermann et al. 2015). Obwohl für Daten kein Eigentumstitel vergeben wird, übernehmen Teile der Wirtschaft die Idee des Dateneigentums, um persönliche Daten nicht nur zu erwerben, sondern dabei auch die Legitimität einer informierten Zustimmung vorwegzunehmen, um einerseits ihre Kunden umso geneigter für Geschäftsabschlüsse zu machen, aber andererseits ihre eigenen Aufwendungen für die Einhaltung des Datenschutzes zu reduzieren.

Transparenz und Zurechenbarkeit sind sich ergänzende Konzepte, da Transparenz ohne Zurechenbarkeit die Schutzlosigkeit bedingt. Der Datenschutz soll auch bei voller Einsicht in die Daten gewährleistet sein, wobei die Zurechenbarkeit offenbart, wer dazu Zugang gefunden hat und daher bzgl. der Verarbeitung und Verwendung zur Rechenschaft gezogen werden kann. Die Grundlage des Datenschutzes bei Transparenz ist demnach eine Rechtfertigungspflicht, welche die Regelung des Zugangs nach der DSGVO ergänzt (Zimmermann und Cabinakowa 2015). Mit der Transparenz und Zurechenbarkeit können zwar Missbräuche nicht vermieden, sie können aber nachvollzogen werden. Die Rechtfertigungspflicht hat jedoch eine interessenbezogene „Schlagseite", die sich vor allem in der Auslegung der TOM der dazu notwendigen Kontrollzentren ausdrückt. Die Bestimmung des „gerechtfertigten" Transparenzgrades ergibt sich aus dem Zusammenspiel von TOM und den Algorithmen zur Darstellung des vereinbarten oder erwarteten Transparenzumfangs. Die Standardisierung des Transparenzumfangs und die Garantie der Vergleichbarkeit der Ergebnisse könnte die Aufgabe einer technisch-sozialen Ko-Evolution sein. Anstatt konkrete Regeln zum Schutz, wären dann Vorschriften zur Regulierung der Ergebnisse und Folgen für die Menschen notwendig. Als Repräsentant der Gesellschaft könnte die Normenebene die dazu notwendigen Initiativen ergreifen.

Alle bisherigen transparenzsteigernden Systeme, z. B. „DataTrack" (Fischer-Hübner et al. 2011) oder die „Mozilla Privacy Icons" (Raskin 2015), orientierten sich nur sekundär an der Stärkung des Datenschutzes oder am Abbau der Informationsungleichheit. Sie sind sehr kontextorientiert und haben keinen generellen Gültigkeitsanspruch. Sie sehen in der Transparenz eine Option für die Zukunft, sollte jemals die Geheimhaltung als Grundmodell des Datenschutzes oder die informationelle Selbstbestimmung als dominante Prinzipien aufgegeben werden. Das wichtigste Instrument der Transparenz ist bislang ein Daten-Dashboard, das als nutzerkontrollierter Zugang zu den „eigenen Daten" verwendet und von den Netzwerktoren zur Verfügung gestellt wird (Zimmermann et al. 2014). Das wichtigste Beispiel für ein solches Dashboard ist das 2015 eingeführte „GoogleMyAccount" (Google 2015). Es bietet den Nutzern Hilfestellung sowohl beim Überblick zu ihren Daten als auch zur Modifikation der Daten durch Löschung und Änderung an. Diese Funktionen bietet auch DataTrack. So können sich die Nutzer beispielsweise einen Überblick über die von Google gespeicherten Standortdaten, über ihren bisherigen Suchverlauf oder über die Werbekategorien verschaffen, denen sie zugeordnet sind. Sowohl DataTrack als auch das „Personal Information Dash-board" (Fischer-Hübner et al. 2016) stärken die Transparenz, lassen jedoch die konkre-ten Bedingungen offen, welche Aspekte unter der Transparenz zu verstehen sind und in welchem Umfang diese von DataTrack oder dem Dashboard angeboten werden. Diese könnten von der bloßen Darstellung von Daten, bis zu deren Entstehung und Nutzung reichen, wie dies bei den Vertrauensdiensten der Vertrauenszentren der Fall ist, die Doku-mente und ihre Veränderungen in Einzelfällen bis zu 110 Jahre zurückverfolgen können. Jede der bisherigen Technologien zur Transparenz hat eine unterschiedliche Zielgruppe, Anwendung oder Vorstellung vom Nutzen von Transparenz. „Privacy Bird" der Carne-gie-Mellon-Universität nutzt die Visualisierung zur Identifikation der angewendeten Datenschutzrichtlinien und weniger für den Datenschutz selbst (CMU Usable Privacy and Security Laboratory 2015). Jedes der TET-Verfahren adressiert nur einen Ausschnitt der Anforderungen, die sich bislang an der DSGVO orientieren, ohne die Eigenschaft der TET als Kontrollinstrument zu nutzen. TET sind nach Zimmermann ohne datenschutz-regulierte Kontrollzentren kein Beitrag zum Datenschutz (Zimmermann 2017).

4.1   Transparenz und Informationsmacht

Der Zusammenhang von Rechtfertigungspflicht, Transparenz, Zurechenbarkeit, und Sicherheitsregeln ist eine kausale Folge. Erst wenn eine Rechtfertigungspflicht existiert, ist Transparenz für die Berechtigten zur Durchsetzung eines Anspruchs – z. B. der Prä-sentation der persönlichen Daten – überhaupt möglich. Eine Kontrolle auf Korrektheit und Vollständigkeit wird durch die Zurechenbarkeitsprüfung mit Bezug auf eine Sicher-heitsvereinbarung erst möglich. Die aktive Transparenz wäre ein Angebot der Platt-formen, um Informationen offenzulegen, wobei dies als Regeldienst angeboten werden muss, damit Vertrauen in die Vollständigkeit und Korrektheit der Daten erzeugt wird. Die Zurechenbarkeit stellt sicher, dass die Organisationen, welche aktive Transparenz ver-sprechen, verantwortlich gemacht werden können, wenn ihre Aktionen den Erwartungen oder Versprechungen nicht Folge leisten und dabei die Nutzer zu Fehlhandlungen ver-leiten. Nur solche selektierte Mechanismen zur Präsentation, die sowohl wahrheitsgetreu und vollständig die Daten widerspiegeln, werden zu akzeptierbaren Mechanismen für die Innovationsverantwortung. Der Zweck der Transparenz ist es, über die Offenlegung der Daten die Folgen der Informationsungleichheiten transparent zu machen, um über wirk-same Regulierung ein Instrument zum Umgang damit zu schaffen (Zimmermann 2017).

Die Werbefinanzierung macht es für die Plattformen unattraktiv, die Informations-ungleichheiten zu beseitigen, obwohl sie das im Prinzip könnten. Da die Daten jedoch erst durch den Kontext ihre Bedeutung erhalten, werden die Beworbenen zum Vorteil der Werbenden ihre Daten nicht als für sich nützliche Informationen interpretieren können, selbst wenn die Daten transparent präsentiert werden. Sie können nicht zwischen „guter" und „schlechter" Qualität unterscheiden. Aber auch die Werbetreibenden leiden unter der Informationsungleichheit, und zwar dann, wenn sie für ihre Produkte einen höheren als den Durchschnittspreis verlangen müssten. Der Preis billigerer Angebote nimmt folglich zu, während die Geschäftsoptionen mit Waren aus guter Qualität abnimmt, da die Mehrheit der Kunden bei informationeller Ungleichheit bevorzugt den Durchschnittspreis entrichtet. Die bessere Qualität und die Rechtfertigung des höheren Preises ist von informationell Unterlegenen nicht mehr beurteilbar. Die Transparenz sorgt für eine informierte Übersicht, die verbunden mit einer Informationsflussanalyse erst Daten interpretierbar oder „lesbar" macht und so die Voraussetzung für eine informierte Einschätzung schafft (Zimmermann et al. 2014).

Die Plattform zur Durchführung einer datenzentrischen Transaktion hat das Bestreben in die Rolle des gut informierten Transaktionspartners zu gelangen, um die Bedingungen der Interaktion bestimmen zu können. Der Datenschutz ist nur dann ein Mittel, um die Wirkungen der Informationsmacht zu begrenzen, wenn die Datenanalytik eine Personalisierung aus Kontextdaten nicht zulässt. Akerlof nutzt das Beispiel des Gebrauchtwagenmarktes, wobei er einen „Markt von Zitronen" als Metapher für „gebrauchte" Autos verwendet, die bei ungleichem Informationsstand zulasten des Nachfragers zu überhöhten Preisen bezogen werden (Akerlof 1970). Die aktive Transparenz bedroht in vielfältiger Weise die Informationsmacht der Netzwerktore. Zum einen, da die Nutzer durch den Zugang zu Daten und bei der Interpretation des Kontexts Hilfe durch Wettbewerb um die Interpretation erwarten können. So wäre z. B. die isolierte Feststellung einer Körpertemperatur von 38 Grad nur aussagekräftig, wenn dieses Datum um die Erklärung des interpretierenden Arztes ergänzt wird. Daher sollten unabhängige Kontrollzentren die Funktion dieses interpretierenden „Arztes" übernehmen, da sie selbst durch die Informationsflussanalysen Erfahrungen mit Daten sammeln können. Zum Dritten reduziert sich die Informationsmacht, wenn die Chancengleichheit z. B. durch eine allgemein verfügbare Datenanalytik sich verbessert und damit zur Informiertheit der Datensubjekte beiträgt.

Fallstudie: Ungleichheit durch Geheimhaltung

Daten werden einerseits bei der Nutzung von Diensten erhoben, können aber andererseits auch aus frei verfügbaren Webseiten erfasst werden. Dabei gibt es im Verhältnis von Plattformen zu ihren Nutzern einen grundsätzlichen Konflikt, der auf Treu und Glauben beruht, dass die gesammelten Daten korrekt und in Übereinstimmung mit der Absicht der Nutzer behandelt werden, obwohl es formal dazu keinen Vertrag oder Vereinbarung gibt. Die Verwendung der Daten geschieht ohne Kenntnis der Datensubjekte und erhöht deren informationelle Ungleichheit.

Die Zurechenbarkeit ist eng verbunden mit der Identität. Um sie zu einem Instrument der Kontrollzentren zu machen, muss die Datenherkunft und deren Zuordnung zu einer Identität bekannt sein (Haas et al. 2011). Dies schließt Risiken nicht aus, die zum Zeitpunkt der Datenpreisgabe mit der digitalen Öffentlichkeit eingegangen werden. Die Kontrolle der Zurechenbarkeit liefert den Kontrollzentren aber die Werte zur Erstellung von Risikoverteilungen, die in der DSGVO mit der Datenschutzfolgenabschätzung gefordert werden.

Der rechtliche Vorteil der ex-ante verlangten Zweckbestimmung der DSGVO als Voraussetzung der informationellen Selbstbestimmung wird durch den Zusatzaufwand der Zurechenbarkeit bei der aktiven Transparenz eventuell wettgemacht. Datensubjekte können jetzt die Datenverwendung kontrollieren. Für die Zurechenbarkeit ist eine Informationsflussanalyse durchzuführen, deren Legalität jedoch von der Existenz einer Rechtfertigungspflicht abhängig ist. Das Fehlen der Rechtfertigungspflicht ist eine wichtige Ursache der heutigen Ungleichheit. Ohne Regulierung dazu sinken die Vorteile der Transparenz auf nahezu „Null", was sich in der sehr geringen Popularität der aktuellen Transparenzwerkzeuge beim Nutzer zeigt (Müller und Zimmermann 2017).

Die prinzipielle Bereitschaft, in die transparente Datenhaltung zu investieren, zeigt sich unabhängig von dieser Erkenntnis daran, dass Plattformen technisch überaus anspruchsvolle Transparenzangebote entwickeln, diese aber kaum kommerziell anbieten. Dazu gehört neben dem Transparenz-Werkzeug GoogleMyAccount (Google 2015) die Informationskampagne „Privacy Basics" von Facebook, die sich jedoch durch den Cambridge-Analytica Skandal als unglaubwürdig erweist (Facebook 2015). Berners-Lee fordert seit vielen Jahren die Transparenz als zentrales Element des Datenschutzes (Berners-Lee 2018). Eine Freiburger Fallstudie zur Verwendung des Google Dashboards bestätigt, dass die Transparenz bei gleichzeitigem Schutz der Datenverwendung und der freien Datenerhebung zu einer höheren Bereitschaft zur Zustimmung führt, da die Nutzer sich informiert fühlen (Cabinakowa et al. 2016).

4.1.1 Fallstudie: Schafft GoogleMyAccount Transparenz?

„GoogleMyAccount" (GMA) ist ein TET-Werkzeug zur Verbesserung der Transparenz, das den Datensubjekten Einblicke in Daten gibt, die Verantwortliche (Data Controller) gesammelt haben, indem diese Daten durch GMA nutzerfreundlich und verständlich präsentiert werden (Google 2015). Zusätzlich ermöglicht das GMA die Entfernung und Modifikation von Daten auf Wunsch der Nutzer. GMA gehört zu einer Kategorie von Werkzeugen, die Dashboards genannt werden (Zimmermann et al. 2014). Sie stellen die technisch gegenwärtig führenden TET-Mechanismen dar, um eine aktive Transparenz zu realisieren, wobei es durch die Interessenkonflikte mit dem Geschäftsmodell von Google, aber auch durch die Multipfad-Abhängigkeit aller TET-Mechanismen nicht garantieren kann, dass die Daten wahrheitsgemäß, korrekt und vollständig präsentiert werden. GMA gibt keine Auskünfte zur Datenherkunft.

Da GMA von Google selbst betrieben wird, ist das Vertrauen in dieses Werkzeug wegen des Zielkonfliktes und der bewussten Möglichkeit zur Falschinterpretation objektiv nicht gerechtfertigt. Zur Vermeidung von Interessenkonflikten ist eine organisatorische Trennung unerlässlich. Dennoch kann nach der Studie von Cabinakowa argumentiert werden, dass bereits GMA zu einer Steigerung der Akzeptanz von aktiver Transparenz und damit indirekt zum Datenschutz beigetragen kann, indem das Vertrauen erhöht wurde (Cabinakowa et al. 2016). Die in Freiburg und Mannheim durchgeführte Studie hat drei Problemkreise adressiert:

1. Erhöht schon das GMA das Vertrauen in die Transparenz?
2. Erhöht GMA das Vertrauen in Google?
3. Verändert GMA die Bereitschaft zur Datenpreisgabe?

Fallstudie: Transparenz und Vertrauen

Die Untersuchungen zu Transparenz und Vertrauen wurden nach dem TAM-Modell (Technology Acceptance Model) durchgeführt (Davis 1989), das ursprünglich für die Akzeptanz von Computern am Arbeitsplatz entwickelt wurde. Bis heute hat es sich als das wichtigste Analysemittel zu Akzeptanzuntersuchungen neuer Dienste erwiesen. In Abb. 4.1 sind die Bereiche „Nutzer" und „Intermediär" durch die Fragen nach dem Vertrauen zu Google und GMA sowie, ob Transparenz den Datenschutz stärkt, verbunden. Für die Dimension Intermediär war das Untersuchungsziel, ob die Nutzer zum einen GMA akzeptieren und zum anderen, ob damit auch das Vertrauen in den Datenschutz von Google steigt. Es wurde untersucht, ob die Bereitschaft zur Datenpreisgabe zunimmt, trotz des Wissens um das datenzentrierte Geschäftsmodell von Google. Überraschend ist, dass bereits GMA weitgehend mit der Stärkung des Datenschutzes gleichgesetzt wurde, obwohl GMA ein reines Observierungsinstrument ist. Das Ergebnis ist, dass 25,4 % der Probanden GMA vertrauen und den Datenschutz als erfüllt ansehen.

Die Studie wählte die Probanden nach Datenschutz- und Internetkompetenz aus. Der Geschlechteranteil war ausgewogen. Aus den Rechtecken der Abb. 4.1 sind die getesteten Hypothesen erschließbar. Bei den Nutzern sind die Kompetenzen und die Bereitschaft zur Datenpreisgabe sowie die Nutzerfreundlichkeit von GMA und die angenommenen Motive des Anbieters zu prüfen. Für die Intermediäre ist vor allem das Vertrauen der Nutzer in das Werkzeug und die durch GMA veränderte Haltung zur Datenpreisgabe von Bedeutung. Mit den Signifikanzwerten 0,001, bzw. 0,01 und 0,05 wurden die Irrtumswahrscheinlichkeiten festgelegt, also dass GMA ein Werkzeug für den Datenschutz sei. Der Bezug der p-Werte zu den Irrtumswahrscheinlichkeiten ist mit Sternen gekennzeichnet. Ein Stern ist in Relation zu $p = 0{,}001$, zwei Sterne zu $0{,}01$ und drei Sterne zu $0{,}05$ zu interpretieren. Sie zeigen an, ob die ermittelten Testwerte die Hypothese stützen. Dazu müssen die gemessenen Werte die Irrtumswahrscheinlichkeit überschreiten. Für die Internetkompetenz und die Risikokompetenz konnte z. B. keine Signifikanz (n. s. = no significance) zur Akzeptanz von GMA nachgewiesen werden. R^2 zeigt den Datenwert, der eine Regression zwischen der Einstellung und Akzeptanz misst. Danach weisen die Werte von Einstellung und Intention mit 0,445 und 0,254 auf eine positive Beurteilung sowohl der Transparenz als auch zum Vertrauen in Google hin.

Die Ergebnisse zeigen, dass das Transparenzangebot von Google nicht nur das Vertrauen in GMA, sondern auch in das Unternehmen Google erhöht hat und auf den Grad der Vorsicht des Nutzers bei der Datenpreisgabe damit erhebliche Auswirkungen hat. Höchstens kann eine gewisse Ferne zum Datenschutz festgestellt werden. Dies kann aus dem geringen Zusammenhang der wahrgenommenen Datenschutzrisiken, der Internetkompetenz und der Datenpreisgabe interpretiert werden. Die Ursache für die Nachlässigkeit zum Datenschutz könnte die Fähigkeit sein, bereits freigegebene Daten nachträglich zu löschen und zu ändern. Dies wird auch dadurch bestätigt, dass die Bereitschaft, Informa-

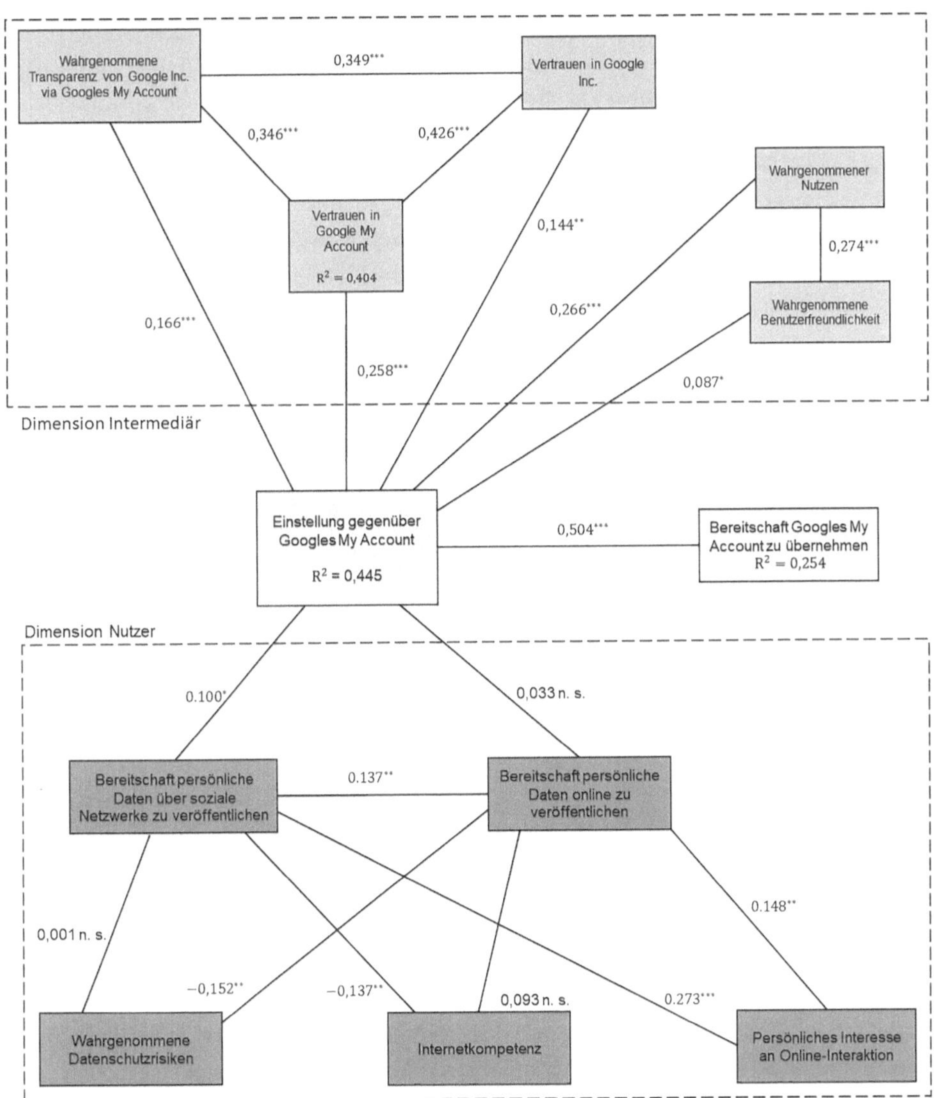

Abb. 4.1 Vertrauen in Google My Account. (Nach Cabinakowa et al. 2016)

tionen online preiszugeben, einen wesentlichen Einfluss auf die Einschätzung von GMA hat. GMA ist dann ein nützliches Instrument, falls sich die persönliche Entscheidung als Fehler herausstellen sollte. Man nähme dann die Modifikationsfunktion zur Korrektur in Anspruch. Eine Ausnahme ist die Preisgabe von hochsensiblen persönlichen Informationen, wie Kreditkartennummer, Sozialversicherungsnummer oder Einkommen, die nur in sehr geringem Maße Google anvertraut werden.

Sehr wichtig für die Wirkung der aktiven Transparenz und von den Motiven des Anbieters unabhängig sind die Ergebnisse zum Nutzerverhalten. Sowohl die Bereitschaft, persönliche Informationen über soziale Netzwerke bereitzustellen als auch die allgemeine Bereitschaft, persönliche Informationen online offenzulegen, zeigen, dass ein TET wie das GMA das Bedürfnis nach Datenschutz der Nutzer trifft, obwohl der Datenschutz bei GMA gar nicht angesprochen ist. Ein solches vergleichbares Vertrauen konnte in keiner Studie für die DSGVO festgestellt werden, deren Modell wohl den kognitiven Vorstellungen der Nutzer nach Datenschutz weniger entspricht (Beliger und Krieger 2018). Zwar wird in der Diktion der DSGVO der Datenschutz durch die GMA nicht gestärkt, aber die Alternative wäre, Daten auch ohne die Transparenz durch GMA freizugeben, ohne dass die Datensubjekte nachträglich Informationen einsehen und verändern könnten. Dies erklärt, warum die Internetkompetenz wie auch das Datenschutzrisiko in der Studie nahezu keine Auswirkung auf die Datenfreigabe haben. Der Datenschutz spielt eine untergeordnete Rolle, solange die Ziele mit der Datenpreisgabe erreicht werden und Korrekturen möglich sind. Von einem Privatheitsparadox kann daher keine Rede sein.

Aus Sicht des Datenschutzes handelt es sich bei transparenzsteigernden Technologien um Werkzeuge zur Verbesserung der Kontrolle der Nutzer über ihre Daten (Hansen 2008). Dass die Transparenz auch das Verhältnis zu Google selbst beeinflusst, ist für den Datenschutz ein sehr ambivalentes Ergebnis der Untersuchung von Cabinakowa et al. (2016). Zeigt es doch, dass bereits ein so geringes Zugeständnis an aktiver Transparenz ein verbessertes Vertrauensverhältnis zum Anbieter entstehen lässt. Die Gefahr einer unvollständigen und eventuell unrichtigen Darstellung von Daten wird von den Nutzern beiseitegeschoben, wenn allein die Möglichkeit einer nachträglichen Korrektur besteht, Daher ist das Risiko, dass Transparenzangebote von den Netzwerktoren missbraucht werden, um das Verhalten bei der Datenpreisgabe der Nutzer hin zur Nachlässigkeit zu beeinflussen, nicht von der Hand zu weisen. Allerdings besteht für die Plattformen dabei die Gefahr des Verlustes an Reputation. Ob Transparenz in Form des GMA alleine ein Mittel darstellt, um eine solide Vertrauensbeziehung zwischen Nutzern und Plattformen langfristig aufrecht zu erhalten, ist nach den Erfahrungen mit Facebook zweifelhaft. Die Trennung der Organisationen eines Dienstanbieters von den Institutionen zur Kontrolle ist nachhaltig vertrauenserweckend und damit ein Kriterium für Verbesserung der Informationsgleichheit.

4.1.2 Fallstudie: Informationelle Asymmetrie

In zweiwertigen datenzentrischen Transaktionen beauftragt der Nutzer eine Plattform und bezahlt mit persönlichen Daten. Für die Befriedigung der Anfrage wird diese Filterung durch die Eigenschaften der Algorithmen, aber auch durch dafür eingerichtete Filterprozesse automatisiert. Die verfügbaren Daten und das Wissen um die Filterung, verglichen mit dem Wissen des Nutzers, bestimmen die Informationsasymmetrie. Ein transparenter Zugang zu Daten mit der Gewissheit auf Vollständigkeit verringert diese die Ungleichheit von Datensubjekten und Datenverwendern. Die Transparenz ermöglicht die

Bestimmung des Reservationsnutzens, da dieser die Nachteile ausdrückt, die ein Nutzer in Kauf zu nehmen bereit ist, wenn zwar die Ungleichheit der jeweiligen Informiertheit als Risiko für Fehlentscheidungen erkannt wird, aber der Wechsel des Anbieters mit höheren Kosten verbunden ist als es die Nachteile ausmachen. Die aktive Transparenz reduziert die informationelle Ungleichheit, die als Folge der informationellen Überlegenheit eines Interaktionspartners unvermeidlich ist. Erst dadurch kann der Reservationsnutzen tatsächlich vom Datensubjekt festgelegt werden. Bislang besteht nur die Möglichkeit auf den gewünschten Dienst zu verzichten. Die in dieser Fallstudie getroffenen Aussagen zur informationellen Asymmetrie basieren auf den folgenden Annahmen:

1. Die Nutzungsrechte an Daten sind übertragbar oder gegen Geld handelbar.
2. Jeder Marktpartner folgt einer individuellen Nutzenfunktion und maximiert damit den mit einer Transaktion verbundenen subjektiven Nutzen.
3. Die Datensubjekte sind bereit, den Datenschutz gegen andere Güter oder Funktionen zu tauschen.
4. Ein Intermediär besitzt aktuell aufgrund der Datensammlung und der Fähigkeit zur Datenanalyse einen Informationsvorsprung gegenüber dem Nutzer, sodass er die Nutzungsbedingungen vorschreiben kann.

A) **Die Entscheidungslage** Der Erwartungsnutzen des Datensubjektes errechnet sich aus dem Nutzen einer durchgeführten digitalen Dienstleistung vermindert um den individuellen Aufwand für den Datenschutz und der Kalkulation von Risiken durch die Datenpreisgabe. Diese Risiken bestehen vor allem in der Frage, ob die Plattform den Auftrag im Interesse des Nutzers durchführt oder ob die Interessen des Intermediärs eine höhere Priorität genießen. Im Gegensatz zum Nachfragenden verfolgen die Netzwerktore eine Nutzenfunktion, die den Erwerb von persönlichen Daten und deren Nutzungsrechte anstrebt. Sie kalkulieren dabei die eingeschränkte Kontrollmöglichkeit durch die Nutzer ein, die ihr Recht auf Datenschutz nach der DSGVO wegen der geringen Wahrscheinlichkeit zur Realisierung des Reservationsnutzens aufgeben. Die Plattform erfährt mit jeder Transaktion einen Erfahrungs- und Wissenszuwachs, der ihre informationelle Überlegenheit erhöht. Diese Fähigkeit der Netzwerktore ist die Voraussetzung für die Steigerung der Attraktivität für die Werbeträger. Sie kalkulieren ihren Nutzen abhängig von der Treffsicherheit der Werbung zur Identifizierung zukünftiger Kunden und vermindern ihren Gewinn um die Kosten zur Beauftragung der Netzwerktore.

B) **Die Nutzer von** Dienstleistungen stehen vor der Situation, dass sie die Transaktion vielfach nicht alternativ durchführen können und sie aufgrund ihrer informationellen Unterlegenheit die Bedingungen der Plattformen erfüllen müssen:

1. Kontrollen können nicht ausgeübt werden, da das gelieferte Resultat aus der kostenfreien Dienstleistung nur nach Treu und Glauben akzeptiert oder verworfen werden kann.

2. Die informationelle Selbstbestimmung überfordert die Nutzer da keine Informationen zur Qualität der Daten und deren Herkunft oder Zustandekommen verfügbar sind.

C) **Für Plattformen** liegen die Gefahren vor allem in Bereich des Datenschutzes. Dabei sind weniger von den Normen der DSGVO Nachteile zu erwarten, als von dem intuitiven Verständnis der Nutzer, was ein „fairer" Umgang mit Daten wirklich sei. Die positiven Rückkopplungsschleifen nach Abb. 1.8 lassen bei richtigen Strategien früher oder später die Konkurrenz ausscheiden. Dennoch entsteht ein von individuellen „Fairnessvorstellungen" gestützter Reservationsnutzen, der das Anwachsen von Kampagnen gegen die Plattformen fördert. Die Strategie zur Verminderung des Reservationsnutzens kann entweder im Ausschalten der Konkurrenz, dem „Zwang" zur Korrektur des Fehlverhaltens, im Bestehen auf dem Geheimhaltungsprinzip oder im Anbieten einer aktiven Transparenz liegen. Nach Cambridge-Analytica wurde Facebook mit der Existenz und Wirksamkeit des Reservationsnutzens konfrontiert. Nach kurzem Rückgang der Nutzerzahlen, wurde jedoch nach drei Monaten der alte Zustand wieder erreicht. Die Forderung von Facebook nach Regulierung ist durchaus als Sorge vor Zerschlagung zu sehen, da sich bei dem Personenkreis, der kaum Facebook nutzt, aber auch bei amerikanischen Kartellbehörden die Überzeugung verfestigt, die Dienste von Facebook wären durch andere Nachrichtensysteme abgedeckt.

Fallstudie: Reservationsnutzen zu Facebook im Fall Cambridge-Analytica*Beim Facebook Cambridge-Analytica Fall handelt es sich um eine Empörung, die erst ex-post relevant wurde. Dass Daten zu anderen als den vereinbarten Zwecken verwendet werden, nennt man opportunistisches Verhalten oder eine Wagnisbedrohung (Moral Hazard). Cambridge-Analytica hat einen Vertrag mit Nutzern geschlossen, der diese getäuscht und eigene Erträge durch „verborgene" Geschäfte maximiert hat. Die Nutzer sind auf ein Wagnisrisiko durch die von Facebook bestimmten Nutzungsregeln „hereingefallen". Zwar wurde die Einwilligung der Nutzer eingeholt, aber die Täuschungen wurden als schwere Verletzung des Vertrauensverhältnisses empfunden. Cambridge-Analytica ist allerdings nicht nur als Folge des Reservationsnutzens aus dem Markt ausgeschieden, sondern es bedurfte massiver Unterstützung durch die Legislativen in den USA und der EU. Konkret wurde die Reputation von Facebook in Zweifel gezogen, was zu Milliardenverlusten beim Marktwert geführt hat. Auch die Reputation der Mutterfirma von Cambridge-Analytica, die SCL Group (Strategic Communication Laboratories Group), wurde in Mitleidenschaft gezogen. Die Firma Cambridge-Analytica ist zur Vermeidung weiteren Schadens vor allem für die SCL Group aus dem Markt ausgeschieden.*

Insbesondere die Eignung von Facebook als Plattform zur Meinungsbildung und zur Beeinflussung bei demokratischen Wahlen beschäftigt Regierungen und Parlamente bis heute. Die mangelnde Möglichkeit zur Ausübung des Reservationsnutzens durch Nutzer schlug sich teilweise in bis zu 25 % Verlust des Marktwertes von Facebook nieder, was zu fast 100 % auf die Überlegung der Nutzer rückführbar war, dass man zwar persönlich auf Facebook verzichten möchte, aber da die „Freunde" möglicherweise nicht mitgehen, man das persönliche Umfeld verlieren würde. Diese Alternativlosigkeit, die durch die Informationsmacht von Facebook bestimmt wird, reduziert den Reservationsnutzen auf Null. Die Forderung nach Datenschutz von Facebook ist demnach ein Muster ohne Wert.

Betrachtet man z. B. die Interaktion von Nutzern und Facebook als Vertrag, so ermöglicht die DSGVO aktuell bei datenzentrischen Transaktionen keine für die Nutzer geeigneten Verträge, da außer dem bedingungslosen Vertrauen keine Kontrollmittel zur Verfügung stehen. Gegenwärtige Verträge verlangen die Einwilligung zu vorgegebenen Nutzungsbedingungen oder den Verzicht auf die Dienstleistung. Der Nutzer wird einem Vertrag daher überwiegend dann zustimmen, wenn der erwartete Nutzen durch die Teilnahme den fiktiven Reservationsnutzen übersteigt, der durch die hegemoniale Stellung der Netzwerktore aktuell fast immer „Null" beträgt (Zimmermann und Nolte 2015).

4.2   Transparenztechnologien

Die Hoffnungen, die in die Mechanismen zur Transparenz gesetzt werden, lauten, dass gleiche Einsicht für alle Akteure in die Daten zu einem Ausgleich der informationellen Ungleichheit führt. Die Aufgabe, die Richtigkeit und Vollständigkeit der Transparenz anzuzeigen, haben die Transparenztechnologien. Sehr häufig wird unterschätzt, dass es sich bei den TET um eine völlige andere Form von Algorithmen in Bezug auf den Datenschutz handelt. Bislang wird die Geheimhaltung durch die DSGVO der Transparenz als überlegen angesehen, weil es sich um eine Einpfad-Technologie handelt, deren Ergebnisse unmittelbar zu automatisierbaren Entscheidungen über den Zugang zu den Daten führen (Müller und Zimmermann 2017). Die TET-Verfahren sind Kontrolltechniken, die einen Zustand anzeigen, z. B. ein Netzwerktor nutzt die Sicherheitsvereinbarungen unvollständig. Welche Schlussfolgerungen daraus zu ziehen sind ist damit nicht bestimmt. Dies entspricht in etwa der heutigen Situation der Teilnehmer, für die allerdings bei Widerspruch gegen die Geschäftspraktiken lediglich die Option besteht, vom Dienst ausgeschlossen zu werden.

Das Werkzeug „Dashboard" ermöglicht eine visuelle Darstellung der Daten, die den Nutzern nicht nur Einblicke in die über sie gespeicherten Daten geben, sondern teilweise schon die Fähigkeit enthalten, die „eigenen" Daten zu ändern oder zu löschen, aber auch die Vertrauenswürdigkeit der Ergebnisse in Vorlauf zu einer Transaktion, aber auch während oder nach der Transaktion, zu überprüfen und gegebenenfalls den Verstoß gegen eine vereinbarte Datennutzung zu erkennen, diese zu reklamieren und ggfls. zu revidieren (Zimmermann et al. 2014). Google bietet aktuell mit dem GMA die bei weitem funktionsstärkste Version eines Dashboards an (Google 2015). Allerdings weist auch dieses Werkzeug aus Nutzersicht erhebliche Schwächen auf, die vor allem in den Interessenkonflikten des Betreibers Google liegen. Es besteht wegen der Geheimhaltung der Netzwerktore keine Kenntnis, ob Google alle gespeicherten Daten oder nur eine Auswahl davon anzeigt. Auf die Richtigkeit und Vollständigkeit muss vertraut werden, da die angezeigten Daten weder von Nutzern noch von Dritten überprüft werden können. Dies bedeutet auch, dass kein Nutzer unterscheiden kann, ob es sich um erhobene, abgeleitete, von Dritten erworbene oder falsche Daten handelt und in welchem Kontext diese gültig sind und was sie dort bedeuten.

Dass Daten transparent sind, heißt nicht, dass jeder alle Daten einsehen kann. Vielmehr ist sicherzustellen, dass Daten, die über das Datensubjekt gespeichert und abgeleitet worden sind, nur diesem auf Verlangen einsehbar gemacht und vor allen anderen geschützt werden. Ist der Dienst zur Herstellung einer aktiven Transparenz als Regel, wie z. B. es zum Teil bei GMA der Fall ist, gegeben, wird die Komplementarität des Geheimhaltungs- und des Offenheitsprinzips beim Datenschutz ersichtlich. Die Innovationsverantwortung wird erst durch das Schutzprinzip der Zurechenbarkeit garantiert, da dann jeder Zugriff auf Daten zurückverfolgt werden kann. Daher spiegeln die Beurteilungen von transparenzfördernden Technologien (TET) den Grad der „Berechtigungen" wider, den die TET einem Datensubjekt einräumen. Obwohl die Transparenz nicht auf das Dateneigentum angewiesen ist, ist die Zurechenbarkeit die Voraussetzung, um die Datensubjekte wirksam zu schützen und in einem zweiten Schritt eventuell an der Wertschöpfung durch ihre Daten teilhaben zu lassen. Transparenzsteigernde Technologien sind Werkzeuge, die den Nutzern eine Rückkopplung darüber geben, welchen Weg ihre Daten genommen haben (Hildebrandt und Koops 2010), und die dazu eine wirksame Kontrolle der Daten bieten müssen, damit auch Muster der Datenverwendung erkannt werden (Hansen 2008). TET bedeuten keine Abkehr von der Datenminimierung nach der DSGVO, vielmehr ergänzen sie die PET, da ja Schutzvereinbarungen getroffen werden müssen, um Unberechtigten den Zugang zu Daten unmöglich zu machen. Diese Komplementarität von TET und PET spiegelt sich in der DSGVO nicht wider. Das Ziel des Datenschutzes ist die Herstellung einer Gleichheit im Informationsstand von Nutzern und Datensammlern. Transparenz ist primär eine Kontrolltechnik und keine Technik zum Datenschutz. Zusammen sind PET und TET erfolgsversprechende Instrumente zur Stärkung der Datensubjekte.

4.2.1 Hierarchie der Transparenzmechanismen

TET und PET befriedigen unterschiedliche Aspekte der Protektion, wobei die Kontrollfähigkeit von TET die Innovationsverantwortung stärkt und darüberhinaus mit ökonomischen Anreizen zur Beteiligung an der Wertschöpfung lockt, während die PET für den zielgenauen Datenschutz sorgen. Bislang wird die doppelte Geheimhaltung von der DSGVO und den Netzwerktoren bislang durch die Furcht vor Verlusten der Informationsmacht aufrechterhalten. Weder die Regulierung noch die Netzwerktore haben ein ernsthaftes Interesse an einer Neugestaltung der Balance von Nutzern und Datensammlern, da ihre Einflusslosigkeit von der überwiegenden Anzahl der Datensubjekte noch nicht beanstandet wird. Die Nutzer ziehen in ihrer überwiegenden Anzahl die Innovationen dem Datenschutz vor. Diese Einstellung bevorzugt die Plattformen bei der Datenverwendung und erzeugt wachsende Abstände in der Informiertheit. Der zweite Grund ist, dass die Netzwerktore so aufgestellt sind, dass sie kaum miteinander im Wettbewerb stehen, den Datensubjekten also keine Alternative zur allgegenwärtigen Geheimhaltung bieten. Die Transparenz könnte mehr Wettbewerb durch Senkung der Markterschließungskosten ermöglichen. So verwundert es nicht, dass Google zwar in TET investiert, aber sein Geschäftsmodell nicht auf der Transparenz aufbaut. Der Gewinn durch erhöhtes Vertrauen ist geringer als die möglichen Verluste bei der Informationsmacht. Bei Transparenz werden die Plattformen zu einem Datenspeicher mit dem Dienstangebot zur Datenanalyse. Sie verlieren ihre informationelle Überlegenheit, da die Datenanalysen weitaus geringeren Aufwand verursachen als eine Sammlung von Big Data. Google bietet z. B. einen Präferenzmanager an, der zwar durch Datenanalysen abgeleitete Nutzerpräferenzen anzeigt, aber die Datensubjekte im Unklaren über die Ergebnisse und Verfahren lässt, mit denen diese Präferenzen hergeleitet werden. Bei Widerspruch ist eine Revision oder Korrektur nicht bekannt. Transparenztechnologien sollten für die Innovationsverantwortung vier Ziele verfolgen:

1. Erst die Komplementarität von PET und TET schafft die technischen Voraussetzungen zur Protektion 4.0.
2. TET sollen den berechtigten Personen einen leicht verständlichen Überblick über die Daten geben, die Netzwerktore über sie gesammelt oder abgeleitet haben. Dies soll differenziert nach den Zeitpunkten geschehen, die vor, während oder nach der Transaktion vorhanden waren oder durch die Datenverwendung entstehen.
3. TET sollen die berechtigten Personen dazu befähigen, die Verarbeitung oder Nutzung von Daten zu kontrollieren und Falscheinträge zu korrigieren, sowie einen Datenaustausch mit Dritten über verdeckte Kanäle verhindern.
4. TET sollen mit dem Ziel der Protektion und dem Nachweis der Datenherkunft die Informiertheit der Nutzer stärken und die informationelle Asymmetrie eindämmen.

Während bei den PET nur ein Pfad bei der Zugangskontrolle entsteht, der leicht überprüfen kann, ob unberechtigter Zugriff zu Daten erteilt wurde, ist dies bei TET nicht möglich. Abhängig vom Ergebnis einer TET-Anfrage und der Beurteilung durch den Anfragenden über die Fortsetzung, sind viele Pfade möglich. Stellt z. B. ein „Auskunfts-TET" fest, dass der Datenschutz nicht ausreichend erfüllt wurde, stellt sich für den Anfragenden die Option die Transaktion abzubrechen oder weiterzumachen. Es handelt sich um eine bedingte risikobasierte Entscheidung, die bei jeder neuen Anfrage verschieden ausfallen kann und die gegenwärtig fast immer zu Gunsten der Netzwerktore getroffen wird. Der Anforderungsbaum nach Abb. 4.2 ist daher die Grundform eines Index oder Zustandsgraphen, um den Pfad und die Position im Transparenzprozess zu bestimmen und dennoch sich bewusst zu sein, dass man abhängig vom Ergebnis, aber unabhängig vom Transparenzmechanismus handelt. Die Transparenz ist eine „Multipfad-Technologie", die Vollständigkeit und Korrektheit nur in bekannten Umgebungen korrekt bestimmen kann. Befindet man sich auf einem beliebigen Kno-

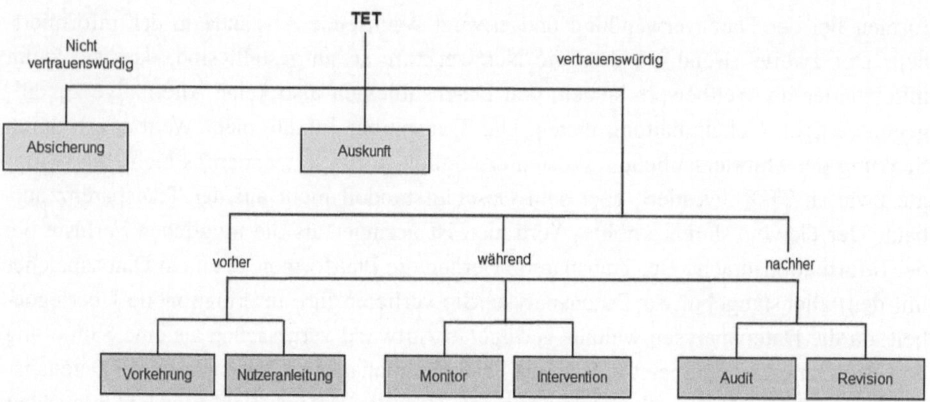

Abb. 4.2 Anforderungsbaum für TET

ten des Anforderungsbaums, werden durch die Ausführung einer TET jeweils ein oder mehrere neue Pfade eröffnet. Die subjektive Differenz von Erwartungen und der Realität des Ergebnisses bestimmt die Art der Fortführung der Transaktion. Der Anforderungsbaum nach Abb. 4.2 ist ein abstraktes Beispiel einer konkreten Kontrollsituation. Ein Nutzer könnte sich z. B. fragen, ob eine Absicherungen oder Auskünfte zu der Qualität der Daten und des Anbieters eingeholt werden sollen, ehe eine Transaktion durchgeführt wird. Dazu könnte eine Absicherungs-TET eingesetzt werden. Alle nachfolgenden Handlungen sind weniger von den Ergebnissen dieser Prüfungen als von den Zielen der Prüfenden abhängig. Es könnte z.B. sein, dass ein vertrauensunwürdiger Anbieter wegen geeigneter Daten den Vorzug vor einem ehrlichen Datensammler erhält. Die Multipfad-Eigenschaft muss in jedem Schritt individuell kontrolliert und entschieden werden.

Der Einsatzzeitpunkt ex-ante nach Abb. 4.2 könnte z. B. Dienste oder Anbieter identifizieren, die die Regeln der DSGVO einhalten. Im nachträglichen Fall gestatten sie bereits erfolgte Offenlegungen und fehlerhafte Verwendungen von Daten zu erkennen und angemessen zu reagieren. Kontrollen während einer Transaktion zeigen eine in der Ausführung befindliche mögliche Verletzung der Sicherheitsvereinbarungen an. Zur Beurteilung der Datenherkunft und Verwendung muss einerseits erkannt werden, ob Daten nur gelesen oder auch gespeichert, verändert oder gelöscht worden sind und ob andererseits bereits Modifikationen vorgenommen wurden. Zusätzlich erfährt man durch die Kenntnis der Herkunft von Daten, ob die Daten freiwillig oder zufällig erhalten, aktiv mit und ohne Wissen des Datensubjektes beobachtet oder abgeleitet worden sind und ob Daten an Dritte gegeben oder von diesen auf anderen Wegen erhalten wurden, bzw. welche Verfahren genutzt wurden, um Schlussfolgerungen und Inferenzen abzuleiten. Die Herkunft, Verarbeitung und Verwendung der Daten sind die Faktoren zur Einordnung der Transparenz, während die Zeitpunkte „vor", „während" oder „nach" der Transaktion den Kontext der Ergebnisse der TET-Verfahren beschreiben:

A) **Absicherung** leisten solche TET, die von nicht vertrauenswürdigen Anbietern eingesetzt werden, d. h. die Benutzer haben keine Mittel, um die Richtigkeit oder Vollständigkeit der zur Verfügung gestellten Informationen zu bestimmen. Damit bleibt es ein Risiko des Nutzers, welche Aussagefähigkeit die Daten haben, die solche Werkzeuge liefern. Ein Beispiel für eine „Absicherungs-TET" ist Google's MyAccount (Google 2015), da der Betroffene nicht überprüfen kann, ob die transparent gemachten Daten oder deren Verwendung vollständig und richtig sind, d. h. mit allen von Google gespeicherten Daten und deren Nutzung übereinstimmen.

B) **Auskunft** geben solche TET, die auf eine akzeptierte Vertrauenswürdigkeit ausgelegt sind. Die Richtigkeit oder Vollständigkeit der bereitgestellten Informationen wird entweder durch technische Methoden garantiert oder ein vertrauenswürdiger Auditor überprüft, ob die bereitgestellten Informationen korrekt oder vollständig sind. Solche TET zielen nicht darauf ab, den Nutzern Informationen über gespeicherte Daten zur Verfügung zu stellen, sondern sie sind Nutzeranleitungen, z. B. zu den Auswirkungen von Technologien oder Diensten für den Datenschutz. So gibt beispielsweise „Me&MyShadow" (Tactical Technology Collective Stichting 2015) Auskunft, welche Daten bei der Nutzung eines Online-Dienstes an den Kunden übertragen oder an Dritte weitergegeben werden.

C) **Vorkehrungen und Nutzungsanleitungen** werden vor der eigentlichen Durchführung der Transaktion genutzt. Sie stellen Informationen zu Datenschutzvorkehrungen und Auskünfte über die Algorithmen zur Verfügung. Es sind Werkzeuge und Zertifikate vorhanden, um die Richtigkeit und Vollständigkeit der bereitgestellten Informationen oder Schlussfolgerungen zu prüfen. Solche Werkzeuge bauen auf Mechanismen wie P3P/APPEL (Cranor et al. 2002) oder XACML (Cheng et al. 2007) auf.

D) **Monitore und Interventionen** liefern in „Echtzeit" Auskünfte über Daten zu einem Datensubjekt während der Verarbeitungszeit der Transaktion. Während die „Monitor-TET" Informationen zu Aspekten gibt, die persönliche Daten umfassen, ermöglicht die „Interventions-TET" darüber hinaus einen Eingriff oder sogar eine Modifikation. Werkzeuge wie „Ghostery" (Signamini und McDermott 2015), visualisieren nicht nur die datenschutzrelevanten Verarbeitungen, wie z. B. ob Dritte das Browserverhalten eines Datensubjekts verfolgen, sondern sie stellen auch Funktionen zum Blockieren bestimmter „Beobachter" (Tracker) bereit.

E) **Audit und Revision** liefern Auskünfte über Daten, die sich auf ein Datensubjekt beziehen und offenbaren Hintergründe zu den Handlungen der Verantwortlichen, z. B. deren Anweisungen und die verwendeten Datenschutzrichtlinien, aber auch auf welchen Verfahren die abgeleiteten Daten beruhen. Sie geben Einblicke in die tatsächlich gespeicherten Daten und legen die Art und Weise offen, wie Daten nach der Erhebung verwendet worden sind. Während „Audit-TETs" nur ein *passives oder interaktives Read-Only* aufweisen und den Betroffenen nachträglich nach Abschluss der Transaktion Einblicke in gespeicherte Daten und deren Verwendung gewähren, bieten die „Revision-TETs" Funktionen zur Kontrolle aller bei einer Plattform gespeicherten Daten der Zugangsberechtigten und geben Auskunft, inwiefern die Sicherheitsvereinbarungen eingehalten wurden.

Transparenzsteigernde Technologien, die ex-ante zur Offenlegung der zu verarbeitenden Daten eingesetzt werden, tragen zur Vermeidung von Datenschutzverletzungen bei, indem sie die Identifizierung von Diensten oder Anbietern ermöglichen, die die individuellen Datenschutzpräferenzen eines Benutzers respektieren. Transparenzsteigernde Technologien, die nachträglich zur Offenlegung oder Verarbeitung von Daten eingesetzt werden, zielen dagegen darauf ab, den Nutzern Auskunft über bereits erfolgte Verwendungen von Daten zu geben und damit die Erwartungen in das investierte Vertrauen zu überprüfen. TET, die während des Ablaufens einer Transaktion zum Einsatz kommen, lassen es zu, auf gerade stattfindende Verletzungen zu reagieren, z. B. indem sie eine potenzielle Verletzung verhindern oder auch nur anzeigen, bzw. die Transaktion abbrechen.

4.2.2 Klassifikation der Transparenzmechanismen

Mechanismen zur Visualisierung oder Darstellung von transparenten Daten sind zahlreich (Janic 2013). Was zu ihrem Einsatz fehlt, ist eine Klassifikation, um einzelne Verfahren Einsatzbereichen zuzuordnen und ihre Grenzen bzgl. ihrer Vollständigkeit und Korrektheit zu benennen, um damit die nötige Garantie zu haben, ob die Protektion der Datensubjekte ihren Zielen entsprechend ausreicht. Bei der aktiven Transparenz sind die zu prüfenden Faktoren immer von der Position und dem Pfad in einem nach der Struktur des Anforderungsbaumes nach Abb. 4.2 aufgestellten speziellen Schemas abhängig. Erst dann kann eine Entscheidung zum subjektiv passenden nachfolgenden Verhalten gefällt werden. Diese Maßnahmen sind jeweils von Anwendung zu Anwendung verschieden. Für jede der Aufgaben im Anforderungsbaum existieren zahlreiche Mechanismen, die sich durch ihren Transparenzumfang unterscheiden. In Abb. 4.3 ist eine Klassifikation der Mechanismen dargestellt, die sich an den Faktoren Anwendungszeit, Informationsquelle, Angreifermodell, Sicherheitsebene, Nutzung und Zielgruppe ausrichtet, die dann Mechanismen nutzen, die den ovalen Grafikelementen zuzuordnen sind.

Die Visualisierung der Transparenz repräsentiert bislang die Vorstellungen der Plattformen, was die Nutzer von der aktiven Transparenz erwarten und welche Offenheit die Netzwerktore zugestehen wollen. Der Umfang der Transparenz hat folglich, neben der Multipfad-Abhängigkeit, auch eine interessenbezogene „Schlagseite". Diese wird durch die Geschäftspraktiken definiert und mit dem Begriff TOM gekennzeichnet. Eine TOM wird zu einem Qualitätsmerkmal eines Angebotes einer Plattform zur Transparenz. Die Selektion der Funktionalität der TOM ist eine Auswahl der Faktoren, die genutzt werden, um eine aus Sicht des Anbieters transparente, vollständige und korrekte Präsentation der Daten aufzubereiten. Diese Darstellung muss nicht objektiv sein, sondern entspricht mit Hilfe der TOM den Interessen der Plattformen, die die Regeln für die TOM festlegen.

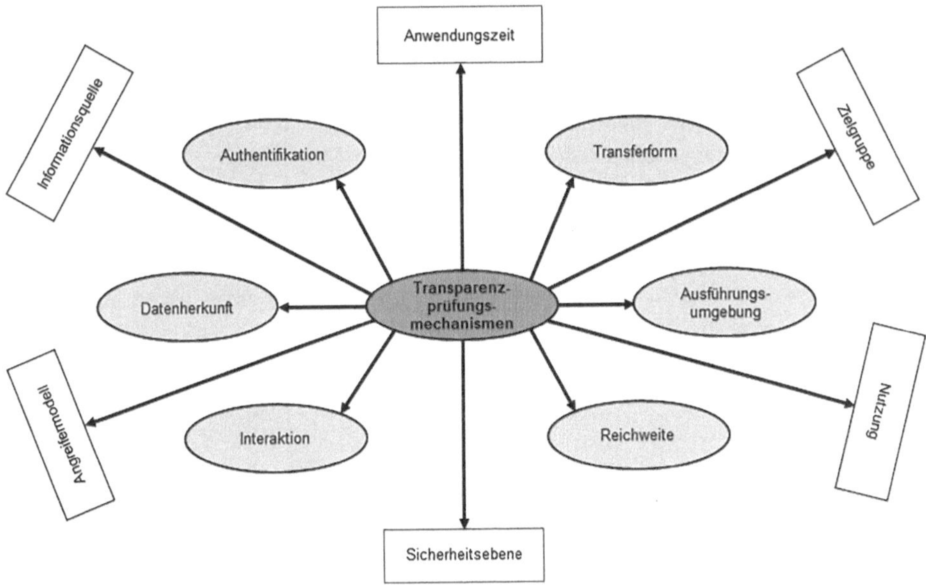

Abb. 4.3 Klassifikation transparenzfördernder Datenschutzmechanismen

Der Transparenzgrad ergibt sich aus dem Zusammenspiel von TOM und den Algorithmen zur Darstellung des Transparenzumfangs. Dabei ist zu unterscheiden, dass die Algorithmen eine immergleiche Aufgabe erfüllen, während die TOM Handlungsmaximen der Organisation repräsentieren und damit die Interpretationen der Datensubjekte beeinflussen können. Die Algorithmen sind überprüfbar, die TOM sind bislang unreguliert. Sie lassen dadurch einen Vergleich der Anbieter nicht zu.

Die Mechanismen der TET wurden erstmals von Hedbom untersucht und klassifiziert (Hedbom 2009). Zimmermann, Accorsi und Müller haben Hedbom's Einteilung auf zwölf Kategorien erweitert (Zimmermann et al. 2014). In Abb. 4.3 wird eine modifizierte Klassifikation der Transparenzmechanismen nach Zimmermann erweitert um TOM dargestellt. Sie zeigt in den Ovalen die eher technischen Verfahren und in den Rechtecken die TOM (Zimmermann 2017):

A) **Anwendungszeit** ist ein Kriterium der TOM und benennt den Zeitpunkt oder den Zeitabschnitt für den die Transparenz der Daten angefordert wird. Soll die Transparenz für eine konkrete Transaktion relevant sein, muss zwischen „vorher", „während" einer Ausführung oder, im forensischen Sinne, „danach", also ex-post, unterschieden werden. TET, die zur ex-ante Datenerhebung eingesetzt werden, kontrollieren die Politiken und Strategien inkl. der TOM, welche Informationen tatsächlich präsentiert werden und warum gerade diese Auswahl einen objektiven Einblick geben soll. So können z. B. Informationen über die Reputation eines Datensammlers und Auskünfte zu den bisherigen Nutzungen erfasst werden. Sie können ferner z. B.

Erkenntnisse zur Ernsthaftigkeit des Datenschutzes anbieten oder die Interaktion der Plattformen mit Dritten zeigen. TET für das Überwachen, also „während" einer Transaktion, dienen der Garantie, dass z. B. Sicherheitsvereinbarung eingehalten werden. Sie könnten auch zur Diskriminierung eingesetzt werden, um z. B. einen Überwachungsdienst einzurichten. Es besteht die Möglichkeit zum Abbruch oder zur Intensivierung, sollten Verletzungen entdeckt oder für später prognostiziert werden. Ferner kann mit solchen TET zwischen abgeleiteten und erhobenen Fakten unterschieden werden. Sie übernehmen ex-post auch Audit-Funktionen. Die Unterscheidung von Fakten und Schlussfolgerungen und Inferenzen geben Aufschluss über die Ziele, die die Intermediäre mit den Daten verfolgen und sind gleichzeitig die Ausgangspunkte für Revisionen des Verhaltens bei der Datenpreisgabe. Die ex-post TET dienen der Kontrolle, ob die Erwartungen mit den Versprechungen in Einklang gewesen sind.

B) **Sicherheitsebenen** klassifizieren, ob ein Intermediär „nicht-vertrauenswürdig" oder „vertrauenswürdig" ist. Die TET könnten auch den Nachweis der Vollständigkeit und Richtigkeit der Transparenz durch die Definition des Kontextes anbieten. In diesem Sinne ist z. B. Google's MyAccount kein vertrauenswürdiges Angebot, da die Richtigkeit und Vollständigkeit der Visualisierung vom Nachfrager weder zum Kontext noch zu den Daten beurteilt werden kann. Es existiert keine Prüfungsinstanz, um die Angaben zu bestätigen. Google's MyAccount wird allerdings wegen der Reputationsrisiken für Google und auch der mangelnden Alternative – wie in Abb. 4.1 gezeigt – überwiegend als vertrauenswürdig eingeschätzt, obwohl nach den objektiven „Vertrauensanforderungen" es dafür wegen der Konflikte von Geschäfts- und Kontrollinteressen keine Veranlassung gibt. Tatsächlich könnte GMA die Absicht haben, die Nutzer zu einer vertrauensvollen Nachlässigkeit bei der Datenpreisgabe zu verführen (Hedbom 2009).

C) **Angreifermodell** ist ein Kriterium der TOM und beschreibt die Bedrohungen aus Sicht der Datensubjekte und der Intermediäre. Die Datensubjekte sind durch „unwahre" oder „unpassende" Daten bedroht, die sie erkennen und abwehren sollten. Die Muster der Angreifer können zum Profil der Datensubjekte hinzugefügt werden. Es ist oft im Interesse der Datensubjekte, unwahre Daten, die für sie positiv sind, unverändert zu lassen. Intermediäre können einen Reputationsverlust erleiden, wenn unwahre oder nicht genehmigte Daten weitergegeben werden oder wenn die Datenspeicherung durch ungenügende Mechanismen gesichert wird, die nicht dem Stand der Technik entsprechen. Dritte Parteien könnten über das Interesse der Nachfragenden ohne Zustimmung informiert werden, wenn die Sorgfaltspflicht bei der Datenspeicherung vernachlässigt wird. Zu Recht sieht die DSGVO dafür Sanktionen vor. Schließlich kann der Umgang mit Daten Dritter oder für Dritte in die Transparenz einbezogen werden, z. B. von Personen, mit denen ein Nachfrager zwar direkt interagiert hat, die aber z. B. zur Verifikation der angefallenen Daten von dritten Quellen herangezogen worden sind.

D) **Informationsquellen** sind Kriterien der TOM. Dabei ist vor allem eine korrekte Einschätzung des Status und der Vertrauenswürdigkeit der Informationsquellen wichtig. So können Daten von Dritten bezogen sein, etwa aus Pressemeldungen oder von sozialen Netzen oder Reputationsdiensten, aber auch von Echokammern oder Filterblasen, die dann evtl. vom Intermediär dem Datensubjekt oder auch umgekehrt zugeordnet werden. Das Datensubjekt muss in der Lage sein zu beurteilen, ob die Daten als authentisch und wahr oder in welchem Ausmaß unzuverlässig und eventuell sogar falsch sind.

E) **Nutzung** ist ein Kriterium der TOM und umfasst die Funktionen, um die Präsentation der Daten für die Phasen Sammlung, Analyse, Verwendung und Zweitverwendung durchzuführen. Dabei gibt es Plattformen, die sich auf eine der Phasen spezialisieren. Die Datenhändler sind vor allem mit der Sammlung und Ordnung befasst. Alle Phasen zusammen werden als der Transparenzumfang bezeichnet:

  a) Waren während der Datenerhebung die Datensubjekte über den Inhalt, die Qualität und den Verarbeitungszyklus informiert und haben sie über die Ergebnisse von Ableitungen Kenntnis erhalten?

  b) Welche Datenanalysen sind mit welchen Algorithmen vorgenommen worden?

  c) Geben die TETs Einblicke in die Zweitnutzung von Daten? Darunter versteht man, ob Daten an Dritte weitergegeben und wie diese dort verwendet wurden, oder umgekehrt, ob Daten von Dritten erhalten wurden.

F) **Zielgruppen** sind Kriterien der TOM und sind vor allem für die Intermediäre und Dritte, wie z. B. Werbetreibende, wichtig. Es ist nicht primär eine Frage des Geschäftsmodells der Intermediäre, sondern schließt die Absichten der Nachfrager ein. Dabei geht es vor allem um die Feststellung der Passgenauigkeit der Daten, des notwendigen Wahrheitsgehaltes und damit den Aufwand zur Prüfung bzw. der Eignung der Daten für Inferenzen und Schlussfolgerungen. Es ist von den Zielgruppen abhängig, ob sachverständige Auditoren oder gar die Legalität der Speicherung und Nutzung nach der DSGVO von Bedeutung sind.

G) **Authentifikation** ist ein Kriterium der technischen Mechanismen und kann die Identifizierung der Nachfragenden entweder anonym, pseudonym oder vollständig identifiziert vornehmen. Beispielsweise benötigen Browser-Plugins, die ausschließlich „Tracker" visualisieren, die von einer Website gesendet werden, keine Datensubjekte, um sich zu authentifizieren. Sie können diese aus den Kommunikationsdaten ableiten. TET, die von Datenanalysten bereitgestellt werden, um den Betroffenen Einblick in die über sie gespeicherten Daten und Inferenzen zu gewähren, erfordern jedoch eine Authentifizierung der Datensubjekte (Zimmermann et al. 2014).

H) **Transferform** ist ein Kriterium der technischen Mechanismen und beschreibt die Form, wie über datenschutzrelevante Ereignisse informiert wird. Dies kann nach einem vom Intermediär ausgelösten „Push-Mode" erfolgen oder es geschieht über Nachfragen (Pull-Mode). Die Datensubjekte müssen sich dann aktiv einbringen, um Transparenz herzustellen. So warnt „Ghostery" (Signamini und McDermott 2015) alle Datensubjekte aktiv vor „Verfolgern" (Tracker), während das Datenportal des kommerziellen Unternehmens Acxiom die Datensubjekte zum Besuch ihrer Seiten auffordert, um Einblick in den Zustand des Datenschutzes zugeben (Acxiom Corporation 2015).

I) **Datenherkunft** ist ein Kriterium der technischen Mechanismen und unterscheidet in freiwillige, zufällige, beobachtete, abgeleitete oder aus Richtlinien bezogene Daten. Freiwillige Daten werden aktiv und wissentlich offengelegt. Beobachtete Daten sind aktiv vom Beobachter, oft ohne Wissen des Beobachteten, gespeichert und meist als Nebendaten bei Analysen von Transaktionen erhoben worden. Wichtig sind die Absicht und das Verfahren, das genutzt wird, um Daten zu bewerten und Vorgaben zu formulieren. Abgeleitete Daten stammen entweder aus Datenanalysen von der Person selbst, von Dritten oder von vorher schon abgeleiteten Daten (Zimmermann et al. 2014).

J) **Interaktion** ist ein Kriterium der technischen Mechanismen und beschreibt wie ein Datensubjekt mit der TET interagiert und welche Kontrolle über eine TET auf den Datenbestand ausgeübt werden kann. Dies kann ein passives „Read-Only" sein oder das Ergebnis von aktivem Verhalten, worunter vor allem die Sammlung, Nutzung und Veränderung sowie Löschung von Daten verstanden wird. Ein passives „Read-Only" erlaubt nur einen Einblick in die Datenerfassung und -verarbeitung eines Intermediärs. Interaktive TET ermöglichen aber auch eine Kontrolle über die Formen der Erhebung und Nutzung der Daten. Dies geschieht z. B. durch Aushandlung von Datenschutzrichtlinien oder durch selbstbestimmte Sicherheitsvereinbarungen. Google's My Account ist ein Beispiel für eine interaktive TET, wobei die aktiven Rechte begrenzt sind, jedoch Funktionen zur Löschung und Änderung von Werbeprofilen oder zum Deaktivieren der Standortverfolgung angeboten werden (Google 2015).

K) **Reichweite** ist ein Kriterium der technischen Mechanismen und beschreibt die Dienste, die ein TET-Mechanismus erfassen kann. Dabei ist zwischen einem Dienst, einer Organisation oder einem Verbund von Institutionen zu unterscheiden. So kann eine TET zu einem sozialen Netz oder nur zu den Daten eines Datensubjektes oder einer organisatorischen Einheit wie einem Unternehmen Zugang haben.

L) **Ausführung** ist ein Kriterium der technischen Mechanismen und beschreibt auf welchen Systemen eine TET betrieben wird. TET, die von Datensubjekten betrieben werden, nutzen z. B. oft Browser Plugins wie „LightBeam" (Mozilla Foundation 2015). „Serverseitige" TET werden von Intermediären betrieben und stehen den Datensubjekten z. B. über eine Website oder als Webservice zur Verfügung (Google 2015). TET können auch von vertrauenswürdigen Dritten bereitgestellt und betrieben werden, um den Nachfragern Transparenz auf ausgewählte Plattformen zu verschaffen. Hybride TET kombinieren die Eigenschaften dieser Werkzeuge.

Die Abb. 4.3 ist eine Klassifikation der gängigen Mechanismen und TOM zur Bestimmung von Grenzen der Transparenz. Sie geht auf Zimmermann, Müller und Accorsi zurück (Zimmermann et al. 2014). Diese visualisieren existierende Zustände nach Kriterien, die ihre Betreiber oder Entwickler angewendet sehen wollen oder die kooperativ in Sicherheitsvereinbarungen festgelegt worden sind. Sie können darauf ausgerichtet sein, Datenschutzverletzungen zu entdecken, womit dann jedoch die Potenziale der Transparenz zur Überwachung reduziert wären. Sie wäre dann mit der DSGVO vergleichbar, die sehr begrenzt nur die prozeduralen Aspekte bei der Speicherung, Verarbeitung und Weiterleitung der direkten persönlichen Daten reguliert. Die Transparenz erlaubt weit über die Absichten der DSGVO hinausreichende Kontrollen. Gerade der Fall Cambridge-Analytica hat diese Begrenzung der DSGVO gezeigt. Während die DSGVO das Vergehen nicht antizipiert hatte, hat die digitale Öffentlichkeit sehr massiv und negativ darauf reagiert und die Liquidierung von Cambridge-Analytica mitbewirkt. Die TET ist ein Mittel solche Defizite und Schwachstellen frühzeitig zu offenbaren. PET und TET sind zueinander komplementär, was sich darin äußert, dass weder die Datensparsamkeit, noch die Zweckbestimmung oder die Einwilligung zu Datenschutz führt, sondern erst bei Transparenz die aktuelle Lage bezüglich gewünschtem Datenschutz identifiziert wird. Bei TET besteht die Gefahr, dass sie als Instrumente der Überwachung und Überprüfung aber auch zur Denunziation ausgenutzt werden könnten.

4.3 Funktionalität von Kontrollzentren

Solange der Datenschutz als Teil der Menschenrechte gesehen wird, die nicht veräußerlich sind, werden auch die operativen Probleme unvollständig und inkonsequent angegangen, obwohl die Bereitschaft zu Innovationen und zu Risiken ein Teil des Fortschritts der Digitalisierung sein müssen, den sich die Mehrheit der Gesellschaft erhofft. Eine Erstaunlichkeit liegt im gegenwärtigen Zwang und der Bereichtschaft den Netzwerktoren ab dem Zeitpunkt einer Beauftragung vollständig vertrauen zu müssen. Ab diesem Zeitpunkt verliert ein Nutzer die Kontrolle über die Handlungen und welche Bearbeitungen und Veränderungen mit den Daten durchgeführt wurden. Dieser Zwang und die Machtlosigkeit der Datensubjekte durch die gegenwärtige Rolle der Plattformen ist in Abb. 4.4 dargestellt. Die Quantifizierung der Folgen der totalen Delegation der Kontrolle ist aus zwei Gründen schwer: Zum Ersten haben die Netzwerktore kaum Interesse, die Asymmetrien auszugleichen und zum Zweiten existieren keine Erfahrungen, die zu Risiken Auskunft geben. Zum Dritten besteht trotz des Rechtes auf Datenportabilität keine Option diese Risiken einzufordern, auch wenn sie zum Datenbestand der Plattformen gehören sollten. Absonderliche Sanktionen wurden schon vorgeschlagen, um die Plattformen zu mehr Kooperation zu bewegen. Die Bekanntmachung eines Vergehens an die Öffentlichkeit – also eine Art digitaler Pranger – wird als Strafe für die Verletzung von Datenschutz angedroht, nachdem man große Teile der digitalen Öffentlichkeit nicht mehr durch legitimierte Institutionen zu zivilisiertem Verhalten – z. B. in sozialen Netzen – bewegen kann (Nissenbaum 2009). Bella und Paulsen lenken den Blick auf die Kontrolle durch eine Vertrauensinfrastruktur, von der sie digital dokumentierte, nachprüfbare Evidenz fordern, wer für welche Handlungen verantwortlich ist (Bella und Paulson 2006). Alle diese Vorschläge identifizieren „schlechtes" Verhalten in Bezug auf nicht näher bezeichnete Regeln und Codes, die in den meisten Fällen weder legitimiert noch spezifiziert sind und gar oft den

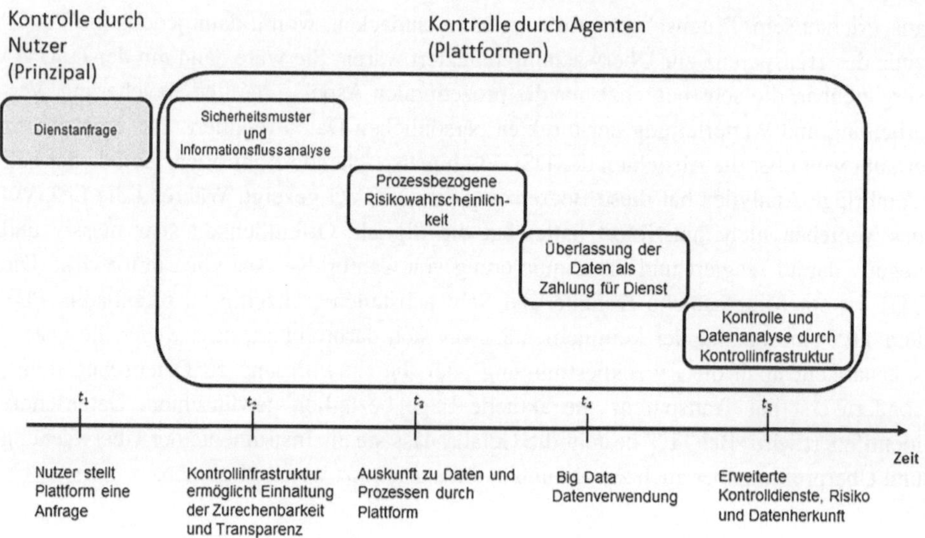

Abb. 4.4 Schritte zur Informationsasymmetrie

Überzeugungen der Mehrheit oder spezieller kultureller Besonderheiten von Minderheiten widersprechen. Der „digitale Code", verstanden als geschickter, fairer, politisch korrekter und kooperativer Umgang in der digitalen Öffentlichkeit, wird zu einem Element der neuen Ordnung (Lessig 2001). Wie der Fall Amazon und das ruppige Verhalten bei der Einführung von Kindle durch Amazon zeigt, schaffen es oft erst Kampagnen, die scheinbare Verletzung des allgemeinen Verständnisses der „digitalen Codes" zu sanktionieren. Die Subjektivität und Beliebigkeit solchen Vorgehens zeigt auch der Fall Cambridge-Analytica. Obwohl die kognitive Verhaltensanalyse seit Jahren als Teil des Marketings bekannt ist, hat sie in der Öffentlichkeit wenig Beachtung gefunden. Erst ein Angriff auf staatliche Institutionen und demokratische Konventionen verbunden mit Täuschungen hat den Aufmerksamkeit erregenden Tabubruch offenbart und zu Reaktionen der Normenebene geführt. Dennoch ist der Fall als exemplarisch für eine Vielzahl von Vorgängen zu sehen, die unweigerlich die Landnahme und den Datenkolonialismus durch Netzwerktore oder von Algorithmen begünstigen (Couldry 2019). Um die Ungleichheit zu erklären, ist ein kurzer Rückgriff auf die Ursache der Dominanz der Netzwerktore notwendig. Sie beruht auf zwei bis jetzt geltende Beobachtungen:

1. **Exponentieller technischer Fortschritt:** Seit mehr als 50 Jahren entwickelt sich die Informationstechnik (IT) nach dem Moore'schen Gesetz exponentiell, während die Regulierung dieses Tempo nicht mithalten muss, wenn sie sich auf Kontrolle statt auf Duplizierung der Dienste konzentriert.

2. **Positive Rückkopplungsschleifen** erzeugen in einer als Netzökonomie organisierten Wirtschaft mit steigenden Teilnehmerzahlen das Entstehen von hegemonialen Plattformen, bei denen sich die Erträge durch Skaleneffekte positiv ergänzen, wenn

die Anzahl der Teilnehmer zunimmt. Dies unterscheidet sie von den abnehmenden Zuwächsen an Erträgen bei der analogen Wirtschaft, wenn dort eine optimale Größe überschritten wird. Die Protektion und der Datenschutz sind in diesem Sinne für die Netzwerktore kontraproduktiv. Dieser Konflikt erklärt die diametral verschiedenen Ziele von Datensubjekten und Datensammlern.

In der Industriezeit und den Anfängen der Digitalisierung konnten die Kartell- und Wettbewerbsgesetze die Monopolbildung dominanter Akteure verhindern. Es zeigt sich aber in den zahlreichen Verfahren der EU gegen Google und Facebook, dass diese Methoden heute nicht mehr greifen. Dies gilt auch für den Datenschutz, der im Ruf steht, veraltet zu sein, da er das Verhalten von großen Teilen der „Netizens" nicht mehr trifft. Das Weltbild der Teilhabe an vernetzen Gruppen zur unbesorgten Freigabe von Daten als Eintrittsgeld in eine digitale Öffentlichkeit hat ein Selbstverständnis erzeugt, das mit der Geheimhaltung der DSGVO als Ausdruck des Strebens nach persönlicher Autonomie und dem verhaltensregulierenden Ansatz der DSGVO wenig anfangen kann. Die digitale Technik verändert sich so schnell, dass die Innovationen der DSGVO wie der Aufenthaltsort, die Übertragbarkeit der Daten, Folgeabschätzungen, Risikobasierung und Sanktionen nicht ausreichen, zu wenig Durchschlagskraft zeigen, die Erwartungen der Nutzer nicht treffen, um eine Protektion der Menschen zu ermöglichen, und daher oft als Behinderung und Bevormundung empfunden werden (Müller 2019).

4.3.1 Passive und aktive Transparenz durch Kontrollzentren

Transparenz, das Schutzziel Zurechenbarkeit und das rechtliche Konstrukt Rechtfertigungspflicht sind Entwurfsziele von Systemen (Transparenz), ein Konstrukt der Regulierung (Rechtfertigungspflicht), ein Schutzziel als Anforderung an Algorithmen (Zurechenbarkeit) und zusammen die Voraussetzung zur Ausübung von Kontrollen oder von Eigentumsrechten bzw. auch nur von Quasi-Eigentumsrechten, wie dem Recht auf Löschung oder Portabilität nach der DSGVO. Obwohl dieselben Begriffe verwendet werden, meinen sie für ihren jeweiligen Zweck verschiedene Dinge. Datenzentrische Transaktionen sind nach heutigem Stand nicht „zurechenbar", da nach Beauftragung durch einen Nutzer nach Abb. 4.4 die Kontrolle unmittelbar in die Hände der Netzwerktore übergeht und der Nutzer oder Auftraggeber nicht feststellen kann, ob die Ergebnisse des Intermediärs auch nur nach „Treu und Glauben" wahr sind bzw. wie sie zustande kamen. Nach Kopell werden zur Beurteilung, ob Transparenz vollständig realisiert ist oder hauptsächlich zur Verbesserung des Geschäftsklimas dient, wie bei GMA, folgende Bedingungen gestellt (Koppell 2005):

a) **Transparenz:** Jeder Akteur hat eine Rechtfertigungspflicht für die begangenen Aktionen und muss die Beweggründe und Voraussetzungen aller Handlungen darlegen können. Hierzu genügt es nicht, wenn eine aktive oder passive Transparenz als

Dienstleistung angeboten wird. Sie muss wegen der Forderung nach Korrektheit und Vollständigkeit mit den verfügbaren Methoden verpflichtend für die Auskunftsgeber sein.

b) **Haftung:** Jeder Akteur muss Konsequenzen fürchten, sollten die Handlungen nicht den Regeln einer Vorgabe – hier der Protektion 4.0 – entsprechen oder wird eine Auskunft nach der Rechtfertigungspflicht nicht oder unzureichend erfüllt. So hat die Androhung von Sanktionen dem Datenschutz nach der DSGVO eine höhere Beachtung eingebracht als dies jemals beim sanktionslosen Bundesdatenschutzgesetz der Fall war.

c) **Kontrolle:** Sie ist dann gegeben, wenn die aktive oder passive Transparenz als Dienstleistung angeboten wird und die Ergebnisse durch unabhängige Kontrollzentren entsprechend der Sicherheitsvereinbarungen eingefordert und die Ergebnisse dem Nutzer gegenüber interpretier- und lesbar aufbereitet werden.

d) **Verantwortung:** Sie wird dann ausgeübt, wenn Handlungen durch Gesetze, Regeln oder Normen eingegrenzt werden und das Datensubjekt sich auf die Korrektheit der Auskunft verlassen kann.

Die Transparenz von GMA nach Abb. 4.1 ist keine vertrauenswürdige Kontrolle, da der Verdacht nicht ausgeräumt werden kann, dass mit dieser Technik verborgene Absichten verschleiert werden, um das Datensubjekt zu mehr Sorglosigkeit bei der Datenpreisgabe zu bewegen. Bei Vertrauensdatenbanken wird statt der Kontrolle eine nahezu komplette Duplizierung der Dienste und Daten aller kommerziellen und gesellschaftlich relevanten Plattformen angestrebt, um so sozialen Werten einen Platz zu verschaffen (Clarke 2014). Eine solche Vorgehensweise ist jedoch extrem kostspielig und als durchaus janusköpfig zu beurteilen. Wenn die Gewinne aus Datennutzung größer werden als die Gewinne aus der Kontrolle zur Minderung der Informationsasymmetrie, könnten die Vertrauensdatenbanken die Seiten wechseln.

Die Komponenten einer zukünftigen Kontrollinfrastruktur zur Durchsetzung der Protektion 4.0 sind in Abb. 4.5 als Weiterführung der eIDAS Vertrauenszentren dargestellt. Sie beruhen auf dem Sicherheitskatalog, der nach Abb. 2.4 einen wachsenden Beitrag zur Innovationsverantwortung und damit zur Gestaltung der digitalen Transformation beitragen soll. Betrachtet man z. B. den Markt für die Online-Suche, so wird eine Kontrollstruktur nur in geringem Umfang für die Beurteilung und Interpretationen des Empfangs benötigt. Die Kontrolle wird aufwendig, wenn die Plattformen durch Manipulationen zu Informationsdefiziten bei den Teilnehmern führen oder durch Ineffizienzen die Chancen zur Nutzung der Potenziale der Digitalisierung einschränken bzw. Schäden entstehen lassen, die bei Transparenz und Kontrollen hätten vermieden werden können. Konkrete Handlungen sind nach den Multipfad-Eigenschaften der TET nicht automatisierbar. Dazu müssen für alle identifizierten Kontrollklassen die passenden detaillierten Anforderungsbäume erstellt werden, ohne dabei die Gewähr zu haben,

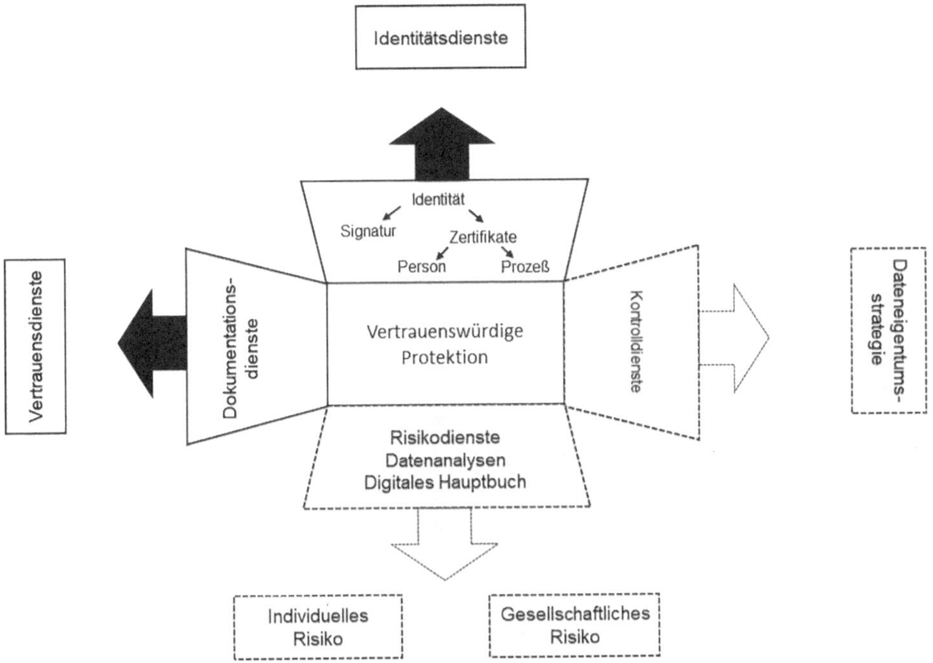

Abb. 4.5 Dienste einer Kontrollinfrastruktur

damit Vollständigkeit zu erreichen. Die Kontrolle durch Transparenz ist dennoch das effizienteste Instrument, um die aktiven Rechte der Nutzer zu stärken. Die Transparenz ist wegen der notwendigen Interpretation des Kontextes bislang überfordert, Missbrauch von vornherein zu vermeiden, sie erhöht jedoch die Geschäftsrisiken der Plattformen durch eine größere Öffentlichkeit und trägt damit zur Verteuerung von informationellen Geschäften bei. Man könnte sich z. B. den Transfer der Transparenzwerkzeuge GMA oder „Privacy Basics" von Facebook (2015) an unabhängige Kontrollinfrastrukturen vorstellen, da Transparenz nicht allein von den Verfahren, sondern vom Willen und den Zielen des Einsatzes abhängig ist:

Die nachfolgende Liste der Dienstleistungen einer Kontrollinfrastruktur nach Abb. 4.5 ist erweiterbar und entspricht einer Entwicklung von Institutionen und damit verbundenen Schutzkatalogen nach Abb. 2.4:

1. **Identitätsdienste** bleiben identisch zu den Vertrauensinfrastrukturen und ordnen einem öffentlichen Schlüssel eine reale Person zu, die selbst durch den privaten Schlüssel repräsentiert wird. Dies ist die zentrale Funktion einer bisherigen PKI (Public Key Infrastruktur).

2. **Vertrauensdienste** beruhen auf der Überprüfung und Analyse der Regelkonformität von Daten, Dokumenten und Prozessen und deren Beweissicherung. Sie sind nach dem Vorbild der eIDAS-Verordnung organisiert. Kontrollzentren schließen dabei Transaktionen ein und garantieren dadurch Rechtssicherheit.

3. **Risikodienste** erfordern die Analysen von Prozessen und Daten, damit die Kontrollstruktur die Instrumente zur Identifikation, Quantifizierung und dem Monitoring von Risiken zu einem eigenen Risikodienst ausbauen kann. Eine Bewertung oder Quantifizierung der Risiken ist bislang keine Aufgabe von eIDAS. Dabei sind diese Daten aus den Informationsflussanalysen der Vertrauensdienste zu gewinnen. Wiederum liefert die Kontrollinfrastruktur nicht die ökonomischen Werte zu Entscheidungen, sondern schafft nur die Voraussetzungen zu deren Bestimmung in den Anwendungskontexten. Völlige Risikoakzeptanz ist die zurzeit einzige wirkliche Option, die Teilnehmer einer Interaktion mit Plattformen haben. Die gegenwärtigen datenzentrischen Transaktionen erfordern eine 100 %ige Übernahme der Risiken durch die Datensubjekte.

4. **Kontrolldienste** nutzen Analysetechniken, um Kontroll- und Informationsflüsse zu analysieren. Dadurch werden die Herkunft, die Verarbeitung, die Interdependenzen mit anderen Prozessen und die Datenverwendung bestimmt, ohne auf die Einsatzfelder der Programme einzugehen. Im Einzelnen werden die nachfolgenden Eigenschaften in einer zukünftigen Kontrollinfrastruktur angestrebt:

   a) Die Kontrollstruktur sichert den Umfang der Rechtfertigungspflicht und garantiert, dass die Daten der Plattformen nicht zweckentfremdet werden..

   b) Die Kontrollstruktur bietet eine Auswahl von individuellen Sicherheitsvereinbarungen mit dem Schutzziel Zurechenbarkeit an.

   c) Die Kontrollstrukturen bestätigen die Berechtigung der Nutzer und üben in ihrem Auftrag zur Erhöhung der Informiertheit den Zugang zur aktiven und passiven Transparenz der Plattformen aus.

   d) Die Kontrollstrukturen schaffen die Voraussetzung, dass Plattformen eine aktive und passive Transparenz als Dienstangebot offerieren.

   e) Die Kontrollstrukturen überprüfen die Vollständigkeit und Richtigkeit der Präsentationen von Prozessen und Daten mit Hilfe von dafür geeigneten Verfahren, z. B. Smart Contracts oder Informationsflussanalysen.

Die Transparenz ist nicht ohne Risiko sowohl für die Datennutzer als auch die Plattformen, die Gefahr laufen, nicht mehr die alleinigen Vertrauenspartner der Datensubjekte zu sein. Wenn Datensubjekte die Kontrolle über ihre Daten ausüben, könnte sie das daran hindern, sich an der Profilbildung und Datensammlung zu beteiligen. Für die Netzwerktore wären damit die Vorteile der Netzökonomie und wegen der abnehmenden Innovationsneigung und ihrer dadurch reduzierten Einnahmequellen erheblich gefährdet.

4.3.2 Fallstudien: Informationsflussanalysen

Dienstbasierte Prozesse können durch Verfahren der Informationsflussanalyse kontrolliert werden, wobei die Isolierung der Informations- und Kontrollflüsse Auskünfte über die Herkunft und Verwendung der Daten liefern (Wonnemann 2011). Beispiele dafür sind die „Taint-Analyse" für Java-Quellcode (Livshits 2006) und die Programmabhängigkeitsgraphen von Hammer und Snelting (2009) zur Informationsflusskontrolle für Java-Bytecode oder die Prozessanalyse nach Abb. 4.6 von Accorsi und Müller (2013).

Der „Workflow" eines Prozesses, der kontrolliert werden soll, wird nach den Verfahren von Accorsi und Müller, das in Abb. 4.6 dargestellt ist, in ein Petrinetz überführt, das alle Entscheidungspunkte eindeutig abbildet und daher Verarbeitungsschritte korrekt und vollständig wiedergibt (Müller und Accorsi 2013). Ein Petrinetz erlaubt die Prüfung der Korrektheit und der Isolation, um den Informations- und Kontrollfluss zu analysieren. Die Bestätigung, ob die erhaltenen Ergebnisse mit den beabsichtigen Kontrollzielen übereinstimmen, wird durch einen Abgleich mit dafür erhobenen empirischen Sicherheitsmustern festgestellt. Eine vollständige Liste der so identifizierten Sicherheitsmuster findet sich in Müller und Accorsi (2013). Entspricht das Prüfergebnis den Sicherheitsvereinbarungen wird ein Zertifikat ausgestellt.

Fallstudie: Prozessanalyse beim Bestellwesen

Die Geschäftsprozesse eines mittelständischen Unternehmens wurden analysiert, wobei die Ergebnisse hier für den Bestellprozess präsentiert werden. Zunächst wurden die „Workflows" der Geschäftsprozesse mit Petrinetzen normalisiert, um danach mithilfe der Sicherheitsmuster den Informations- und Kontrollfluss zu analysieren. Diese Analyse erzeugte das überraschende Resultat, dass 10.974 Rechnungseingängen zum Zeitpunkt der Kontrolle nur 9236 Bestellanforderungen und ein realer Wareneingang von nur 6477 Rechnungen gegenüberstanden. Verletzungen des Sicherheitsmusters „Sequenz" sind nach Abb. 4.7 die Ursache für die Inkonsistenzen. Nach den gültigen Sicherheitsvereinbarungen wären die Bestellvorgänge und die Bestätigungen der Wareneingänge von verschiedenen Personen durchzuführen gewesen, um Interessenkonflikte zu vermeiden. Dennoch ist die vorgeschriebene Folge der Prozessschritte von Anforderung zur Freigabe

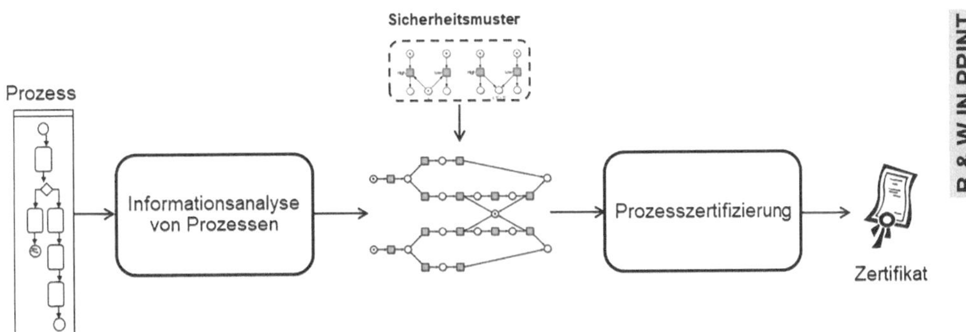

Abb. 4.6 Analyse von Prozessen

Sicherheitsvereinbarung: Reihung	Auftretenswahrscheinlichkeit	
Bestellanforderung – Freigabe – Bestellung anlegen – Wareneingang - Rechnungseingabe	5463	59,15%
Bestellanforderung – Freigabe – Bestellung anlegen - Rechnungseingang	2727	29.53%
Bestellanforderung – Bestellung anlegen – Freigabe – Wareneingang - Rechnungseingang	300	3,25%

Abb. 4.7 Ergebnis Fallstudie Prozessanalyse

zur Bestellung zum Waren- und zum Rechnungseingang nur in 59,15 % der Fälle eingehalten worden, während Modifikationen in 32,88 % vorkamen. Bei 29,53 % ist eine Rechnung bezahlt worden, ohne dass Eingänge verbucht wurden.

Aus der Abb. 4.7 sind die Abhängigkeiten und Beziehungen der Risikodienste zu den Kontrolldiensten erkennbar. Die Wahrscheinlichkeit der korrekten Einhaltung der Sicherheitsvereinbarungen ist die Voraussetzung, um den möglichen Schaden zu bestimmen und auf Risiken hinweisen zu können. Aggregierte Risikowahrscheinlichkeiten ergeben sich als Folge der Muster einer Vielzahl von Informationsflussanalysen und dienen danach als Datenbasis für eine Risikobewertung. Die professionellen Werkzeuge der kommerziellen Prozessmodellierung enthalten meist keine Sprachmittel, um Sicherheit in den Workflows nach dem Prinzip „Privacy-by-Design" vorzusehen. Dies führt dazu, dass nahezu 100 % der Geschäftsprozesse hinsichtlich der Sicherheit nicht auf „Korrektheit" geprüft werden und es häufig zu Regelverletzungen kommt, die meist erst im Nachgang z. B. mit Methoden des „Process-Minings" entdeckt werden können (Müller und Accorsi 2013). Die Sicherheitsmuster nach Müller und Accorsi sind jedoch als Privacy-by-Design Konzepte für die DSGVO verwendbar. Sie können auch zur Zertifizierung von Prozessen genutzt werden (Wonnemann 2011). Mit den Kontroll- und Risikodiensten kann eine Kontrollinfrastruktur die Datensubjekte bei der Einschätzung des Risikos in dreifacher Hinsicht bei einer Datenpreisgabe unterstützen:

a) Risikoverminderung durch Einschätzbarkeit der Folgen einer Datenpreisgabe für die Datenverwendung und den Datenempfang.

b) Risikovermeidung durch Governance-Regeln und Prozessanalysen.

c) Risikobegrenzung durch die Kontrolle und Vereinbarung der Nutzerbedingungen, z. B. durch autonome Verträge.

Neben den Werten der Anteilseigner und den Gewinnen durch das Geschäftsmodell können über Risikodienste auch soziale Werte quantifiziert werden. Die gesellschaftlichen Risiken können z. B. durch Beiträge zu den Folgekosten der digitalen Transformation zur Rechtfertigung von Steuern von internationalen Plattformen angeführt werden. Mit der Einbindung des Datenschutzes in die umfassendere Regulierung der Protektion der Menschen sind die Kontrollzentren ein Mittel zur Durchsetzung sozialer Werte und zur Stärkung der aktuellen Rechte der Datensubjekte. Erst dann werden die Plattformen auf technischer Augenhöhe überwacht werden und so ihre bisherige Strategie der Landnahme zugunsten einer technisch-sozialen Ko-Evolution zumindest in Frage stellen. Mit der Innovationsverantwortung wären die Bedingungen für mehr Gleichheit in der digitalen Transformation verbessert, ohne auf Innovationen verzichten zu müssen.

Literatur

Accorsi R, Müller G (2013) Preventive inference control in data centric business. 2nd IEEE security and privacy, San Francisco, S 28–33

Acxiom Corporation (2015) Acxiom about the data. https://www.aboutthedata.com. Zugegriffen: 15. Nov. 2018

Akerlof GA (1970) Der Markt für „Zitronen“: Qualitätsunsicherheit und der Marktmechanismus. Q J Econ 84:488–500

Beliger A, Krieger D (2018) You have zero privacy anyway – get over it. Inform Spektrum 41(5):328–348

Bella G, Paulson L (2006) Accountability protocols: formalized and verified. ACM Trans Inf Syst Secur 9(2):138–161

Berners-Lee T (2018) One small step for the web. https://medium.com/@timberners_lee/one-small-step-for-the-web-87f92217d085. Zugegriffen: 7. Apr. 2019

Boston Consulting Group (2012) The value of our digital identity. Liberty global, interner bericht. Boston Consulting, Frankfurt

Cabinakowa J, Zimmermann C, Müller G (2016) An empirical analysis of privacy dashboard acceptance. The google case. ECIS 2016 research paper. https://aisel.aisnet.org/ecis2016_rp/114/. Zugegriffen: 27. Juli 2019

Campbell JE, Carlson M (2002) Online surveillance and the commodification of privacy. J Broadcast Electron Media 46(4):586–606

Cheng V, Hung P, Chiu D (2007) Enabling web services policy negotiation with privacy preserved using XACML. In: 40th annual HICSS, S 1–10

Clarke R (2014) Persona missing, feared drowned. The digital persona concept, two decades later. Inform Technol People 27(2):182–207

CMU Usable Privacy and Security Laboratory (2015) Privacy bird. http://www.privacybird.org. Zugegriffen: 15. Nov. 2018

Couldry N (2019) Datenkolonialismus. https://www.hiig.de/events/nick-couldry-datenkolonialismus-digitale-gesellschaft/. Zugegriffen: 30. Apr. 2019

Cranor L, Langheinrich M, Marchiori M (2002) A P3P Preference Exchange Language 1.0 (APPEL1.0). http://www.w3.org/TR/3P-preferences. Zugegriffen: 15. Nov. 2018

Davies SG (1997) Reengineering the right to privacy: how privacy has been transformed from a right to a commodity. In: Agre P, Rotenberg M (Hrsg) Technology and privacy. MIT Press, Cambridge

Davis FD (1989) Perceived usefulness, perceived ease of use and user acceptance of information technology. MIS Q 3:319–340

Facebook (2015) Facebook-Privacy-Basics. www.facebook.com/about/basics/. Zugegriffen: 15. Nov. 2018

Fischer-Hübner S, Hedbom H, Wästlund E (2011) Trust and assurance HCI. In: Camenisch J, Fischer-Hübner S, Rannenberg K (Hrsg) Privacy and identity management for life. Springer, Berlin, S 245–260

Fischer-Hübner S, Angulo J, Karegar F, Pulls T (2016) Transparency, privacy and trust – technology for tracking and controlling my data disclosures: does this work? In: Habib SMM, Vassileva J, Mauw S, Mühlhäuser M (Hrsg) IFIPTM 2016. Springer, Cham, S 3–14

Google (2015) My account. https://myaccount.google.com. Zugegriffen: 15. Juni 2019

Google (2018) Google crossmediapanel. https://crossmediapanel.com. Zugegriffen: 15. Nov. 2018

Haas S, Wohlgemuth S, Echizen I, Sonehara N, Müller G (2011) Aspects of privacy for electronic health records. Int J Med Inform 80(2):26–31 (Special issue: Security in health information systems)

Hammer C, Snelting G (2009) Flow-sensitive, context-sensitive, and object-sensitive information flow control based on program dependence graphs. Int J Inform Secur 8:399–422

Hansen M (2008) Marrying transparency tools with user-controlled identity management. In: The Future of Identity in the Information Society. IFIP, Bd 262. Springer, Boston, S 199–220

Hedbom H (2009) A survey on transparency tools for enhancing privacy. In: Matyas V, Fischer-Hübner S (Hrsg) The future of identity in the information society. IFIP advances in information and communication technology, Bd 298. Springer, Berlin, S 67–82

Hildebrandt M, Koops BJ (2010) The challenges of ambient law and legal protection in the profiling era. Mod Law Rev 73(3):428–460

Janic M, Wijbenga JP, Veugen T (2013) Transparency Enhancing Tools (TETs). An overview. In: 3rd workshop on socio-technical aspects in security and trust. IEEE, S 18–25

Kitchin R (2014) The data revolution: big data, open data, data infrastructures. Sage, London

Koppell JGS (2005) Pathologies of accountability: ICANN and the challenge of multiple accountabilities disorder. Public Adm Rev 65(1):94–108

Laudon K (1996) Markets and privacy. CACM 39:94–104

Lessig L (2001) Code und andere Gesetze des Cyberspace. Berlin Verlag, Berlin

Livshits B (2006) Improving software security with precise static and runtime analysis. Dissertation, Stanford University. https://suif.stanford.edu/~livshits/papers/pdf/thesis.pdf. Zugegriffen: 27. Juli 2019

Mozilla Foundation (2015) Mozilla lightbeam. https://www.mozilla.org/de. Zugegriffen: 22. Apr. 2016

Müller G (2014) Datenschutz bei datenzentrischen Diensten: Auslaufmodell oder nur 30 Jahre zurück? FIFF 1:21–34

Müller, G (2018) DSGVO und Landnahme. https://PrivacyRewritten.Wordpress.com/verhindert-die-dsgvo-eine-landnahme-durch-netzwerktore/. Zugegriffen: 12. Juli 2019

Müller G (2019) Verhindert die DSGVO eine Landnahme durch die Digitalisierung? ZFW 29(1):7–8

Müller G, Accorsi R (2013) Why are business processes not secure? In: Fischlin M, Katzenbeisser S (Hrsg) Number theory and cryptography. Lecture notes in computer science, Bd 8260. Springer, Heidelberg, S 240–254

Müller G, Wahlster W (2013) Placing humans in the feedback loop of social infrastructures. Inform Spektrum 36(6):520–529

Müller G, Zimmermann C (2017) Accountability as a privacy option – privacy dashboards. Research report Hitachi Ltd 20170330

Nissenbaum H (2009) Privacy in context: technology, policy, and the integrity of social life. Stanford University Press, Stanford

Piketty T (2014) Das Kapital. Beck, München

Purtova N (2010) Private law solutions in European data protection: relationship to privacy, and waiver of data protection rights. Neth Q Human Rights 28:179–198

Raskin A (2015) Mozilla privacy icons. https://wiki.mozilla.org. Zugegriffen: 15. Nov. 2018

Scassa T (2018) Data ownership. In: Center for international governance innovation. Waterloo (Canada) September No 187. https://www.cigionline.org/publications/data-ownership. Zugegriffen: 15. Nov. 2018

Signamini JM, McDermott B (2015) Ghostery. https://addons.mozilla.org/de/firefox/addon/ghostery/. Zugegriffen: 15. Nov. 2018

Spiekermann S, Acquisti A, Böhme R, Hui K-L (2015) The challenges of personal data markets and privacy. Electron Mark 25:161–167

Tactical Technology Collective Stichting (2015) me & my shadow. https://myshadow.org. Zugegriffen: 15. Nov. 2018

Westin AF (1968) Privacy and freedom. Wash Law Rev 25(1):166–170

Wonnemann C (2011) Mechanismen zur Sicherheitszertifizierung formalisierter Geschäftsprozesse. Dissertation, Freiburg

Zimmermann C (2017) Privacy through accountability. Dissertation, Freiburg

Zimmermann C, Cabinakowa J (2015) A conceptualization of accountability as a privacy principle. In: Abramowicz W (Hrsg) BIS Poznan. LNBIP, Bd 228. Springer, Cham, S 261–272

Zimmermann C, Nolte C-G (2015) Towards balancing privacy and efficiency: a principal-agent model of data-centric business. In: Foresti S (Hrsg) LNCS, Bd 9331. Springer, Cham, S 89–104

Zimmermann C, Accorsi R, Müller G (2014) Privacy dashboards. Reconciling data-driven business models and privacy. In: 9th international conference on availability, reliability and security, IEEE, S 152–157

Zuboff S (2014) Lasst euch nicht enteignen! Unsere Zukunft mit „Big Data". http://www.faz.net/-gsf-7twrt. Zugegriffen: 15. Nov. 2018

Weiterführende Literatur

Accorsi R, Zimmermann C, Müller G (2012) On taming the inference threat in social networks. In: Privacy and Data Protection Technology (PDPT). Amsterdam, S 1–5. https://staff.fnwi.uva.nl/g.j.vantnoordende/pdpt/2012/accorsi.pdf. Zugegriffen: 15. Mai 2016

Brenig C, Accorsi R, Müller G (2015) Economic analysis of cryptocurrency backed money laundering. 23rd ECIS Münster, Germany, S 1–18. https://aisel.aisnet.org/cgi/viewcontent.cgi?article=1019&context=ecis2015. Zugegriffen: 19. Juli 2019

Echizen I, Müller G, Sasaki R, Tjoa A (2013) Privacy by transparency for data-centric services. http://shonan.nii.ac.jp/shonan/wpcontent/No.2013-51.pdf. Zugegriffen: 12. Okt. 2017

Müller G (1996) Secure communication: trust in technology or trust with technology? Interdisc Sci Rev 21(4):336–347

Müller G (2003) Telematik und Kommunikationssysteme in der vernetzten Wirtschaft. Oldenbourg, München

Müller G (2008) Information security: 50 years behind, 50 years beyond. Wirtschaftsinformatik 50(4):322–323

Müller G (2009) War Internet die einzige Option. Wirtschaftsinformatik 51(1):53–60

Müller G (2010) Weiß Google mehr als ein „Geheimdienst"? Special Workshop LAW. 7. Internationales Menschenrechtsforum Luzern (IHRF) 18(19):17 f

Müller G (2011) Die Mythen von Transparenz und Sicherheit im Internet. Ansprache zur Verleihung der Ehrendoktorwürde der TU Darmstadt. http://www.telematik.uni-freiburg.de/system/files/Ansprache.pdf. Zugegriffen: 15. Nov. 2018

Müller G (2013a) Informationsdefizite und Privatheit. In: Buchmann J (Hrsg) Privatheit im Internet. https://www.acatech.de/Projekt/internet-privacy-eine-kultur-der-privatsphaere-und-des-vertrauens-im-internet/Acatech. Zugegriffen: 15. Nov. 2018

Müller G (2013b) Characterization of e-commerce. In: Buchmann J (Hrsg) Internet privacy – options for adequate realization. Acatech study, Munich, S 43–59

Müller G, Blanc RP (1987) Networking in open systems. Springer, Berlin

Müller G, Pfitzmann A (Hrsg) (1997) Mehrseitige Sicherheit in der Kommunikationstechnik, Verfahren, Komponenten, Integration. Addison-Wesley, Boston

Müller G, Rannenberg K (Hrsg) (1999a) Multilateral security in communications technology, empowering users, enabling applications. Addison-Wesley, Boston

Müller G, Rannenberg K (1999b) Multilateral security. In: Müller G, Rannenberg K (Hrsg) Multilateral security in communications technology, empowering users, enabling applications. Addison-Wesley, Boston, S 562–570

Müller G, Stapf K (Hrsg) (1999) Mehrseitige Sicherheit in der Kommunikationstechnik, Erwartung, Akzeptanz, Nutzung. Addison-Wesley, Boston

Müller G, Sackmann S, Prokein O (2008) IT security new requirements, regulations and approaches. In: Schlottmann F (Hrsg) Handbook on information technology in finance, Springer, Berlin, S 711–730

Müller G, Accorsi R, Höhn S, Sackmann S (2010) Sichere Nutzungskontrolle für mehr Transparenz in Finanzmärkten. Inform Spektrum 33(1):3–13

Nolte C-G, Zimmermann C, Müller G (2015) Social network services' market structure and its influence on privacy. In: Amsterdam privacy conference, S 269–271

Pretschner A, Hilty M, Basin D (2006) Distributed usage control. CACM 49(9):39–44

Reichl H, Roßnagel A, Müller G (2005) Digitaler Personalausweis. DuV, Wiesbaden

Sackmann S, Eymann T, Müller G (2002) EMIKA: real-time controlled mobile information systems in health care. In: GI Proceedings. Lecture Notes. Springer, S 151–158

Wohlgemuth S, Müller G (2006) Privacy with delegation of rights by identity management. In: Müller G (Hrsg) Emerging trends in information and communication security. ETRICS 2006. Lecture Notes in Computer Science. Bd 3995. Springer, Heidelberg, S 175–190

Stichwortverzeichnis

© Springer-Verlag GmbH Deutschland, ein Teil von Springer Nature 2020
G. Müller, *Protektion 4.0: Das Digitalisierungsdilemma,* Die blaue Stunde der
Informatik, https://doi.org/10.1007/978-3-662-56262-8